Step by Step
안드로이드 프로그래밍

단계별 프로젝트로 배우는 앱 개발   개정5판

Step by Step
안드로이드 프로그래밍

단계별 프로젝트로 배우는 앱 개발

개정5판

| 장용식・성낙현 지음 |

INFINITY
BOOKS

국립중앙도서관 출판시도서목록(CIP)

이 도서의 국립중앙도서관 출판예정도서목록(CIP)은 서지정보유통지원
시스템 홈페이지(http://seoji.nl.go.kr)와 국가자료종합목록시스템
(http://www.nl.go.kr/kolisnet)에서 이용하실 수 있습니다.

(CIP제어번호: CIP2019024590)

2016년 1월 세계경제포럼(다보스 포럼)에서 주목한 제4차 산업혁명의 핵심은 **기존 산업과 디지털의 융합**이었다. **글로벌 시대에 모바일 연결과 센서에 의한 혁신은 중요한 이**슈 중 하나이다. 스마트폰은 모바일 시대의 주요 기기로 산업과 사회에 이미 큰 영향을 미치고 있으며, 현대인에게 없어서는 안 될 필수품이 되었다. 이 과정에서 앱(App)이 큰 역할을 했으며, 이러한 앱은 최근에 더 진화되어 스마트폰에 장착된 센서, 가상현실(VR), 증강현실(AR), 그리고 인공 지능(AI)까지 접목해 활용되고 있다.

이런 환경에 발맞춰 창의적 인재 양성을 위한 교육계의 혁신도 핫이슈가 되고 있다. 자기주도적 협업 활동으로 스스로 문제 해결 능력을 키우기 위한 문제(또는 프로젝트) 기반 학습, 플립드 러닝(거꾸로 학습) 학습 등이 대안으로 떠오르고 있다.

이 책은 기술이 발전하는 속도를 따라가지 못하는 문화/교육환경의 격차를 줄이기 위해 집필되었다. 2011년 발행된 《**Step by Step 안드로이드 앱 개발**: 쉽게 시작해서 완벽하게 끝내는 안드로이드 프로그래밍》이후, 빠르게 변하는 IT 교육 환경에 발맞춰 개정판을 출간하다가(2012년, 2014년, 2016년), 《**Step by Step 안드로이드 프로그래밍**: 단계별 프로젝트로 배우는 앱 개발》이라는 제목으로 재탄생한 책이라고 할 수 있다. 학습콘텐츠는 모바일 환경의 핵심이 되는 스마트폰 앱의 작동원리 이해와 개발능력 함양, 그리고 코딩의 즐거움을 통해 스스로 학습할 수 있는 다양한 예제를 중심으로 구성하였다. 이 책이 미약하나마 문화지체 현상을 해결하는 데 활용되었으면 한다. 또한 다음 세 가지 관점을 중심으로 저술되었다.

첫째, 주요 주제별 흥미로운 예제를 통해 기초능력을 함양할 수 있도록 하였다. 둘째, 자기 주도적으로 학습할 수 있도록 단계적으로 콘텐츠를 구성하였다. 셋째, 앱 프로젝트 개발의 반복을 통해 경험적으로 학습능력을 높일 수 있도록 하였다.

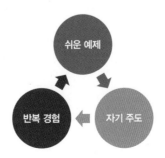

프로그래밍 언어를 배우고자 하는 열정이 있다면 이미 남들보다 한발 앞서 있는 것이다. 이 책이 앱을 이해하고 개발하는 기본적인 안내서가 되기를 기대하지만, 각자의 노력에 따라 그 능력은 매우 달라질 것이다. 부족하기는 하나 학업과 실무에 많은 도움이 되었으면 한다.

이 책이 해를 거듭하면서 더 나은 책이 될 수 있도록 피드백을 주신 독자 분들과 교육현장에서 수고하시는 모든 분들께 감사드리며, 앱을 처음 개발하는 독자를 위한 쉬운 책을 만들려는 저자들의 집필 목적을 이해하시고 출판에 힘 써 주신 인피티니북스 채희만 대표님과 안성일 이사님께 깊이 감사드린다.

2019년 5월
저자 일동

책의 구성과 학습 방향

이 책은 5부 13장으로 구성되어 있으며, 각 장은 단계별로 학습이 가능하도록 전개되어 있다. 독자들은 반드시 1장부터 13장까지 순서대로 공부할 필요는 없지만, 가능하면 굵은 선의 절차를 따라 순서대로 학습하기를 권한다.

1부 앱의 이해와 개발원리에서는 스마트폰과 앱의 개요를 살펴보고, 앱 개발환경 구축 및 앱 프로젝트 구조와 실행 원리를 설명한다. 또한, 자바와 XML의 기본 개념을 살펴본다. 자바와 XML의 기본 개념을 알고 있다면, 이 부분은 건너뛰어도 무난할 것이다.

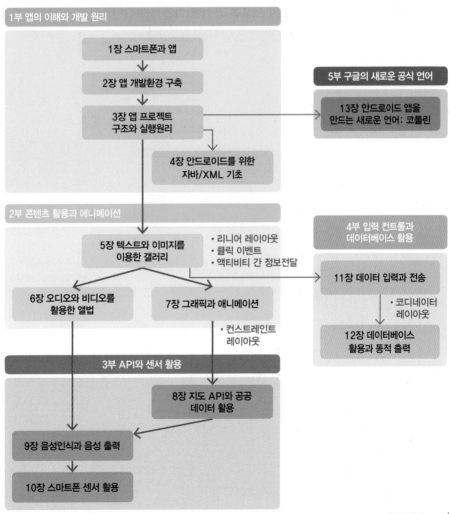

2부 콘텐츠 활용과 애니메이션에서는 텍스트와 이미지 출력, 오디오와 비디오 재생, 그래픽과 애니메이션의 기능을 다루고 있다. 특히, 5장에서는 앱의 기본이 되는 리니어 레이아웃, 클릭 이벤트 처리, 액티비티 간 정보전달에 대해 학습하므로 가장 중요한 부분이기도 하다.

3부 API와 센서 활용에서는 네이버 지도 출력과 공공 데이터 활용, 음성 인식과 문자 출력, 스마트폰에 내장된 센서의 활용을 다룬다. 센서의 경우, 위치 센서, 근접 센서, 모션 센서들의 활용 방법을 통해 사물인터넷의 활용 능력을 익히도록 하였다.

4부 입력 컨트롤과 데이터베이스 활용에서는 입력 컨트롤을 이용한 데이터 입력 방법을 살펴보고, 안드로이드 운영체제에 있는 **SQLite**의 데이터베이스 관리시스템에 저장하는 방법을 학습한다.

마지막으로 **5부 구글의 새로운 공식 언어**에서는 간단한 프로젝트를 통해 구글이 적극적으로 지원하는 코틀린 언어를 이해하기로 한다.

각 장의 구성과 예제

다양한 기초 예제로 실습하는 2부부터의 각 장은 개발 원리의 이해, 예제프로젝트 개발, 연습문제, 응용문제로 구성되어 있다. 개발 원리의 이해 부분에서는 프로젝트 구성 파일 간 관계를 이해하기 쉽게 그림으로 설명한다. 예제 프로젝트 개발에서는 파일 편집의 이해를 돕기 위해 주석문 또는 말풍선을 추가하였다. 개발이 끝나면 연습문제를 통해 각 장의 이해도를 파악하고, 응용능력을 키우기 위해 본문의 예제를 바탕으로 응용문제를 추가하였다.

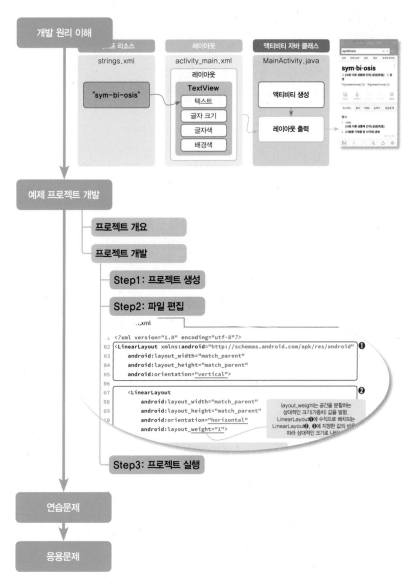

차례

앱의 이해와 개발 원리

스마트폰과 앱

학습목표

- 이번 장에서는 안드로이드의 역사와 현황, 그리고 발전 방향을 살펴본다. 아직은 앱 개발과 복잡한 소스 코드가 나오지 않으니 안심하자.

학습내용

- 스마트폰과 앱의 사용 예를 학습한다.
- 안드로이드 운영체제의 발달과정을 학습한다.

01.1

스마트폰

20세기부터 시작된 정보화의 물결은 21세기에 들어서 더욱 가속화 되고 그로 인해 우리의 사회환경은 더욱 급변하고 있다. 인터넷이 발전함에 따라 e-비즈니스가 등장하였고, 무선 네트워크 기반의 확장에 따라 유비쿼터스 컴퓨팅이 가능하게 되었다. 애플은 2007년 미국 시장에서 아이폰을 출시하였으며, 2009년 이후에는 한국에서도 아이폰을 판매하고 있다. 구글도 2007년 모바일 장치의 운영체제인 안드로이드 플랫폼을 무료로 공개하였다. 이후 아이폰의 어플리케이션을 거래하는 앱스토어와 안드로이드폰의 어플리케이션을 거래하는 구글 플레이(Google Play)의 규모도 커지고 있다. 2010년에는 아이패드와 갤럭시탭을 위시한 태블릿PC가 거의 비슷한 시기에 시장에 출시되었다. 스마트폰과 태블릿PC의 등장으로 스마트 기기의 사용은 꾸준히 늘어나고 있는 추세이다.

안드로이드(Android)는 휴대전화를 비롯한 휴대용 장치를 위한 운영체제와 미들웨어 그리고 핵심 어플리케이션을 포함하는 소프트웨어 집합이다. 안드로이드는 개발자들이 자바 언어로 어플리케이션을 작성할 수 있게 하였으며, 컴파일된 바이트 코드를 구동할 수 있는 **안드로이드 런타임(ART: Android RunTime)**을 제공한다. 또한 안드로이드 **SDK(Software Development Kit)**를 통해 어플리케이션 개발에 필요한 각종 도구들과 API(Application Programming Interface)를 제공한다. 2005년 구글이 안드로이드를 인수한 후, 2007년에 안드로이드 플랫폼을 휴대용 장치의 운영체제로서 무료 공개하였다.

태블릿PC(Tablet PC)란 터치스크린을 주입력장치로 장착한 휴대용PC이며 개인이 직접 갖고 다니며 조작할 수 있다. 모든 태블릿PC는 인터넷과 랜을 위한 무선 어댑터를 갖추고 있다. 태블릿PC는 오피스 제품군, 웹 브라우저, 게임, 그리고 다양한 어플리케이션들을 내장하고 있다. 2010년에 애플이 아이패드를 선보이고, 삼성전자가 갤럭시탭을 발표하여 태블릿PC 시장을 열었다.

01.2

앱

스마트폰 사용자들이 스마트폰으로 정보를 이용하기 위해서는 어플리케이션이 필요한데, 이를 줄여서 앱이라고 표현한다. 원래 앱이란 애플의 어플리케이션(Apple Application Software)을 가리키는 말이었으나, 이제는 스마트 기기용 어플리케이션(Application Software)을 지칭하는 명칭으로 굳어졌다. 애플은 자사의 스마트 기기들을 위한 앱을 거래하는 시장으로 '앱스토어'를 운영하고 있고, 구글은 자사의 스마트 기기 운영체제인 안드로이드를 사용하는 사용자들과 개발자들을 위하여 '구글 플레이'를 운영하고 있다.

모바일 앱 조사 전문회사인 앱애니가 발표한 2017년 1분기의 국가별 모바일 앱 사용 현황 분석에 의하면, 한국 사용자의 안드로이드 앱 하루 평균 사용 시간이 약 200분에 달하여 1위를 차지했으며, 브라질, 멕시코, 일본이 그 뒤를 이었다.

구글 플레이(Google Play)는 2012년 구글이 기존의 서비스인 안드로이드 마켓 (Android Market), 구글 뮤직 (Google Music), 구글 전자서적 스토어 (Google eBook Store)를 통합하면서 시작한 디지털 콘텐츠 서비스의 명칭이다. 안드로이드 마켓에서 앱의 판매는 2008년부터 시작되었다. 앱은 유료 및 무료가 있으며, 무료 앱을 다운로드할 때도 구글 계정이 필요하다. 개인용 컴퓨터에서 구글 플레이를 이용하거나, 안드로이드폰 및 태블릿PC에서 무선 네트워크를 이용하여 앱의 다운로드가 가능하다. 일반인도 자신이 개발한 앱을 구글 플레이를 통해 판매하는 것이 가능하다. 이를 위해서는 구글 플레이 개발자 등록 사이트에 구글 계정으로 로그인 후 수수료를 결제하여 개발자 등록을 한다. 등록 후에는 개발 도구인 안드로이드 SDK와 안드로이드 스튜디오(Android Studio)를 이용하여 앱을 작성한 후, 구글 플레이를 통해 전 세계를 대상으로 판매할 수 있다. 앱 개발자는 판매 수익의 70%를 가지고, 나머지 30%는 통신사업자와 구글이 나누어 가진다.

앱 스토어(App Store)는 애플이 운영하고 있는 아이폰, 아이패드 및 아이팟 터치용 어플리케이션 다운로드 서비스이다. 2008년부터 아이튠즈의 업데이트 형태로 서비스가 시작되었다. '앱 스토어'란 이름은 "애플의 어플리케이션 가게 (Apple Application Software Store)"란 의미를 담고 있다. 개인용 컴퓨터에서 아이튠즈를 이용하거나, 아이폰 및 아이팟 터치에서 무선 네트워크를 이용하여 앱의 다운로드가 가능하다. 무료 앱을 다운로드할 때도 아이튠즈 스토어의 계정이 필요하다. 일반인도 자신이 개발한 앱을 앱 스토어를 통해 등록하는 것이 가능하다. 이를 위해서는 애플과 개발자 계약을 한 후, 아이폰 SDK 등의 개발 도구를 이용하여 앱을 작성하고 앱 스토어를 통해 전 세계를 대상으로 판매할 수 있다. 유료 앱의 판매 가격은 개발자가 자유롭게 매길 수 있으며, 개발자가 판매 수익의 70%를 가지고, 30%는 애플이 수수료 및 호스팅 비용으로 받는다.

앱과 모바일웹

애플은 아이폰을 발표하면서 각 정보제공자들이 아이폰에 최적화된 앱을 만들고, 정보 사용자들은 앱을 다운로드 받아 설치하여 정보를 이용하는 방법을 시작하였다. 그리하여 스마트폰의 사용방식은 앱 다운로드 방식이 주류를 이루고 있다.

그러나 통신망의 속도가 더 빨라지고, 현재의 웹표준이 스마트폰이나 태블릿PC에도 적용될 수 있도록 발전한다면 사정은 달라질 수 있을 것이다. 이러한 추세에 맞추어 많은 기업들은 기존의 웹과 더불어 스마트폰을 이용한 사용자들의 접속을 위해 모바일웹도 동시에 서비스하고 있다. 예를 들어, 네이버는 일반웹 홈페이지와 스마트폰 사용자들에게 제공하는 모바일웹 홈페이지를 동시에 서비스하고 있다.

모바일웹(Mobile Web)은 스마트폰이나 태블릿PC 같은 모바일 기기로 무선 네트워크와 웹브라우저를 이용하여 인터넷에 접속하는 것을 말한다. 웹은 유선으로 접속하는 것이 보편적이었으나, 점점 모바일웹의 비중이 늘어나고 있다. 모바일웹으로의 이전은 2007년 터치식 스마트폰의 등장으로 가속화되었고, 2010년 태블릿PC의 등장으로 더욱 빠르게 가속화되고 있다.

네이버의 일반웹(www.naver.com)과 모바일웹(m.naver.com)의 예

정보제공을 위한 플랫폼으로서의 앱과 모바일웹은 현재 시장에서 경쟁하고 있으며, 앱과 모바일웹을 절충하기 위한 방법도 등장하고 있다. 즉 앱 내에 모바일웹을 통합하는 하이브리드앱 방식이 그것이다. 하이브리드앱(Hybrid App)은 웹 기술로 개발되었지만 모바일에 최적화된 앱의 형태를 띠고 있다. 하이브리드앱 방식은 카메라나 디바이스 센서 등을 사용하기 위해 앱을 이용하며 웹서버와의 정보교환을 위해서는 모바일웹을 사용한다.

앱의 활용사례

2018년 10월 디지털 광고 전문기업인 인크로스가 발표한 결과에 따르면 국내에서 모바일 이용자들이 2018년에 가장 오래 이용한 모바일앱은 ▲유튜브(1,019분) ▲카카오톡(804분) ▲네이버(700분) ▲페이스북(461분) 순이었다. 즉 2018년에 동영상 앱, SNS 앱, 정보포털 앱 순으로 이용자들이 오랜 시간 사용한 것으로 나타났다.

한국인터넷진흥원이 발표한 '2014년 모바일 인터넷 이용 실태조사' 보고서에 의하면, 스마트폰 이용자가 주로 이용하는 모바일앱은 메신저, 뉴스, 게임, 사진 및 동영상, 음악, SNS, 대중교통, 지도/길찾기, 날씨, 이메일 등의 순으로 나타났다.

스마트폰 사용자들이 주로 이용하는 12가지 유형의 모바일앱의 예는 다음과 같다.

1. 메신저: 카카오톡

2. 뉴스: 연합뉴스

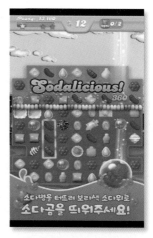

3. 게임: 캔디크러쉬소다

4. 사진: 인스타그램

5. 동영상: Youtube

6. 음악: BEAT

7. SNS: Facebook

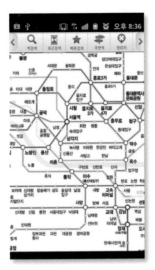

8. 대중교통: Smart Subway

9. 길찾기: 네이버

10. 지도: 다음

11. 날씨: 케이웨더

12. 이메일: 네이버

01.3 안드로이드 이야기

스마트폰의 확산과 함께 현재 세계적으로 스마트폰과 태블릿PC, 스마트TV를 둘러싼 경쟁이 치열하다. 스마트폰, 태블릿PC, 스마트TV로 대표되는 스마트 기기는 정보를 소비하기 위한 기기이므로 시장이 매우 크다. 스마트폰 시장은 스마트 기기의 유행을 선도하기도 하고, 향후에는 스마트 가전업의 승패를 가르는 시험장이기 때문에 전자, 가전, 소프트웨어, 콘텐츠 등을 망라한 산업에서 경쟁과 공조가 진행 중이다. 스마트폰의 운영체제로는 구글의 안드로이드와 애플의 iOS가 시장을 주도하고 있다.

1.3.1 안드로이드의 진화

현재 구글이 서비스하고 있는 휴대전화 운영체제(OS)인 안드로이드는 앤디 루빈이 2003년 미국 캘리포니아 주의 팔로알토에 설립한 회사인 안드로이드에서 개발하였다. 당시 루빈은 안드로이드 OS를 무료로 하드웨어 업체들에 제공하고 수익은 다른 부분에서 취하는 아이디어를 가지고 있었다.

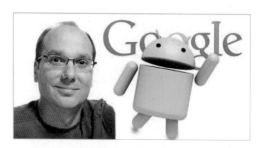

앤디 루빈

루빈은 개발자들과 함께 2004년 삼성전자를 찾아 안드로이드를 소개하고 매수를 제안한 적이 있다. 당시 안드로이드는 직원이 8명인 벤처기업이었다. 2005년 구글은 안드로이드를 인수하였고 루빈을 비롯한 8명의 개발자를 구글로 영입하였다. 이후 루빈은 인터넷 검색과 광고에 의존하던 구글의 사업 영역을 모바일 영역으로 확장하는데 기여를 하였고, 안드로이드는 애플을 제치고 스마트폰에서 가장 많이 사용되는 소프트웨어로 발전하였다.

2007년 텍사스 인스트루먼트, 브로드컴 코퍼레이션, 구글, HTC, 인텔, LG전자, 마벨 테크놀로지 그룹, 모토로라, 엔비디아, 퀄컴, 삼성전자, 스프린트 넥스텔, T-모바일 등의 회사들로 구성된 컨소시엄인 오픈 핸드셋 얼라이언스(OHA)가 모바일 기기의 공개 표준을 개발하는 것을 목표로 결성되었고, 2008년 10월에는 안드로이드가 오픈 소스로 선언되었다.

안드로이드 운영체제 버전은 2007년 11월 안드로이드 1.0 알파 버전부터 시작하여 꾸준히 업데이트 되고 있다. 2009년 4월에 발표된 1.5 버전부터 각각의 안드로이드 버전은 디저트 이름을 붙여 부르고 있다. 각 버전들은 알파벳 순서에 따라 컵케이크(Cup cake), 도넛(Donut), 에클레어(Eclair), 프로요(Froyo), 진저브레드(Ginger bread), 허니콤(Honey comb), 아이스크림 샌드위치(Ice Cream Sandwich), 젤리빈(Jelly bean), 킷캣(KitKat), 롤리팝(Lollipop), 마쉬멜로우(Marshmallow), 누가(Nougat), 오레오(Oreo) 등으로 이름이 붙여져 진화하였으며, 2018년에는 파이(Pie)를 발표하였다.

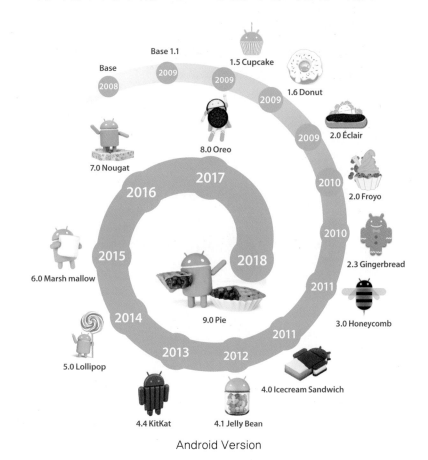

Android Version

1.3.2 안드로이드 에브리웨어(Everywhere)

2014년 구글I/O에서 제시된 개념으로 안드로이드 OS를 모든 곳에 적용한다는 의미를 내포하고 있다. 이를 뒷받침하는 소프트웨어로 사물인터넷 OS인 안드로이드 씽즈(Android Things), 스마트워치 등에 사용하는 웨어 OS, 자동차에 쓰이는 안드로이드 오토, 안드로이드 TV 등이 있다.

안드로이드 씽즈

안드로이드 씽즈(Android Things)는 2015년 구글 I/O에서 사물인터넷 (IoT:Internet of Things)을 위해 구글이 공개한 OS인 브릴로의 명칭을 변경한 OS이다. 이는 개발자와 제조업체가 안드로이드 운영체제를 기반으로 모든 기기를 연결할 수 있도록 한 플랫폼이며 가전제품 등 여러 기기를 스마트폰으로 조작이 가능하도록 해주는 새로운 운영체제이다. 즉, 우리의 일상생활에서 음향기기, 조명기구, TV, 에어컨, 세탁기, 집 열쇠 등에 탑재해 모든 사물을 인터넷에 접속시켜 조작할 수 있게 하는 것이다.

(자료원: https://developer.android.com/things/)

웨어 OS

구글은 2014년 스마트 시계와 웨어러블 컴퓨터 등을 위한 안드로이드 운영체제인 안드로이드 웨어(Android wear)를 공개하였으며, 2018년에 '웨어 OS'로 이름을 변경하였다. 2014년 발표할 때는 안드로이드 운영체제만을 지원하는 OS로 시작하였으나, 2018년에는 아이폰 사용자들까지도 포용하려는 전략으로 '웨어 OS'로 이름을 변경하였다. 웨어 OS는 착용가능한 기기를 위한 안드로이드 버전의 플랫폼으로 터치 스크린으로도 조작이 가능하고, 구글의 음성인식 비서인 '구글 어시스턴트'를 지원한다. 또한 캘린더, 메모, 지도 등 일상생활에서 필요한 앱을 지원한다. 또한 폰이 없더라도 운동량을 기록할 수 있는 구글핏 등의 앱을 지원하고 있다.

(자료원: https://wearos.google.com)

이러한 플랫폼을 통해 구글은 인터넷 검색 서비스에서 시작해 모바일 서비스 분야의 주도권을 유지하려고 하고 있다. 이는 과거의 마이크로소프트가 PC의 OS로 시작하여 인터넷 검색 서비스의 주도권을 한참 동안 유지한 것과 유사한 전략이다. OS 이외에 '구글 페이'처럼 안드로이드에서 쓰이는 핵심 앱들도 안드로이드의 오픈소스로서의 자리를 공고하게 하고 있다.

안드로이드 오토

그 이름처럼 자동차에서의 안드로이드 사용을 편리하게 하기 위한 플랫폼이다. 구글이 자율주행 자동차 분야에서의 주도권을 유지하기 위한 자동차용 OS로 볼 수도 있다. 안드로이드 오토를 이용하여 자동차 안에서 각종 앱과 콘텐츠를 편리하게 사용할 수 있다. 예를 들어 사용자는 자동차에서 내비게이션 이용과 메시지 보내기, 음악 듣기 등을 할 수 있다.
(자료원: https://developer.android.com/auto/)

안드로이드 TV

안드로이드 TV를 이용하면 안드로이드의 콘텐츠를 그대로 TV에서 사용할 수 있다. 블록버스터 영화, 스포츠 생중계, 스트리밍 앱, 멀티플레이어 게임 등의 콘텐츠, 앱, 게임의 세계를 안드로이드 TV를 통해 거실에서 경험할 수 있다.
(자료원: https://developer.android.com/tv/)

구글페이

구글은 2015 구글 I/O에서 모바일 결제 플랫폼인 안드로이드 페이를 발표하였다. 이는 구글이 개발한 전자지갑 플랫폼으로서, 모바일 기기에서 사용자들이 안드로이드 OS 기반의 단말기인 스마트폰, 태블릿, 워치로 결제할 수 있게 한다. 2018년 안드로이드 페이와 구글 월렛을 통합하여 구글페이로 명칭을 바꾸었다. 이는 애플의 애플페이, 삼성의 삼성페이 등 최근의 핀테크의 활성화에 대응하는 구글의 주도권 확보 전략이다.
(자료원: https://pay.google.com/)

01.4

구글의 새로운 사업

구글은 안드로이드 운영체제 외에도 다양한 새로운 사업 분야에 진출하고 있다. 그 중에
중요하면서도 흥미로운 것은 다음과 같다.

브라우저 크롬

크롬(chrome)은 구글이 2008년 발표한 브라우저이다.
빠르고 간편하게 정보를 보여주려는 목적으로 개발하였
다. 구글은 크롬을 오픈소스로 공개하였다. 이는 오픈소
스 개발자들에게 크롬의 기능을 향상하는데 기여하게 함
으로써 자연스럽게 점유율을 높이려는 전략이다. 이후 크
롬은 브라우저에서 진화를 거듭하여 웹의 플랫폼으로서
OS 수준으로 발전하고 있다.
(자료원: https://www.google.com/chrome/)

구글 지도

구글 지도(Google Maps)는 구글에서 제공하는 지도 서
비스이다. 구글 지도는 위성 사진, 스트리트 뷰, 360° 거
리 파노라마 뷰, 실시간 교통 상황(구글 트래픽)을 보여주
고 도보, 자동차, 자전거(beta), 대중교통의 경로를 제
공한다. 구글 지도의 길찾기는 현지 대중교통과 연동하
여 오픈API로 제공한다. 스트리트 뷰는 거리를 보여 주는
데, 프라이버시 침해 논란이 있었다.
(자료원: https://www.google.com/maps)

자율주행 자동차

구글은 2018년 12월 애리조나주의 피닉스에서 자율주행 자동차 자회사인 웨이모의 자율주행 택시 시범 운행을 발표하였다. 그 전에 구글은 2014년 4월 자율주행 자동차의 도심 주행 성공을 발표하였다. 구글은 자율주행 자동차 프로젝트의 결과로 알파벳의 자회사 웨이모를 설립하였다. 구글의 자율주행 자동차는 차량에 부착된 비디오 카메라와 센서 등을 통해 입력한 데이터를 처리하여 주행한다. 웨이모는 자동차 제조가 아니라 완전 자율주행 기술을 세계 각국 도시의 택시나 물류 차량 등 상업적 이용이 가능한 서비스에 제공하는 것을 목표로 한다.
(자료원: https://waymo.com)

딥마인드의 알파고

알파고(AlphaGo)는 구글의 자회사인 딥마인드(Deep Mind)가 개발한 바둑 전문 인공지능 소프트웨어이다. 2016년 3월 상금 백만달러를 걸고 서울에서 열린 이세돌과의 5국 대결에서 알파고는 4대1의 승리를 거두었다. 이세돌 9단은 4국을 불계승으로 한 번만 이겼다. 알파고가 인간 바둑의 최고수인 이세돌 9단을 이김으로써, 인공지능에 대한 관심이 고조되는 계기가 되었다.
(자료원: https://deepmind.com/research/ alphago/alphago-korea/)

구글 어시스턴트

구글 어시스턴트(Google Assistant)는 구글이 2016년 5월 발표한 지능형 가상 비서이다. 2017년에는 타사 스마트폰과 안드로이드 웨어를 포함한 다른 안드로이드에도 채용되기 시작하였으며 iOS 운영 체제의 독립적인 앱으로도 출시되었다. 2017년 4월 소프트웨어 개발 키트의 발표와 함께 어시스턴트는 다양한 장치를 지원하도록 확대되었는데, 여기에는 자동차, IoT, TV 등이 포함된다. 장차 구글 어시스턴트는 물체를 식별하고 장치의 카메라를 통해 시각 정보를 모아 상황을 파악하고 이를 이용하려 할 것이다.
(자료원: https://assistant.google.com)

코틀린

구글은 2017년 구글 I/O 행사에서 코틀린(Kotlin)을 안드로이드 공식 언어로 추가한다고 발표하였다. 코틀린은 IntelliJ IDEA의 개발사 JetBrains에서 2011년에 공개한 프로그래밍 언어로 간결한 문법을 가지고 있다. JVM 기반의 언어이며, Java와의 상호 운용을 지원한다. JVM 바이트코드가 기본이지만, Kotlin/Native 컴파일러를 사용하여 기계어로 컴파일하는 것이 가능하다. 안드로이드, 톰캣, JavaScript, Java EE, HTML5, iOS, 라즈베리파이 등의 플랫폼에서 개발할 때 사용할 수 있다. 안드로이드 스튜디오 3.0 이후 버전에는 코틀린이 기본적으로 포함되어 있다.
(자료원: https://kotlinlang.org/).

> 안드로이드(Android)는 휴대전화를 비롯한 휴대용 장치를 위한 운영체제와 미들웨어 그리고 핵심 어플리케이션을 포함하는 소프트웨어의 집합이다.

> 구글은 2008년부터 안드로이드 마켓을 이용하여 앱을 판매하기 시작하였으며, 2012년부터 새로운 상표 **구글 플레이(Google Play)**를 도입하여 앱과 디지털 콘텐츠를 서비스하기 시작하였다. 일반인도 자신이 개발한 앱을 구글 플레이 스토어를 통해 판매하는 것이 가능하다.

> 2018년 국내에서 모바일 이용자들이 가장 많은 시간 이용한 앱은 ▲유튜브(1,019분) ▲카카오톡(804분) ▲네이버(700분) ▲페이스북(461분) 순이었다.

> 안드로이드 버전은 계속 진화하고 있다.

  • 2009년 1.5 컵케이크(Cupcake) → 2009년 1.6 도넛(Donut) → 2009년 2.0 이클레어(Éclair) → 2010년 2.2 프로요(Froyo) → 2010년 2.3 진저브레드(Gingerbread) → 2011년 3.0 허니콤(Honeycomb) → 2011년 4.0 아이스크림 샌드위치(Icecream Sandwitch) → 2012년 4.1 젤리빈(Jelly Bean) → 2013년 4.4 킷캣(KitKat) → 2014년 5.0 롤리팝(Lollipop) → 2015년 6.0 마시멜로(Marshmallow) → 2016년 7.0 누가(Nougat) → 2018년 8.0 오레오(Oreo) → 2018년 9.0 파이(Pie)

> 안드로이드 에브리웨어(Everywhere)를 뒷받침하는 소프트웨어는 안드로이드 씽즈(Things), 웨어OS, 안드로이드 오토, 안드로이드 TV, 구글페이 등이 있다.

  • 안드로이드 씽즈: 개발자와 제조업체가 안드로이드 운영체제를 기반으로 모든 기기를 연결할 수 있게 한 플랫폼. 가전제품 등 여러 기기를 스마트폰으로 조작이 가능하게 해주는 운영체제이다.

  • 웨어OS: 착용 가능한 기기를 위한 안드로이드 버전의 플랫폼. 터치스크린으로도 조작이 가능하고 구글의 음성인식 비서인 '구글 어시스턴트'를 지원한다.

  • 안드로이드 오토: 자동차에서 편리하게 안드로이드를 사용할 수 있는 플랫폼. 안드로이드 오토를 이용해 자동차 안에서 각종 앱과 콘텐츠를 편리하게 사용할 수 있다.

  • 안드로이드 TV: 안드로이드의 콘텐츠를 그대로 TV에서 사용할 수 있게 해준다.

  • 구글페이: 구글이 개발한 전자지갑 플랫폼. 모바일 기기에서 사용자들이 안드로이드 OS 기반 단말기로 지불할 수 있게 해준다.

> 구글의 안드로이드 외에 수행하는 새로운 사업은 크롬 브라우저, 구글 지도, 웨이모의 자율주행 자동차, 딥마인드의 알파고, 구글 어시스턴트, 코틀린 등이다.

다음 ( ) 안에 적당한 용어를 적으시오(1~14문항).

1. 애플이 발표한 ( )(은)는 터치스크린 기반의 아이팟, 휴대전화, 모바일 인터넷 기능을 가진 스마트폰이다.

2. ( )(은)는 휴대전화를 비롯한 휴대용 장치를 위한 운영체제와 미들웨어, 그리고 핵심 어플리케이션을 포함하고 있는 소프트웨어 집합이다. ( )(은)는 애플의 스마트폰인 아이폰과 PDA(PMP)인 아이팟터치, 태블릿PC인 아이패드에 내장되어 있는 운영체제이다.

3. 구글을 중심으로 34개의 모바일 장치 제조업체와 어플리케이션 개발자, 통신사와 반도체 제조업체 등이 함께 ( )(을)를 설립하여 안드로이드의 공개 표준을 개발하고 있다.

4. 안드로이드 각 버전은 디저트 이름을 코드명으로 사용하고 있는데, 2018년 발표한 9.0 버전은 ( )(으)로 부르고 있다.

5. ( )(이)란 애플의 어플리케이션(Apple Application Software)을 가리키는 말이었으나, 이제는 스마트 기기용 어플리케이션(Application Software)을 지칭하는 명칭으로 굳어졌다. ( )(은)는 스마트폰이나 태블릿PC와 같은 모바일 기기로 무선 네트워크과 브라우저를 이용하여 인터넷에 연결하는 어플리케이션들을 지원한다.

6. ( )(이)란 터치스크린을 주입력장치로 장착한 휴대용 PC이며 개인이 직접 갖고 다니며 조작할 수 있다. 애플의 아이패드, 삼성전자의 갤럭시탭이 그 예이다.

7. 현재 구글이 서비스하고 있는 휴대전화 OS인 안드로이드는 ( )(이)가 2003년 미국 캘리포니아 주의 팔로알토에 설립한 안드로이드 사에서 개발하였다.

8. 2019년 현재 구글의 사물인터넷(IoT: Internet of Things)을 위한 OS는 ( )(이)다. 즉 우리의 일상생활에서 음향기기, 조명기구, TV, 에어컨, 세탁기, 집 열쇠 등에 탑재해 모든 사물을 인터넷에 접속시켜 조작할 수 있게 하는 것이다.

9. 구글은 2014년 스마트 시계와 웨어러블 컴퓨터 등을 위한 안드로이드 운영체제인 안드로이드 웨어(Android wear)를 공개하였으며, 2018년에 ( )(으)로 이름을 변경하였다.

10. ( )(은)는 자동차에서의 안드로이드 사용을 편리하게 하기 위한 플랫폼이며, 이를 이용하여 자동차 안에서 각종 앱과 콘텐츠를 편리하게 사용할 수 있다.

11. 영화, 스포츠 생중계, 스트리밍 앱, 멀티플레이어, 게임 등의 안드로이드 콘텐츠를 TV를 이용하여 경험할 수 있게 해주는 OS는 (   )(이)다.

12. 애플의 애플페이, 삼성의 삼성페이 등 최근의 핀테크의 활성화에 대응하기 위하여 구글은 2018년 안드로이드 페이와 구글 월렛을 통합하여 (   )(을)를 발표하였다.

13. 구글 지주회사인 알파벳의 자회사 (   )(은)는 자동차 제조가 아니라 완전자율주행 기술을 세계 각국 도시의 택시나 물류 차량 등 상업적 이용이 가능한 서비스에 제공하는 것을 목표로 한다.

14. (   )(은)는 2017년 구글 I/O 행사에서 안드로이드의 공식 언어로 추가되었고, 안드로이드 스튜디오 3.0 이후 버전에는 이것이 기본적으로 포함되어 있다.

15. 구글 플레이(Google Play)에 관한 내용 중 틀린 것은?

① 앱은 유료 및 무료가 있으며, 무료앱을 다운로드할 때도 구글 계정이 필요하다.
② 컴퓨터, 안드로이드폰 및 태블릿PC에서 모두 앱의 다운로드가 가능하다.
③ 일반인도 자신이 개발한 앱을 Play 스토어를 통해 판매하는 것이 가능하다.
④ 앱 개발자는 판매수익의 50%를 가지고, 나머지 50%는 통신사업자와 구글이 나누어 가진다.

ANDROID PROGRAMMING

앱 개발환경 구축

학습목표

- 이번 장에서는 안드로이드 앱 운영 환경을 이해하고, 앱 개발 환경을 구축해보자. 자바를 먼저 설치하고, 통합개발환경인 안드로이드 스튜디오와 안드로이드 SDK를 설치하면 된다.

학습내용

- 안드로이드 운영 환경
- 안드로이드 스튜디오 설치

02. 1 앱 운영환경

안드로이드 기반의 스마트폰은 안드로이드 아키텍처 운영환경에서 작동된다. 안드로이드 아키텍처는 리눅스 커널을 기반으로 하는 라이브러리와 안드로이드 런타임(ART: Android RunTime)이 있으며, 그 위에 어플리케이션 프레임워크가 있고 최상위에 우리가 실행하는 어플리케이션(앱)이 있다. 앱은 정보를 조회, 저장, 변경할 수 있으며, 무선 네트워크를 이용하여 다른 스마트폰과 통신하여 정보를 교환하기도 한다.

안드로이드 아키텍처

스마트폰

● **안드로이드 아키텍처 구성요소와 기능**

구성요소	기능
어플리케이션	안드로이드는 이메일, SMS, 일정, 지도, 웹브라우저 등을 포함하는 여러 가지 주요 응용프로그램으로 배포됨. 모든 어플리케이션은 자바 언어로 작성됨. 어플리케이션은 하나 이상의 액티비티로 구성되며, 각 액티비티는 화면을 통해 사용자와 상호작용하지만 오디오 실행과 같이 화면이 없는 액티비티도 가능함.
어플리케이션 프레임워크	개방형 개발 플랫폼을 제공하며, 개발자들이 더 풍부하고 혁신적인 어플리케이션을 제작할 수 있도록 지원함. 개발자들은 디바이스의 하드웨어, 로컬 정보, 백그라운드 실행 서비스, 경고, 상태바를 통한 공지 등의 다양한 기능을 활용할 수 있음. 주요 구성요소는 다음과 같음.

구성요소	기능
View	리스트, 그리드, 텍스트 박스, 버튼, 웹뷰 등으로 어플리케이션 개발에 사용됨
Content Providers	응용프로그램이 다른 응용프로그램에 접근하거나 데이터를 공유하게 함
Resource Manager	문자, 그림, 레이아웃 파일 등의 자원에 대한 접근 허용을 관리함
Notification Manager	응용프로그램이 상태바에 경고문을 출력하게 도와줌
Activity Manager	응용프로그램의 시작부터 종료까지의 라이프사이클을 관리함

구성요소	기능
런타임(가상머신)	안드로이드 자바 어플리케이션이 실행되는 환경을 제공하며, 안드로이드 SDK의 안드로이드 런타임(ART: Android RunTime)이 그 역할을 함.
라이브러리	안드로이드 시스템의 여러 컴포넌트에 의해 사용되며 C/C++로 만들어져 있음. 구성요소는 다음과 같음

구성요소	기능
Media Libraries	이미지, 오디오 및 비디오 포맷인 MPEG4, H.264, MP3, AAC, AMR, JPG, PNG 파일들의 백그라운드 실행 및 저장
Surface Manager	디스플레이 서브시스템의 접근을 관리
LibWebCore	웹브라우저 엔진
SQLite	응용프로그램이 사용할 수 있는 데이터베이스 엔진

구성요소	기능
리눅스 커널	보안, 메모리 관리, 프로세스 관리, 네트워킹 등의 핵심 시스템 서비스를 위한 Linux 운영체제가 있음

02.2

앱 개발환경

안드로이드 앱 개발을 위한 환경을 살펴보자. 안드로이드 앱은 안드로이드 스튜디오(Android Studio)라는 **통합개발환경**(IDE: Integrated Development Environment)을 이용하여 개발하고, 안드로이드 SDK(Android Software Development Kit)에 있는 컴파일러로 실행파일을 만든다. 실행파일은 안드로이드 가상머신(AVD: Android Virtual Device)를 이용하여 실행하거나, 데이터 케이블로 PC에 연결된 스마트폰에 전송하여 실행할 수 있다.

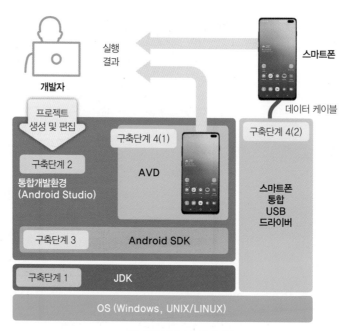

앱 개발환경과 구축단계

안드로이드 SDK는 JDK(Java Development Kit)를 기반으로 하기 때문에 JDK를 먼저 설치하여야 한다. JDK에는 자바 컴파일러와 컴파일된 자바 어플리케이션이 실행되는 환경인 자바 가상머신(JVM: Java Virtual Machine)이 있다. JDK는 윈도우즈 또는 리눅스 운영체제(OS: Operating System)에서 실행된다.

앱 개발환경 구축은 2.3절에서 구축 단계에 따라 진행함.

● 앱 개발환경의 구성요소

구축 단계	구성요소	개요
1	자바 개발 키트	**JDK(Java Development Kit)** 자바 어플리케이션을 개발하기 위해 필요한 각종 유틸리티 클래스 파일들을 포함하고 있는 개발 키트로, 자바 어플리케이션이 실행되는 자바 가상머신(JVM: Java Virtual Machine) 환경을 제공함.
2	통합 개발 환경	**IDE(Integrated Development Environment)** 안드로이드 앱 개발을 위한 IDE인 안드로이드 스튜디오는 IntelliJ를 기반으로 만들어졌으며, 안드로이드 사이트(developer.android.com/sdk/installing/studio.html)에서 다운로드 받을 수 있음.
3	안드로이드 SDK	**Android SDK(Android Software Development Kit)** 안드로드용 어플리케이션을 개발하기 위해 필요한 클래스 파일들을 포함하는 소프트웨어 개발 키트로, 안드로이드 자바 어플리케이션이 실행되는 안드로이드 런타임 환경을 제공함. ▶ Android Studio를 설치하면 최신 버전이 자동으로 설치됨. 이전 버전 등의 SDK 설치는 Android Studio의 SDK Manager에서 가능함.
4	(1) 안드로이드 가상 디바이스	**AVD(Android Virtual Device)** 안드로이드 기반 스마트폰 에뮬레이터를 실행시키기 위한 가상 장치로서, 안드로이드 어플리케이션의 실행을 테스트할 수 있음. ▶ **에뮬레이터**: 하드웨어나 소프트웨어의 기능을 모방하여 실행하는 장치 또는 프로그램으로, 여기서는 가상의 스마트폰을 의미함. ▶ Android Studio의 AVD Manager에서 설치함.
	(2) **통합 USB 드라이버**	개발한 프로젝트를 스마트폰에 설치하기 위해서는, 먼저 스마트폰을 PC에 USB 케이블로 연결하고 **스마트폰에서 데이터 접근을 허용해야 함**. 안드로이드 스튜디오에서 컴파일 시 설정하는 개발 타겟 목록에 스마트폰이 나타나지 않으면, 스마트폰 제조사 홈페이지에서 '통합 USB 드라이버'를 PC에 다운로드 받아 설치함.

02.3

앱 개발환경 구축

윈도우즈 운영체제에서 일반적인 앱 개발환경 구축 방법을 살펴보자. 리눅스의 경우도 크게 다르지 않기 때문에 같은 방법으로 구축하면 된다. 앱 개발환경 구축은 ① JDK 설치, ② Android Studio 설치, ③ Android SDK 설치의 3단계로 이루어 진다.

STEP 1 ⟩ JDK 설치

오라클(www.oracle.com) 홈페이지에서 다음 과정을 거쳐 JDK를 설치한다.

(1) JDK 다운로드

오라클 홈페이지 'Menu'에서 'Developers'를 선택한 후에 'Java'를 클릭한다.

Java SE의 'Download'를 클릭한다.

Java SE 메뉴 중 'Download' 탭을 클릭한다.

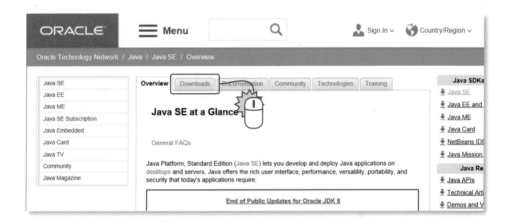

ℹ️ 버전은 계속 업데이트되므로 최신 버전을 설치하면 된다.

Java 'DOWNLOAD' 버튼을 클릭한다.

라이선스 동의를 승낙(Accept License Agreement)에 체크한다.

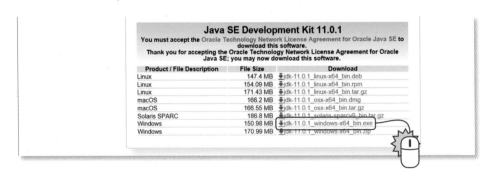

PC 시스템과 운영체제에 맞는 File을 클릭한다(윈도우 64비트인 경우, 'windows_x64_bin.exe'를 선택한다).

'실행' 버튼을 클릭한다.

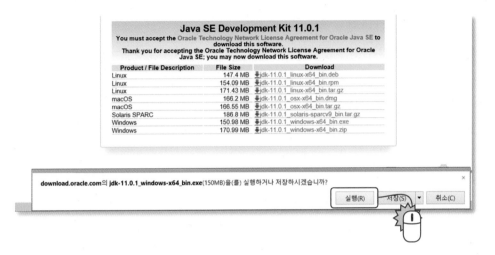

(2) JDK 설치

설치 초기 화면이 나타나면 'Next' 버튼을 클릭한다.

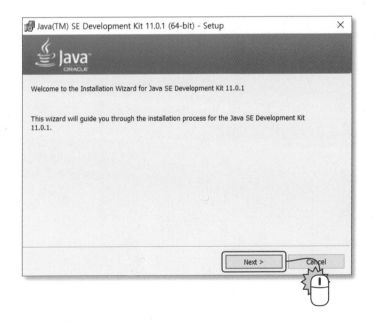

'Next' 버튼을 클릭한다.

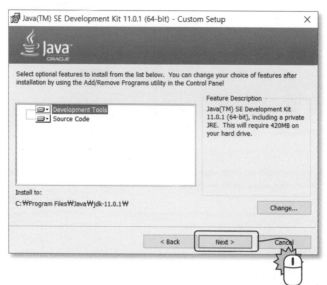

'Java SE' 설치가 끝나면 'Close' 버튼을 클릭한다.

(3) 자바홈(JAVA_HOME) 환경설정

ℹ️ Android Studio 설치 시에, 자바가 설치된 위치정보를 필요로 하기 때문에 '자바홈' 환경을 설정한다. 설치과정에서 나타나는 메뉴 구성은 윈도우 버전에 따라 달라질 수 있으니, 주의해서 경로를 살펴보기 바란다.

시작메뉴에서 '제어판'을 클릭한다.

제어판 목록에서 '시스템 및 보안'을 선택한다.

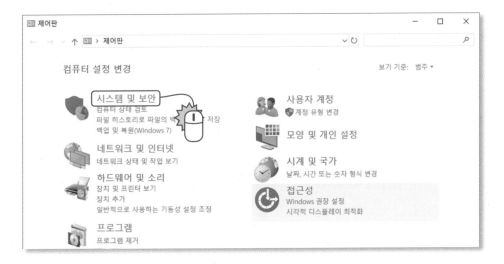

'시스템 및 보안' 목록에서 '시스템'을 선택한다.

시스템의 '제어판 홈' 목록에서 '고급 시스템 설정'을 선택한다.

시스템 속성의 '환경 변수' 버튼을 클릭한다.

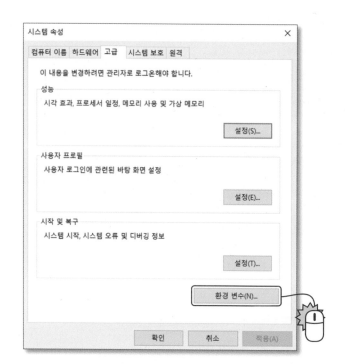

환경변수 창에서 시스템의 '새로 만들기' 버튼을 클릭한다. 'JAVA_HOME' 변수가 있으면 '편집' 버튼을 클릭한다.

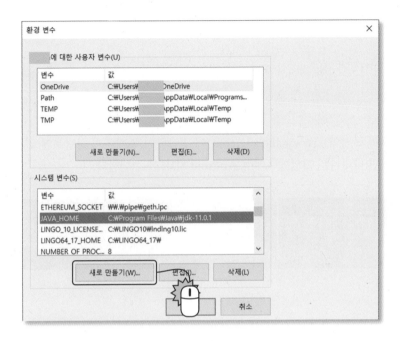

변수 이름은 'JAVA_HOME', **변수 값**은 'C:\Program Files\Java\jdk-버전번호'를 입력한다. 다음은 'C:\Program Files\Java\jdk-11.0.1'을 입력한 예이다. **'확인'** 버튼을 클릭하고, 환경변수 창에서 최종 **'확인'** 버튼을 클릭한다.

(1) Android Studio 다운로드

ⓘ 홈페이지 화면구성은 방문할 때마다 달라질 수 있으니, 주의해서 **Android Studio** 다운로드 경로를 살펴보기 바란다.

안드로이드 사이트(www.android.com)에 접속하여 홈페이지 하단부에 있는 '개발자'를 선택하면 나타나는 팝업메뉴에서 'Android SDK'를 선택한다.

'DOWNLOAD ANDROID STUDIO' 버튼을 클릭한다.

라이선스에 동의하고 'DOWNLOAD ANDROID STUDIO FOR WINDOWS' 버튼을
클릭한다.

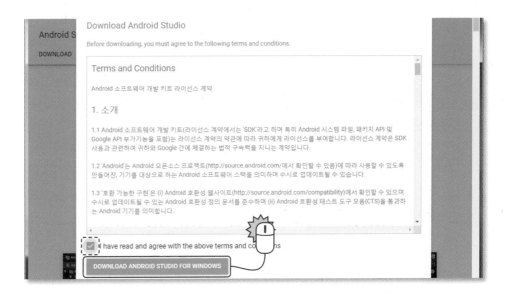

(2) Android Studio 설치

화면 하단에 팝업된 확인 창에서 '실행' 버튼을 클릭한다.

Android Studio 설치 첫 화면에서 'Next' 버튼을 클릭한다.

Android Studio 설치 구성요소를 모두 선택하고 'Next' 버튼을 클릭한다.

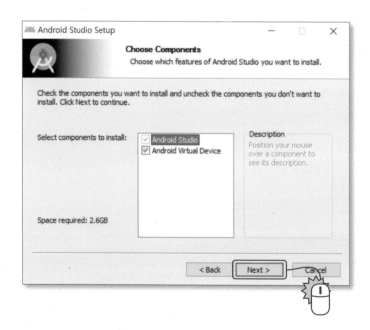

Android Studio와 Android SDK 설치 경로는 시스템에서 설정한 그대로 두고 'Next' 버튼을 클릭한다(Program Files 폴더 아래에 설치됨).

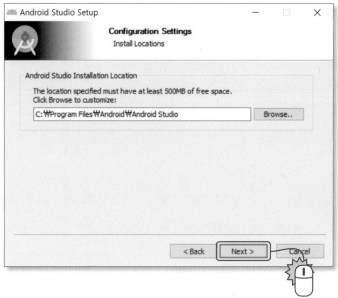

시작 메뉴 폴더 이름은 그대로 두고 'Install' 버튼을 클릭한다.

설치가 완료되면 'Next' 버튼을 클릭한다.

안드로이드 스튜디오 설치가 끝나면 'Finish' 버튼을 클릭한다(사용자 폴더의 사용자 계정 폴더에 .android 폴더가 생성됨).

이전 버전 환경을 설정하지 않는 것으로 선택한다.

'Next' 버튼을 클릭한다.

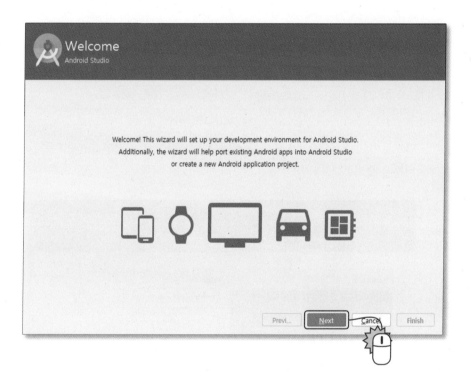

안드로이드 스튜디오를 표준형으로 설치하기 위해 Standard를 선택하고, 'next' 버튼을 클릭한다.

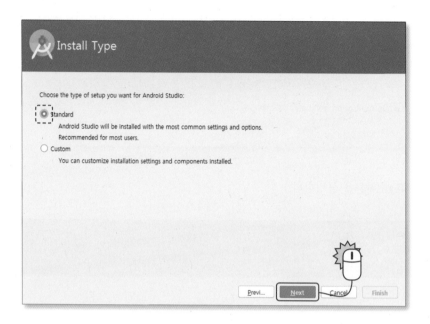

안드로이드 스튜디오 UI 테마를 선택한다. 디폴트로 지정된 'IntelliJ'를 선택하고 'Next' 버튼을 클릭한다.

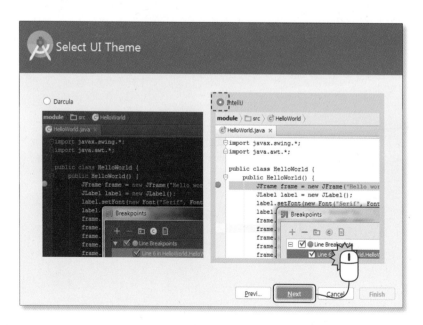

안드로이드 SDK 설치 설정을 확인하고 'Finish' 버튼을 클릭한다.

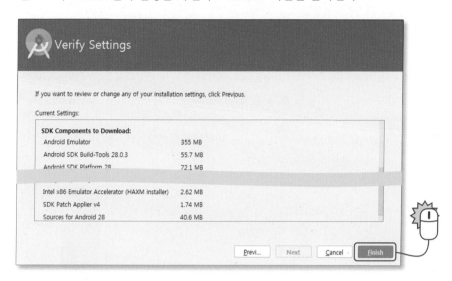

설치가 완료되면 'Finish' 버튼을 클릭한다(C:\사용자\사용자계정\AppData 폴더에 Android 폴더가 생성되고 SDK가 설치된다).

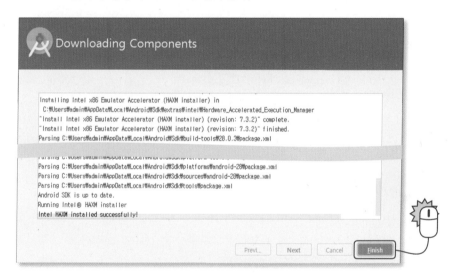

ⓘ 안드로이드 스튜디오를 처음 실행하면 개발환경 편집 화면이 나타나기 전에, 프로젝트 생성 단계를 거치게 된다. 이 부분은 3장에서 살펴보기로 하고, 4장부터는 안드로이드 스튜디오 편집 화면에서 'New Project' 메뉴를 선택해서 프로젝트를 개발하면 된다.

> 안드로이드 아키텍처는 제일 하부에서부터 리눅스 커널─라이브러리와 런타임(ART: Android RunTime)─어플리케이션 프레임워크─앱(어플리케이션)으로 구성된다.

> 안드로이드 앱은 통합개발환경(IDE: Integrated Development Environment)에서 안드로이드 SDK(Android Software Development Kit)를 이용하여 개발한다. 앱은 안드로이드 가상머신 (AVD: Android Virtual Device)을 이용하여 실행하거나, 데이터 케이블로 PC에 연결된 스마트폰에 전송하여 실행할 수 있다.

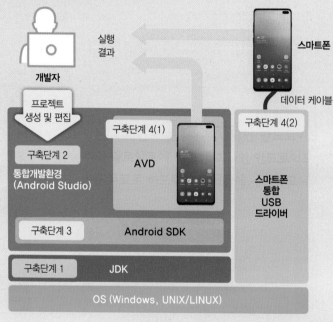

앱 개발환경과 구축단계

> 안드로이드 앱 개발환경 구축은 ① JDK 설치, ② Android Studio 설치, ③ Android SDK 설치의 3단계로 이루어진다. JAVA 설치 시에는 안드로이드 스튜디오가 그 위치를 알 수 있도록 'JAVA_HOME' 환경변수를 설정한다.

1. 안드로이드는 운영체제, 미들웨어, 주요 어플리케이션을 포함하는 모바일 디바이스를 위한 소프트웨어이다. 안드로이드 아키텍처의 구성요소 간 관계를 고려하여 ①~⑤의 구성요소 이름을 기입하시오(②~③은 순서 관계없음).

스마트폰   안드로이드 아키텍처

2. 다음 보기를 읽고 물음에 답하시오.

> 가. 개방형 개발 플랫폼을 제공하며, 개발자들이 더 풍부하고 혁신적인 어플리케이션을 제작할 수 있도록 지원함.
> 나. 이메일, SMS, 일정, 지도, 웹브라우저 등을 포함함.
> 다. 보안, 메모리 관리, 프로세스 관리, 네트워킹 등의 핵심 시스템 서비스를 함.
> 라. 안드로이드 자바 어플리케이션이 실행되는 환경을 제공하며, 안드로이드 SDK의 안드로이드 런타임(ART: Android RunTime)이 그 역할을 함.
> 마. 안드로이드 시스템의 여러 컴포넌트에 의해 사용되며, C/C++로 작성되어 있음.

안드로이드 아키텍처의 각 구성요소를 설명하는 항목을 위의 보기에서 고르시오.

① 리눅스 커널 ······················· (   )

② 라이브러리 ······················· (   )

③ 런타임 ······························ (　　)

④ 어플리케이션 프레임워크 ··········· (　　)

⑤ 어플리케이션 ···················· (　　)

3. 다음 중 앱 개발환경 구축 과정으로 적합한 것은?

① 안드로이드 스튜디오 설치 → 안드로이드 SDK 설치 → JDK 설치 → AVD 생성

② 안드로이드 스튜디오 설치 → JDK 설치 → 안드로이드 SDK 설치 → AVD 생성

③ JDK 설치 → 안드로이드 SDK 설치 → 안드로이드 스튜디오 설치 → AVD 생성

④ JDK 설치 → 안드로이드 스튜디오 설치 → 안드로이드 SDK 설치 → AVD 생성

4. 다음 보기를 읽고 물음에 답하시오.

> 가. JDK(또는 Java Development Kit)
>
> 나. Android SDK(Android SDK)
>
> 다. Android Studio
>
> 라. AVD(또는 Android Virtual Device)
>
> 마. 통합 USB 드라이버

다음 용어에 대한 설명을 위의 보기에서 고르시오.

① 안드로이드 앱 개발을 위한 통합개발환경(IDE) ··············(　　)

② 안드로이드 기반 스마트폰 에뮬레이터를 실행시키기 위한 가상 장치 ········(　　)

③ 스마트폰이 PC에 연결되도록 함 ······ (　　)

④ 자바 어플리케이션을 개발하기 위해 필요한 각종 유틸리티 클래스 파일들을 포함하고 있는 개발 키트····················· (　　)

⑤ 안드로이드용 어플리케이션을 개발하기 위해 필요한 클래스 파일들을 포함하는 소프트웨어 개발 키트 ························ (　　)

다음 (　) 안에 적당한 용어를 적으시오(5~6문항).

5. Java가 "C:\Program Files\Java\jdk-11.0.1" 경로에 설치되어 있다면, 시스템 환경변수인 JAVA_HOME의 값을 (　　　)(으)로 설정하면 된다.

6. 안드로이드 스튜디오는 디폴트로 (　　　) 경로에 설치되며, SDK는 "C:\사용자\사용자 계정\AppData\(　　　) 폴더에 설치된다.

앱 프로젝트 구조와
실행 원리

학습목표

- 우리의 첫 번째 앱으로 "Hello Android!"를 개발하면서 프로젝트 구조와 실행 원리를 이해해
  보자. 스마트폰과 안드로이드 가상머신(AVD)으로 실행하는 첫 작품으로 자신감을 가져보자.

학습내용

- 프로젝트 만들기
- 프로젝트 구조
- 프로젝트 실행 원리

03.1 프로젝트 시작: Hello Android

우리는 스마트폰의 화면에 출력되는 텍스트, 이미지, 오디오, 비디오 등의 콘텐츠를 통하여 일상생활 또는 비즈니스에 필요한 유용한 정보를 얻을 수 있다. 이번 장에서는 'Hello Android' 프로젝트를 통해 프로젝트의 생성과 편집, 그리고 앱이 실행되는 원리를 살펴 보자. 어플리케이션 라벨과 액티비티 라벨은 '안녕'으로, 액티비티 화면에는 "안녕, 안드로이드!"라는 텍스트를 출력하도록 한다.

프로젝트 3.1

프로젝트 개요: "안녕, 안드로이드!" 텍스트 출력

Application Name: Hello Android

어플리케이션 라벨: 안녕(기본적으로는 액티비티 라벨과 같지만 다르게 출력 가능함)

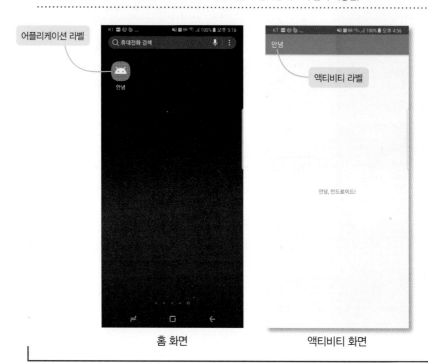

홈 화면   액티비티 화면

03.2

프로젝트 개발

안드로이드 앱 프로젝트 개발은 다음과 같이 프로젝트 생성(Step 1) → 파일 편집(Step 2) → 프로젝트 실행(Step 3)의 세 단계로 진행된다. 프로젝트가 생성된 후에는 개발 목적에 맞게 파일 편집과 프로젝트 실행을 반복하면서 원하는 결과가 나타나도록 한다.

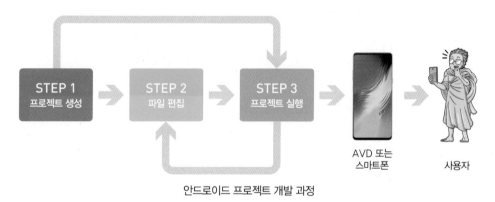

안드로이드 프로젝트 개발 과정

STEP 1 ﹀ 프로젝트 생성

❶ 프로젝트 시작

안드로이드 스튜디오를 처음 실행하면 안드로이드 스튜디오가 시작될 때 프로젝트 생성 과정을 거치게 된다. 'Start a new Android Studio Project'를 선택한다.

❷ 실행 디바이스와 액티비티 유형

실행 디바이스로 'Phone and Tablet' 탭을 선택하고 액티비티 유형으로는 'Empty Activity'를 선택한다.

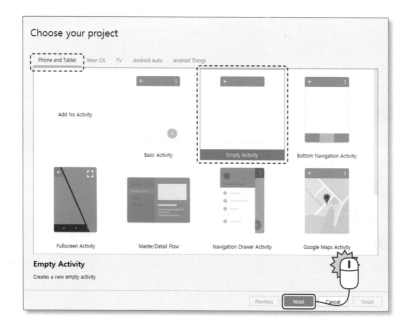

● **액티비티 유형**

	Basic Activity
	액티비티 라벨을 표시하는 타이틀 바(좌측 상단)와 네비게이션이 가능하도록 메뉴가 나타나는 액션 바(우측 상단) 외에 화면 위에 떠다니는 버튼인 Floating Action Button(우측 하단)이 나타남(▶사용 예는 11~12장 참조)
	Empty Activity
	액티비티 라벨을 표시하는 타이틀 바만 나타나는 가장 단순한 화면 구성임 (▶이 책에서는 대부분의 예제를 Empty Activity로 사용함)
	Google Maps Activity
	타이틀 바와 액션 바가 나타나며, 구글맵을 표시할 수 있는 화면 구성을 가짐

❸ **프로젝트 구성**

프로젝트 구성 요소는 어플리케이션 이름, 패키지 이름, 프로젝트 저장 위치, 언어, 최소 API 레벨이다. **어플리케이션 이름**(name)의 'My Application'을 '**Hello Android**'로 수정하면, **패키지 이름**(Package name)은 자동으로 'com.example.**helloandroid**'로 바뀌게 된다. **프로젝트가 저장될 위치**(Save location)는 "C:/User/사용자 계정/AndroidStudioProjects/**helloandroid**" 폴더가 디폴트로 된다. **언어**(Language)는 Java 또는 Kotlin이 가능하다. 우리는 '**Java**' 언어를 사용하기로 한다('Kotlin'은 13장 참조). **최소 API 레벨**(Minimum API level)은 실행할 스마트폰의 API 레벨을 고려해서 지정한다. 입력을 완료하면 'Finish' 버튼을 클릭한다.

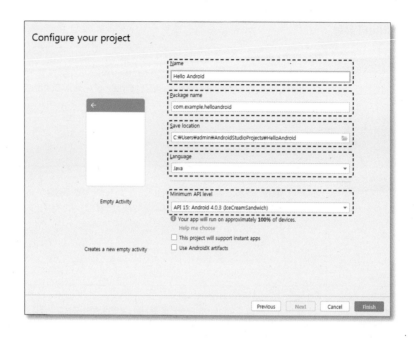

생성된 'HelloAndroid' 프로젝트는 다음과 같다.

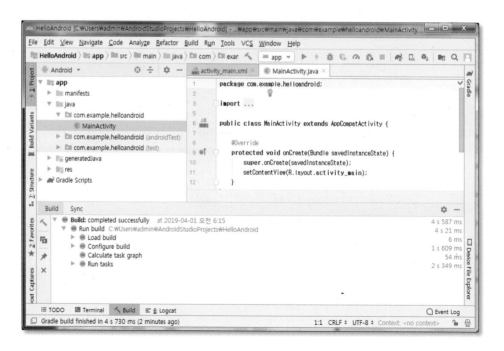

안드로이드 스튜디오의 기본 창은 다음과 같은 여러 개의 논리적 영역으로 구성되어 있다.

영역	기능
툴바	도구 단축 아이콘을 이용하여 앱 실행과 같은 다양한 작업 수행
탐색 메뉴	프로젝트 탐색과 편집할 파일 오픈 프로젝트 창에 나타나는 구조의 간략 표시
편집기 창	코드 작성과 수정이 가능한 영역. 레이아웃 파일, 자바 클래스 파일 등 현재 작업 중인 파일 유형에 따라 편집기 형태가 바뀔 수 있음
도구 창 모음	통합개발환경 창 바깥 주변에 있음 개별 도구 창을 펼치거나 접을 수 있게 해주는 버튼이 있음
도구 창	프로젝트 관리, 검색, 버전 제어 등의 특정 작업에 액세스 가능 도구 창을 펼치거나 접을 수 있음
상태 표시줄	프로젝트와 통합개발환경 자체의 상태를 표시하며, 경고나 메시지 표시

>> 디폴트로 생성되는 프로젝트를 실행해보자. 실행 기기는 두 가지가 가능하다. 하나는 스마트폰을 이용하는 것이고, 다른 하나는 PC 화면을 통해 실행결과를 볼 수 있는 안드로이드 가상 디바이스(AVD)를 이용하는 것이다. 하나씩 살펴보기로 하자.

[1] 스마트폰으로 실행하기

❶ 스마트폰 연결

데이터 케이블로 스마트폰과 PC를 연결한다. 스마트폰의 접근 허용을 승인해서 정상적으로 연결되도록 한다.

❷ 실행

안드로이드 스튜디오의 'Run' 메뉴에서 'Run app'을 클릭하거나, 'Run app' 메뉴 아이콘을 클릭한다.

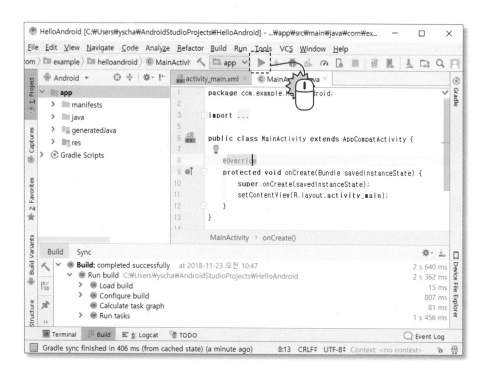

❸ 실행 디바이스 선택

개발 타겟 디바이스 목록에서 연결된 스마트폰을 선택하고 'OK' 버튼을 클릭한다.

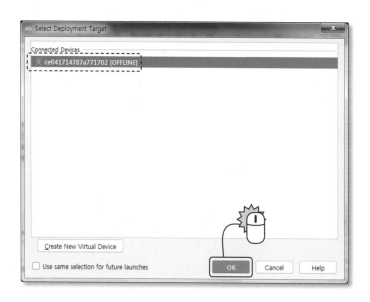

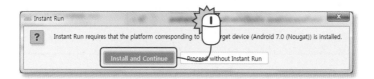

USB 케이블로 PC와 연결된 스마트폰이 나타나지 않으면, 제조사 홈페이지에서 '통합 USB 드라이버'를 다운로드 받아 실행하면 된다. 또한, 스마트폰을 개발자 모드로 활성화해야 된다. 스마트폰의 '설정' 메뉴 화면의 목록에서 '휴대전화 정보' → '소프트웨어 정보' 순으로 클릭한 후에 '빌드번호'를 7회 정도로 연속해서 누르면 개발자 모드로 전환된다.

추가로 설치할 컴포넌트가 있으면 다음과 같이 진행하면 된다.

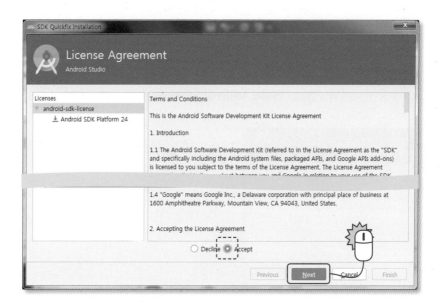

❹ 실행결과

상단의 액티비티 이름은 'Hello Android', 화면 중앙에는 "Hello World!"가 출력된다.

액티비티 이름

[2] 안드로이드 가상 디바이스로 실행하기

❶ 실행

안드로이드 스튜디오의 'Run' 메뉴에서 'Run app' 을 클릭하거나, 'Run app' 메뉴 아이콘을 클릭한다.

❷ 가상 디바이스 만들기

사용 가능한 가상 디바이스가 목록에 나타나지 않기 때문에 가상 디바이스를 만들기 위해 'Create New Virtual Device' 버튼을 클릭한다.

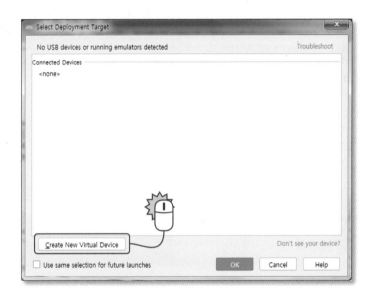

■ 디폴트로 지정된 Phone의 'Nexus 5X'를 사용하기로 하고 'Next' 버튼을 클릭한다.

■ API 레벨에 해당하는 'Download'를 클릭한다. 다음은 API 레벨 28에 대한 예이다.

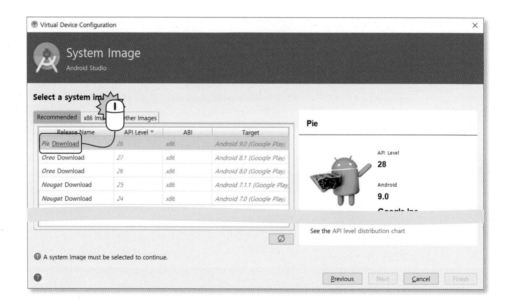

■ 라이선스에 동의하고 'Next' 버튼을 클릭한다.

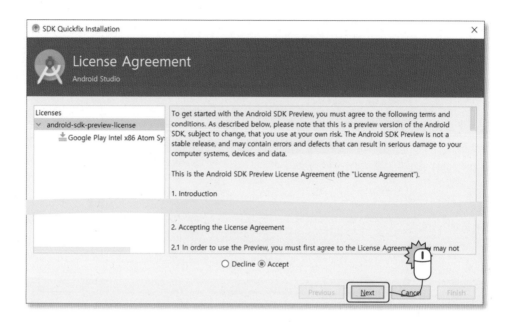

■ 설치가 완료되면 'Finish' 버튼을 클릭한다.

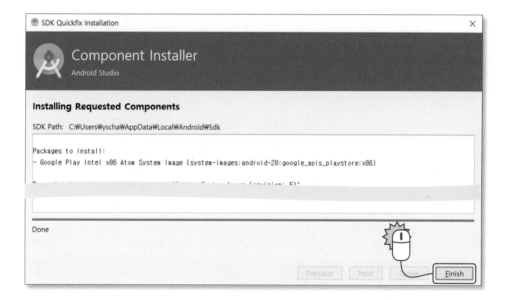

■ 'Next' 버튼을 클릭한다.

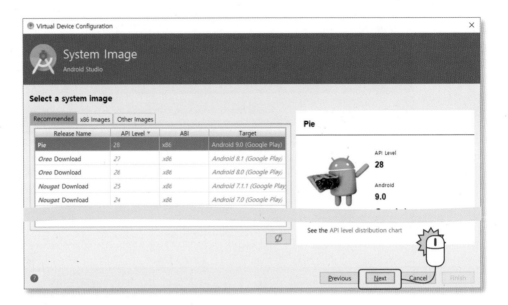

■ 안드로이드 가상 디바이스(AVD) 이름을 지정하고 'Finish' 버튼을 클릭한다. 다음은
디폴트로 주어지는 이름을 그대로 사용한 예이다.

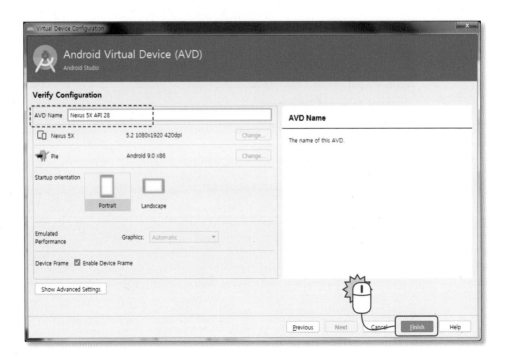

❸ 실행 디바이스 선택

개발 타겟 디바이스 목록에 방금 만든 가상 디바이스가 나타나면 선택하고 'OK' 버튼을 클릭한다.

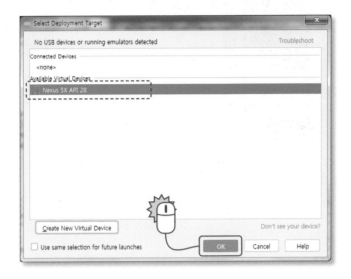

❹ 실행결과

스마트폰으로 실행했던 결과와 같이 상단의 액티비티 이름은 'Hello Android', 화면 중앙에는 "Hello World!"가 출력된다. 사용 후에는 종료 버튼을 클릭하면 된다.

ℹ️ 가상 디바이스로 자주 실행하는 경우에는, 안드로이드 개발자 센터에서 그 활용 방법을 참고하면 도움이 될 것이다(https://developer.android.com/studio/run/emulator?hl=ko).

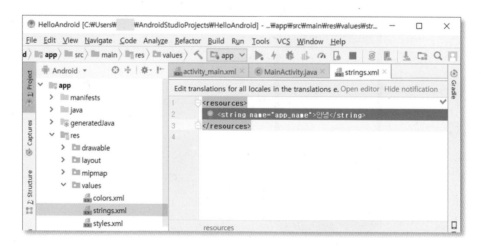

≫ 이제 출력되는 문자를 수정하고, 어플리케이션 라벨도 수정해보자.

STEP 2 ⟩ 파일 편집

❶ 어플리케이션 라벨 수정

res/values 폴더에 있는 **strings.xml**에서 **app_name** 속성 값 "Hello Android"를 "안녕"으로 수정하면, 앱의 아이콘 아래에 보여지는 이름과 출력되는 화면의 액티비티 이름이 모두 "안녕"으로 출력된다.

❷ 출력 문자 수정

다음으로, res/layout 폴더에 있는 activity_main.xml에서 문자 출력을 위한 TextView
의 text 속성 값 "Hello World!"를 "안녕, 안드로이드!"로 수정하면 화면 중앙에 나타나
는 텍스트가 변경되어 출력된다.

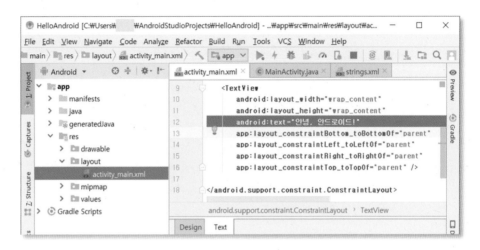

STEP 3 ⟩ 프로젝트 실행

메뉴 아이콘 'Run app'을 클릭하고, 디바이스를 선택해서 실행 결과를 확인해 보자.

Q 텍스트 리소스의 데이터를 수정하면 어떻게 화면에 반영될까? 아이콘은 어떻게 나타나는 걸까?

» 프로젝트 모듈을 구성하는 각 파일들의 연관관계를 통해 앱의 실행 원리를 이해해 보자.

03.3

프로젝트 파일 구조

프로젝트는 **manifests, java, res, Gradle Scripts**의 주요 모듈로 구성된다. 각 모듈의 파일들은 프로젝트를 만들 때 Empty Activity, Basic Activity, Google Maps Activity 등의 액티비티 유형에 따라 일부 다르게 나타난다. 아래 그림은 Empty Activity로 만든 프로젝트의 경우이다.

● **프로젝트 모듈의 구조와 기능**

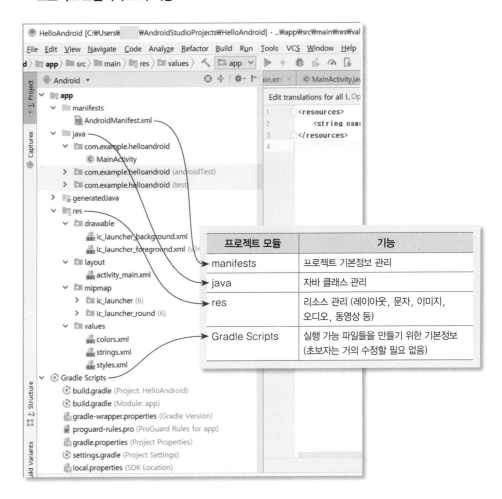

프로젝트 모듈	기능
manifests	프로젝트 기본정보 관리
java	자바 클래스 관리
res	리소스 관리 (레이아웃, 문자, 이미지, 오디오, 동영상 등)
Gradle Scripts	실행 가능 파일들을 만들기 위한 기본정보 (초보자는 거의 수정할 필요 없음)

● 모듈별 소스들의 기능

모듈	폴더	소스 파일	기능
manifests	–	AndroidManifest.xml	어플리케이션에 관한 정보들이 설정되어 있다. 어플리케이션 라벨, 어플리케이션 아이콘, 액티비티 라벨, 처음 실행될 액티비티명(자바 클래스)을 포함. 또한, 어플리케이션이 실행될 때 필요한 권한 등 설정(예를 들면 인터넷 접속을 필요로 하는 어플리케이션의 경우, 인터넷 접속 허용)
java	com.example. helloandroid	MainActivity.java	어플리케이션을 구성하는 액티비티를 구현하는 자바 클래스(어플리케이션 실행 시에 처음 실행되는 자바 클래스로 사용됨)
	com.example. helloandroid (androidTest)	ExampleInstrumentedTest.java	안드로이드 앱 테스트를 위한 자바 코드
	com.example. helloandroid (test)	ExampleUnitTest.java	일반 자바 코드 테스트를 위한 자바 코드
res	drawable	ic_launcher_background.xml	화면에 그려지는 그래픽을 위한 Drawable resource를 저장(png, jpg, gif 이미지 파일과 XML 파일)
	layout	activity_main.xml	액티비티 실행 시에 화면에 나타나는 레이아웃을 설계함. strings.xml에 정의된 텍스트 리소스나 drawable 폴더에 있는 이미지 리소스들을 출력할 위치에 배치함.
	mipmap	ic_launcher.png	홈 화면에 나타나는 둥근 사각형 모양의 아이콘 이미지(스마트폰 화면 크기에 따라 다른 픽셀 밀도에 최적 이미지 출력)
		ic_launcher_round.png	홈 화면에 나타나는 원 모양의 아이콘 이미지(스마트폰 화면 크기에 따라 다른 픽셀 밀도에 최적 이미지 출력)
	values	colors.xml	화면 테마에 사용되는 색상 정의
		strings.xml	어플리케이션 라벨과 액티비티 라벨을 포함하며, 액티비티 화면에 출력될 여러가지 텍스트 리소스 정의
		styles.xml	화면의 스타일(화면 테마, 텍스트 폰트 등)을 정의
Gradle Scripts	–	build.gradle(project:프로젝트명)	모듈 전체에 적용되는 빌드 정보
		build.gradle(Module app)	각 모듈에 적용되는 빌드 파일
		gradle-wrapper properties (Gradle Version)	wrapper 설정을 위한 프로퍼티 파일
		proguard-rules.pro	사용되지 않는 코드를 지워 사이즈를 줄여 최적화하거나, 코드를 난독화하여 안전하게 보호하기 위해 사용
		gradle.properties	빌드 관련 속성 관리
		settings.gradle	빌드 관련 환경설정, 빌드될 하위 모듈 정보 포함
		local.properties	빌드 진행 시, 필요한 환경변수 정보를 저장하는 파일 안드로이드 SDK 경로 저장

03.4

프로젝트 파일 간 연관성과
앱의 실행 원리

정의된 화면 테마 구성 색상은(color.xml) 화면 테마에 사용되고(style.xml), 아이콘 이미지(ic_launcher.png), 텍스트 자원(strings.xml), 화면 테마(style.xml)는 어플리케이션 기본정보에 설정된다(AndroidManifest.xml). 설계된 화면 레이아웃은(activity-

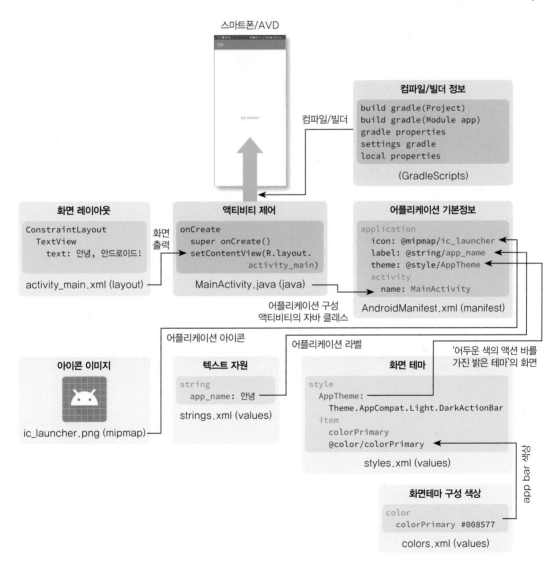

main.xml) 액티비티를 제어하는 자바 클래스를 통해 스마트폰으로 출력된다(MainActivity.java). 앱이 실행될 때 처음 실행되는 자바 클래스는(MainActivity.java) 어플리케이션 기본정보에 설정된다(AndroidManifest.xml). 한편, Gradle Scripts 폴더 내의 컴파일과 앱의 빌더 정보에 따라 앱은 컴파일된 후에 스마트폰으로 업로드된다.

프로젝트 모듈을 구성하는 주요 파일의 소스 내에 있는 연관 부분 간 흐름을 살펴보자. 자바와 XML 기초 문법은 4장에서, 각 프로젝트 이해를 위해 필요한 문법은 각 장에서 살펴보기로 한다.

● 아이콘 이미지(res/mipmap 폴더)

소스 파일	아이콘 이미지
ic_launcher.png	

● 화면 테마와 리소스(res/values 폴더)

소스: colors.xml(화면 테마에 사용될 색)

```xml
01  <?xml version="1.0" encoding="utf-8"?>
02  <resources>
03      <color name="colorPrimary">#008577</color>
04      <color name="colorPrimaryDark">#00574B</color>
05      <color name="colorAccent">#D81B60</color>
06  </resources>
```

소스: style.xml(화면 테마)

```xml
01  <resources>
02
03      <!-- Base application theme. -->
04      <style name="AppTheme" parent="Theme.AppCompat.Light.DarkActionBar">
05          <!-- Customize your theme here. -->
06          <item name="colorPrimary">@color/colorPrimary</item>
07          <item name="colorPrimaryDark">@color/colorPrimaryDark</item>
08          <item name="colorAccent">@color/colorAccent</item>
09      </style>
10
11  </resources>
```

```
01  <resources>
02      <string name="app_name">안녕</string>
03  </resources>
```

● 화면 설계(res/layout 폴더)

```
01  <?xml version="1.0" encoding="utf-8"?>
02  <android.support.constraint.ConstraintLayout xmlns:android="http://
    schemas.android.com/apk/res/android"
03      xmlns:app="http://schemas.android.com/apk/res-auto"
04      xmlns:tools="http://schemas.android.com/tools"
05      android:layout_width="match_parent"
06      android:layout_height="match_parent"
07      tools:context=".MainActivity">
08
09      <TextView
10          android:layout_width="wrap_content"
11          android:layout_height="wrap_content"
12          android:text="안녕, 안드로이드!"
13          app:layout_constraintBottom_toBottomOf="parent"
14          app:layout_constraintLeft_toLeftOf="parent"
15          app:layout_constraintRight_toRightOf="parent"
16          app:layout_constraintTop_toTopOf="parent" />
17
18  </android.support.constraint.ConstraintLayout>
```

● 자바 클래스(java/com.example.helloandroid 패키지)

```
01  package com.example.helloandroid;
02
03  import android.support.v7.app.AppCompatActivity;
04  import android.os.Bundle;
05
06  public class MainActivity extends AppCompatActivity {
07
08      @Override
09      protected void onCreate(Bundle savedInstanceState) {
10          super.onCreate(savedInstanceState);
11          setContentView(R.layout.activity_main);
12      }
13  }
```

● 어플리케이션 기본 정보(manifests 폴더)

소스: AndroidManifest.xml

```xml
01 <?xml version="1.0" encoding="utf-8"?>
02 <manifest xmlns:android="http://schemas.android.com/apk/res/android"
03     package="com.example.helloandroid">
04
05     <application
06         android:allowBackup="true"
07         android:icon="@mipmap/ic_launcher"
08         android:label="@string/app_name"
09         android:roundIcon="@mipmap/ic_launcher_round"
10         android:supportsRtl="true"
11         android:theme="@style/AppTheme">
12         <activity android:name=".MainActivity">
13             <intent-filter>
14                 <action android:name="android.intent.action.MAIN" />
15
16                 <category android:name="android.intent.category.LAUNCHER"
   />
17             </intent-filter>
18         </activity>
19     </application>
20
21 </manifest>
```

> 안드로이드 앱 프로젝트 개발은 ① 프로젝트 생성(Step 1) → ② 파일 편집(Step 2) → ③ 프로젝트 실행(Step 3)의 세 단계로 진행된다.

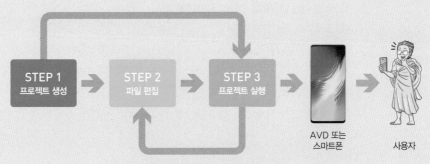

안드로이드 프로젝트 개발 과정

> 프로젝트는 두 가지 디바이스에서 실행 가능하다. 첫째는 스마트폰을 이용하는 것이고, 둘째는 PC화면을 통해 실행 결과를 확인할 수 있는 안드로이드 가상 디바이스(AVD)를 이용하는 것이다.

> 프로젝트를 만들 때 Empty Activity, Basic Activity, 그 외 액티비티 유형에 생성되는 파일의 소스 코드가 일부 다르게 나타난다. Empty Activity는 액티비티 라벨을 표시하는 타이틀바만 나타나는 가장 단순한 화면 구성을 제공하며, Basic Activity는 액티비티 라벨을 표시하는 타이틀바와 네비게이션이 가능하도록 메뉴가 나타나는 액션바 외에 화면 위에 떠다니는 버튼인 Floating Action Button이 나타난다(사용 예는 11~12장 참조).

> 프로젝트는 manifests, java, res, Gradle Scripts의 주요 모듈로 구성된다. manifests 모듈은 프로젝트 기본정보를 관리하고, java 모듈은 자바 클래스를 관리하며, res 모듈은 레이아웃, 문자, 이미지 등의 리소스를 관리한다. 또한 Gradle Scripts 모듈은 실행 가능한 파일을 만들기 위한 기본정보를 관리한다.

> 화면 테마 구성 색상(color.xml)은 화면 테마에 사용(style.xml)되고, 아이콘 이미지(ic_launcher.png), 텍스트 자원(strings.xml), 화면 테마(style.xml)는 어플리케이션 기본 정보에 설정(AndroidManifest.xml)된다. 설계된 화면 레이아웃(activity_main.xml)은 액티비티를 제어하는 자바클래스를 통해 스마트폰으로 출력(MainActivity.java)된다.

> 앱이 실행될 때 처음 실행되는 자바클래스(MainActivity.java)는 어플리케이션 기본 정보에 설정(AndroidManifest.xml)된다. Gradle Scripts 폴더 내의 컴파일과 앱의 빌더 정보에 따라 앱은 스마트폰으로 업로드된다.

1. 다음 보기를 읽고 물음에 답하시오.

> 가. 실행 가능 파일들을 만들기 위한 기본정보.
>
> 나. 프로젝트 기본정보 관리.
>
> 다. 자바 클래스 관리.
>
> 라. 리소스 관리(레이아웃, 문자, 이미지, 오디오, 동영상 등).

프로젝트 개발 시 자동으로 생성되는 프로젝트 모듈에 대해 설명하고 있는 것을 위의 보기에서 고르시오.

① manifest ····························· (   )

② java ································· (   )

③ res ·································· (   )

④ Gradle Scripts ····················· (   )

2. 다음 보기를 읽고 물음에 답하시오.

> 가. 화면 테마 색상, 어플리케이션 라벨과 액티비티 화면에 출력될 텍스트 리소스 정의.
>
> 나. 홈 화면에 나타나는 아이콘 이미지 저장.
>
> 다. 액티비티 실행 시 화면에 나타나는 레이아웃을 설계함.
>
> 라. 화면에 그려지는 그래픽을 위한 Drawable resource를 저장.

res 프로젝트 모듈의 다음 폴더들에 대해 설명하고 있는 것을 위의 보기에서 고르시오.

① drawable ····························· (   )

② layout ······························ (   )

③ mipmap ····························· (   )

④ values ······························ (   )

3. 다음 보기를 읽고 물음에 답하시오.

> 가. 어플리케이션을 구성하는 액티비티를 구현하는 자바 클래스.
>
> 나. 액티비티 실행 시에 화면에 나타나는 레이아웃 설계.
>
> 다. 어플리케이션 라벨, 어플리케이션 아이콘, 액티비티 라벨, 처음 실행될 액티비티명 등의 어플리케이션 설정에 관한 정보를 포함.
>
> 라. 어플리케이션 라벨과 액티비티 라벨을 포함하며, 화면에 출력될 여러 텍스트 리소스 정의.

프로젝트 개발 시 자동으로 생성되는 기본파일을 설명하는 항목을 위의 보기에서 고르시오.

① AndroidManifest.xml ·············· (   )

② MainActivity.java ················· (   )

③ activity_main.xml ················· (   )

④ strings.xml ······················ (   )

4. 화면에 "**행복을 기원합니다!**"라는 문자를 출력하고자 한다. **어플리케이션 라벨**과 **액티비티라벨**은 "**행복기원**", **아이콘**은 mipmap 폴더에 저장한 **happy.png**를 출력한다고 하자. 올바른 실행결과가 나타나도록 각 소스를 완성하시오.

strings.xml

```
<resources>
    <string name="app_name">①</string>
</resources>
```

activity_main.xml

```
.....
<TextView
    android:layout_width="match_parent"
    android:layout_height="wrap_content"
    android:text="②"
    />
.....
```

MainActivity.java

```
.....
public class HelloTest extends Activity {
    @Override
    public void onCreate(Bundle savedInstanceState) {
        super.onCreate(savedInstanceState);
        setContentView(③);
    }
```

```
}
```

AndroidManifest.xml

```xml
.....
<application
    android:icon="④"
    android:label="⑤">
    <activity android:name="⑥">
        <intent-filter>
            <action android:name="android.intent.action.MAIN"    />
            <category android:name="android.intent.category.LAUNCHER" />
        </intent-filter>
    </activity>
</application>
.....
```

어플리케이션 아이콘의 변경

앞에서 만든 Hello Android 프로젝트에서, 어플리케이션 아이콘을 바꿔 보자. 각자 좋아하는 이미지를 myicon.png 파일로 만들어서 사용하기로 한다.

🔍 힌트

res/mipmap 폴더에 아이콘 이미지를 저장하고, AndroidManifest.xml에 아이콘 이미지 파일 이름을 설정하면 된다. 다음 과정에 따라 편집하고, 실행해보자.

❶ 아이콘 이미지 저장

PC에 만든 myicon.png 파일을 선택해서 'ctrl + C'로 복사하고, res/mipmap 폴더를 선택해서 'ctrl + V'로 '붙여넣기' 한다.

이미지 파일에 적당한 해상도가 나타나는데, 'OK' 버튼을 클릭한다.

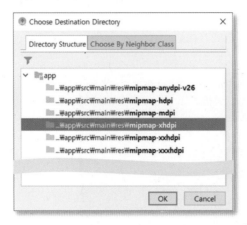

원본 파일 이름이 나타나는데, 이름을 변경하지 않으려면 그대로 'OK' 버튼을 클릭하면 된다.

폴더에 복사된 결과를 확인한다.

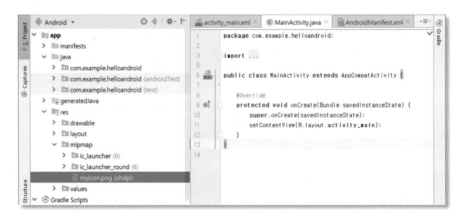

❷ 어플리케이션 아이콘으로 등록

이제, AndroidManifest.xml에 아이콘 파일 이름을 수정하면 된다. 'ic_launcher'로 설정되어 있는
android:icon 속성 값을 'myicon'으로 수정한다.

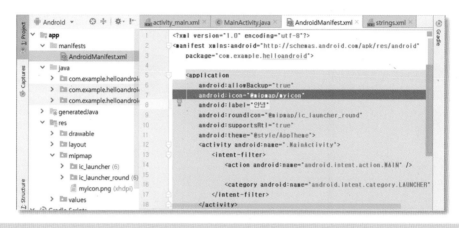

▶▶ 구체적인 원리 이해는 4장부터 하나씩 익히기로 하자.

ANDROID PROGRAMMING

안드로이드를 위한 자바/XML 기초

학습목표

- 안드로이드 앱 프로젝트를 구성하는 파일들은 XML과 자바로 구성되어 있다. 화면 구성은 XML로, 실행 절차는 자바로 구현한다. 이번 장에서는 자바와 XML을 이해하기 위한 기초문법을 소개한다.

학습내용

- 자바 기초 문법
- XML 개요

04.1 변수와 연산자

> ℹ️ **자바(Java)**는 썬 마이크로시스템즈(현재는 오라클로 인수됨)의 제임스 고슬링(James Gosling)이 개발한 객체지향 프로그래밍 언어이다. 안드로이드 앱은 자바 기반으로 개발되기 때문에 자바 클래스의 개념을 잘 이해하도록 해보자.

변수는 컴퓨터 메모리에 데이터를 기록하는 임시 저장 장소를 가리키는 이름을 말하며, 자바에서 제공하는 데이터형에 따라 만들어 사용할 수 있다. 연산자는 변수에 값을 할당하거나 수식을 계산하고 값들을 비교하는데 사용된다.

(1) 변수의 정의

변수를 정의하는 방법은 다음과 같다.

```
데이터형 변수명;
```

'count'라는 정수형 변수를 선언하고 20의 값을 할당하려면

```
int count;
count = 20;
```

과 같이 사용하면 된다. 만일 변수 선언과 동시에 값을 할당하려면

```
int count = 20;
```

과 같이 한 줄로 작성하면 된다.

● 주석문

주석문은 개발자의 이해를 돕기 위한 설명문으로, 컴퓨터가 실행을 하지 않는다. 행 단위의 라인 주석문(//)과 여러 행에 걸친 블록 주석문(/* */)이 있다. 즉, // 뒤의 명령문과 /* … */ 범위 내의 명령문은 주석문으로 처리된다.

```
// 주석문
```

```
/*
주석문1
주석문2
*/
```

(2) 데이터형

변수가 가질 수 있는 데이터형은 문자형, 정수형, 부동소수형, 논리형이 있다.

구분	데이터형	유효값	사용 예	저장 단위
문자형	char	작은따옴표로 묶인 1개의 문자	char ch = '가';	2 바이트

정수형	byte
	short
	int
	long
		-128 ~ 127
		-32768 ~ 32767
		-2,147,483,648 ~ 2,147,483,647
		- 9223372036854775808 ~
		9223372036854775807
			byte count = 10;
			short count = 300;
			int count = 1000;
			long count = 3000;
				1 바이트
				2 바이트
				4 바이트
				8 바이트

부동 소수형	float double	±3.4028235E+38 ±1.797693134823157E+308	float sum = 10.3f; double sum = 20.4;	4 바이트 8 바이트
논리형	boolean	true/false	boolean check = true;	-

● 데이터 유형 간 비교

char 형은 1개의 문자만 취급하므로 1개 문자 이상의 문자열을 처리하려면 배열을 이용하면 되지만, String 클래스를 이용하면 문자열을 편리하게 다룰 수 있다.

float는 double과 구분하기 위해 숫자 뒤에 F(또는 f)를 붙여야 하며, double의 경우는 숫자 뒤에 D(또는 d)를 붙이거나 붙이지 않아도 되기 때문에 double을 사용하는 것이 편리하다.

일반적으로 int, double, boolean, String의 데이터형을 많이 사용한다.

(3) 상수

값을 할당하면 변하는 않는 상수는 대문자로 선언하고 final 키워드를 사용한다.

```
final double PI = 3.14;
```

(4) 데이터형 변환

서로 다른 데이터형에 값을 할당하려면 먼저 할당하고자 하는 데이터형으로 변환해야 한다. 예를 들어 실수형 변수를 정수형 변수에 값을 할당하려면 다음과 같다. 이 실수형 변수를 먼저 정수형으로 변환한 후 대입해야 한다. 결과적으로 20.4가 정수형인 20으로 변환되어 할당된다.

```
double sum_dbl = 20.4;
int sum_int = (int)sum_dbl;
```

(5) 연산자의 종류

연산자는 사칙연산을 위한 산술연산자, 변수의 증감을 위한 증감연산자, 값을 변수에 할당하는 할당연산자, 값을 비교하는 비교연산자, 참과 거짓을 판별하는 논리연산자 등이 있다. 비교연산자와 논리연산자는 주로 조건문(if)과 함께 사용된다.

연산자 분류	연산자	예	의미
산술연산자	+	a = 5 + 2;	5와 2를 더하여 a에 할당함(할당 연산자 참조)
	−	b = a − 2;	a의 값에서 2를 뺀 후, 그 값을 b에 할당함
	*	c = 5 * 10;	5에 10을 곱하여 c에 할당함
	/	d = c / 10;	c의 값을 10으로 나누어 d에 할당함
	%	e = 10 % 3;	10을 3으로 나누었을 때 나머지를 e에 할당함
증감연산자	++	a++; ++a;	a의 값에 1을 더함
	−−	a−−; −−a;	a의 값에서 1을 뺌
할당연산자	=	a = 10;	10을 a에 할당함
	+=	b += 20;	b = b + 20;
	−=	c −= 10;	c = c − 10;
	*=	d *= 5;	d = d * 5;
	/=	e /= 2;	e = e / 2;
비교연산자	==	a == 3	a와 3이 같으면 true, 그렇지 않으면 false
	!=	b != a	b와 a가 같지 않으면 true, 그렇지 않으면 false
	〉	c 〉10	c가 10보다 크면 true, 그렇지 않으면 false
	〈	d 〈a	d가 a보다 작으면 true, 그렇지 않으면 false
	〉=	e 〉= 20	e가 20 이상이면 true, 그렇지 않으면 false
	〈=	f 〈= e	f가 e 이하이면 true, 그렇지 않으면 false
논리연산자	&&	(a 〉5) && (b == 10)	a가 5보다 크고 b가 10이면 true, 그렇지 않으면 false 즉, &&의 좌우 논리값이 모두 true일 때 true가 됨
	||	(c == 20) || (d 〈= 5)	c가 20이거나 d가 5 이하이면 true, 그렇지 않으면 false 즉, ||의 좌우 논리값이 하나라도 true이면 true가 됨

(6) 배열

배열이란 하나의 이름으로 같은 데이터형을 가진 연속적인 저장 공간으로서, 같은 의미를 가짐에도 불구하고 다른 변수명을 사용함으로 인해 생기는 불편을 해소하고 반복적인 처리가 필요할 때 유용하다. 배열은 1차원부터 다차원까지 가능하다. 1차원의 예를 살펴보기로 한다. 배열을 선언하고 생성하는 방법은 다음과 같다.

```
데이터형[] 배열변수명 = new 데이터형[요소 수];
```

또는

```
데이터형 배열변수명[] = new 데이터형[요소 수];
```

예를 들어 3개의 크기를 가진 1차원 배열인 성적(정수형)에 대한 배열은 다음과 같이 선언하고 성적을 할당할 수 있다.

```
int[] score = new int[3];
score[0] = 90;
score[1] = 80;
score[2] = 85;
```

또는 다음과 같이 선언과 동시에 값을 할당할 수 있다.

```
int[] score = {90, 80, 85};
```

04.2   조건문

조건문은 조건절의 참과 거짓 상황에 따라 각기 다른 처리를 하게 한다. 조건문에는 if문
과 switch문이 있다.

(1) if문 유형별 비교

유형	처리 과정	문법과 사용 예

if문		**문법**
		
		```\nif (조건) {\n 처리;\n}\n```
		
		사용 예
		
		```\nint score = 80;\nString grade;\nif (score >= 85)\n grade = "A";\n```
		
		▶ if문 내에 처리해야할 명령문이 1개이면 중괄호({ })가 필요 없음

if else문		**문법**
		
		```\nif (조건) {\n 처리1;\n} else {\n 처리2;\n}\n```
		
		사용 예
		
		```\nint score = 80;\nString grade;\nif (score >= 85)\n grade = "Pass";\nelse\n grade = "Fail";\n```

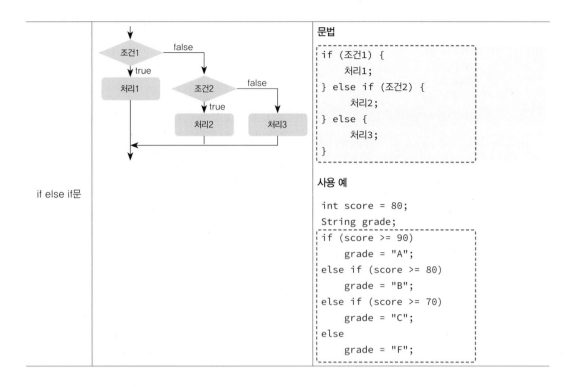

if else if문

문법

```
if (조건1) {
    처리1;
} else if (조건2) {
    처리2;
} else {
    처리3;
}
```

사용 예

```
int score = 80;
String grade;
if (score >= 90)
    grade = "A";
else if (score >= 80)
    grade = "B";
else if (score >= 70)
    grade = "C";
else
    grade = "F";
```

(2) if문과 연산자

조건절에는 일반적으로 비교연산자를 이용하여 참과 거짓의 조건을 비교한다. 한 개 이상의 비교연산자를 이용한 병렬 비교에는 논리연산자가 추가로 사용된다.

```
if (비교연산자)                      if (a >= 10)
if (비교연산자 논리연산자 비교연산자)      if (a>=10 && b<100)
```

(3) switch문과 if문의 비교

switch문은 if문의 변형으로 하나의 변수가 다양한 값을 가질 때 구조적으로 표현이 가능하다. 이 때 사용되는 변수는 byte, short, int, char, String 타입 등이 가능하다. default는 case 값에 해당되지 않는 기타 경우에 해당한다.

if문	switch문

``
int a = 3;
int b;
if (a == 1)
    b = 10;
else if (a == 2)
    b = 20;
else if (a == 3)
    b = 30;
else
    b = 40;
``
	``
	int a = 3;
	int b;
	switch(a) {
	    case 1:
	        b = 10;
	        break;
	    case 2:
	        b = 20;
	        break;
	    case 3:
	        b = 30;
	        break;
	    default:
	        b = 40;
	        break;
	}
	``

a가 1, 2, 3이 아닌 경우

a가 1, 2, 3이 아닌 경우

04.3

반복문

반복문은 조건에 따라 반복적으로 처리할 명령문을 실행할 때 유용하다. 반복문에는 for
문, while문, do while문이 있다. 일반적으로 많이 사용되는 for문, while문을 살펴본다.

(1) 반복문

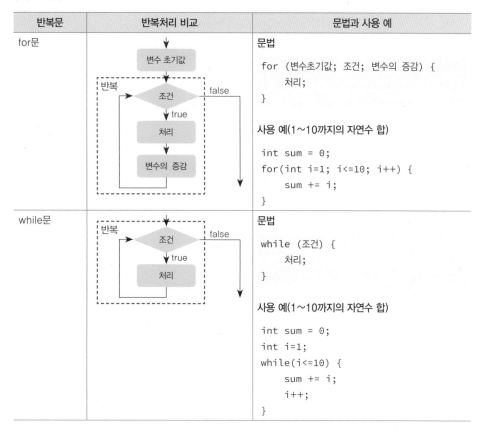

반복문	반복처리 비교	문법과 사용 예

for문	변수 초기값 → 반복 → 조건 (false) / true → 처리 → 변수의 증감	**문법**
		```for (변수초기값; 조건; 변수의 증감) {\n 처리;\n}```
		사용 예(1~10까지의 자연수 합)
		```int sum = 0;\nfor(int i=1; i<=10; i++) {\n sum += i;\n}```

while문	반복 → 조건 (false) / true → 처리	**문법**
		```while (조건) {\n 처리;\n}```
		사용 예(1~10까지의 자연수 합)
		```int sum = 0;\nint i=1;\nwhile(i<=10) {\n sum += i;\n i++;\n}```

(2) 반복문의 흐름 제어

구분	설명	사용 예

break문	반복문 안에서 사용되며, break문을 만나면 반복 처리로부터 벗어나게 된다. 일반적으로 조건문과 함께 사용되며, 조건에 따라 반복 처리를 중단할 필요가 있을 때 사용한다.	`int sum=0;`
		`for(int i=0; i<=10; i++) {`
		`    sum += i;`
		`    if (sum>20)`
		`        break;`
		`}`
		1~10까지의 정수를 더하는 과정에서 합이 20을 넘으면 반복 종료

continue문	반복문 안에서 사용되며, continue문을 만나면 반복문 내에서 continue 아래 부분은 실행하지 않고 반복문 처음으로 돌아간다. 일반적으로 조건문과 함께 사용되며, 조건에 따라 반복처리의 하단부분을 실행할 필요가 없을 때 유용하다.	`int sum=0;`
		`for(int i=0; i<=10; i++) {`
		`    if (i%2==0)`
		`        continue;`
		`    sum += i;`
		`}`
		1~10까지의 정수를 더하는 과정에서 짝수면 반복문으로 돌아감(홀수만 더하는 결과)

04.4 예외 처리

예외란 의도하지 않은 상황이 발생하여 프로그램이 정지될 수 있는 에러로서, 예외 처리를 통하여 비정상적 종료를 막을 수 있다.

(1) 예외 처리문

명령문 실행 도중 예외 사항으로 에러가 발생하면 프로그램은 중간에서 비정상적으로 멈추게 된다. 예를 들면 읽어야 할 파일이 존재하지 않거나 네트워크가 연결되지 않는 등의 예외 사항이 발생하면, 예외 처리를 하여 시스템이 정상적으로 진행되도록 할 필요가 있다. 예외 처리에는 **try-catch**문이 사용되는데, **try**문 내에서 예외가 발생하면 **catch**문에서 지정된 예외 상황을 인식하여 예외 처리를 한다. 예외 상황은 여러 가지가 발생 가능하기 때문에 그에 대응하는 catch문으로 예외 처리를 한다. finally문 내의 명령문들은 예외 발생과 관련 없이 try문을 벗어날 때 마지막으로 실행하게 된다.

(2) 예외 처리문 사용 예

try-catch문	예외 처리의 예
```try { // 예외 발생 가능 명령문 예외 유형1 발생 예외 유형2 발생 } catch (예외 유형1) { // 예외 처리1 } catch (예외 유형2) { // 예외 처리2 } catch (예외 유형n) { // 예외 처리n } finally { // 예외 상황과 관계없이 try-catch문을 벗어날 때 실행 }```	외부 파일을 읽거나 쓸 때 에러가 발생하면 다음과 같이 예외 처리를 한다. ```try { ..... } catch (IOException e) { ..... }```

04.5

자바 클래스 정의와
안드로이드 클래스의 이해

(1) 객체와 클래스

객체(Object)란 "실세계에 존재하는 다른 것과 구별되는 추상적인 것 또는 구체적인 것"으로 정의되는데, 프로그램에서 데이터를 임시로 저장하는 변수와 유사하다고 생각하면 된다. 차이점은 데이터를 저장하는 속성(변수에 해당) 외에 행위에 대한 절차를 기술하는 메소드가 있다. 데이터 타입(int, char 등)에 의해 변수가 생성되듯이 객체는 클래스를 기반으로 만든다. 객체를 생성하는 템플릿인 클래스(Class)는 객체의 특성을 기술하는 속성(Attribute)과 객체의 행위를 기술하는 메소드(Method)로 구성되어 있다. 안드로이드의 TextView 클래스의 경우, XML 형태의 속성으로는 android:text, android:id 등이 있고, 메소드는 setText() 등이 있다.

TextView
android:text android:id
final void setText(CharSequence, text)

(2) 클래스 계층도

클래스 간에는 계층적 구조를 갖기도 하는데, 계층도에서 위에 있는 클래스를 수퍼 클래스(super class, 부모클래스), 아래에 있는 클래스를 서브 클래스(sub class, 자식 클래스)라 한다. 이 경우, 서브 클래스는 수퍼 클래스의 속성과 메소드를 상속 받는다. 클래스1과 클래스2가 각각 수퍼 클래스와 서브 클래스이면, 클래스2는 클래스1이 가지고 있는 속성과 메소드를 상속받기 때문에 클래스1의 속성과 메소드를 사용할 수 있다(그림에서 수 표시는 상속관계를 나타낸다).

View 클래스와 TextView 클래스의 예를 보자. TextView 클래스는 View 클래스의 서브 클래스이다. 따라서, TextView 클래스는 View 클래스의 속성과 메소드를 모두 상속 받는다. TextView 클래스는 원래 android:id 속성을 가지고 있지 않지만, View 클래스에 android.id 속성이 정의되어 있기 때문에 TextView 클래스는 View 클래스의 android:id 속성을 사용할 수 있다.

TextView 클래스의 수퍼 클래스와 서브 클래스는 다음 그림과 같이 안드로이드 개발자 센터에서 그 관계를 파악할 수 있다.

'extends'는 상속 관계를 의미하며 TextView는 View 클래스로부터 상속받는 관계를 나타낸다.

안드로이드 개발자 센터(https://developer.android.com/
reference/android/widget/TextView#xml-attributes_1)

● 안드로이드 자바 클래스 계층도

자바에서 정의되어 있는 클래스 계층 최상위에는 Obejct 클래스가 있다. 서브 클래스인 뷰(View) 클래스는 UI 컴포넌트들을 위한 기본적인 구현 영역을 기술하고 있다. 하나의 뷰는 화면 상의 사각영역을 차지하며, 그리기와 이벤트를 처리한다. 뷰는 위젯(Widget)의 기반이 되는 클래스이다. 위젯은 버튼, 텍스트 필드 또는 사용자와 상호 작용하는 UI

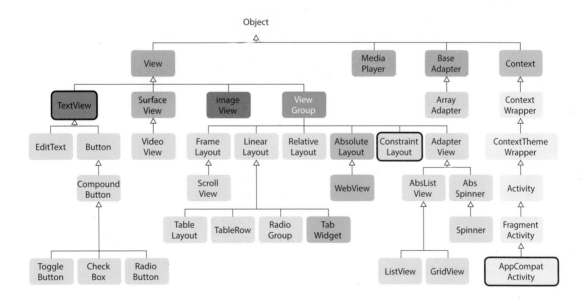

컴포넌트이다. 뷰그룹(ViewGroup)은 다른 뷰나 뷰클래스를 담고 레이아웃 특성을 정의하며, 눈에는 보이지 않는 컨테이너인 레이아웃의 기반이 되는 클래스이다.

3장에서 개발한 HelloAndroid 프로젝트의 화면 설계를 위한 activity_main.xml에서 사용된 ConstraintLayout과 TextView 클래스의 위치와 액티비티 제어를 위한 자바 클래스 MainActivity.java 에서 사용된 AppCompatActivity 클래스의 계층 위치를 볼 수 있다(굵은 테두리 선으로 표시된 클래스).

Android SDK 자바 클래스의 위치

안드로이드 자바 클래스는 안드로이드 SDK가 설치된 폴더(C:\Users\(사용자 계정)\AppData\Local\Android\sdk\platforms\android-API레벨)에 있는 android.jar 파일에 포함되어 있다.

android.jar 파일에 어떤 클래스들이 있는지 보기 위하여 temp 폴더로 복사하여 android.jar 파일의 압축을 풀어보자. 패키지는 유사한 클래스를 묶어 놓은 폴더에 해당한다. view 패키지에는 View.class가 있다. widget 패키지에는 TextView.class를 볼 수 있다.

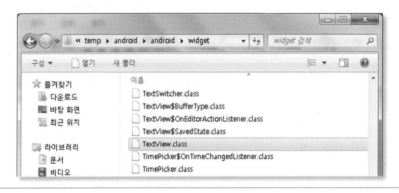

---

(3) 자바 클래스의 구현과 상속을 통한 재사용

❶ 클래스의 정의

```
접근제한자 class 클래스명 {
    .....
}
```

접근제한자는 public, private, protected 등이 있다. **public**은 다른 클래스에서 접근(사용) 가능하며, **private**은 해당 클래스 내에서만 접근 가능하고, **protected**는 해당 클래스와 상속받은 클래스에서만 접근을 허용한다. 클래스명은 영문자 및 숫자 등이 가능하며, 첫 문자는 대문자로 한다. 복합단어의 경우는 붙여 사용하되, 각 단어의 첫 문자는 대문자로 구분한다.

❷ 수퍼 클래스로부터 상속받는 클래스의 정의

```
접근제한자 class 클래스명 extends 수퍼 클래스명 {
    .....
}
```

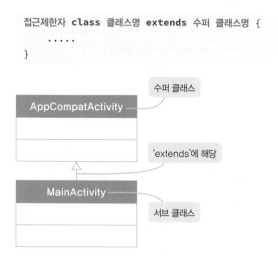

자바 클래스 간에 상속관계를 정의하는 예약어는 **extends**이다. 우리는 3장에서 프로젝트를 생성해보았다. 안드로이드 프로젝트 생성 시, 화면을 출력하는 MainActivity 클래스의 기본 틀이 만들어진다. 이 때 MainActivity 클래스의 수퍼 클래스로는 AppCompatActivity 클래스가 지정되어 있다. 클래스 계층 간의 상속관계가 형성되면 서브 클래스는 수퍼 클래스의 속성과 메소드를 상속받아 재사용 할 수 있다. 즉, MainActivity 클래스는 Activity 클래스의 서브 클래스인 AppCompatActivity 클래스에 정의된 액티비티 관련 기능을 모두 상속받아 사용할 수 있게 된다. 추가적으로 필요한 기능은 속성과 메소드를 정의해서 사용하면 된다.

```
public class MainActivity extends AppCompatActivity {
    .....
}
```

● import와 안드로이드 스튜디오의 자동 import 기능

프로젝트에서 정의하는 MainActivity 클래스가 AppCompatActivity 클래스로부터 상속 받는다면(extends), AppCompatActivity 클래스가 정의된 **android.support. v7.app.** 패키지를 import를 통해 지정해야 한다. 또한 매개변수로 Bundle 클래스를 사용하기 때문에 Bundle 클래스가 정의된 **android.os** 패키지를 지정해야 한다.

다음은 3장에서 만든 HelloAndroid 프로젝트의 MainActivity 클래스를 정의한 MainActivity.java의 소스이다.

```
01  package com.example.helloandroid;
02
03  import android.support.v7.app.AppCompatActivity;
04  import android.os.Bundle;
05
06  public class MainActivity extends AppCompatActivity {
07
08      @Override
09      protected void onCreate(Bundle savedInstanceState) {
10          super.onCreate(savedInstanceState);
11          setContentView(R.layout.activity_main);
12      }
13  }
```

AppCompatActivity 클래스로부터 상속받거나 Bundle 클래스와 같이 다른 클래스를 사용할 때에는

import 패키지명.클래스명

과 같이 각 클래스가 정의된 경로를 지정해주어야 한다. 그런데, 그 경로를 다 익힌다는 것은 큰 부담이 될 수 있다. 다행히 통합 개발 환경인 안드로이드 스튜디오는 자동으로 'import' 부분을 편집해주는 기능이 있기 때문에 부담을 가질 필요가 없다.

ⓘ 자동 import 기능은 **부록**을 참고하기 바란다.

● @Override의 이해

@는 Annotation(주석)으로, @Override는 수퍼 클래스로부터 상속받은 메소드를 재정의한다는 의미이다. 표시하지 않아도 문법적으로 문제는 없지만, 표시를 하게 되면 재정의 대상이 되는 메소드명을 잘못 기재한 경우에 에러가 나기 때문에 개발 시에 참고가된다.

ⓘ 클래스의 속성과 메소드 정의는 5장에서 사용하는 과정을 통해 익히도록 하자. 또한, 클래스로부터 객체를 만들거나, 객체로 만들 때 클래스 내의 데이터 타입을 외부에서 지정하는 제네릭 클래스는, 8장에서 활용 예시를 통해 공부하기로 하자.

04.6

XML

> ℹ️ **XML(Extensible Markup Language)**은 W3C(인터넷 표준 제정 단체)에서 제안한 기계가 읽을 수 있는 형태의 문서로, 부호화 할 수 있는 규칙들의 집합을 의미하며 인터넷에 연결된 시스템끼리 데이터를 쉽게 주고 받을 수 있게 할 목적으로 만들어졌다. XML 문서의 구성과 예를 살펴보자.

XML 문서는 선언 부분과 엘리먼트(Element)들로 구성된다.

(1) 선언

```
<?xml version="1.0" encoding="utf-8"?>
```

XML 버전과 XML 문서 저장 시 인코딩에 이용되는 문자코드셋을 지정한다. XML 버전은 '1.0'이며, 문자코드셋은 'utf-8'을 의미한다. 한글의 경우, 'utf-8' 또는 'euc-kr'을 지정하면 된다. 지정하지 않을 때의 디폴트 값은 'utf-8'이다.

(2) 엘리먼트

XML은 하나의 **root element**를 가지며, **root element**는 하나 이상의 **child element**를 가진다. 각 **child element**도 하나 이상의 **subchild element**를 가질 수 있다.

```
<root element>
    <child element>
        <subchild element>데이터</subchild element>
    </child element>
</root element>
```

데이터가 없는 엘리먼트를 **empty element**라고 하며, <element></element> 또는 <element />로 표현한다.

엘리먼트는 여러 개의 속성을 지정할 수 있으며, 각 속성은 속성명과 속성값으로 표현된다.

```
<element 속성명="속성값">
```

주석문은 컴퓨터가 실행하지 않는 문장으로 개발자의 이해를 돕기 위해 사용된다. "<!--" 와 "-->" 내의 내용은 주석문으로 처리된다.

```
<!-- 주석문 -->
```

(3) XML의 예

'고흐'와 '고갱' 두 학생의 정보를 XML로 표현해 보자. 학생의 주요 정보인 학번(stud_id), 성명(name), 전화번호(tel)로 표현한 예는 다음과 같다. root element는 'students'이며, 2개의 child element인 'student'로 구성된다. 'student'를 정의하는 방법은 다양한데, 여기서는 학번을 'student' 엘리먼트의 속성(stud_id)으로, 성명과 전화번호는 student의 child element인 'name'과 'tel'로 구성해보자. 그 예는 다음과 같다. 'stud_id'는 속성 대신에 엘리먼트로 표현할 수도 있다.

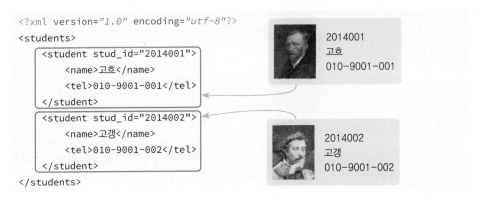

안드로이드 프로젝트를 구성하는 여러 파일들이 XML로 정의되어 있다. XML 기본 구조를 참고하여, 각 장에서 사용되는 예시를 통해 활용방법을 익히도록 하자.

> 안드로이드 앱은 자바를 기반으로 개발되므로 자바 클래스의 개념을 이해해야 한다.

> 변수는 컴퓨터 메모리에 데이터를 기록하는 임시 저장 장소를 말하며, 자바에서 제공하는 데이터형에 따라 만들어 사용할 수 있다.

> 변수의 데이터형은 문자형, 정수형, 부동소수형, 논리형이 있다.

> 연산자는 사칙연산을 위한 산술연산자, 변수의 증감을 위한 증감연산자, 값을 변수에 할당하는 할당연산자, 값을 비교하는 비교연산자, 참과 거짓을 판별하는 논리연산자 등이 있다.

> 배열은 같은 이름과 같은 데이터형을 가진 연속적인 저장 공간으로서, 반복적인 처리가 필요할 때 유용하다.

> 조건문은 조건절의 참과 거짓 상황에 따라 각기 다른 처리를 하며, if문과 switch문이 있다. if문에는 if문, if else문, if else if문이 있다.

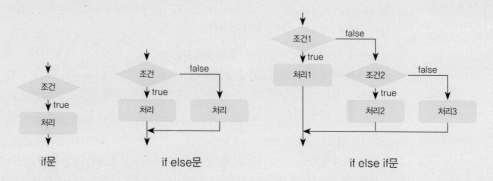

> switch문은 if문의 변형으로 하나의 변수가 다양한 값을 가질 때 구조적으로 표현이 가능하다. 이때 byte, short, int, char, string 타입의 변수를 사용할 수 있다.

› 반복문은 조건에 따라 반복적으로 명령문을 실행하며, for문, while문, do while문이 있으며, 'break'와 'continue'로 흐름을 제어한다.

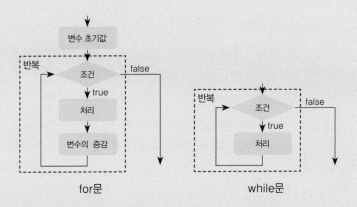

for문   while문

› 명령어 실행 도중 예외사항으로 에러가 발생하면 프로그램은 중간에서 비정상적으로 멈추게 된다. 예외사항이 발생하면 '예외 처리'를 하여 시스템이 정상적으로 진행되도록 해야 한다. 예외 처리에는 'try-catch'문이 사용되는데, 'try문' 내에서 예외가 발생하면 'catch문'에서 지정된 예외 상황을 인식하여 예외처리를 한다.

› 자바에서 정의되어 있는 클래스 계층 최상위에는 Object 클래스가 있다. 클래스 간에는 계층적인 구조로 구성된다. 계층에서 위에 있는 클래스를 수퍼 클래스(super class, 부모 클래스), 아래에 있는 클래스를 서브 클래스(sub class, 자식 클래스)라 한다.

› 안드로이드 자바는 Object 클래스로부터 상속받는 여러 서브 클래스가 있다. 뷰(View) 클래스는 UI 컴포넌트들을 위한 기본적인 구현 영역을 기술하고 있다. 하나의 뷰는 화면상의 사각영역을 차지하며, 그리기와 이벤트를 처리한다. 뷰는 위젯(Widget)의 기반이 되는 클래스이다. 위젯은 버튼, 텍스트 필드 또는 사용자와 상호 작용하는 UI 컴포넌트이다. 뷰그룹(ViewGroup)은 다른 뷰나 뷰클래스를 담고 레이아웃 특성을 정의하며, 눈에는 보이지 않는 컨테이너인 레이아웃의 기반이 되는 클래스이다.

› XML(Extensible Markup Language)은 W3C(인터넷 표준 제정 단체)에서 제안한 것이다. XML은 기계가 읽을 수 있는 형태의 도큐먼트로, 인터넷에 연결된 시스템끼리 데이터를 쉽게 주고받을 수 있게 할 목적으로 만들어졌다.

› XML은 하나의 root element를 가지며, root element는 하나 이상의 child element를 가진다. 각 child element도 하나 이상의 subchild element로 구성될 수 있다.

1. 다음 중 정수형이 아닌 것은?

   ① long   ② byte   ③ float   ④ short

2. 다음 중 변수에 대한 데이터 할당이 잘못된 것은?

   ① `int a = 200`   ② `byte b = 130`

   ③ `boolean c = true`   ④ `float f = 12.5f`

3. 상수를 정의하기 위해 사용하는 키워드는?

   ① char   ② byte   ③ final   ④ double

4. 다음 연산 결과가 가장 작은 값은?

   ① 4+2   ② 4/2   ③ 4 * 2   ④ 4%2

5. 다음 연산 결과가 다른 것은?

   ① `10 != 5`   ② `5 > 10`

   ③ `(10 != 5) && (10 > 5)`   ④ `(10 != 5) || (10 > 5)`

6. 다음 중 배열 관련 문법으로 틀린 것은?

   ① `int a[] = new int[5]`   ② `int[] b = new int[5]`

   ③ `int c = new array`   ④ `int[] d = {10, 20}`

7. 다음은 미세먼지 농도에 따른 지수구분 표이다. 농도 구간별 지수구분을 조건문으로 표현하려고 한다.

농도	0~50 미만	50 이상~100 미만	100 이상~250 미만	250 이상
지수 구분	좋음	보통	나쁨	매우 나쁨

현재 농도(pm)가 75일 때, 현재 농도에 따른 지수를 구분하는 조건문을 완성하시오.

```
String ststus = "";
if (    ㉠    )
    ststus = "좋음";
else if (    ㉡    )
```

```
        ststus = "보통";
else if  (    ©    )
        ststus = "나쁨";
else
        ststus = "매우 나쁨";
```

8. 다음 1 ~ 100까지의 자연수 중에서 3의 배수만 더하는 반복문의 밑줄을 완성하시오.

```
int sum = 0;
for(int i=1; i<=100; i++) {
    if (_____)
        sum += i;
}
```

9. 다음 (   ) 에 적당한 단어를 적으시오.

자바에서 정의되어 있는 클래스 계층 최상위에는 (㉠   ) 클래스가 있다. 서브 클래스인 (㉡   ) 클래스는 UI 컴포넌트들을 위한 기본적인 구현 영역을 기술하고 있다. 뷰를 기반으로 하는 (㉢   ) (은)는 버튼, 텍스트 필드 또는 사용자와 상호 작용하는 UI 컴포넌트를 말한다. 한편, (㉣   ) 클래스는 다른 뷰나 뷰클래스를 담고 레이아웃 특성을 정의하며, 눈에는 보이지 않는 컨테이너인 레이아웃의 기반이 되는 클래스이다.

10. 다음 클래스에 대한 설명으로 틀린 것은?

```
public class MainActivity extends AppCompatActivity {
    .....
}
```

① public은 접근제한자로서, 다른 클래스에서 접근함을 의미한다.
② class는 MainActivity 클래스를 정의하는 키워드이다.
③ extends는 클래스 간 상속 관계를 정의하는 것이다.
④ AppCompatActivity는 MainActivity의 서브 클래스를 의미한다.

11. 다음 보기를 읽고 물음에 답하시오.

상품의 특성을 기술하는 주요 항목은 상품명(prod_name), 상품코드(prod_code), 가격(price), 제조회사(manufacturer)이다. 상품명 'AAA'는 상품코드가 'AA001'이고 가격은 100000원, 제조회사는 '한국기업'이고, 상품 'BBB'는 상품코드가 'BB001', 가격은 200000원, 제조회사는 '서울기업'이다. root element는 'products'로, 각 child element는 'product'로 하시오.

위의 쇼핑몰에서 판매하는 2개의 상품에 대해 XML 문서를 작성하시오.

콘텐츠 활용과
애니메이션

ANDROID
PROGRAMMING

텍스트와 이미지를
이용한 갤러리

학습목표

- 앱을 구성하는 기본 자원은 텍스트와 이미지다. 이번 장에서는 텍스트와 이미지로 화면을
  구성하고 화면 간 이동하고 정보를 전달하는 원리를 살펴보자.

학습내용

- 텍스트뷰의 활용
- 이미지뷰의 활용
- 클릭 이벤트의 처리
- 액티비티 호출 원리

05.1

텍스트의 활용

5.1.1 텍스트 활용 앱

텍스트를 이용하여 정보를 전달하는 것은 앱 개발의 시작이라고 할 수 있다. 다음은 34종의 언어와 다양한 콘텐츠를 제공하는 『네이버 사전』 앱의 화면이다. 영한 사전의 경우, 영어 단어의 뜻을 나타내는 한글 텍스트가 영문 텍스트 아래에 배치되어 출력된다.

네이버 사전 앱

Q 텍스트는 어떻게 출력하며, 폰트, 크기, 색, 배치는 어떻게 할까?

5.1.2 텍스트 출력의 기본 원리와 레이아웃 유형

텍스트 출력의 기본 원리

텍스트는 정해진 레이아웃에 따라 출력된다. **strings.xml**에서 텍스트 리소스들을 정의하고, **activity_main.xml**에서 레이아웃을 설계하면서 출력할 위치에 **TextView** 클래스와 출력할 문자인 **텍스트 리소스**를 설정한다. **MainActivity.java** 클래스는 액티비티를 만들고 **activity_main.xml**을 출력하게 되는데, 결과적으로 설계된 레이아웃에 따라 텍스트가 나타나게 된다.

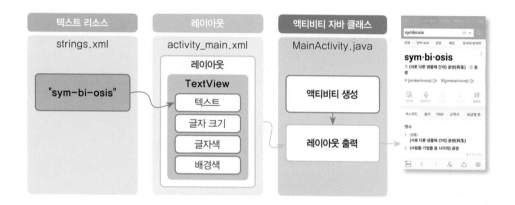

레이아웃 유형

안드로이드는 화면 배치를 위해 기본 레이아웃과 어댑터를 이용한 레이아웃을 제공한다(안드로이드 개발자 사이트, https://developer.android.com/guide/topics/ui/declaring-layout).

❶ 기본 레이아웃에는 콘텐츠를 수평 또는 수직으로 배치하는 리니어 레이아웃(Linear Layout), 개체들 간의 상대적인 위치에 따라 배치하는 렐러티브 레이아웃(Relative Layout), 웹 문서를 출력하는 웹뷰(Web View)가 있다.

(a) 리니어 레이아웃
수평 또는 수직 방향의 화면 배치

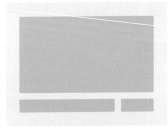

(b) 렐러티브 레이아웃
개체들 간의 상대적인 위치에 의한 배치

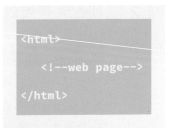

(c) 웹뷰
웹 문서의 출력

기본 레이아웃

❷ 한편, 어댑터(레이아웃과 그 레이아웃에 출력될 데이터를 바인딩하는 클래스)를 이용한 레이아웃에는 단일 열들을 목록으로 출력하는 리스트 뷰(List View), 정해진 수의 열과 행으로 구성된 격자모양으로 출력하는 그리드 뷰(Grid View)가 있다.

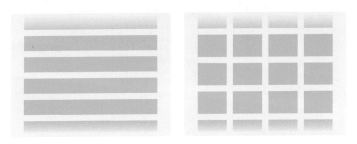

(a) 리스트 뷰
단일 열의 목록 출력

(b) 그리드 뷰
정해진 수의 열과 행으로 구성되는 격자
모양의 출력

어댑터를 이용한 레이아웃

❸ 2016년 Google I/O에서 발표한 컨스트레인트 레이아웃(ConstraintLayout)은 리니어 레이아웃과 렐러티브 레이아웃의 사용에 대한 단점들을 보완하여 더욱 풍부한 사용자 인터페이스를 만들 수 있게 한 것이다. 3장에서 살펴보았듯이 안드로이드 스튜디오에서 프로젝트를 생성하면 자동으로 컨스트레인트 레이아웃이 만들어진다.

» 각 레이아웃마다 쓰임새가 다르기 때문에 개발할 앱의 특성에 맞는 레이아웃을 이용하면 된다. 이번 장에서는 초보자가 상대적으로 이해하기 쉬운 **리니어 레이아웃**에 대해 살펴보고, 7장 그래픽과 애니메이션 부분에서 **컨스트레인트 레이아웃**을 살펴보기로 한다.

● **리니어 레이아웃**

리니어 레이아웃은 레이아웃 내에 여러 뷰(child view)들을 수직(vertical) 또는 수평 (horizontal)으로 배치할 때 사용한다. 다음 그림은 LinearLayout ❶이 그 내부에 있는 LinearLayout ❷와 ❸을 수직(vertical)으로 배치하고, LinearLayout ❷는 그 내부에 1 열, 2열, 3열의 3개 TextView들을 수평(horizontal)으로 배치하며, LinearLayout ❸은 그 내부에 1행, 2행, 3행의 3개 TextView들을 수직(vertical)으로 배치한 예를 나타낸 것이다.

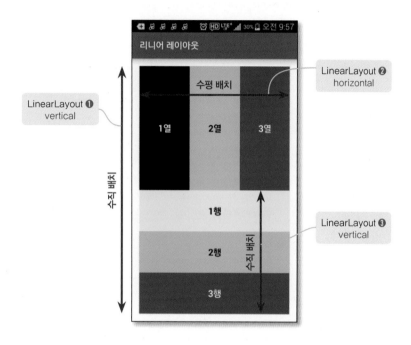

화면 구성을 XML로 표현하면 다음과 같다.

activity_main,xml

```
01  <?xml version="1.0" encoding="utf-8"?>
02  <LinearLayout xmlns:android="http://schemas.android.com/apk/res/android"  ❶
03      android:layout_width="match_parent"
04      android:layout_height="match_parent"
05      android:orientation="vertical">
06
07      <LinearLayout                                                          ❷
08          android:layout_width="match_parent"
09          android:layout_height="match_parent"
10          android:orientation="horizontal"
11          android:layout_weight="1">
12
13          <TextView
14              android:layout_width="match_parent"
15              android:layout_height="match_parent"
16              android:text="1열"
17              android:textSize="20sp"
18              android:gravity="center"
19              android:textStyle="bold"
20              android:textColor="#ffffff"
21              android:background="#000000"
22              android:layout_weight="1" />
23
24          <TextView
25              android:layout_width="match_parent"
26              android:layout_height="match_parent"
27              android:text="2열"
28              android:textSize="20sp"
29              android:gravity="center"
30              android:textStyle="bold"
31              android:textColor="#000000"
32              android:background="#00ff00"
33              android:layout_weight="1" />
34
35          <TextView
36              android:layout_width="match_parent"
37              android:layout_height="match_parent"
38              android:text="3열"
39              android:textSize="20sp"
40              android:gravity="center"
41              android:textStyle="bold"
42              android:textColor="#ffffff"
43              android:background="#0000ff"
44              android:layout_weight="1" />
```

layout_weight는 공간을 분할하는 상대적인 크기(가중치) 값을 말함. LinearLayout❶에 수직으로 배치되는 LinearLayout❷, ❸에 지정한 값의 비율에 따라 상대적인 크기로 나타남.

LinearLayout ❷에 배치된 TextView들의 layout_weight는 모두 1이므로 1:1:1의 상대적인 크기로 나타남.

```
45
46      </LinearLayout>
47
48      <LinearLayout                                                          ❸
49          android:layout_width="match_parent"
50          android:layout_height="match_parent"
51          android:orientation="vertical"
52          android:layout_weight="1">
53
54          <TextView
55              android:layout_width="match_parent"
56              android:layout_height="match_parent"
57              android:text="1행"
58              android:textSize="20sp"
59              android:gravity="center"
60              android:textStyle="bold"
61              android:textColor="#000000"
62              android:background="#ffff00"
63              android:layout_weight="1" />
64
65          <TextView
66              android:layout_width="match_parent"
67              android:layout_height="match_parent"
68              android:text="2행"
69              android:textSize="20sp"
70              android:gravity="center"
71              android:textStyle="bold"
72              android:textColor="#000000"
73              android:background="#00ff00"
74              android:layout_weight="1" />
75
76          <TextView
77              android:layout_width="match_parent"
78              android:layout_height="match_parent"
79              android:text="3행"
80              android:textSize="20sp"
81              android:gravity="center"
82              android:textStyle="bold"
83              android:textColor="#ffffff"
84              android:background="#0000ff"
85              android:layout_weight="1" />
86
87      </LinearLayout>
88
89  </LinearLayout>
```

5.1.3 텍스트뷰를 이용한 텍스트의 출력

(1) 프로젝트 개요

텍스트 출력 방법을 익히기 위해 좋아하는 시 목록을 만들어 보자. 어플리케이션 이름은
『Poem』, 어플리케이션 라벨과 액티비티 라벨은『시 목록』으로 하는 프로젝트에 각자 좋
아하는 시의 제목, 시인, 시 본문의 일부를 출력해 보자. 다음은 윤동주의『별 헤는 밤』과
로버트 프로스트의『가지 않은 길』의 시 목록을 출력한 예이다.

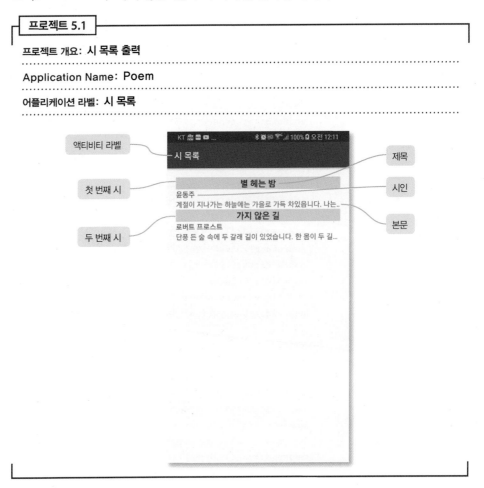

프로젝트 5.1

프로젝트 개요: **시 목록 출력**

Application Name: **Poem**

어플리케이션 라벨: **시 목록**

(2) 프로젝트 개발

STEP 1 **프로젝트 생성**

3장에서는 Android Studio를 설치하는 과정과 프로젝트를 만드는 방법을 살펴보았다. Android Studio 설치가 끝나면, 다음부터는 시작 메뉴에서 Android Studio를 선택해서 시작하면 된다.

Android Studio를 시작하면, 이전에 작업하던 프로젝트가 나타난다. 메뉴에서 "File → New → New Project"를 클릭하고 3장과 같은 과정으로 프로젝트를 만들면 된다. 다음과 같은 3단계 절차에 따라 프로젝트를 실행한다.

[1 단계]

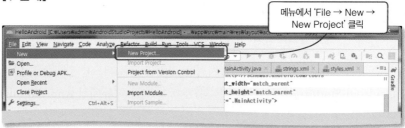

메뉴에서 'File → New → New Project' 클릭

[2 단계]

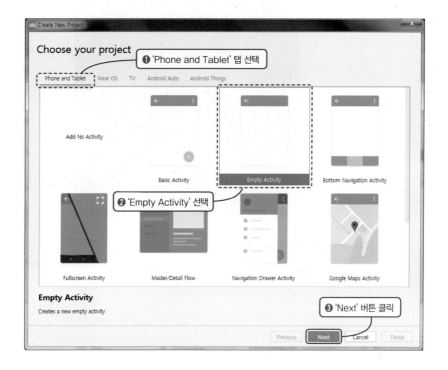

Choose your project

❶ 'Phone and Tablet' 탭 선택

❷ 'Empty Activity' 선택

❸ 'Next' 버튼 클릭

Empty Activity

Creates a new empty activity

[3 단계]

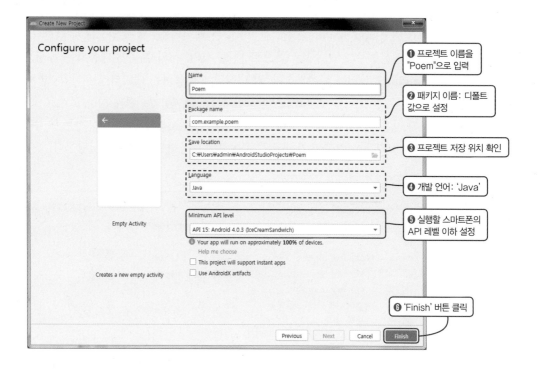

❶ 프로젝트 이름을 "Poem"으로 입력

❷ 패키지 이름: 디폴트 값으로 설정

❸ 프로젝트 저장 위치 확인

❹ 개발 언어: 'Java'

❺ 실행할 스마트폰의 API 레벨 이하 설정

❻ 'Finish' 버튼 클릭

STEP 2 파일 편집

strings.xml에서 출력할 텍스트들을 정의하고[편집 1], activity_main.xml에서 화면을 설계한다[편집 2].

모듈	폴더	소스 파일	편집 내용
manifests	–	AndroidManifest.xml	[4] 어플리케이션 기본 정보(수정 않음)
java	com.example.poem	MainActivity.java	[3] 화면 출력(수정 않음)
res	drawable	–	–
	layout	activity_main.xml	[2] 화면 설계 • 두 편의 시에 대한 출력 화면 배치
	mipmap	ic_launcher.png	–
	values	colors.xml	–
		strings.xml	[1] 텍스트 리소스 편집 • 어플리케이션 라벨 수정 • 두 편의 시를 출력하는데 사용되는 텍스트 리소스 정의
		styles.xml	–

[1] 텍스트 리소스 편집

strings.xml 파일을 열고, 어플리케이션 라벨과 액티비티 라벨을 '시 목록'으로 출력하기 위해 **app_name** 속성값에 해당하는 데이터를 '시 목록'으로 수정한다(❶). 첫 번째 시는 윤동주의 『별 헤는 밤』으로 제목, 시인, 시의 본문에 대응하는 속성값으로 **title1**, **author1**, **body1**을 추가한다. 각 속성값에 대응하는 데이터에는 각각 '별 헤는 밤', '윤동주', '계절이 지나가는 .....'을 할당한다(❷, ❸, ❹). 두 번째 시는 로버트 프로스트의 『가지 않은 길』로 첫 번째 시와 같이 제목, 시인, 시의 본문에 대응하는 속성값으로 **title2**, **author2**, **body2**를 추가하고 각 속성값에 대응하는 데이터를 할당한다.

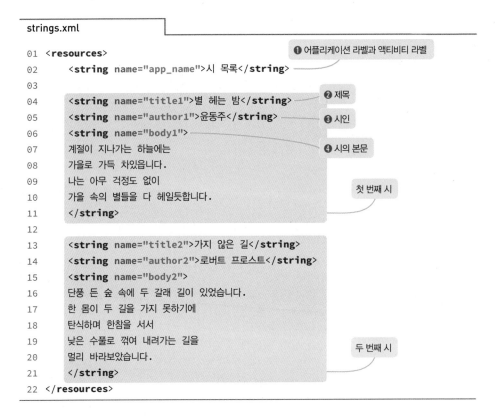

```
strings.xml

01  <resources>
02      <string name="app_name">시 목록</string>          ❶ 어플리케이션 라벨과 액티비티 라벨
03
04      <string name="title1">별 헤는 밤</string>          ❷ 제목
05      <string name="author1">윤동주</string>             ❸ 시인
06      <string name="body1">                             ❹ 시의 본문
07      계절이 지나가는 하늘에는
08      가을로 가득 차있습니다.
09      나는 아무 걱정도 없이
10      가을 속의 별들을 다 헤일듯합니다.                   첫 번째 시
11      </string>
12
13      <string name="title2">가지 않은 길</string>
14      <string name="author2">로버트 프로스트</string>
15      <string name="body2">
16      단풍 든 숲 속에 두 갈래 길이 있었습니다.
17      한 몸이 두 길을 가지 못하기에
18      탄식하며 한참을 서서
19      낮은 수풀로 꺾여 내려가는 길을                     두 번째 시
20      멀리 바라보았습니다.
21      </string>
22  </resources>
```

[2] 화면 설계

activity_main.xml 파일에 두 편의 시 목록에 대한 레이아웃을 정의한다. 먼저 리니어 레이아웃을 화면의 가로와 세로 전체로 할당하고, 화면에 출력할 텍스트뷰들을 수직으로 배치한다(❶). 첫 번째 시의 제목, 시인, 본문에 대해 3개의 **TextView**에 할당하고, **strings.xml**에 정의된 속성값들인 **title1**, **author1**, **body1**을 설정한다(❷, ❸, ❹). 두 번

째 시에 대응하는 3개의 TextView에는 **title2, author2, body2**를 할당한다. 각 텍스트 뷰는 글자 크기, 출력 위치, 글자 색, 글자 배경 색 등을 지정한다.

---

activity_main.xml

```
01  <?xml version="1.0" encoding="utf-8"?>
02  <LinearLayout xmlns:android="http://schemas.android.com/apk/res/android"
03      android:layout_width="match_parent"
04      android:layout_height="match_parent"
05      android:orientation="vertical"          ❶ LinearLayout 내의 텍스트뷰들을 수직 배치
06      android:paddingTop="20dp"
07      android:paddingBottom="20dp"
08      android:paddingLeft="20dp"
09      android:paddingRight="20dp">
10
11      <TextView                                첫 번째 시
12          android:layout_width="match_parent"
13          android:layout_height="wrap_content"
14          android:text="@string/title1"        ❷ 제목
15          android:textSize="18sp"
16          android:gravity="center"             중앙 위치 출력
17          android:textStyle="bold"
18          android:textColor="#61380B"
19          android:background="#3061380B" />     글자 배경색
20      <TextView
21          android:layout_width="match_parent"
22          android:layout_height="wrap_content"
23          android:text="@string/author1"       ❸ 시인
24          android:textSize="15sp"
25          android:textColor="#22741C" />
26      <TextView
27          android:layout_width="match_parent"
28          android:layout_height="wrap_content"
29          android:text="@string/body1"         ❹ 본문
30          android:singleLine="true"            한 줄에 스크롤하여 출력
31          android:ellipsize="marquee"
32          android:textSize="15sp"   />         글자 출력 효과(수평으로 흘러감)
33
34      <TextView                                두 번째 시
35          android:layout_width="match_parent"
36          android:layout_height="wrap_content"
37          android:text="@string/title2"
38          android:textSize="18sp"
39          android:gravity="center"
40          android:textStyle="bold"
```

```
41        android:textColor="#61380B"
42        android:background="#3061380B" />
43    <TextView
44        android:layout_width="match_parent"
45        android:layout_height="wrap_content"
46        android:text="@string/author2"
47        android:textSize="15sp"
48        android:textColor="#22741C" />
49    <TextView
50        android:layout_width="match_parent"
51        android:layout_height="wrap_content"
52        android:text="@string/body2"
53        android:singleLine="true"
54        android:ellipsize="end"
55        android:textSize="15sp"   />
56
57  </LinearLayout>
```

화면을 출력하는 방법으로는 XML 문서(예: activity_main.xml)에서 뷰들을 배치한 후에 액티비티 자바 클래스에서 그 문서를 불러 출력하는 방법과 액티비티 자바 클래스에서 동적으로 뷰(예: TextView) 객체를 생성하여 출력하는 방법(13장 참조)이 있다. XML을 이용하면 정적인 화면 구성을 쉽게 표현할 수 있다. XML 문서에서 사용한 엘리먼트 이름은 자바 클래스 속성명과 같고, 속성들의 값은 자바 클래스의 메소드에서 수정할 수 있다.

자바 클래스의 경우, View-TextView와 View-ViewGroup-LinearLayout의 계층 구조로 정의되어 있으며, 각 서브 클래스는 수퍼 클래스의 속성과 메소드를 상속받아 사용할 수 있다. View 클래스에는 android:id, android:paddingTop, android:padding-Bottom, android:paddingLeft, android:paddingRight 속성들이 있고, TextView 클래스에는 android:text 속성이 있다. 또한, ViewGroup 클래스 내에 정의되어 있는 정적 내부 클래스인 ViewGroup.LayoutParams 클래스에는 android:layout_width, android:layout_height 속성이 정의되어 있다. LinearLayout 클래스에는 android:orientation 속성이 있다.

액티비티 화면은 액티비티 라벨이 표시되는 타이틀바(또는 앱 바) 영역과 activity_main.xml에서 LinearLayout과 TextView 클래스로 출력되는 콘텐츠 영역으로 구분되며, 각 화면은 이들 두 영역을 포함하는 뷰 계층구조(View Hierarchy)로 표현된다(안드로이드 Hiercrchy Viewer 참조: http://developer.android.com/tools/help/hierarchy-viewer.html). 따라서, **TextView**는 **LinearLayout**의 수퍼 클래스인 **ViewGroup**의 정적 내부 클래스를 포함하는 속성들을 사용할 수 있다. XML 속성과 상속 관계에 있는 클래스들의 속성들은 다음과 같다.

● XML 문서의 속성

속성	설명
xmlns:android	XML에서 사용되는 속성들의 이름영역(name space)을 "android"로 선언. 이는 한 문서 내에서 의미가 다른 동일 속성명이 같이 사용될 때 각 속성을 구분하기 위해 사용. 안드로이드 프로젝트에서 **xmlns:android**의 속성값은 항상 "**http://schemas.android.com/apk/res/android**"으로 설정되어야 함

클래스와 속성/메소드

〉 클래스

클래스	설명
LinearLayout	02행. 열 또는 행 단위로 포함된 뷰 들을 배치함
TextView	11, 20, 26, 34, 43, 49행. 텍스트를 출력함
View	UI 컴포넌트들을 위한 기본적인 구현 영역을 기술함
ViewGroup. LayoutParams	뷰 클래스를 담고 레이아웃 특성을 정의하며 눈에는 보이지 않는 컨테이너인 레이아웃의 기반이 되는 ViewGroup 클래스의 내부에 정의되어 있는 클래스로 뷰들의 너비와 높이를 기술함

〉 메소드

클래스	속성	설명
LinearLayout	android:orientation	05행. 화면 레이아웃의 방향을 의미하며, 행에 대해서는 vertical(수직)을, 열에 대해서는 horizontal(수평)을 지정함
TextView	android:ellipsize	31, 54행. 문자가 정해진 범위를 벗어날 때 문장이 잘리는 것 대신에 효과를 줌 〉 **속성값**

속성값	의미
none	효과 없음
start	문장 앞 부분을 '…'으로 표시함
middle	문장 중간 부분을 '…'으로 표시함
end	문장 뒷 부분을 '…'으로 표시함
marquee	문장이 수평으로 흘러감 (액티비티 자바 클래스에서 TextView를 인식하고 setSelected(true) 메소드를 설정해야 됨)

	android:gravity	16, 39행. 뷰 내의 콘텐츠(텍스트)의 위치
		› 속성값

속성값	설명
top	위쪽에 배치
bottom	아래쪽에 배치
left	왼쪽에 배치
right	오른쪽에 배치
center_vertical	수직 중앙에 배치
center_horizontal	수평 중앙에 배치
center	수평과 수직의 중앙에 배치

	android:singleLine	30, 53행. true 또는 false 값을 가지며, true인 경우 문장을 여러 줄에 표시하지 않고 한 줄에 스크롤 되게 표시함
	android:text	14, 23, 29, 37, 46, 52행. TextView가 출력하는 문자를 의미함 속성값은 문자열을 하드 코딩하거나 string 리소스를 정의하여 사용할 수 있음 **› 속성값 지정의 예**

하드 코딩의 예	android:text="문자열"
strings.xml의 텍스트 리소스 활용 예	android:text="@strings/hello" res/values/strings.xml 파일에 정의되어 있는 string 자원인 hello의 사용을 의미함 레이아웃과 문자열 값의 분리는 개발 및 운영관리에 편리하기 때문에, 가능하면 string 리소스의 사용을 권고함

	android:textColor	18, 25, 41, 48행. 화면에 출력될 텍스트의 색을 의미함 속성값은 View클래스의 속성 android:background의 속성값과 같음
	android:textSize	15, 24, 32, 38, 47, 55행. 화면에 출력될 텍스트의 크기를 의미함 사용 가능한 단위는 px(pixels), dp(density-independent pixels), sp(scaled pixels based on preferred font size), in(inches), mm(-millimeters)이며, 텍스트의 경우에는 sp단위의 사용이 추천됨. 구체적인 설명은 android:layout_height를 참조하면 됨
	android:textStyle	17, 40행. 문자의 스타일을 지정함 '|'를 이용하여 여러 값을 설정 가능함 (예 "bold | italic") **› 속성값**

속성값	설명
normal	일반 글씨체
bold	굵은 글씨체
italic	이탤릭체

View	android: background	19, 42행. 뷰의 배경색, 배경 이미지, xml 파일을 지정함 ① 배경색 "#rgb", "#argb", "#rrggbb", 또는 "#aarrggbb"의 다양한 형태로 지정할 수 있음

		• 초보자의 경우에는 간단히, HTML에서 사용하는 "#rrggbb" 형태를 사용하면 무난함. r은 빨간색(red), g는 초록색(green), b는 파란색(blue)을 의미하며, 각 값은 16진수로 표현함 • 빨간색: "#ff0000", 초록색: "#00ff00", 파란색: "#0000ff", 흰색: "#ffffff", 검정색: "#000000" • 색상표 #000000 #800080 #000080 #808000 #0000ff #808080 #008000 #c0c0c0 #008080 #ff0000 #00ff00 #ff00ff #00ffff #ffff00 #800000 #ffffff 색에 투명도를 사용하려면 "#aarrggbb" 유형을 이용하면 됨. aa는 투명도로 00는 완전 투명, ff는 완전 불투명을 의미함 "#ffff0000"는 완전 불투명한 빨간색으로 나타남. **② 이미지** @이미지 리소스 폴더/이미지명(확장자 제외) • 예: drawable 폴더에 있는 img.png 파일을 지정하려면, "@drawable/img"로 지정
	android:paddingBottom	**07행**. 가장자리 아래 부분의 패딩 (단위는 픽셀)
	android:paddingLeft	**08행**. 가장자리 왼쪽 부분의 패딩 (단위는 픽셀)
	android:paddingRight	**09행**. 가장자리 오른쪽 부분의 패딩 (단위는 픽셀)
	android:paddingTop	**06행**. 가장자리 위쪽 부분의 패딩 (단위는 픽셀)
ViewGroup.Layout-Params	android:layout_height	**04, 13, 22, 28, 36, 45, 51행**. 뷰의 높이를 의미함 속성값은 'match_parent', 'wrap_content', '정수'를 가질 수 있음 **› 속성값과 의미** _표 참조 아래_
	android:layout_width	**03, 12, 21, 27, 35, 44, 50행**. 뷰의 너비를 의미하며, 속성값은 android:layout_height와 같음

› 속성값과 의미

속성값	의미
match_parent	부모의 영역을 가득 채움
wrap_content	뷰의 컨텐츠 크기만큼 나타남
정수	지정한 정수값 만큼 나타남. 사용 가능한 단위는 px-(pixels), dp(density-independent pixels), sp(scaled pixels based on preferred font size), in(inches), mm(millimeters)임

• fill_parent는 match_parent와 같은 의미이며, match_parent의 사용을 권장함

● 마진(margin)과 패딩(padding)

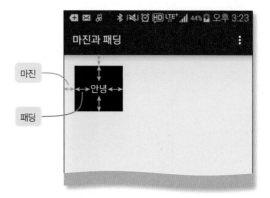

마진과 패딩은 여백이라는 비슷한 의미를 지닌다. 그러나 마진은 뷰(TextView)를 기준으로 바깥에 있는 뷰 콘테이너(LinearLayout) 간의 여백을 의미하며, 뷰 패딩은 뷰와 그 내용물('안녕') 사이의 여백을 의미한다. 다음 activity_main.xml은 텍스트뷰에서 리니어 레이아웃과의 마진은 20dp로, 그 속에 배치된 '안녕' 문자와의 패딩은 30dp로 배치한 예이다.

상, 하, 좌, 우 마진을 다르게 지정하려면 layout_margin 대신에 layout_marginTop, layout_marginBottom, layout_marginLeft, layout_marginRight 속성들을 사용하면 되고, 패딩도 padding 대신에 paddingTop, paddingBottom, paddingLeft, paddingRight 속성들을 사용하면 된다.

activity_main.xml

```
01  <?xml version="1.0" encoding="utf-8"?>
02  <LinearLayout xmlns:android="http://schemas.android.com/apk/res/android"
03      android:layout_width="match_parent"
04      android:layout_height="match_parent"
05      android:orientation="vertical" >
06
07      <TextView
08          android:layout_width="wrap_content"
09          android:layout_height="wrap_content"
10          android:text="안녕"
11          android:textSize="18sp"
12          android:textColor="#ffffff"
13          android:background="#000000"
14          android:layout_margin="20dp"
15          android:padding="30dp" />
16
17  </LinearLayout>
```

> 텍스트뷰와 그 바깥에 있는 리니어 레이아웃 사이의 마진을 20dp로 지정함

> 텍스트뷰 내의 패딩을 30dp로 지정함

● 뷰 컨테이너와 뷰의 출력 변화

LinearLayout 클래스의 **layout_width**와 **layout_height**의 속성값에 따라 뷰의 크기가 변하게 된다. 그 크기는 뷰를 담고 있는 **컨테이너**와 **뷰 내의 콘텐츠**에 따라 다르다. 뷰가 **LinearLayout**인 경우, **match_parent** 값으로 설정되어 있으면 **레이아웃**은 그 바깥에 있는 **스마트폰 화면의 가로와 세로 전체**를 채우게 되고, **wrap_content** 값으로 설정되어 있으면 **레이아웃**은 LinearLayout 내의 콘텐츠(예: TextView)의 크기만큼 된다. 그리고 뷰가 **TextView**인 경우, **match_parent** 값으로 설정되어 있으면 **TextView**는 그 바깥에 있는 컨테이너인 **LinearLayout**의 크기만큼 **가로와 세로 전체**를 채우게 되고, **wrap_content** 값으로 설정되어 있으면, **TextView**는 내부의 콘텐츠인 문자의 크기만큼 된다.

activity_main.xml

```
01  <?xml version="1.0" encoding="utf-8"?>
02  <LinearLayout
03      xmlns:android="http://schemas.android.com/apk/res/android"
04      android:orientation="vertical"
05      android:layout_width="match_parent"
06      android:layout_height="match_parent">
07
08      <TextView
09          android:layout_width="match_parent"
10          android:layout_height="wrap_content"
11          android:text="안녕"
12          ..... 생략 ..... />
13  </LinearLayout>
```

> 텍스트뷰의 layout_width와 layout_height의 값에 따라 화면은 어떻게 출력될까?

TextView 클래스의 layout_width와 layout_height의 속성값에 따른 출력 예는 다음과 같다. **TextView** 클래스의 컨테이너는 **LinearLayout**이며, 내부의 콘텐츠는 **"안녕"**이라는 문자이다.

속성		android:layout_width	
	속성값	match_parent	wrap_content
android: layout_height	match_ parent	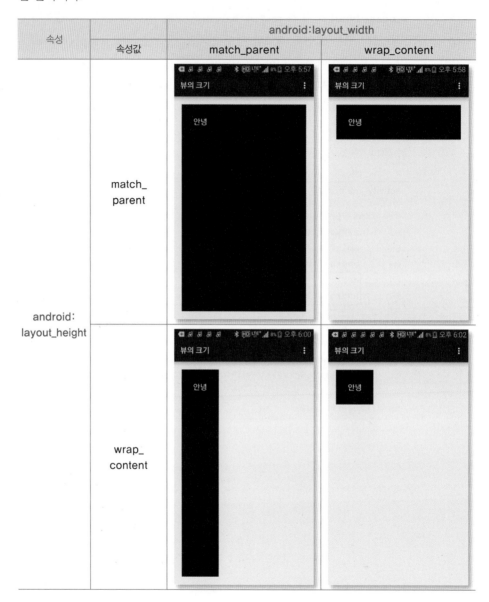	
	wrap_ content		

● 화면 출력 단위

용어	개념
해상도 (resolution)	• 화면 상의 물리적인 픽셀 수
화면 밀도 (screen density)	• 화면 면적 당 픽셀 수, 대개 1인치 당 픽셀 수를 나타내는 dpi(dots per inch)를 사용함 • 안드로이드의 6가지 화면 밀도 분류와 dpi수
dp (density-inde- pendent pixel)	• 밀도와 무관한 가상 픽셀 • 1인치 당 160 픽셀 수를 가진 medium 화면 밀도 유형을 기준으로 볼 때 1dp는 1pixel에 대응됨 • 픽셀과 dp의 관계: px = dp X dpi / 160 예: dpi가 160인 경우는 1dp은 1pixel과 같음. 그러나, dpi가 240인 경우는 1dp는 1.5 pixel이 됨. 즉, 모바일 기기의 해상도는 다르더라도 dp를 사용하면 같은 배율로 화면에 출력됨

화면 밀도 표:

화면밀도 분류	dpi
ldpi (low)	120
mdpi (medium)	160
hdpi (high)	240
xhdpi (extra-high)	320
xxhdpi (extra-extra-high)	480
xxxhdpi (extra-extra-extra-high)	640

① 160 dpi의 경우, 1 pixel = 1 dp × 160 dpi/160

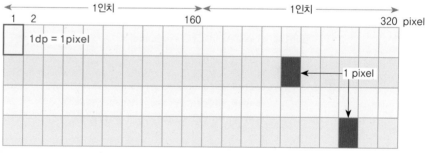

② 240 dpi의 경우, 1.5 pixel = 1 dp × 240 dpi/160

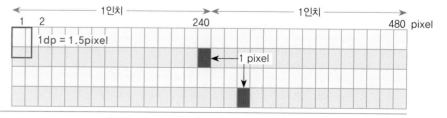

[3] 화면 출력

앱을 실행하면 **AndroidManifest.xml**에서 메인 액티비티 자바 클래스로 설정된 **MainActivity.java**가 실행된다. 메인 액티비티 자바 클래스에는 자동으로 호출되는 onCreate() 메소드를 정의해야 한다(❶). 그리고 일반적으로 기본적인 기능인 **액티비티 생성(❷)**과 화면 출력(❸)을 구현하게 된다. **AppCompatActivity** 클래스에는 **액티비티 생성(❷ onCreate())**과 **화면 출력(❸ setContentView())** 메소드가 정의되어 있기 때문에 **MainActivity**는 클래스는 **AppCompatActivity** 클래스를 부모 클래스로 정의하고 그 기능들을 상속받아 실행하면 된다. 그런데, 메인 액티비티 자바 클래스인 **MainActivity**에서 정의하여 지동으로 시작하게 될 onCreate() 메소드(❶)가 부모 클래스와 메소드 이름이 같기 때문에 충돌을 방지해야 한다. 따라서 onCreate() 메소드의 이름은 그대로 두고 재정의 하여 사용하고(❶), 액티비티 생성은 부모 클래스의 메소드로 실행하는 것을 나타내기 위해 super.onCreate() 메소드로 한다(❷). 그리고 화면 출력은 상속받은 setContentView() 메소드로 하며, activity_main.xml에 정의된 화면설계를 출력한다(❸).

MainActivity.java

```
01  package com.example.poem;
02
03  import android.support.v7.app.AppCompatActivity;
04  import android.os.Bundle;
05
06  public class MainActivity extends AppCompatActivity {        ← 부모 클래스
07
08      @Override                                               ❶ 자바 클래스 실행 시 자동 호출
09      protected void onCreate(Bundle savedInstanceState) {
10          super.onCreate(savedInstanceState);                 ❷ 액티비티 생성
11          setContentView(R.layout.activity_main);             ❸ 화면 출력
12      }
13  }
```

MainActivity 클래스의 상속관계와 연관관계에 대한 클래스 다이어그램, 그리고 실행원리는 다음과 같다. **MainActivity** 클래스는 **AppCompatActivity** 클래스로부터 상속받으며, **Bundle** 클래스를 매개변수로 사용하고 있다. 한편, **AppCompatActivity** 클래스는 **Activity** 클래스로부터 **onCreate(Bundle)** 메소드 등을 상속받으며, **MainActivity** 클래스는 그 메소드를 재정의하여 사용하고 있다(녹색).

● **자바 클래스 다이어그램**

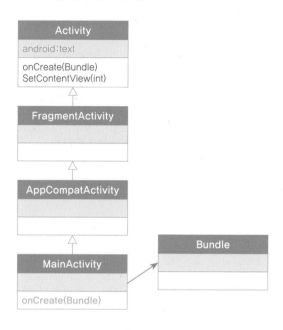

클래스와 속성/메소드

● **클래스**

클래스	설명
Activity	액티비티 생성과 화면을 출력함
AppCompatActivity	**06행**. 액션 바를 사용하는 기능을 제공함
Bundle	**09행**. 문자열을 다양한 형태의 메시지를 담는 컨테이너로 매핑함

● **메소드**

클래스	메소드	설명
Activity	void onCreate (BundlesavedInstanceState)	**10행**. 액티비티를 생성함. Bundle 클래스는 액티비티가 갑자기 정지(shut down)될 때 상태 정보를 가지고 있다가 액티비티가 다시 초기화될 때 활용되는 역할을 함 ■ onCreate() 등에 관련된 액티비티 생명주기는 6장 참고
	void setContentView (int layoutResId)	**11행**. 레이아웃을 출력함(layoutResId는 레이아웃이 정의된 xml 파일의 ID를 의미함)

● MainActivity 클래스의 실행 원리

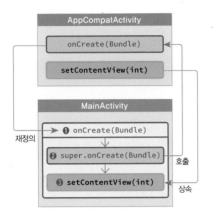

❶ 프로젝트에서 정의된 메인 클래스인 **MainActivity 클래스**가 **실행**되면, onCreate() 메소드가 자동으로 호출된다. 재정의된 onCreate() 메소드에는 액티비티가 수행될 절차를 기술한다.

❷ 수퍼 클래스인 AppCompatActivity 클래스의 onCreate() 메소드를 이용하여(super.onCreate()) **액티비티를 생성한다.**

❸ Activity **클래스**로부터 상속받은 setContentView() 메소드를 이용하여 **레이아웃을 출력한다.**

[4] 환경 설정

AndroidManifest.xml에는 XML 문서의 name space(❶)와 패키지명(❷), 어플리케이션 기본 정보(❸), 그리고 액티비티들의 실행에 관한 기본정보(❹)를 담고 있다.

AndroidManifest.xml

```xml
01  <?xml version="1.0" encoding="utf-8"?>
02  <manifest xmlns:android="http://schemas.android.com/apk/res/android"
03      package="com.example.poem">
                    ❸ 어플리케이션 기본 정보    ❷ 패키지명              ❶ name space
04
05      <application
06          android:allowBackup="true"
07          android:icon="@mipmap/ic_launcher"
08          android:label="@string/app_name"
09          android:roundIcon="@mipmap/ic_launcher_round"
10          android:supportsRtl="true"
11          android:theme="@style/AppTheme">          ❹ 액티비티 기본 정보
12          <activity android:name=".MainActivity">
13              <intent-filter>
14                  <action android:name="android.intent.action.MAIN" />
15
16                  <category android:name="android.intent.category.LAUNCHER" />
17              </intent-filter>
18          </activity>
19      </application>
20
21  </manifest>
```

❶ XML Name space, 패키지명, 버전코드, 버전명

```
01  <manifest xmlns:android="http://schemas.android.com/apk/res/android"
02      package="com.example.poem" >
03      . . . . .
04  </manifest>
```

name space는 android이며, 패키지명은 어플리케이션 생성 시에 입력한 Company Domain(com.example)과 Application Name(poem)의 소문자의 결합으로 정해진다.

❷ 어플리케이션 설정

어플리케이션의 백업과 복원, 아이콘, 라벨, 화면 테마 등을 설정한다.

```
01  <application
02      android:allowBackup="true"
03      android:icon="@mipmap/ic_launcher"
04      android:label="@string/app_name"
05      android:supportsRtl="true"
06      android:theme="@style/AppTheme">
07      . . . . .
08  </application>
```

android:allowBackup을 'true'로 설정하면 안드로이드 시스템의 백업과 복원을 허용하게 된다. android:icon은 **어플리케이션 아이콘**으로 res 폴더 내의 **mipmap** 폴더에 저장된 이미지 파일(**ic_launcher.png**)을 지정한다. 앱 실행 시에 기기의 사양에 맞추어 최적의 아이콘 이미지 파일을 사용한다. android:label은 **어플리케이션 라벨**을 지정할 때 사용하며 아이콘 아래에 표시된다. 디폴트로 **strings.xml**에 정의된 텍스트 리소스인 **app_name**을 사용한다. **app_name**의 데이터는 프로젝트 생성 시에 입력한 **Application Name**의 값이 디폴트 값으로 할당된다. 프로젝트 편집과정에서 변경할 수 있다. android:supportsRtl을 'true'로 설정하면 right-to-left (RTL) 레이아웃을 지원함을 의미한다.

android:theme에는 화면의 테마를 설정한다. **style.xml**에서 **AppTheme**으로 이름 붙여진 style 리소스를 사용한다. parent 속성값이 '**Theme.AppCompat.Light. DarkActionBar**'로 설정되어 있기 때문에 화면은 검은 색의 액션 바를 가진 밝은 테마로 나타난다.

❸ 액티비티의 설정

어플리케이션을 구성하는 액티비티들을 설정한다. 하나의 액티비티로 시작하지만, 여러 개의 액티비티를 추가할 수 있다.

```
01  <activity android:name=".MainActivity">
02      <intent-filter>
03          <action android:name="android.intent.action.MAIN" />
04
05          <category android:name="android.intent.category.LAUNCHER" />
06      </intent-filter>
07  </activity>
```

android:name에는 어플리케이션을 구성하는 '.자바 클래스명'을 지정한다. 한편, 지정한 자바 클래스가 어플리케이션 실행 시 최초 실행되는 메인 액티비티로 되기 위해서는 <intent-filter> 태그 내에서 **action**을 '*android.intent.action.MAIN*'으로 설정하여야 하며, 어플리케이션 목록 화면에서 아이콘을 통해 실행하려면 **category**를 '*android.intent. category.LAUNCHER*'로 지정하여야 한다.

STEP 3 ⟩ **프로젝트 실행**

다음 2단계 절차에 따라 프로젝트를 실행하고 그 결과를 살펴보자.

절차	내용
실행메뉴 선택	'Run' 메뉴에서 'Run app' 클릭 (또는 'Run app' 아이콘 클릭)
디바이스 선택	AVD 또는 스마트폰 디바이스를 선택하고 'OK' 버튼 클릭

05.2

이미지의 출력

5.2.1 이미지 출력 앱

대부분의 앱은 텍스트와 이미지를 함께 사용한다. 이미지를 주로 활용하는 앱으로는 아래의 왼쪽 그림과 같이 사진 공유 사이트인 『인스타그램(instagram.com)』이 있고, 오른쪽과 같이 다양한 음식 메뉴를 보여주는 배달 전문 사이트인 『배달의민족(www.baemin.com)』도 있다.

(a) 사진 목록 (인스타그램) (b) 음식 배달 메뉴 (배달의민족)

이미지 중심 앱의 예

Q 이미지는 어떻게 출력하며, 크기, 색, 배치는 어떻게 할까?

5.2.2 이미지 출력의 기본 원리

텍스트 리소스를 strings.xml에서 정의하여 사용하는 방법을 앞에서 익혔다. 이미지 리소스는 텍스트 리소스와 달리 drawable 폴더에 저장하여 사용하며, 이미지뷰를 통해 화면에 출력된다. 즉, activity_main.xml에서 레이아웃을 설계할 때 이미지뷰와 텍스트뷰를 출력할 위치에 적절히 배치하면 된다. MainActivity.java 클래스로 액티비티를 만들고 activity_main.xml을 출력하면 설계된 레이아웃에 따라 이미지와 텍스트가 나타난다.

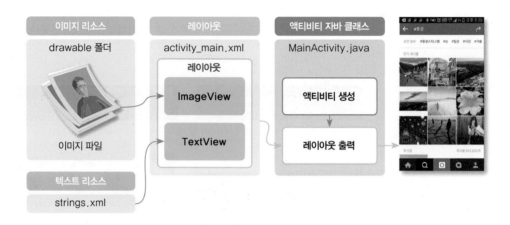

5.2.3 이미지뷰를 이용한 이미지의 출력

(1) 프로젝트 개요

명화를 소개하는 앱을 만들어 보자. 가운데에 명화 이미지를 출력하고, 위에는 명화 제목, 화가, 아래에는 명화 설명을 배치한다. 어플리케이션 이름은 『Image』, 어플리케이션 라벨과 액티비티 라벨은 『명화』로 하는 프로젝트를 개발하기로 한다.

프로젝트 5.2

프로젝트 개요: **명화 목록 출력**

Application Name: Image

어플리케이션 라벨: **명화**

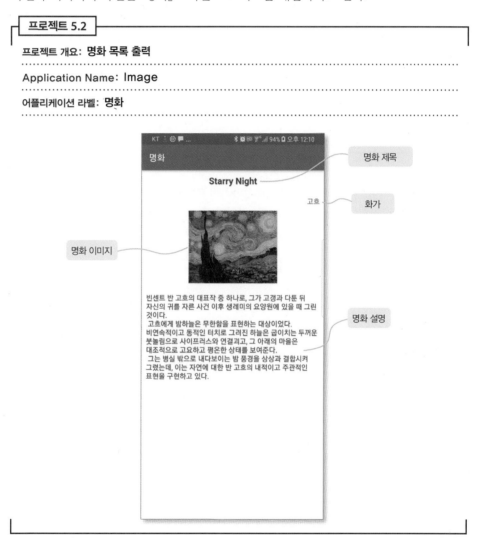

(2) 프로젝트 개발

STEP 1 > **프로젝트 생성**

다음 3단계 절차에 따라 프로젝트를 생성한다.

단계	내용
❶ 새 프로젝트 만들기	메뉴에서 'File → New → New Project' 클릭
❷ 프로젝트 선택	'Phone and Tablet' 탭에서 'Empty Activity' 선택
❸ 프로젝트 구성	프로젝트 이름: '**Image**' 패키지 이름: 'com.example.image' (디폴트 값) 프로젝트 저장 위치 확인 개발 언어: 'Java' 최소 API 레벨 설정: 실행할 스마트폰의 API 레벨 이하

STEP 2 > **파일 편집**

출력할 이미지(starry_night.png) 파일을 drawable 폴더에 저장한다[편집 1]. strings.xml에서 출력할 텍스트들을 정의하고[편집 2], activity_main.xml에서 화면을 설계한다[편집 3].

모듈	폴더	소스 파일	편집 내용
manifests	–	AndroidManifest.xml	–
java	com.example.image	MainActivity.java	–
res	drawable	starry_night.png	[1] 이미지 파일 추가 • 명화 이미지
	layout	activity_main.xml	[3] 화면 배치 • 제목, 화가, 이미지, 설명
	mipmap	ic_launcher.png	–
	values	colors.xml	–
		strings.xml	[2] 텍스트 리소스 편집 • 제목, 화가, 설명
		styles.xml	–

[1] 이미지 파일 추가

PC에 있는 **starry_night.png** 파일을 선택하여 복사(Ctrl + C)하고, Android Studio의
res/drawable 폴더를 클릭해서 붙여넣기(Ctrl + V)한다.

모듈	폴더	소스 파일	이미지
res	drawable	starry_night.png	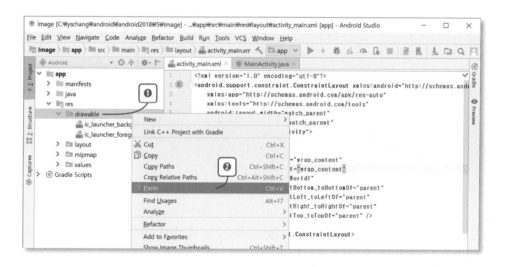

● 이미지 복사 절차

❶ PC에 있는 이미지 파일(예: **starry_night.png**)을 선택하여 복사(Ctrl + C)한다.

❷ Android Studio의 **res/drawable** 폴더를 클릭해서 붙여넣기(Ctrl + V)한다. 또는
다음과 같이 **res/drawable** 폴더를 마우스 오른쪽 버튼으로 클릭하면(❶), 나타나는
팝업 메뉴에서 'Paste'를 클릭한다(❷).

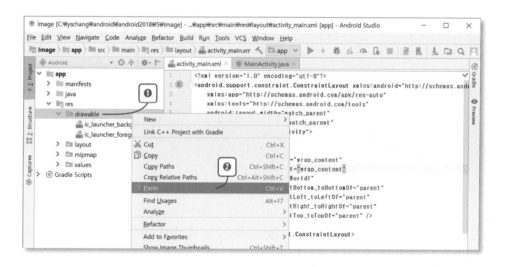

❸ 저장할 파일 이름을 수정할 수 있다. 복사한 이미지 파일 이름 그대로 붙여넣기 하려면 'OK' 버튼을 클릭한다.

❹ res/drawable 폴더에 붙여넣기한 이미지 파일이 추가 된다.

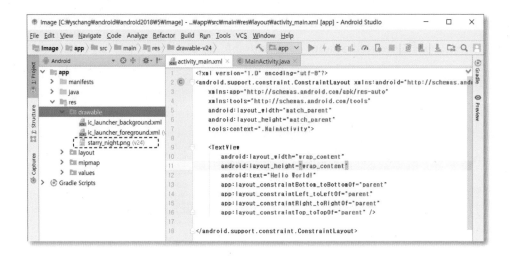

[2] 텍스트 리소스 편집

strings.xml에는 어플리케이션 이름을 수정하기 위해 **app_name** 속성값에 해당하는 데이터를 '명화'로 수정한다(❶). 명화 제목, 화가 명, 명화 설명에 대응하는 속성값으로 title, artist, desc를 추가한다. 각 속성값에 대응하는 데이터에는 각각 'Starry Night', '고흐', '빈센트 반 고흐의 대표작 중 하나로……,'를 할당한다(❷, ❸, ❹).

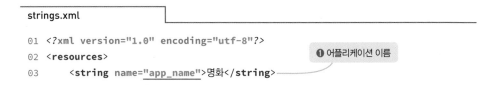

```
strings.xml

01  <?xml version="1.0" encoding="utf-8"?>
02  <resources>                                    ❶ 어플리케이션 이름
03      <string name="app_name">명화</string>
```

```
04    <string name="hello_world">Hello world!</string>
05    <string name="action_settings">Settings</string>          사용하지 않기 때문에
                                                                   삭제 가능
06
                                                                   ❷ 명화 제목
07    <string name="title">Starry Night</string>
                                                                   ❸ 화가    ❹ 설명
08    <string name="artist">고흐</string>
09    <string name="desc">
10 빈센트 반 고흐의 대표작 중 하나로, 그가 고갱과 다툰 뒤 자신의 귀를 자른 사건 이후 생레미의
      요양원에 있을 때 그린 것이다.\n
11 고흐에게 밤하늘은 무한함을 표현하는 대상이었다.\n 비연속적이고 동적인 터치로 그려진 하늘은
      굽이치는 두꺼운 붓놀림으로 사이프러스와 연결괴고, 그 아래의 마을은 대조적으로 고요하고 평온한
      상태를 보여준다.\n
12 그는 병실 밖으로 내다보이는 밤 풍경을 상상과 결합시켜 그렸는데, 이는 자연에 대한 반 고흐의
      내적이고 주관적인 표현을 구현하고 있다.
13    </string>
14 </resources>
```

[3] 화면 설계

activity_main.xml에서 상단에는 TextView로 명화 제목(❶)과 화가 이름(❷)을 배치한다. 명화 이미지는 ImageView 클래스를 이용하여 출력한다(❸). 하고자 하는 이미지 파일의 가로, 세로의 크기와 저장된 위치를 지정한다. ImageView 클래스의 **속성 'android:src'**에 **res/drawable 폴더**에 있는 **이미지 파일**을 지정한다. 하단에는 TextView로 그림에 대한 설명을 추가한다(❹).

activity_main.xml

```
01 <?xml version="1.0" encoding="utf-8"?>
02 <LinearLayout xmlns:android="http://schemas.android.com/apk/res/android"
03     android:layout_width="match_parent"
04     android:layout_height="match_parent"
05     android:orientation="vertical"
06     android:paddingBottom="10dp"
07     android:paddingLeft="10dp"
08     android:paddingRight="10dp"
09     android:paddingTop="10dp" >
10
11     <TextView
12         android:layout_width="match_parent"
13         android:layout_height="wrap_content"          ❶ 명화 제목
14         android:text="@string/title"
15         android:textSize="18sp"
16         android:gravity="center"
17         android:textStyle="bold"
```

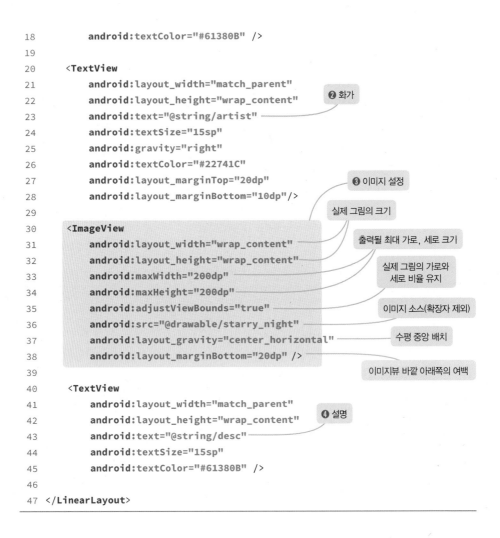

```
18          android:textColor="#61380B" />
19
20      <TextView
21          android:layout_width="match_parent"
22          android:layout_height="wrap_content"          ❷ 화가
23          android:text="@string/artist"
24          android:textSize="15sp"
25          android:gravity="right"
26          android:textColor="#22741C"
27          android:layout_marginTop="20dp"               ❸ 이미지 설정
28          android:layout_marginBottom="10dp"/>
29                                                        실제 그림의 크기
30      <ImageView
31          android:layout_width="wrap_content"           출력될 최대 가로, 세로 크기
32          android:layout_height="wrap_content"
33          android:maxWidth="200dp"                      실제 그림의 가로와
34          android:maxHeight="200dp"                     세로 비율 유지
35          android:adjustViewBounds="true"
36          android:src="@drawable/starry_night"          이미지 소스(확장자 제외)
37          android:layout_gravity="center_horizontal"    수평 중앙 배치
38          android:layout_marginBottom="20dp" />
39                                                        이미지뷰 바깥 아래쪽의 여백
40      <TextView
41          android:layout_width="match_parent"
42          android:layout_height="wrap_content"          ❹ 설명
43          android:text="@string/desc"
44          android:textSize="15sp"
45          android:textColor="#61380B" />
46
47  </LinearLayout>
```

클래스와 속성/메소드

› 클래스

클래스	설명
ImageView	30행. 아이콘 등과 같은 임의의 이미지를 출력함
ViewGroup. MarginLayoutParams	뷰 간의 마진 설정

› 속성

클래스	속성	설명
ImageView	android:adjustViewBounds	35행. 원래 이미지의 가로 세로 비율을 유지함
	android:maxHeight	34행. 출력 가능한 최대 높이
	android:maxWidth	33행. 출력 가능한 최대 너비
	android:src	36행. drawable 폴더에 있는 출력 대상 이미지를 지정함 – "@drawable/이미지 파일명(확장자 제외)" – 안드로이드 운영체제는 이미지 해상도에 따라 res/drawable-xxxx 폴더에서 모바일 기기에 맞는 가장 적합한 이미지가 출력됨. 여러 'res/drawable-xxxx' 폴더 중에 하나의 이미지만 있는 경우에는 해상도와 관계없이 불려짐
LinearLayout. LayoutParams	android:layout_gravity	37행. 부모 컨테이너 내부에서 출력될 자식 뷰의 위치를 의미함

속성값	설명
top	컨테이너의 위쪽에 배치
bottom	컨테이너의 아래쪽에 배치
left	컨테이너의 왼쪽에 배치
right	컨테이너의 오른쪽에 배치
center_vertical	컨테이너의 수직 중앙에 배치
center_horizontal	컨테이너의 수평 중앙에 배치
center	컨테이너의 수평과 수직 중앙에 배치

클래스	속성	설명
ViewGroup. MarginLayout- Params	android:layout_marginBottom	28행, 38행. 현재 뷰 아래의 간격

STEP 3 〉 프로젝트 실행

프로젝트를 실행하고, 결과를 살펴보자.

Q 하나의 앱은 보통 여러 화면으로 구성되는데, 첫 번째 화면에 있는 목록의 아이템을 클릭하면 상세 내용이 출력되는 화면을 나타나게 하려면 어떻게 해야 할까?

05.3 갤러리

5.3.1 다중 액티비티 활용 앱

하나의 앱은 대개 여러 화면으로 구성된다. 이 경우, 사용자는 뷰를 클릭하고 스마트폰
은 이에 반응하여 다른 화면을 출력한다. 아래 화면은『예술의 전당』앱으로 초기 화면의
오페라 가면무도회 이미지를 터치하면 공연의 상세 내용을 보여주는 화면으로 전환되는
예를 보여주고 있다.

액티비티 1(초기 화면)　　　　　　액티비티 2(상세 화면)

예술의 전당 앱

Q 화면 간의 전환은 어떻게 할까? 정보를 어떻게 전달할까?

5.3.2 인텐트를 이용한 액티비티 호출 및 정보 전달의 기본원리

뷰를 클릭할 때 특정 기능을 수행하도록 하기 위해 android:clickable를 true로 설정하고, android:onClick 속성에는 클릭 이벤트 발생 시에 자동으로 수행될 메소드명을 기입한다(예: press). 이 경우 사용자가 뷰를 터치하면 뷰는 이벤트를 시스템에 통지하고, 시스템은 MainActivity.java에서 구현한 press(View v)를 호출하게 된다. press() 메소드에는 호출된 자바 클래스와 전달할 정보를 설정한다.

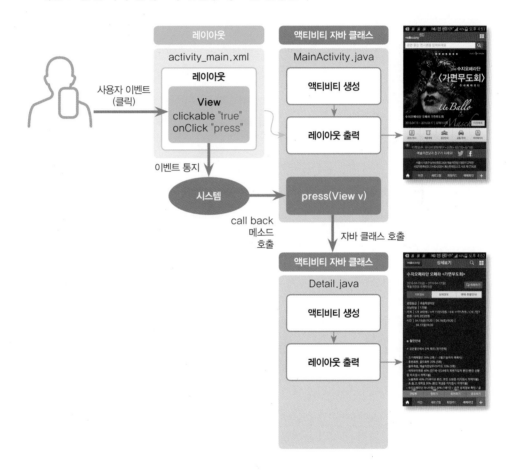

ⓘ 특정 이벤트가 발생했을 때 시스템이 인지하고 이벤트 처리를 하기 위해 호출하는 메소드를 콜백 (callback) 메소드라고 한다. 위에서 정의한 **press()** 메소드가 이에 해당한다.

앱은 다수의 액티비티로 구성되는 경우가 일반적이다. 하나의 액티비티는 다른 액티비티를 호출할 수 있고, 호출된 액티비티가 종료되면 다시 원래 액티비티가 실행될 수 있다. 그리고 액티비티를 서로 호출할 때 정보를 전달할 수도 있다. 다음은 여러 유형들의 예이다. 전화 목록의 아이템을 클릭하면, 스마트폰 내에 있는 전화걸기 액티비티를 통해 전화를 걸 수 있다(❶). 그리고 이번 절에서 개발해 볼 갤러리 앱의 명화 목록을 구성하는 액티비티에서 명화 아이템을 클릭하면 다른 액티비티를 호출하면서 아이템의 정보를 전달하고, 실행 후 종료하면 원래 액티비티로 돌아갈 수 있다(❷). 카메라로 찍은 이미지를 출력하기 위해 스마트폰 내의 갤러리 액티비티를 호출하고, 선택된 이미지 정보를 호출했던 액티비티로 전달하여 이미지를 화면에 출력할 수도 있다(❸).

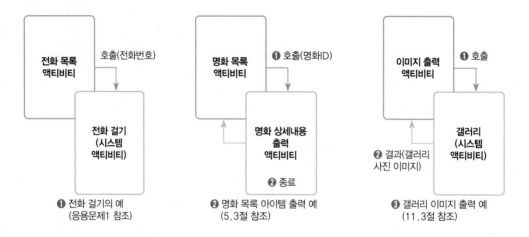

❶ 전화 걸기의 예
(응용문제1 참조)

❷ 명화 목록 아이템 출력 예
(5.3절 참조)

❸ 갤러리 이미지 출력 예
(11.3절 참조)

액티비티 호출과 액티비티 간 정보 전달은 인텐트 클래스를 이용한다. 예를 들면, 다음 그림에서 SendActivity 클래스는 ReceiveActivity 클래스를 호출할 인텐트를 생성한 후에(❶) 터치한 목록 아이템의 태그 정보를 인텐트 객체에 저장하고(❷), 인텐트를 실행하면 ReceiveActivity 클래스가 호출된다(❸). 현재 액티비티는 종료할 수 있다(❹). 호출된 ReceiveActivity 클래스는 자신을 호출한 인텐트를 인식하고(❺) 데이터를 추출해서(❻), 나머지 처리 과정을 수행한다.

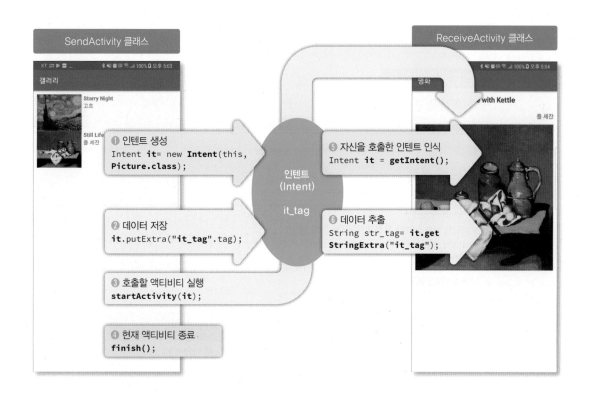

인텐트
(Intent)
it_tag

SendActivity 클래스

갤러리

Starry Night
고흐

Still Life
폴 세잔

❶ 인텐트 생성
```
Intent it= new Intent(this,
Picture.class);
```

❷ 데이터 저장
```
it.putExtra("it_tag".tag);
```

❸ 호출할 액티비티 실행
```
startActivity(it);
```

❹ 현재 액티비티 종료
```
finish();
```

ReceiveActivity 클래스

명화

with Kettle

폴 세잔

❺ 자신을 호출한 인텐트 인식
```
Intent it = getIntent();
```

❻ 데이터 추출
```
String str_tag= it.get
StringExtra("it_tag");
```

5.3.3 명화 목록과 클릭이벤트 처리

(1) 프로젝트 개요

명화 목록을 만들고, 클릭한 명화의 상세 화면을 출력해보자. 명화 목록 액티비티의 각
아이템에는 클릭에 반응하는 기능을 추가하고, 명화 상세 액티비티에서는 클릭한 이미
지를 보여준다. 어플리케이션 이름은 『Gallery』, 어플리케이션 라벨과 액티비티 라벨은
『갤러리』로 하자.

프로젝트 5.3

프로젝트 개요: **명화 목록과 클릭한 명화 출력**

Application Name: **Gallery**

어플리케이션 라벨: **갤러리**

'명화 목록' 액티비티　　　　　　'명화 상세' 액티비티

(2) 프로젝트 개발

STEP 1 ⟩ 프로젝트 생성

다음 3단계 절차에 따라 프로젝트를 생성한다.

단계	내용
❶ 새 프로젝트 만들기	메뉴에서 'File → New → New Project' 클릭
❷ 프로젝트 선택	'Phone and Tablet' 탭에서 'Empty Activity' 선택
❸ 프로젝트 구성	프로젝트 이름: '**Gallery**' 패키지 이름: 'com.example.gallery' (디폴트 값) 프로젝트 저장 위치 확인 개발 언어: 'Java' 최소 API 레벨 설정: 실행할 스마트폰의 API 레벨 이하

STEP 2 ⟩ 파일 편집

먼저, 출력할 이미지 파일들을 drawable 폴더에 추가하고[편집 1], strings.xml에는 출력할 텍스트들을 정의한다[편집 2]. 명화 목록 액티비티를 위해 activity_main.xml에 화면을 설계하고[편집 3-1], MainActivity.java에는 명화 상세 액티비티를 호출하도록 수정한다[편집 3-2]. 명화 상세 액티비티에서는 picture.xml를 추가로 만들어 화면을 설계하고[편집 4-1], Picture.java를 만들어 전달 받은 정보를 출력하도록 한다[편집 4-2]. 명화 상세 액티비티의 자바 클래스 Picture.java는 AndroidManifest.xml에 등록한다[편집 5].

모듈	폴더	소스 파일	편집 내용	관련 액티비티
manifests	–	AndroidManifest.xml	[5] 액티비티 클래스 등록	명화 목록, 명화 상세
java	com.example. gallery	MainActivity.java	[3-2] 명화 목록 화면 출력 명화 상세 액티비티 호출	명화 목록
		Picture.java	[4-2] 명화 상세 화면 출력	명화 상세
res	drawable	starry_night.png still_life_with_kettle.png	[1] 이미지 파일 추가	명화 목록, 명화 상세
	layout	activity_main.xml	[3-1] 명화 목록 화면 설계	명화 목록
		picture.xml	[4-1] 명화 상세 화면 설계	명화 상세
	mipmap	ic_launcher.png	–	
	values	colors.xml	–	
		strings.xml	[2] 텍스트 리소스 편집 • 어플리케이션 라벨 수정 • 텍스트 리소스 정의	명화 목록, 명화 상세
		styles.xml		

[1] 이미지 파일 추가

두 개의 명화 **starry_night.png**과 **still_life_with_kettle.png** 파일을 res/drawable 폴더에 저장한다.

모듈	폴더	소스 파일	이미지
res	drawable	starry_night.png	
		still_life_with_kettle.png	

[2] 텍스트 리소스 수정

strings.xml에는 어플리케이션 이름을 수정하기 위해 app_name 속성값의 데이터를 '갤러리'로 수정하고(❶), 두 번째 액티비티의 이름으로 사용할 app_name2 속성값으로 "명화"를 추가한다(❷). 그리고 목록 아이템에 사용할 명화 제목, 화가, 이미지명을 추가한다(❸, ❹).

strings.xml

```
01  <resources>
02      <string name="app_name">갤러리</string>          ❶ 어플리케이션 이름과 첫 번째 액티비티 이름
03      <string name="app_name2">명화</string>            ❷ 두 번째 액티비티 이름
04
05      <string name="title1">Starry Night</string>       ❸ 목록 아이템 1
06      <string name="artist1">고흐</string>
07      <string name="picture1">starry_night</string>
08
09      <string name="title2">Still Life with Kettle</string>   ❹ 목록 아이템 2
10      <string name="artist2">폴 세잔</string>
11      <string name="picture2">still_life_with_kettle</string>
12  </resources>
```

[3] '명화 목록' 액티비티 수정

[3-1] 명화 목록 화면 설계

activity_main.xml에 명화 목록의 각 아이템에 대한 화면 설계를 Gallery 어플리케이션과 같이 작성하되, 목록의 아이템에 해당하는 LinearLayout에는 id(❶)와 tag(❷) 속성을 추가하고, clickable(❸)은 true를 onClick(❹)에는 클릭 시 실행할 메소드로 dis-playPicture() 메소드를 지정한다.

activity_main.xml

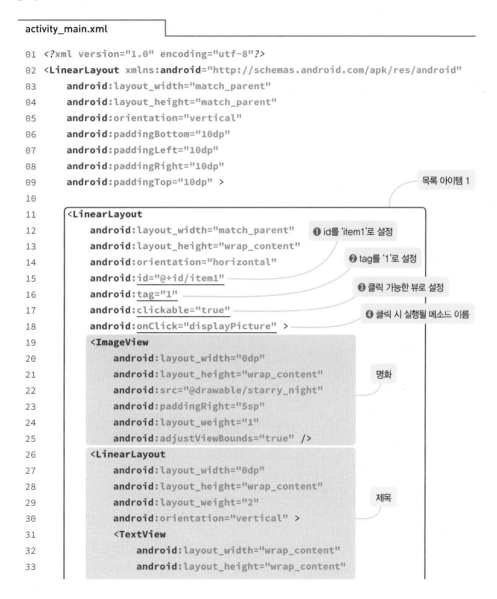

```xml
01  <?xml version="1.0" encoding="utf-8"?>
02  <LinearLayout xmlns:android="http://schemas.android.com/apk/res/android"
03      android:layout_width="match_parent"
04      android:layout_height="match_parent"
05      android:orientation="vertical"
06      android:paddingBottom="10dp"
07      android:paddingLeft="10dp"
08      android:paddingRight="10dp"
09      android:paddingTop="10dp" >
10
11      <LinearLayout
12          android:layout_width="match_parent"
13          android:layout_height="wrap_content"
14          android:orientation="horizontal"
15          android:id="@+id/item1"
16          android:tag="1"
17          android:clickable="true"
18          android:onClick="displayPicture" >
19          <ImageView
20              android:layout_width="0dp"
21              android:layout_height="wrap_content"
22              android:src="@drawable/starry_night"
23              android:paddingRight="5sp"
24              android:layout_weight="1"
25              android:adjustViewBounds="true" />
26          <LinearLayout
27              android:layout_width="0dp"
28              android:layout_height="wrap_content"
29              android:layout_weight="2"
30              android:orientation="vertical" >
31              <TextView
32                  android:layout_width="wrap_content"
33                  android:layout_height="wrap_content"
```

목록 아이템 1

❶ id를 'item1'로 설정

❷ tag를 '1'로 설정

❸ 클릭 가능한 뷰로 설정

❹ 클릭 시 실행될 메소드 이름

명화

제목

```
34              android:text="@string/title1"
35              android:textStyle="bold" />
36          <TextView                                              화가
37              android:layout_width="wrap_content"
38              android:layout_height="wrap_content"
39              android:text="@string/artist1" />
40      </LinearLayout>
41  </LinearLayout>
42
43  <LinearLayout
44      android:layout_width="match_parent"
45      android:layout_height="wrap_content"
46      android:orientation="horizontal"              ❶
47      android:id="@+id/item2"
48      android:tag="2"                               ❷
49      android:clickable="true"                      ❸
50      android:onClick="displayPicture" >
51      <ImageView                                    ❹
52          android:layout_width="0dp"
53          android:layout_height="wrap_content"
54          android:src="@drawable/still_life_with_kettle"
55          android:paddingRight="5sp"
56          android:layout_weight="1"
57          android:adjustViewBounds="true" />
58      <LinearLayout
59          android:layout_width="0dp"
60          android:layout_height="wrap_content"
61          android:layout_weight="2"
62          android:orientation="vertical" >
63          <TextView
64              android:layout_width="wrap_content"
65              android:layout_height="wrap_content"
66              android:text="@string/title2"
67              android:textStyle="bold" />
68          <TextView
69              android:layout_width="wrap_content"
70              android:layout_height="wrap_content"
71              android:text="@string/artist2" />
72      </LinearLayout>
73  </LinearLayout>
74  </LinearLayout>
```

› 속성

클래스	속성	설명
View	android:clickable	17, 49행. 클릭 이벤트에 대한 반응 여부를 정의함(true, false)
	android:id	15, 47행. 뷰를 구별하기 위한 이름 android:id="@+id/아이디 이름"으로 지정함
	android:onClick	18, 50행. 뷰가 클릭될 때 실행되는 메소드의 이름
	android:tag	16, 48행. 문자열로 나타내는 태그(키워드 등)

[3-2] 명화 목록 화면 출력

① 클릭 정보 확인하기

》》 클릭한 명화 목록 아이템의 정보를 다른 액티비티로 전달하기 전에, 클릭한 명화 아이템의 정보가 인식되는지 확인해 보자. 목록 아이템을 클릭하면 activity_main.xml의 LinearLayout의 태그 속성에 설정된 번호가 Toast로 출력된다.

MainActivity.java에 **displayPicture()** 메소드를 추가한다(❶). **displayPicture()** 메소

드에는 클릭한 LinearLayout의 id를 인식하고(❷) LinearLayout의 tag 정보를 추출해서(❸) Toast로 출력하도록 한다(❹).

MainActivity.java

```
01 package com.example.gallery;
02
03 import android.content.Intent;
04 import android.support.v7.app.AppCompatActivity;
05 import android.os.Bundle;
06 import android.view.View;
07 import android.widget.LinearLayout;
08 import android.widget.Toast;
09
10 public class MainActivity extends AppCompatActivity {
11
12     @Override
13     protected void onCreate(Bundle savedInstanceState) {
14         super.onCreate(savedInstanceState);
15         setContentView(R.layout.activity_main);
16     }
17
18     public void displayPicture(View v) {
19         int id = v.getId();
20         LinearLayout layout = (LinearLayout) v.findViewById(id);
21         String tag = (String) layout.getTag();
22
23         Toast.makeText(this, "클릭한 아이템: " + tag, Toast.LENGTH_LONG).
                                                                     show();
24     }
25 }
```

❶ 목록 아이템 터치 시 실행되는 메소드
❷ 터치한 뷰의 id 인식
터치한 뷰의 id에 해당하는 LinearLayout 인식
❸ 터치한 뷰의 tag값 추출
❹ Toast에 tag값 출력

클래스와 속성/메소드

› 클래스

클래스	설명
String	21행. 문자열을 표현함
Toast	23행. 화면에 작은 팝업 창으로 사용자에게 간단한 메시지를 전달하는데 사용됨. 일정 시간이 지나면 자동으로 없어짐

클릭한 아이템: 01

클래스	속성	설명
Toast	int LENGTH_SHORT	짧은 시간 동안 뷰나 텍스트를 보여줌. 2000 밀리초로 정의됨
	int LENGTH_LONG	23행. 긴 시간 동안 뷰나 텍스트를 보여줌. 3500 밀리초로 정의됨

› 메소드

클래스	메소드	설명
Toast	static Toast makeText(Context context, CharSequence text, int duration)	23행. 문자를 포함하는 표준 toast를 정의함 makeText(this, "문자열", 출력시간)을 지정하면 현재 화면에 "문자열"을 지정한 출력시간(밀리초)만큼 나타내고 사라짐. 사용자가 임의로 지정할 수 있으며, 미리 정의된 LENGTH_SHORT와 LENGTH_LONG을 사용할 수 있음
	void show()	23행. 지정한 시간 동안 뷰를 보여줌
View	final View findViewById(int id)	20행. id값에 해당하는 View를 인식함
	int getId()	19행. 뷰의 id를 반환함
	Object getTag()	21행. 뷰의 태그값을 반환함

>> 프로젝트를 실행하고, 클릭한 정보가 출력되는지 확인해보자.

② '명화 상세' 액티비티 호출

정상적으로 출력되면, Toast 출력을 지우고 Picture 클래스로 실행될 "명화 상세" 액티비티로 정보를 전달해보자. 먼저, Picture 클래스에 전달할 인텐트 객체를 생성하고(❶), 전달할 정보를 인텐트에 저장한다(❷). 인텐트를 시작하면(❸), Picture 클래스에서 설정한 액티비티가 실행된다.

MainActivity.java

```
01 package com.example.gallery;
02
03 import android.content.Intent;
04 import android.support.v7.app.AppCompatActivity;
05 import android.os.Bundle;
06 import android.view.View;
07 import android.widget.LinearLayout;
08 import android.widget.Toast;
09
```

```
10  public class MainActivity extends AppCompatActivity {
11
12      @Override
13      protected void onCreate(Bundle savedInstanceState) {
14          super.onCreate(savedInstanceState);
15          setContentView(R.layout.activity_main);
16      }
17
18      public void displayPicture(View v) {
19          int id = v.getId();
20          LinearLayout layout = (LinearLayout) v.findViewById(id);
21          String tag = (String) layout.getTag();
22
23          // Toast.makeText(this, "클릭한 아이템: " + tag, Toast.LENGTH_LONG).
                                                                        show();

24          Intent it = new Intent(this, Picture.class);
25          it.putExtra("it_tag",  tag);
26          startActivity(it);
27      }
28 }
```

❶ Picture 클래스에 전달할 인텐트 객체 생성

❷ 인텐트 변수에 tag값 저장

❸ 인텐트 시작

클래스와 속성/메소드

〉 클래스

클래스	설명
Intent	24행. 액티비티 호출과 정보 전달에 사용됨

〉 메소드

클래스	메소드	설명
Activity	void startActivity(intent)	26행. 인텐트에서 지정한 액티비티를 실행함
Intent	Intent(String action, Uri uri)	24행. 주어진 uri에 대해 지정한 액션을 하는 인텐트를 생성함
	Intent putExtra(String name, String value)	25행. 인텐트에 name의 값을 value로 할당함

[4] '명화 상세' 액티비티 추가 및 수정

[4-1] 명화 상세 화면 설계

먼저, 클릭한 명화를 출력하는 두 번째 화면의 설계를 위해 picture.xml 파일을 만든다.

● XML 파일 만들기

❶ res/layout 폴더에서 마우스 오른쪽 버튼을 클릭한다.

팝업 메뉴에서 "New → XML → Layout XML File"을 클릭한다.

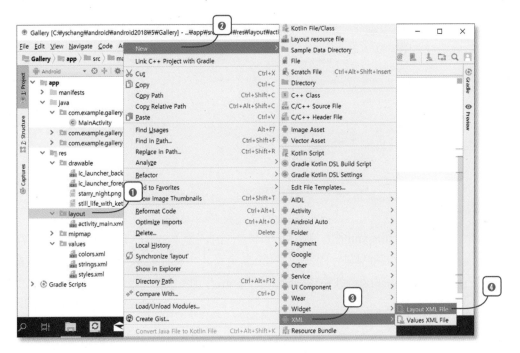

❷ Layout File Name에 XML 파일 이름 'picture'를 적고(❶) 'Finish' 버튼을 클릭한다 (❷).

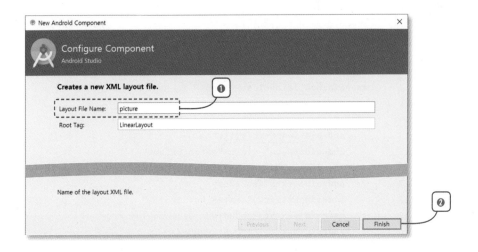

❸ 'picture.xml'파일이 생성된 결과는 다음과 같다.

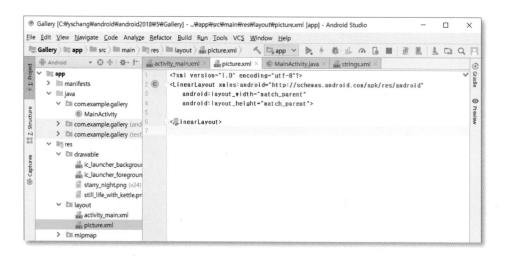

picture.xml에는 제목, 화가, 명화 이미지를 보여주는 TextView와 ImageView들을 배치한다. 전달되는 정보를 동적으로 출력하기 위해 각 뷰에는 id를 설정한다(❶, ❷, ❸). 화면을 터치하면 종료하는 closePicture() 메소드를 설정한다(❹).

picture.xml

```
01  <?xml version="1.0" encoding="utf-8"?>
02  <LinearLayout xmlns:android="http://schemas.android.com/apk/res/android"
03      android:layout_width="match_parent"
04      android:layout_height="match_parent"
05      android:orientation="vertical"
06      android:paddingBottom="10dp"
07      android:paddingLeft="10dp"
08      android:paddingRight="10dp"
09      android:paddingTop="10dp"
10      android:clickable="true"                    ❹ 화면 터치 시에 호출되는 메소드 이름
11      android:onClick="closePicture" >
12
13      <TextView                                   ❶ '제목'을 출력할 텍스트뷰의 id
14          android:id="@+id/title"
15          android:layout_width="match_parent"
16          android:layout_height="wrap_content"
17          android:textSize="18sp"
18          android:gravity="center_horizontal"
19          android:textStyle="bold"
20          android:textColor="#61380B" />
```

```
21
22      <TextView
23          android:id="@+id/artist"
24          android:layout_width="match_parent"
25          android:layout_height="wrap_content"
26          android:textSize="15sp"
27          android:gravity="right"
28          android:textColor="#22741C"
29          android:layout_marginTop="20dp"
30          android:layout_marginBottom="10dp"/>
31
32      <ImageView
33          android:id="@+id/picture"
34          android:layout_height="wrap_content"
35          android:layout_width="wrap_content"
36          android:maxWidth="200dp"
37          android:maxHeight="200dp"
38          android:adjustViewBounds="true"
39          android:layout_gravity="center"
40          android:layout_marginBottom="20dp"  />
41
42  </LinearLayout>
```

❷ '화가'를 출력할 텍스트뷰의 id

❸ 이미지를 출력할 이미지뷰의 id

[4-2] 명화 상세 화면 출력

picture.xml를 통해 클릭된 명화의 내용을 출력하는 Picture.java 클래스를 추가한다.

● 자바 클래스 추가하기

❶ "java" 폴더의 패키지명(com.example.gallery)을 마우스 오른쪽 버튼으로 클릭하고,
팝업 메뉴에서 "New → Java Class"를 클릭한다.

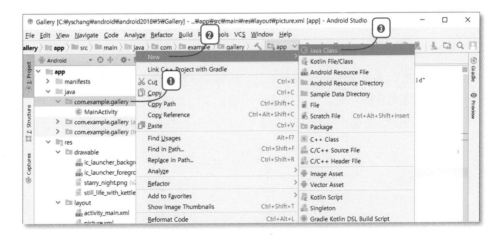

❷ Name 항목에 자바 클래스 이름 'Picture'를 적고(❶), "OK" 버튼을 클릭한다(❷).

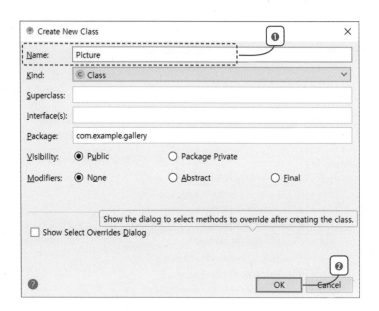

❸ 자바 클래스 기본 틀로 구성된 파일이 생성된다.

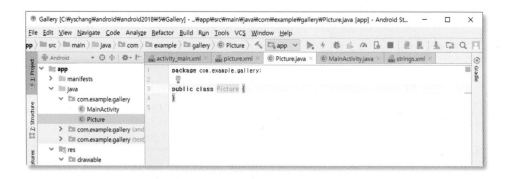

제목, 화가, 명화를 출력할 TextView와 ImageView를 인식하고(❶, ❷, ❸), 인텐트를 통해 전달받은 태그 값을 추출하여(❹), 그 번호에 해당하는 제목, 화가, 이미지를 출력한다(❺, ❻, ❼). 화면 클릭 시에 종료되는 closePicture() 메소드를 추가한다(❽).

```java
01  package com.example.gallery;
02
03  import android.content.Intent;
04  import android.content.res.Resources;
05  import android.graphics.drawable.Drawable;
06  import android.os.Bundle;
07  import android.support.v7.app.AppCompatActivity;
08  import android.view.View;
09  import android.widget.ImageView;
10  import android.widget.TextView;
11
12  public class Picture extends AppCompatActivity {
13
14      @Override
15      protected void onCreate(Bundle savedInstanceState) {
16          super.onCreate(savedInstanceState);
17          setContentView(R.layout.picture);
18
19          TextView tv_title  = (TextView)findViewById(R.id.title);
20          TextView tv_author = (TextView)findViewById(R.id.artist);
21          ImageView iv_picture  = (ImageView)findViewById(R.id.picture);
22
23          Intent it = getIntent();
24          String tag  = it.getStringExtra("it_tag");
25
26          Resources res = getResources();
27
28          int id_title = res.getIdentifier("title" + tag, "string",
                                                getPackageName());
29          String title = res.getString(id_title);
30          tv_title.setText(title);
31
32          int id_author = res.getIdentifier("artist" + tag, "string",
                                                 getPackageName());
33          String author = res.getString(id_author);
34          tv_author.setText(author);
35
36          int id_picture = res.getIdentifier("picture" + tag, "string",
                                                  getPackageName());
37          String picture = res.getString(id_picture);
38          int id_img = res.getIdentifier(picture, "drawable",
                                              getPackageName());
39          Drawable drawable = res.getDrawable(id_img);
40          iv_picture.setBackground(drawable);
41      }
```

❷ '화가'를 출력할 텍스트뷰 인식

❶ '제목'을 출력할 텍스트뷰 인식

❸ '명화'를 출력할 이미지뷰 인식

호출한 인텐트 객체 생성

❹ 인텐트 변수에서 tag값 추출

리소스 객체 생성

strings.xml에서 "title"+tag에 해당하는 속성의 id 인식

❺ '제목'출력

데이터(제목) 출력   strings.xml에서 id에 해당하는 속성의 데이터 추출

❻ '화가'출력

❼ '명화'이미지 출력

drawable 폴더에서 picture값에 해당하는 id 인식

id에 해당하는 이미지 인식

이미지를 배경으로 출력

```
42
43    public void closePicture(View v) {          ❽ 화면 터치 시에 실행될 메소드
44        finish();
45    }                            터치한 액티비티 종료
46 }
```

클래스와 속성/메소드

› 클래스

클래스	설명
Context	어플리케이션 환경 정보에 대한 추상화 클래스(안드로이드 시스템에 의해 구현됨)
Drawable	39행. Drawable이란 그림으로 그려진 것을 의미하며, png, jpg 포맷의 이미지와 같은 단순한 형태와 그림을 그리기 위한 명령어들을 담고 있는 Shape 등 다양한 형태의 Drawable이 있음
Resources	26행. 어플리케이션 자원에 접근하기 위한 클래스

› 메소드

클래스	메소드	설명
Activity	void finish()	**44행**. 액티비티가 종료됨
	Intent getIntent()	**23행**. 액티비티를 실행한 인텐트를 반환함
Context	int getIdentifier(String name, String defType, String defPackage)	**28, 32, 36, 38행**. 주어진 리소스 이름에 해당하는 id를 반환함
	String getString(int id)	**29, 33, 37행**. 리소스 id에 해당하는 문자열을 반환함
Intent	String getStringExtra(String name)	**24행**. 인텐트로부터 name에 해당하는 값을 추출함
Resources	final Drawable getDrawable(int id)	**39행**. 리소스 id에 해당하는 drawable 폴더의 이미지를 반환함
	int getIdentifier(String name, String defType, String defPackage)	**28, 32, 36, 38행**. 주어진 리소스 이름에 해당하는 id를 반환함
	String getString(int id)	**29, 33, 37행**. 리소스 id에 해당하는 문자열을 반환함
TextView	final void setText(CharSequence text)	**30, 34행**. TextView의 문자열을 text로 설정함
View	void setBackground(Drawable background)	**40행**. 주어진 background를 배경으로 지정함

[5] '명화 상세' 액티비티 클래스 등록

두 번째 액티비티에 사용될 Picture.java를 AndroidManifest.xml에 등록한다.

AndroidManifest.xml

```xml
01 <?xml version="1.0" encoding="utf-8"?>
02 <manifest xmlns:android="http://schemas.android.com/apk/res/android"
03     package="com.example.gallery">
04
05     <application
06         android:allowBackup="true"
07         android:icon="@mipmap/ic_launcher"
08         android:label="@string/app_name"
09         android:roundIcon="@mipmap/ic_launcher_round"
10         android:supportsRtl="true"
11         android:theme="@style/AppTheme">
12         <activity android:name=".MainActivity">
13             <intent-filter>
14                 <action android:name="android.intent.action.MAIN" />
15
16                 <category android:name="android.intent.category.LAUNCHER" />
17             </intent-filter>
18         </activity>
19         <activity                                        자바클래스 이름    두 번째 액티비티 추가
20             android:name=".Picture"
21             android:label="@string/app_name2">
22         </activity>                                                    액티비티 리벨
23
24     </application>
25
26 </manifest>
```

STEP 3 ▷ **프로젝트 실행**

프로젝트를 실행하고 결과를 살펴보자.

≫ 이제 텍스트와 이미지를 넘어 오디오와 비디오는 어떻게 출력하는지 알아보자.

> 텍스트는 정해진 레이아웃에 따라 출력된다. strings.xml에서 텍스트 리소스들을 정의하고, activity_main.xml에서 레이아웃을 설계하면서, 출력할 위치에 TextView 클래스와 출력할 문자인 텍스트 리소스를 설정한다. MainActivity.java 클래스는 액티비티를 만들고, activity_main.xml을 출력한다.

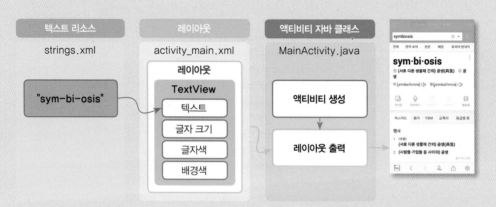

> 화면배치를 위한 레이아웃은 기본 레이아웃과 어댑터를 이용한 레이아웃이 있다. 기본 레이아웃에는 콘텐츠를 수평 또는 수직으로 배치하는 리니어 레이아웃(Linear Layout), 개체들 간의 상대적인 위치에 따라 배치하는 렐러티브 레이아웃(Relative Layout), 웹 문서를 출력하는 웹 뷰(Web View)가 있다.

> 2016년 Google I/O에서 발표한 컨스트레인트 레이아웃(Constraint Layout)은 리니어 레이아웃과 렐러티브 레이아웃의 단점들을 보완하여 더욱 풍부한 사용자 인터페이스를 만들 수 있다. 안드로이드 스튜디오에서 프로젝트를 생성하면 자동으로 컨스트레인트 레이아웃이 만들어진다.

> 화면출력 방법으로 XML 문서에서 뷰들을 배치한 후에 액티비티 자바 클래스에서 그 문서를 불러 출력하는 방법과 액티비티 자바 클래스에서 동적으로 뷰 객체를 생성하여 출력하는 방법이 있다. XML을 이용하면 정적인 화면구성을 쉽게 표현할 수 있다.

> 마진과 패딩은 여백이라는 의미로 비슷하지만 마진은 뷰 콘테이너(Linear Layout)와 그 안에 있는 뷰(TextView) 사이의 여백, 패딩은 뷰와 그 내부에서 화면에 표시되는 내용물 간의 여백을 의미한다.

> MainActivity 클래스의 실행 원리: 앱을 실행하면 AndroidManifest.xml에서 메인 클래스로 정의한 MainActivity 클래스가 실행되고, 재정의 된 onCreate() 메소드가 자동으로 호출된다.

OnCreate() 메소드는 액티비티가 수행될 절차를 기술하는데, 기본 절차는 부모 클래스에 있는 onCreate() 메소드로 액티비티를 생성하고 상속받은 setContentView() 메소드로 화면을 출력한다.

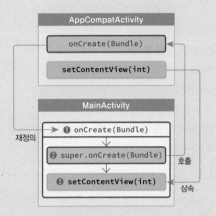

> 텍스트 리소스는 일반적으로 strings.xml에 정의하며, TexyView를 이용하여 출력한다.

> 이미지 출력의 기본 원리: 이미지 리소스는 텍스트 리소스와 달리 drawble 폴더에 저장하고 사용하며, ImageView를 통해 화면에 출력된다.

> 앱은 일반적으로 하나 이상의 액티비티로 구성된다. 하나의 액티비티는 다른 액티비티를 호출할 수 있고, 액티비티 간에는 인텐트를 통해 서로 정보를 전달한다.

1. 다음 보기를 읽고 물음에 답하시오.

> 가. 화면에 텍스트를 출력함
>
> 나. UI 컴포넌트를 위한 기본적인 구현 영역 기술
>
> 다. 뷰클래스 담고 있으며, 레이아웃의 기반이 됨
>
> 라. 열 또는 행 단위로 뷰들을 배치함
>
> 마. 사용자에게 UI를 배치할 수 있는 윈도우를 제공함

각 클래스를 설명하는 항목을 위의 보기에서 고르시오.

① View ···································· (   )

② ViewGroup ······················· (   )

③ LinearLayout ···················· (   )

④ TextView ·························· (   )

⑤ Activity ··························· (   )

2. 다음 기능을 실행할 수 있도록 TextView의 속성을 완성하시오.

> ① 뷰에 출력될 글자를 수평과 수직 중앙에 배치   android:gravity = "_____"
>
> ② 뷰에 출력될 글자를 "안드로이드"로 설정   android: _____ = "안드로이드"
>
> ③ 뷰에 출력될 글자 크기를 5sp로 설정   android: _____ = "5sp"
>
> ④ 뷰에 출력될 글자 색을 흰색으로 설정   android: _____ = "#ffffff"
>
> ⑤ 뷰의 배경을 초록색으로 설정   android: _____ = "#00ff00"
>
> ⑥ 뷰의 오른쪽 패딩를 5dp로 설정   android: _____ = "5dp"

3. 다음 기능을 실행할 수 있도록 ImageView의 속성을 완성하시오.

> ① 원래 이미지의 가로 세로 비율로 출력   android: _____ = "true"
>
> ② drawable폴더에 있는 spring.png를 출력   android: _____ = "_____"
>
> ③ 출력될 이미지의 높이를 최대 300dp로 설정   android: _____ = "300dp"
>
> ④ 뷰의 아래쪽 마진을 10dp로 설정   android: _____ = "10dp"

4. 고객명 "홍길동"을 텍스트 리소스로 지정하고자 한다. strings.xml에 정의하시오(속성명은 "cust_name"으로 한다).

```
...
    <string name="____①____">____②____</string>
...
```

5. strings.xml에 정의된 텍스트 리소스 cust_name을 화면에 출력하기 위해 main.xml의 TextView를 완성하시오(가로는 전체 영역을, 세로는 문자열 크기에 해당하는 영역으로 출력한다).

```
...
<TextView
    android:layout_width="____①____"
    android:layout_height="____②____"
    android:text="____③____"
    />
...
```

6. 클래스 AAA를 정의하고자 한다. 수퍼 클래스는 BBB이며, BBB는 android.app 패키지에 정의되어 있다. 클래스 AAA를 완성하시오.

```
...
import ____①____
public ____②____ AAA ____③____ ____④____ {
    ...
}
```

7. TextViewActivity 클래스의 onCreate() 메소드는 액티비티를 생성하고 res/layout 폴더에 정의된 activity_main.xml의 내용을 화면에 출력하고자 한다. 다음 onCreate() 메소드를 완성하시오.

```
...
 public void onCreate(Bundle saveInstanceState) {
     ____①____.onCreate(saveInstanceState);
     setContentView(____②____);
}
```

8. activity_main.xml의 텍스트뷰를 클릭하면 "안녕"이라는 문자가 있는 Toast를 출력하려고 한다. 밑줄 친 부분을 완성하시오.

---

activity_main.xml

```
...
<TextView
    ....
    android:onClick = "____①____" />
....
```

MainActivity.java

```
...
public class MainActivity extends AppCompatActivity {
    ...
    public void echo(View v) {
        Toast. ____②____ (this, ____③____ , Toast.LENGTH_LONG).show();
    }
}
```

전화걸기

친구들의 전화번호 목록을 만들고, 전화번호를 클릭하여 친구에게 전화를 걸어보자. 아래 그림의 왼쪽은 친구 목록, 오른쪽은 클릭한 친구에게 전화를 거는 상태를 나타낸다.

프로젝트

프로젝트 개요: 친구 목록과 전화 걸기

Application Name: Call

어플리케이션 라벨: 전화

전화 걸기 액티비티

시스템 액티비티

❶ 화면 설계

activity_main.xml에서 각 친구들의 성명, 주소, 전화번호를 하나의 LinearLayout으로 구성한다. Linear-Layout에는 클릭 시 작동할 콜백 메소드 call과 전달할 전화번호를 설정한다.

activity_main.xml

```xml
01 <?xml version="1.0" encoding="utf-8"?>
02 <LinearLayout xmlns:android="http://schemas.android.com/apk/res/android"
03     ..... 생략 .....>
04
05     <LinearLayout
06         ..... 생략 .....
07         android:tag="전화번호"
08         android:clickable="true"
09         android:onClick="call" >
10         <TextView
11             ..... 생략 .....
12             android:text="성명" />
13         <TextView
14                 ..... 생략 .....
15             android:text="주소" />
16         <TextView
17                 ..... 생략 .....
18             android:text="전화번호" />
19     </LinearLayout>
20
21         ..... 생략 .....
22
23 </LinearLayout>
```

❷ 전화걸기 소스

전화걸기는 시스템에서 제공하는 액티비티를 이용한다. 전화를 거는 과정은 전화번호에 대한 Uri를 생성하고, 전화걸기 액션을 위한 인텐트를 생성하며, 인텐트를 통해 시스템에서 제공하는 전화걸기 액티비티를 실행하면 된다.

MainActivity.java

```java
01 package com.example.call;
02
03 ..... 생략 .....
```

```
04
05  public class MainActivity extends AppCompatActivity {
06
07      @Override
08      protected void onCreate(Bundle savedInstanceState) {
09          super.onCreate(savedInstanceState);
10          setContentView(R.layout.activity_main);
11      }
12
13      public void call(View v) {
14          int id = v.getId();
15          LinearLayout layout =    (LinearLayout) v.findViewById(id);
16          String tel = (String)   layout.getTag();
17
18          Uri number = Uri.parse("tel:" + tel);
19          Intent intent = new Intent(Intent.ACTION_CALL, number);
20          startActivity(intent);
21      }
22  }
```

❸ 환경 설정

전화 통화가 가능하도록 허용하는 환경을 설정한다.

AndroidManifest.xml

```
01  <?xml version="1.0" encoding="utf-8"?>
02  <manifest xmlns:android="http://schemas.android.com/apk/res/android"
03      package="com.example.call">
04
05      <uses-permission android:name="android.permission.CALL_PHONE" />
06
07      <application
08          ..... 생략 .....
09  </application>
10
11  </manifest>
```

❹ 앱 실행 환경

스마트폰에서 "설정 → 애플리케이션"으로 들어가서, 방금 설치된 "전화" 앱을 클릭하여 "권한"에서 "전화" 권한을 허락하고 앱을 실행한다.

시집 앨범 만들기

5.3절의 갤러리 앱을 참고하여 내가 좋아하는 시집 앨범을 만들어보자. 첫 번째 액티비티는 시 목록을 출력한다. 시를 클릭하면 둘째 화면에 해당 시의 내용이 나타난다. 배경색을 임의로 지정해보자. 둘째 화면을 클릭하면 종료하고 이전 화면으로 전환된다. 다음 예시 화면을 나타내는 앱을 만들어보자.

프로젝트

프로젝트 개요: 시 목록의 클릭과 다른 화면에서 시의 내용을 출력하기

Application Name: Poetry

어플리케이션 라벨: 시

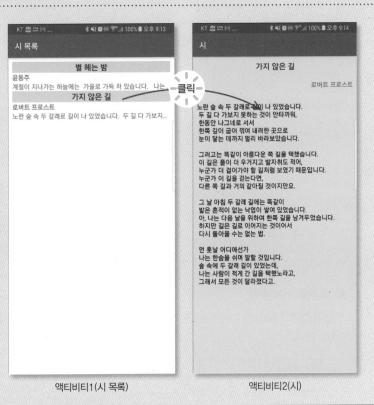

액티비티1(시 목록)　　　　　　　액티비티2(시)

❶ 어플리케이션 라벨과 첫 번째 액티비티 라벨 다르게 표현하기

프로젝트를 생성하면 AndroidManifest.xml에 어플리케이션 엘리먼트(<application>)의 어플리케이션 라벨 속성 값이 strings.xml에서 텍스트 리소스로 정의되어 있는 app_name으로 할당되어 있다 (android:label:"@string/app_name"). 액티비티 엘리먼트(<activity>)에도 액티비티 라벨 속성 값을 추가할 수 있는데, 출력하면 어플리케이션 라벨도 같이 변하는 것을 볼 수 있다 따라서 어플리케이션 라벨과 액티비티 라벨을 서로 다르게 출력하기 위해서는 **액티비티 자바 클래스**의 **onCreate()** 메소드 부분에 **Activity** 클래스에 정의되어 있는 setTitle("액티비티 라벨") 메소드를 추가하면 된다. 앞에서 **strings.xml**에서 **app_name**이 '**시 목록1**'로 설정되어 있는 경우, **액티비티 라벨만 '시 목록**'으로 출력해 보자. 다음과 같이 **setTitle**("시 목록") 메소드를 추가하고 실행하면 된다.

MainActivity.java

```
01  package com.example.poetry;
02
03  ..... 생략 .....
04
05  public class MainActivity extends AppCompatActivity {
06
07      @Override
08      protected void onCreate(Bundle savedInstanceState) {
09          super.onCreate(savedInstanceState);
10          setContentView(R.layout.activity_main);
11
12          setTitle("시 목록");
13      }
14  }
```

❷ 스크롤 기능 추가

두 번째 화면의 경우, 한 화면에 출력할 시의 본문 내용이 수직으로 화면 크기를 초과하면 스크롤 기능을 추가하면 된다.

activity_main.xml

```
01  <?xml version="1.0" encoding="utf-8"?>
02  <ScrollView xmlns:android="http://schemas.android.com/apk/res/android"
03      android:layout_width="match_parent"
04      android:layout_height="match_parent"
05      android:fillViewport="true" >
06
```

```
07    <LinearLayout
08        android:layout_width="match_parent"
09        android:layout_height="match_parent"
10        android:orientation="vertical"
11        android:paddingBottom="10dp"
12        android:paddingLeft="10dp"
13        android:paddingRight="10dp"
14        android:paddingTop="10dp"
15        android:id="@+id/background"
16        android:background="#ffff00"
17        android:clickable="true"
18        android:onClick="closePoem" >
19        <TextView
20            ..... 생략 ..... />
21            <TextView
22                    ..... 생략 ..... />
23            <TextView
24                    ..... 생략 ..... />
25                </LinearLayout>
26            </ScrollView>
```

ⒶⓃⒹⓇⓄⒾⒹ
PROGRAMMING

오디오와 비디오를
활용한 앨범

학습목표

• 텍스트와 이미지에 이어, 오디오와 비디오를 출력하고 미디어 플레이어를 이용해서 출력을
  제어하는 방법을 살펴보자

학습내용

• 오디오 실행을 위한 백그라운드 서비스 실행
• 미디어 플레이어를 이용한 오디오/비디오 실행

06.1

오디오 실행

6.1.1 오디오 활용 예

노래를 듣는 것은 스마트폰의 주된 활용 중 하나이다. 다음 그림은 음악재생 앱의 하나인 MelOn 앱으로, 노래 목록에서 듣고 싶은 아이템을 터치하면 재생 화면에서 노래를 들려준다.

뮤직 앱: MelOn

Q 오디오는 어떤 방법으로 출력하고 제어할까?

6.1.2   오디오 실행의 기본 원리

오디오는 레이아웃 설계에 따른 화면을 출력한 후에 재생할 오디오 파일을 인식해서 재생하는 과정으로 진행된다. 오디오 재생은 **MediaPlayer** 클래스를 이용한다. 오디오 리소스를 인식하는 **MediaPlayer** 객체를 생성하고, 오디오 재생의 반복 여부 등과 같은 **MediaPlayer** 실행 환경을 설정하고 실행하면 된다. 노래의 경우, 재생 효과를 높이려면 제목, 가사 등을 출력하거나 노래 배경 이미지 등을 추가하면 된다.

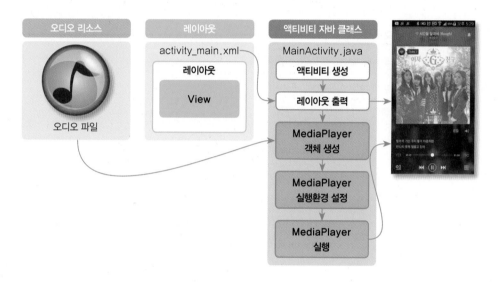

6.1.3 미디어 플레이어를 이용한 오디오 실행

(1) 프로젝트 개요

오디오 제목, 이미지, 가사를 출력하고, 자동으로 오디오를 재생하는 앱을 개발해 보자. 어플리케이션 이름은 『Audio』, 어플리케이션 라벨과 액티비티 라벨은 『노래 재생』으로 하는 프로젝트를 개발해 본다. 아래 그림은 『산토끼』의 이미지와 노래 가사를 출력하고, 앱 실행 시에 노래가 자동으로 재생되는 예이다.

프로젝트 6.1

프로젝트 개요: **오디오의 자동 재생**

Application Name: **Audio**

어플리케이션 라벨: **노래 재생**

---

(2) 프로젝트 개발

STEP 1 　　프로젝트 생성

다음 3단계 절차에 따라 프로젝트를 생성한다.

단계	내용
❶ 새 프로젝트 만들기	메뉴에서 'File → New → New Project' 클릭
❷ 프로젝트 선택	'Phone and Tablet' 탭에서 'Empty Activity' 선택
❸ 프로젝트 구성	프로젝트 이름: 'Audio' 패키지 이름: 'com.example.audio' (디폴트 값) 프로젝트 저장 위치 확인 개발 언어: 'Java' 최소 API 레벨 설정: 실행할 스마트폰의 API 레벨 이하

STEP 2 　　파일 편집

출력할 오디오 파일(hare.mp3)은 res/raw 폴더에 저장하고[편집 1], 배경 이미지(img_hare.png) 파일을 drawable 폴더에 저장한다[편집 2]. strings.xml에는 출력할 텍스트들을 정의하고[편집 3] activity_main.xml에서 화면을 설계한다[편집 4]. MainActivity.java에서는 오디오 목록을 출력하고 오디오 파일을 재생하도록 한다[편집 5].

모듈	폴더	소스 파일	편집 내용
manifests	–	AndroidManifest.xml	
java	com.example.audio	MainActivity.java	[5] 액티비티 출력 • 이미지와 노래 가사 출력 • 오디오 자동 재생
res	drawable	img_hare.png	[2] 이미지 파일 추가 • 노래 배경 이미지
	layout	activity_main.xml	[4] 노래 재생 화면 설계
	mipmap		–
	raw	hare.mp3	[1] 오디오 파일 추가 • "산토끼"
	values	colors.xml	–
		strings.xml	[3] 텍스트 리소스 편집 • 어플리케이션 라벨 수정 • 노래 제목과 가사에 대한 텍스트 리소스 정의
		styles.xml	

[1] 오디오 파일 추가

먼저, 오디오 파일(예: 산토끼) 저장을 위해 res 폴더 아래에 raw 폴더를 만든다.

raw 폴더 만들기

❶ res 폴더를 마우스 오른쪽 버튼으로 클릭하고(❶), 팝업 메뉴에서 "New →
 Directory"를 선택한다(❷, ❸).

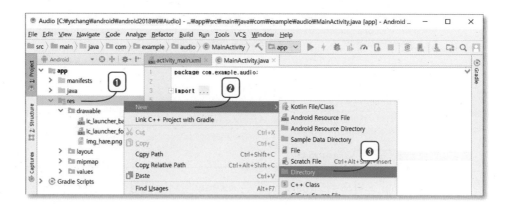

❷ 추가할 폴더명(raw)을 작성하고(❶), 'OK'버튼을 클릭한다(❷).

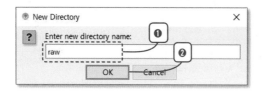

❸ res 폴더 내에 생성된 raw 폴더가 나타난다.

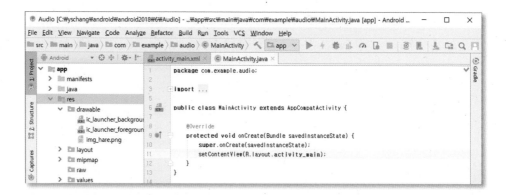

『산토끼』노래 오디오 파일(hare.mp3)를 **res/raw** 폴더에 저장한다(5장의 이미지 파일 복사 방법과 동일).

모듈	폴더	소스 파일	내용
res	raw	hare.mp3	산토끼 노래

 안드로이드에서 사용하는 주요 오디오 파일 유형은 **.3gp**, **.mp3**, **.mp4**, **.mid**, **.egg**, **.wav** 등이다.

[2] 이미지 파일 추가

노래 배경 이미지로 사용할 **img_hare.png** 파일을 **res/drawable** 폴더에 저장한다.

모듈	폴더	소스 파일	이미지
res	drawable	img_hare.png	

[3] 텍스트 리소스 편집

strings.xml에는 어플리케이션 이름을 수정하기 위해 **app_name** 속성값에 해당하는 데이터를 '노래 재생'으로 수정한다(❶). 노래 제목과 가사에 대응하는 속성값으로 **title**, **lyrics**을 추가하고 각 데이터를 할당한다(❷, ❸).

strings.xml

```
01  <resources>
02      <string name="app_name">노래 재생</string>        ❶ 어플리케이션 이름
03                                                          ❷ 노래 제목
04      <string name="title">산토끼</string>
05      <string name="lyrics">
06          산토끼 토끼야\n                ❸ 가사
07          어디를 가느냐\n
08          깡총깡총 뛰면서\n
09          어디를 가느냐
10      </string>
11  </resources>
```

[4] 노래 배경 화면 설계

activity_main.xml에는 노래 제목, 노래 이미지, 가사 순으로 TextView, ImageView, TextView를 수직으로 배치하고 각 뷰의 속성을 정의한다(❶, ❷, ❸).

activity_main.xml

```
01 <?xml version="1.0" encoding="utf-8"?>
02 <LinearLayout xmlns:android="http://schemas.android.com/apk/res/android"
03     android:layout_width="match_parent"
04     android:layout_height="match_parent"
05     android:orientation="vertical"
06     android:paddingBottom="10dp"
07     android:paddingLeft="10dp"
08     android:paddingRight="10dp"
09     android:paddingTop="10dp" >
10
11     <TextView
12         android:layout_width="match_parent"
13         android:layout_height="wrap_content"          ❶ 노래 제목
14         android:text="@string/title"
15         android:textSize="20sp"
16         android:textColor="#000000"
17         android:background="#3061380B"
18         android:gravity="center" />
19     <ImageView
20         android:layout_width="match_parent"
21         android:layout_height="wrap_content"          ❷ 노래 이미지
22         android:src="@drawable/img_hare"
23         android:layout_marginTop="100dp"
24         android:gravity="center" />
25     <TextView
26         android:layout_width="match_parent"
27         android:layout_height="wrap_content"          ❸ 노래 가사
28         android:text="@string/lyrics"
29         android:textSize="18sp"
30         android:textColor="#000000"
31         android:layout_marginTop="100dp"
32         android:gravity="center" />
33
34 </LinearLayout>
```

[5] 액티비티 출력

MainActivity.java에 미디어 플레이어를 이용해 노래를 재생하고(❶), 앱 종료 시에 자동으로 실행되는 메소드(onDestroy())에는 오디오 실행을 정지하도록 한다(❷).

MainActivity.java

```java
01  package com.example.audio;
02
03  import android.media.MediaPlayer;
04  import android.support.v7.app.AppCompatActivity;
05  import android.os.Bundle;
06
07  public class MainActivity extends AppCompatActivity {
08                                                          미디어 플레이어 객체 생성
09      MediaPlayer mp = new MediaPlayer();
10
11      @Override
12      protected void onCreate(Bundle savedInstanceState) {
13          super.onCreate(savedInstanceState);
14          setContentView(R.layout.activity_main);
15                                                  미디어 플레이어에 오디오 파일 설정
16          mp = MediaPlayer.create(this, R.raw.hare);
17          mp.setLooping(false);              노래 재생 비반복        ❶ 노래 재생
18          mp.start();
19      }
                          노래 재생 시작
20                                      ❷ 액티비티 종료 시 호출되는 메소드
21      protected void onDestroy() {
22          if (mp.isPlaying()) {          노래가 재생 중이면 중지하고
23              mp.stop();                  미디어 플레이어 자원을 해제
24              mp.release();
25          }
                              액티비티 종료
26          super.onDestroy();
27      }
28  }
```

〉클래스

클래스	설명
MediaPlayer	09행. 오디오/비디오 재생의 제어를 위해 사용됨

〉메소드

클래스	메소드	설명
Activity	void onDestroy()	26행. 액티비티가 소멸될 때 자동으로 불려짐
MediaPlayer	static MediaPlayer create(Context context, int resId)	16행. 주어진 리소스 id에 대한 MediaPlayer를 생성함
	MediaPlayer()	09행. MediaPlayer 클래스의 생성자
	boolean isPlaying()	22행. MediaPlayer의 실행여부(true, false)를 반환함
	void setLooping(boolean looping	17행. 미디어 재생을 반복(true) 또는 비반복(false)으로 정함
	void start()	18행. 미디어를 재생함
	void stop()	23행. 미디어 재생을 중지함
	void release()	24행. MediaPlayer 객체에 할당된 자원을 해제함

ℹ️ 액티비티가 실행되는 과정은 여러 단계로 나누어진다. 오디오의 경우, 액티비티가 종료되면 오디오도 같이 종료되어야 한다. 따라서 액티비티의 생명주기를 잘 이해하는 것이 중요하다.

● 액티비티의 생명주기

하나의 액티비티가 시작되면 시스템은 onCreate(), onStart(), onResume()의 callback 메소드를 단계적으로 실행한다. 그 과정에서 다른 액티비티와의 관계 또는 시스템에 의해 onPause(), onStop(), onDestroy()의 callback 메소드가 실행되면서 액티비티가 종료되거나, 사용자에 의해 다시 호출되어 작동하게 된다.

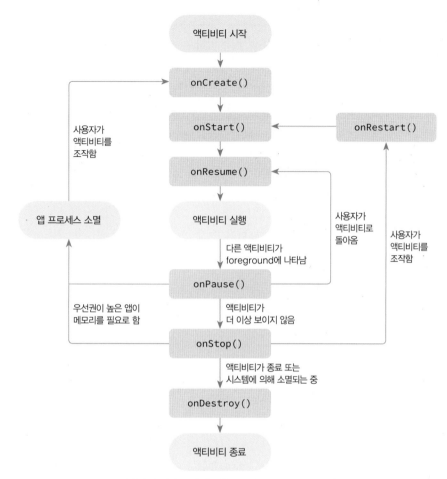

액티비티 생명주기(자료원: www.android.com)

각 액티비티가 불려지고 사라지는 상황에서 실행되는 call back 메소드들은 다음과 같다.

메소드	설명
onCreate()	액티비티가 생성될 때 불려짐
onStart()	액티비티가 사용자에게 보여질 때 불려짐
onResume()	액티비티가 사용자와 상호작용할 때 불려짐
onPause()	이전의 액티비티를 다시 시작할 때 불려짐
onStop()	액티비티가 사용자에게 더 이상 보여지지 않을 때 불려짐
onRestart()	액티비티가 중지되었다가 다시 시작하기 전에 불려짐
onDestroy()	액티비티가 소멸될 때 불려짐

다음은 액티비티의 각 callback 메소드의 틀을 기술한 것인데, 각 callback 메소드는 상황에 따라 재정의하여 사용할 수 있다.

```java
01  public class CurrentActivity extends SuperActivity {
02      @Override
03      public void onCreate(Bundle savedInstanceState) {
04          super.onCreate(savedInstanceState);
05          // 재정의: 액티비티가 생성될 때 실행할 명령어 코딩
06              .....
07      }
08      @Override
09      protected void onStart() {
10          super.onStart();
11          // 재정의
12      }
13      @Override
14      protected void onResume() {
15          super.onResume();
16          // 재정의
17      }
18      @Override
19      protected void onPause() {
20          super.onPause();
21          // 재정의
22      }
23      @Override
24      protected void onStop() {
25          super.onStop();
26          // 재정의
27      }
28      @Override
29      protected void onDestroy() {
30          super.onDestroy();
31          // 재정의
32      }
33  }
```

액티비티가 사용자에게 보이지는 않더라도 메모리 상에 있는 경우에는 현재 상태가 저장되어 있어 그 상태로 복원이 가능하지만, 사용자가 모르는 사이에 시스템에 의해 메모리 상에서 없어진 경우에는 그렇지 않다. 이 경우에는 시스템이 액티비티의 상태 정보를 저장했다가 (onSaveInstanceState()의 callback 메소드 이용) 다시 복원하게 되는데,

onCreate()의 callback 메소드를 부를 때 Bundle 객체에 당시의 상태를 넘겨주어 복원한다.

STEP 3 프로젝트 실행

프로젝트를 실행하고 결과를 살펴보자.

06.2

<h1 style="text-align:right">오디오 목록과 재생</h1>

6.2.1 오디오 목록과 재생의 활용

다음 그림은 **MelOn** 앱 초기화면의 노래 목록에서 듣고 싶은 노래를 터치하면 새로운 화면에서 노래가 재생되는 것을 보여주고 있다.

(a) 초기 화면   (b) 노래 재생

뮤직 앱: MelOn

> **Q** 노래 목록을 클릭할 때마다 오디오 실행과 중지를 번갈아 반복하게 하려면 어떻게 해야 할까?

6.2.2 　오디오 목록 클릭과 오디오 실행의 기본 원리

뷰를 클릭하면 특정 기능을 수행하도록 하기 위해 android:clickable에 true를 설정하고 android:onClick 속성에는 클릭 이벤트 발생 시에 자동으로 수행될 임의의 메소드 명을 기입한다(예: play). 사용자가 뷰를 클릭하면 뷰는 이벤트를 시스템에 통지하고, 시스템은 MainActivity.java에 구현되어 있는 play(View v) 메소드를 호출한다. 호출된 메소드는 클릭된 뷰의 정보를 Play.java 클래스로 전달한다. Play.java는 전달받은 오디오 관련 화면을 출력하고 오디오를 실행한다.

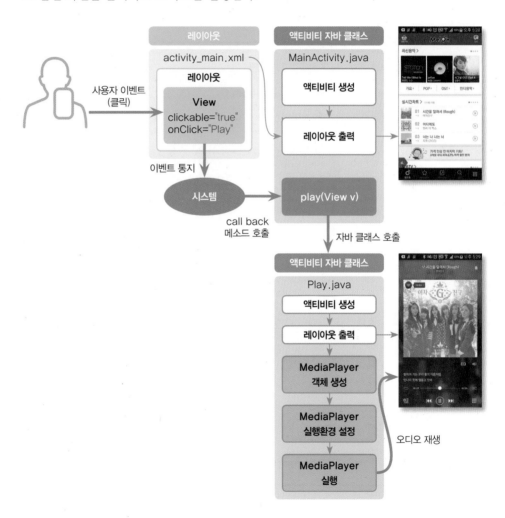

6.2.3 오디오 목록 출력과 오디오 재생

(1) 프로젝트 개요

6.1절의 오디오 재생과 5장에서 배운 액티비티 간 이동을 활용해서 음악 앨범 앱을 개발해 보자. 어플리케이션 이름은 『Music Album』, 어플리케이션 라벨과 액티비티 라벨은 『음악 앨범』으로 한다. 아래 그림의 왼쪽은 노래 목록 화면(액티비티1)으로 아이템을 터치하면 노래 이미지와 가사가 나타나면서 오디오가 재생되는 오른쪽 화면(액티비티2)으로 이동하게 된다.

프로젝트 6.2

프로젝트 개요: **노래 목록과 재생화면**

Application Name: **Music Album**

어플리케이션 라벨: **음악 앨범**

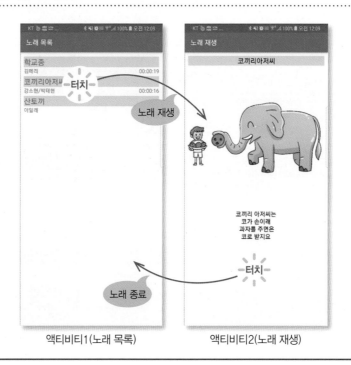

액티비티1(노래 목록)   액티비티2(노래 재생)

(2) 프로젝트 개발

STEP 1 ⟩ **프로젝트 생성**

다음 3단계 절차에 따라 프로젝트를 생성한다.

단계	내용
❶ 새 프로젝트 만들기	메뉴에서 'File → New → New Project' 클릭
❷ 프로젝트 선택	'Phone and Tablet' 탭에서 'Empty Activity' 선택
❸ 프로젝트 구성	프로젝트 이름: **'Music Album'** 패키지 이름: 'com.example.musicalbum' (디폴트 값) 프로젝트 저장 위치 확인 개발 언어: 'Java' 최소 API 레벨 설정: 실행할 스마트폰의 API 레벨 이하

STEP 2 ⟩ **파일 편집**

먼저, res/raw 폴더에는 오디오 파일들을 저장하고[편집 1], 노래 재생 시에 출력할 배경 이미지들을 drawable 폴더에 추가한다[편집 2]. 한편, strings.xml에는 출력할 텍스트들을 정의한다[편집 3]. 노래 목록 액티비티를 위해 activity_main.xml에 화면을 설계하고[편집 4-1], MainActivity.java에는 노래 재생 액티비티를 호출하도록 수정한다[편집 4-2]. 노래 재생 액티비티에서는 audio_image.xml를 추가로 만들어 화면을 설계하고 [편집 5-1], AudioImage.java를 만들어 전달받은 정보를 출력하고 노래를 재생한다[편집 5-2]. 두 번째 액티비티의 자바 클래스 AudioImage.java는 AndroidManifest.xml에 등록한다[편집 6].

모듈	폴더	소스 파일	편집 내용	관련 액티비티
manifests	–	AndroidManifest.xml	[6] AudioImage 클래스와 라벨 등록	노래 목록 노래 재생
java	com.example. musicalbum	MainActivity.java	[4-2] 노래 목록 액티비티 출력 • 노래 목록 출력 • 노래 목록 클릭 시, 　AudioImage 클래스 호출	노래 목록
		AudioImage.java	[5-2] 노래 재생 액티비티 출력 • 클릭한 노래에 대한 이미지와 　가사 출력 • 오디오 재생	노래 재생

res	drawable	img_elephant.png img_hare.png img_schoolbell.png	[2] 노래 배경 이미지 추가	노래 재생
	layout	activity_main.xml	[4-1] 노래 목록 화면 설계 • 노래 목록의 여러 아이템에 대한 화면 배치 • 목록 아이템에 출력 스타일 (shape_list.xml) 적용 • 노래 목록 아이템 클릭 시 실행할 메소드 지정	노래 목록
		audio_image.xml	[5-1] 노래 재생 화면 설계	노래 재생
	mipmap	ic_launcher.png	–	
	raw	elephant.mp3 hare.mp3 schoolbell.mp3	[1] 노래 오디오 파일 추가	노래 재생
	values	colors.xml		
		strings.xml	[3] 텍스트 리소스 편집 • 어플리케이션 라벨 수정 • 여러 노래의 제목, 작사/작곡가, 재생시간에 대한 텍스트 리소스 정의	노래 목록 노래 재생
		styles.xml		

[1] 오디오 파일 추가

오디오 파일 schoolbell.mp3, elephant.mp3, hare.mp3들을 res/raw 폴더에 저장한다.

모듈	폴더	소스 파일	내용
res	raw	schoolbell.mp3	학교종 노래
		elephant.mp3	코끼리 아저씨 노래
		hare.mp3	산토끼 노래

[2] 이미지 파일 추가

각 노래 재생 시에 배경 이미지들로 사용하기 위해 준비한 세 개의 이미지 파일(img_schoolbell.png, img_elephant.png, img_hare.png)을 res/drawable 폴더에 저장한다.

모듈	폴더	소스 파일	이미지
res	drawable	img_schoolbell.png (학교종)	
		img_elephant.png (코끼리 아저씨)	
		img_hare.png (산토끼)	

[3] 텍스트 리소스 편집

strings.xml에는 어플리케이션 이름을 수정하기 위해 **app_name** 속성값의 데이터를 '음악 앨범'으로 수정하고(❶), 목록에 사용할 노래 제목, 작사/작곡가, 재생시간에 대응하는 속성값을 추가하고 각 데이터를 할당한다(❷, ❸, ❹).

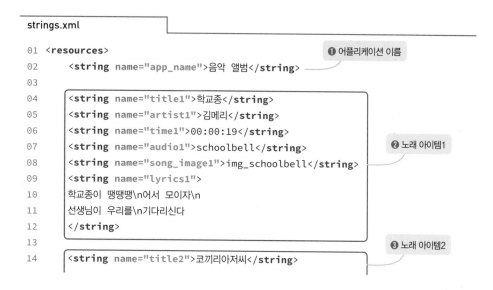

strings.xml

```
01  <resources>
02      <string name="app_name">음악 앨범</string>         ❶ 어플리케이션 이름
03
04  <string name="title1">학교종</string>
05  <string name="artist1">김메리</string>
06  <string name="time1">00:00:19</string>
07  <string name="audio1">schoolbell</string>              ❷ 노래 아이템1
08  <string name="song_image1">img_schoolbell</string>
09  <string name="lyrics1">
10  학교종이 땡땡땡\n어서 모이자\n
11  선생님이 우리를\n기다리신다
12  </string>
13                                                          ❸ 노래 아이템2
14  <string name="title2">코끼리아저씨</string>
```

```
15    <string name="artist2">강소현/박태현</string>
16    <string name="time2">00:00:16</string>
17    <string name="audio2">elephant</string>
18    <string name="song_image2">img_elephant</string>
19    <string name="lyrics2">
20    코끼리 아저씨는\n코가 손이래\n
21    과자를 주면은\n코로 받지요
22    </string>
23
24    <string name="title3">산토끼</string>
25    <string name="artist3">이일래</string>
26    <string name="time3">00:00:16</string>
27    <string name="audio3">hare</string>
28    <string name="song_image3">img_hare</string>
29    <string name="lyrics3">
30    산토끼, 토끼야\n어디를 가느냐\n
31    깡총깡총 뛰면서\n어디를 가느냐
32    </string>
33  </resources>
```

❹ 노래 아이템3

[4] 노래 목록 액티비티

[4-1] 화면 설계

activity_main.xml에 오디오 아이템 3개에 대해 각 아이템 클릭 시에 인식할 id(❶)와 tag(❷)를 추가하고 clickable(❸) 속성에는 true, onClick(❹) 속성에는 클릭 시 실행할 메소드로 MainActivity.java에 구현할 play() 메소드를 지정한다.

```
activity_main.xml

01  <?xml version="1.0" encoding="utf-8"?>
02  <LinearLayout xmlns:android="http://schemas.android.com/apk/res/android"
03      android:layout_width="match_parent"
04      android:layout_height="match_parent"
05      android:orientation="vertical"
06      android:paddingBottom="10dp"
07      android:paddingLeft="10dp"
08      android:paddingRight="10dp"
09      android:paddingTop="10dp" >
10
11      <LinearLayout                          ❶ 노래의 id      ❷ 노래의 태그
12          android:id="@+id/audio1"
13          android:tag="1"                                          노래 목록 아이템 1
14          android:layout_width="match_parent"
```

```
15          android:layout_height="wrap_content"
16          android:orientation="vertical"
17          android:paddingTop="2sp"
18          android:paddingBottom="2sp"                    ❸ 뷰가 클릭 가능한 상태
19          android:clickable="true"
20          android:onClick="play">                        ❹ 노래 아이템 터치 시에 실행할 콜백 메소드
21          <TextView
22              android:layout_width="match_parent"
23              android:layout_height="wrap_content"       노래 제목
24              android:text="@string/title1"
25              android:textSize="20sp"
26              android:background="#3061380B" />
27          <LinearLayout
28              android:layout_width="match_parent"
29              android:layout_height="wrap_content"
30              android:orientation="horizontal">
31              <TextView
32                  android:layout_width="0dp"
33                  android:layout_height="wrap_content"
34                  android:layout_weight="1"              작사/작곡가
35                  android:text="@string/artist1"
36                  android:gravity="left" />
37              <TextView
38                  android:layout_width="0dp"
39                  android:layout_height="wrap_content"
40                  android:layout_weight="1"              재생시간
41                  android:text="@string/time1"
42                  android:gravity="right" />
43          </LinearLayout>
44      </LinearLayout>
45
46  <LinearLayout
47      android:id="@+id/audio2"
48      android:tag="2"
49      android:layout_width="match_parent"
50      android:layout_height="wrap_content"
51      android:orientation="vertical"
52      android:paddingTop="2sp"
53      android:paddingBottom="2sp"
54      android:clickable="true"                           노래 목록 아이템 2
55      android:onClick="play">
56      <TextView
57          android:layout_width="match_parent"
58          android:layout_height="wrap_content"
59          android:text="@string/title2"
```

```
60              android:textSize="20sp"
61              android:background="#3061380B" />
62          <LinearLayout
63              android:layout_width="match_parent"
64              android:layout_height="wrap_content"
65              android:orientation="horizontal">
66              <TextView
67                  android:layout_width="0dp"
68                  android:layout_height="wrap_content"
69                  android:layout_weight="1"
70                  android:text="@string/artist2"
71                  android:gravity="left" />
72              <TextView
73                  android:layout_width="0dp"
74                  android:layout_height="wrap_content"
75                  android:layout_weight="1"
76                  android:text="@string/time2"
77                  android:gravity="right" />
78          </LinearLayout>
79      </LinearLayout>
80
81      <LinearLayout
82          android:id="@+id/audio3"
83          android:tag="3"
84          android:layout_width="match_parent"
85          android:layout_height="wrap_content"
86          android:orientation="vertical"
87          android:paddingTop="2sp"
88          android:paddingBottom="2sp"
89          android:clickable="true"
90          android:onClick="play">
91          <TextView
92              android:layout_width="match_parent"
93              android:layout_height="wrap_content"
94              android:text="@string/title3"
95              android:textSize="20sp"
96              android:background="#3061380B" />
97          <LinearLayout
98              android:layout_width="match_parent"
99              android:layout_height="wrap_content"
100             android:orientation="horizontal">
101             <TextView
102                 android:layout_width="0dp"
103                 android:layout_height="wrap_content"
104                 android:layout_weight="1"
```

노래 목록 아이템 3

```
105                android:text="@string/artist3"
106                android:gravity="left" />
107            <TextView
108                android:layout_width="0dp"
109                android:layout_height="wrap_content"
110                android:layout_weight="1"
111                android:text="@string/time3"
112                android:gravity="right" />
113        </LinearLayout>
114    </LinearLayout>
115
116 </LinearLayout>
```

[4-2] 액티비티 출력

MainActivity.java에 액티비티를 생성하고 activity_main.xml을 출력하며, 액티비티 이름은 어플리케이션 이름(음악 앨범)과 다르게 "노래 목록"으로 설정한다(❶). 오디오 아이템이 터치되면 실행될 play() 메소드는 클릭한 뷰의 id를 인식하고 그 레이아웃에 있는 tag의 값을 추출해서 인텐트에 저장하고 AudioImage 클래스를 호출한다(❷).

MainActivity.java

```
01 package com.example.musicalbum;
02
03 import android.content.Intent;
04 import android.support.v7.app.AppCompatActivity;
05 import android.os.Bundle;
06 import android.view.View;
07 import android.widget.LinearLayout;
08
09 public class MainActivity extends AppCompatActivity {
10
11     @Override
12     protected void onCreate(Bundle savedInstanceState) {
13         super.onCreate(savedInstanceState);
14         setContentView(R.layout.activity_main);
15
16         setTitle("노래 목록");              ❶ 액티비티의 이름 수정
17     }
                                        ❷ 오디오 아이템 터치 시에 실행되는 콜백 메소드
18
19     public void play(View v) {
20                                     터치한 뷰의 id 인식
21         int id = v.getId();                     id에 해당하는 리니어 레이아웃 객체 생성
22         LinearLayout layout = (LinearLayout)findViewById(id);
```

```
23          String tag = (String)layout.getTag();              ── 태그값 추출
24                                                                  ── 호출할 클래스에 대한 인텐트 객체 생성
25          Intent it = new Intent(this, AudioImage.class);──
26          it.putExtra("it_tag", tag);──              ── 인텐트 변수에 tag값 저장
27          startActivity(it);──
28      }                          ── 인텐트 실행
29 }
```

[5] 오디오 재생 액티비티

[5-1] 화면 설계

audio_image.xml 파일을 만들고 목록에서 클릭된 노래의 제목, 이미지, 가사를 동적으로 출력하기 위해 각 뷰어에 **id**를 설정한다(❶,❷,❸). 전체 화면에 해당하는 LinearLayout에는 클릭 시 이전 화면으로 가기 위해 goBack() 메소드를 지정한다(❹).

audio_image.xml

```
01 <?xml version="1.0" encoding="utf-8"?>
02 <LinearLayout xmlns:android="http://schemas.android.com/apk/res/android"
03     android:layout_width="match_parent"
04     android:layout_height="wrap_content"
05     android:orientation="vertical"
06     android:paddingBottom="10dp"
07     android:paddingLeft="10dp"
08     android:paddingRight="10dp"
09     android:paddingTop="10dp"
10     android:clickable="true"                    ❹ 터치 시 실행될 콜백 메소드
11     android:onClick="goBack" >──
12
13     <TextView                              ❶ 노래 제목에 대한 id
14         android:id="@+id/title"──
15         android:layout_width="match_parent"
16         android:layout_height="wrap_content"
17         android:textSize="20dp"
18         android:textColor="#000000"
19         android:background="#3061380B"
20         android:gravity="center"/>
21
22     <ImageView                             ❷ 노래 이미지에 대한 id
23         android:id="@+id/song_image"──
24         android:layout_width="match_parent"
25         android:layout_height="wrap_content"
26         android:layout_marginTop="100dp"
```

```
27          android:gravity="center" />
28
29      <TextView                           ❸ 노래 가사에 대한 id
30          android:id="@+id/lyrics"
31          android:layout_width="match_parent"
32          android:layout_height="wrap_content"
33          android:textSize="18dp"
34          android:textColor="#000000"
35          android:gravity="center"
36          android:layout_marginTop="100dp" />
37
38  </LinearLayout>
```

[5-2] 액티비티 출력

AudioImage.java 파일을 새로 만들고, 액티비티 이름 설정(❶), 호출한 인텐트 인식
(❷), 태그 값 추출(❸), 출력할 뷰들을 인식한 후에(❹), 단계적으로 태그 값에 대응하는
제목 출력(❺), 노래 이미지 출력(❻), 노래 가사 출력(❼), 오디오 재생(❽)을 실행한다.
화면을 터치하면 재생 중인 오디오를 중지하고 액티비티를 종료한다(❾).

AudioImage.java

```
01  package com.example.musicalbum;
02
03  import android.content.Intent;
04  import android.content.res.Resources;
05  import android.media.MediaPlayer;
06  import android.os.Bundle;
07  import android.support.v7.app.AppCompatActivity;
08  import android.view.View;
09  import android.widget.ImageView;
10  import android.widget.TextView;
11
12  public class AudioImage extends AppCompatActivity {
13
14      MediaPlayer mp = new MediaPlayer();
15
16      @Override
17      protected void onCreate(Bundle savedInstanceState) {
18          super.onCreate(savedInstanceState);
19          setContentView(R.layout.audio_image);
20                                      ❶ 액티비티 이름 설정
21          setTitle("노래 재생");
22
```

```
23          Intent it = getIntent();
24          String tag = it.getStringExtra("it_tag");
25
26          TextView title = (TextView)findViewById(R.id.title);
27          ImageView song_image = (ImageView)findViewById(R.id.song_image);
28          TextView lyrics = (TextView)findViewById(R.id.lyrics);
29
30          Resources res = getResources();
31
32          int stringId;
33          String myKey;
34
35          stringId = res.getIdentifier("title" + tag, "string",
                                                    getPackageName());
36          myKey = res.getString(stringId);
37          title.setText(myKey);
38
39          stringId = res.getIdentifier("song_image" + tag, "string",
                                                    getPackageName());
40          myKey = res.getString(stringId);
41          int id_image = res.getIdentifier(myKey, "drawable",
                                                    getPackageName());
42          song_image.setImageResource(id_image);
43
44          stringId = res.getIdentifier("lyrics" + tag, "string",
                                                    getPackageName());
45          myKey = res.getString(stringId);
46          lyrics.setText(myKey);
47
48          stringId = res.getIdentifier("audio" + tag, "string",
                                                    getPackageName());
49          myKey = res.getString(stringId);
50          int id_audio = res.getIdentifier(myKey, "raw", getPackageName());
51          mp = MediaPlayer.create(this, id_audio);
52          mp.setLooping(false);
53          mp.start();
54      }
55
56      public void goBack(View v) {
57          if (mp.isPlaying()) {
58              mp.stop();
59              mp.release();
60          }
61          finish();
62      }
63 }
```

❹ 추출할 뷰 인식

❺ 제목 출력

❻ 노래 이미지 출력

❼ 노래 가사 출력

string.xml에서 "audio"+tag 속성 이름에 해당하는 id 인식

id에 해당하는 속성값(오디오 파일명) 추출

❽ 오디오 재생

raw 폴더에서 속성값에 해당하는 id 인식

노래 재생 비반복

노래 재생 시작

id에 해당하는 오디오 파일을 미디어 플레이어에 설정

❾ 화면 터치 시 실행

오디오가 재생 중이면 중지하고, 미디어 플레이어 자원 해제

액티비티 종료

클래스와 속성/메소드

› 메소드

클래스	메소드	설명
ImageView	void setImageResource(int resId)	**42행.** drawable 폴더에서 resId에 해당하는 id를 가진 이미지를 출력함

[6] 클래스의 등록

새로 작성한 AudioImage.java를 AndroidManifest.xml에 등록한다.

AndroidManifest.xml

```xml
01  <?xml version="1.0" encoding="utf-8"?>
02  <manifest xmlns:android="http://schemas.android.com/apk/res/android"
03      package="com.example.musicalbum">
04
05      <application
06          android:allowBackup="true"
07          android:icon="@mipmap/ic_launcher"
08          android:label="@string/app_name"
09          android:roundIcon="@mipmap/ic_launcher_round"
10          android:supportsRtl="true"
11          android:theme="@style/AppTheme">
12          <activity android:name=".MainActivity">
13              <intent-filter>
14                  <action android:name="android.intent.action.MAIN" />
15
16                  <category android:name="android.intent.category.LAUNCHER" />
17              </intent-filter>
18          </activity>
19          <activity
20              android:name=".AudioImage" >
21          </activity>
22      </application>
23
24  </manifest>
```

노래 재생 액티비티

STEP 3 > 프로젝트 실행

프로젝트를 실행하고 결과를 살펴보자.

06.3

비디오 재생

6.3.1 비디오 재생 앱의 예

비디오 콘텐츠는 홍보, 교육, 뉴스 전달 등 다양하게 활용되고 있다. 다음 그림의 왼쪽은 빅토르 위고의 '레미제라블' 뮤지컬 영화 영상을 볼 수 있는 『유튜브』 앱이며, 오른쪽은 비디오 방송으로 다양한 소식들을 볼 수 있는 『CNN』 앱을 나타낸 것이다.

(a) YouTube 동영상   (b) CNN Video

비디오 재생 앱

Q 비디오 재생과 오디오 재생은 어떻게 다를까?

6.3.2 　비디오 재생 원리

비디오는 레이아웃 설계에 따른 화면을 출력한 후에 재생할 비디오 파일을 인식해서 재생하는 과정으로 진행된다. 비디오 재생 앱은 비디오 뷰(VideoView) 클래스를 이용하면 쉽게 만들 수 있다. 먼저, 비디오 리소스를 인식하고, 비디오 뷰에 비디오 리소스를 설정해서 실행하면 된다. 한편, 비디오 뷰에 **MediaController** 클래스를 사용하면 비디오 재생의 중지, 반복, 특정 위치로의 이동 등의 미디어 제어가 가능하다.

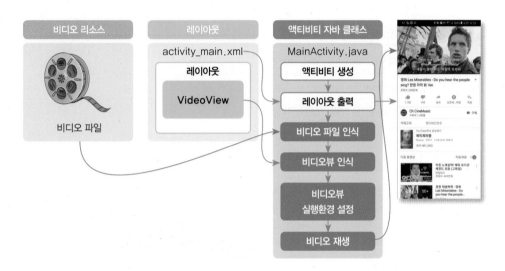

6.3.3 비디오 자동 재생

(1) 프로젝트 개요

비디오 제목, 장소, 재생시간을 출력하고, 자동으로 비디오를 재생하는 앱을 개발해 보자. 6.1.3절의 Audio 프로젝트에서와 같은 유사한 모양으로 어플리케이션 이름은 『Video』 어플리케이션 라벨과 액티비티 라벨은 『동영상 재생』으로 하자. 아래 그림은 하나의 동영상을 자동으로 실행한 것이다.

프로젝트 6.3

프로젝트 개요: **비디오의 자동 재생**

Application Name: Video

어플리케이션 라벨: **동영상 재생**

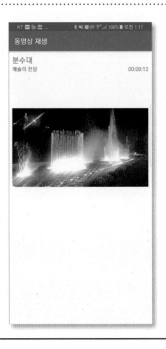

(2) 프로젝트 개발

STEP 1 〉 프로젝트 생성

다음 3단계 절차에 따라 프로젝트를 생성한다.

단계	내용
❶ 새 프로젝트 만들기	메뉴에서 'File → New → New Project' 클릭
❷ 프로젝트 선택	'Phone and Tablet' 탭에서 'Empty Activity' 선택
❸ 프로젝트 구성	프로젝트 이름: 'Video' 패키지 이름: 'com.example.video' (디폴트 값) 프로젝트 저장 위치 확인 개발 언어: 'Java' 최소 API 레벨 설정: 실행할 스마트폰의 API 레벨 이하

STEP 2 〉 파일 편집

출력할 비디오 파일(fountain_night.mp4)을 res/raw 폴더에 저장한다[편집 1]. strings.xml에서 출력할 텍스트들을 정의하고[편집 2] activity_main.xml에서 화면을 설계한다[편집 3]. MainActivity.java에서는 비디오 파일을 재생한다[편집 4].

모듈	폴더	소스 파일	편집 내용
manifests	–	AndroidManifest.xml	
java	com.example.Video	MainActivity.java	[4] 비디오 목록 출력과 비디오 자동 재생
res	layout	activity_main.xml	[3] 비디오 목록의 화면 배치
	mipmap	ic_launcher.png	–
	raw	fountain_night.mp4	[1] 비디오 파일 추가
	values	colors.xml	
		dimens.xml	
		strings.xml	[2] 텍스트 리소스 편집 • 어플리케이션 라벨 수정 • 비디오의 제목, 장소, 재생시간에 대한 텍스트 리소스 정의
		styles.xml	

[1] 비디오 파일 추가

res 폴더에 비디오 파일 저장을 위한 raw 폴더를 만들고 비디오 리소스인 fountain_night.mp4 파일을 저장한다.

모듈	폴더	소스 파일	내용
res	raw	fountain_night.mp4	동영상 파일

 안드로이드에서 사용하는 주요 비디오 파일 유형은 3GPP(**.3gp**)와 MPEG-4(**.mp4**)이다.

[2] 텍스트 리소스 편집

strings.xml에서 어플리케이션 이름을 수정하기 위해 app_name 속성값에 해당하는 데이터를 '동영상 재생'으로 수정한다(❶). 비디오에 대한 제목, 장소, 재생시간에 대응하는 속성값으로 title1, place1, time1을 추가하고 각 데이터를 할당한다.

strings.xml

```
01 <resources>
02     <string name="app_name">동영상 재생</string>          ❶ 어플리케이션 이름
03                                                        ❷ 비디오 제목
04     <string name="title1">분수대</string>
05     <string name="place1">예술의 전당</string>            ❸ 장소
06     <string name="time1">00:00:12</string>
07 </resources>                                           ❹ 재생 시간
```

[3] 화면 설계

activity_main.xml에 비디오 목록(❶)과 비디오뷰(❷)를 수직으로 배치한다. 비디오 목록은 strings.xml에 정의된 텍스트 리소스를 이용해서 비디오 제목을 배치하고, 그 아래로 왼쪽에는 장소, 오른쪽에는 재생시간을 배치한다.

activity_main.xml

```
01 <?xml version="1.0" encoding="utf-8"?>
02 <LinearLayout xmlns:android="http://schemas.android.com/apk/res/android"
03     android:layout_width="match_parent"
04     android:layout_height="match_parent"
05     android:orientation="vertical"
```

```
06          android:paddingBottom="10dp"
07          android:paddingLeft="10dp"
08          android:paddingRight="10dp"
09          android:paddingTop="10dp" >
10
11      <LinearLayout                                          ❶ 비디오 목록
12          android:layout_width="match_parent"
13          android:layout_height="wrap_content"
14          android:orientation="vertical" >
15
16          <TextView
17              android:layout_width="wrap_content"            비디오 제목
18              android:layout_height="wrap_content"
19              android:text="@string/title1"
20              android:textSize="20sp" />
21
22          <LinearLayout
23              android:layout_width="match_parent"
24              android:layout_height="wrap_content" >
25              <TextView
26                  android:layout_width="0dp"
27                  android:layout_height="wrap_content"
28                  android:layout_weight="1"                   장소
29                  android:text="@string/place1"
30                  android:gravity="left" />
31              <TextView
32                  android:layout_width="0dp"
33                  android:layout_height="wrap_content"
34                  android:layout_weight="1"                   재생시간
35                  android:text="@string/time1"
36                  android:gravity="right" />
37          </LinearLayout>
38
39      </LinearLayout>
40
41      <VideoView                                 비디오 뷰 id
42          android:id="@+id/videoview"                        ❷ 비디오 뷰
43          android:layout_width="match_parent"
44          android:layout_height="wrap_content"
45          android:layout_marginTop="100dp"       화면에 나타나지 않는 초기 설정
46          android:visibility="invisible" />
47
48  </LinearLayout>
```

› 클래스

클래스	설명
VideoView	**41행**. 비디오 파일의 재생

› 속성

클래스	속성	설명
View	android:visibility	**46행**. 뷰가 화면에 나타나는지 여부를 설정함(디폴트 값은 visible)

[4] 액티비티 출력

먼저, 비디오 파일을 인식한다(❶). 비디오뷰를 인식하고(❷), 비디오 파일을 설정한 후에(❸). 비디오뷰를 재생한다(❹). 그리고 비디오뷰를 화면에 나타나게 한다(❺).

MainActivity.java

```java
01  package com.example.video;
02
03  import android.net.Uri;
04  import android.support.v7.app.AppCompatActivity;
05  import android.os.Bundle;
06  import android.view.View;
07  import android.widget.VideoView;
08
09  public class MainActivity extends AppCompatActivity {
10
11      @Override
12      protected void onCreate(Bundle savedInstanceState) {
13          super.onCreate(savedInstanceState);
14          setContentView(R.layout.activity_main);
15
16          Uri uri = Uri.parse("android.resource://com.example.video/"
                                            + R.raw.fountain_night);
17
18          VideoView videoview = (VideoView)findViewById(R.id.videoview);
19          videoview.setVideoURI(uri);
20          videoview.start();
21          videoview.setVisibility(View.VISIBLE);
22      }
23  }
```

❶ 비디오 파일 인식

❸ 비디오뷰에 비디오 파일 설정　　❷ 비디오뷰 인식

❹ 비디오뷰 재생

❺ 비디오뷰를 화면에 나타나게 함

〉메소드

클래스	메소드	설명
View	void setVisibility(int visibility)	21행. 비디오 뷰의 화면 출력 여부 설정 • 출력: View.VISIBLE(0) 사라짐: View.INVISIBLE(4)
VideoView	void setVideoURI(Uri uri)	19행. 비디오 URI를 설정
	void start()	20행. 비디오 재생

STEP 3 〉 **프로젝트 실행**

프로젝트를 실행하고 결과를 살펴보자.

> 동영상 목록을 클릭할 때마다 비디오 실행과 중지를 반복하게 하려면 어떻게 할까? 응용문제에서 개발해보자.

> 오디오 재생은 MediaPlayer 클래스를 이용한다. 오디오 리소스를 인식하는 MediaPlayer 객체를 생성하고, 오디오 재생의 반복 여부 등과 같은 MediaPlayer 실행 환경을 설정하고 실행한다.

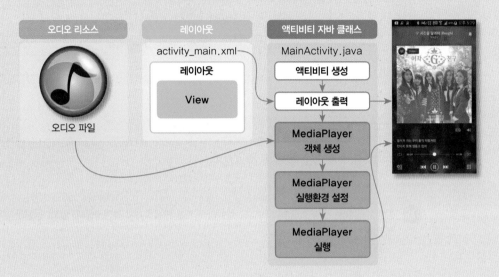

> 출력할 오디오 파일은 res 폴더 아래 raw 폴더에 저장하고, 배경으로 사용할 이미지 파일은 res/drawable 폴더에 저장한다.

> 오디오 목록 중에서 한 아이템을 클릭하여 오디오를 실행시키려면, 즉 뷰를 클릭하여 특정 기능을 수행하려면 android:clickable에 true를 설정하고 android:onClick 속성에는 클릭 이벤트 발생 시에 자동으로 수행될 임의의 콜백 메소드명(예: play)을 기입한다. 사용자가 뷰를 클릭하면 뷰는 이벤트를 시스템에 통지하고, 시스템은 MainActivity.java에 구현되어 있는 play(View v) 메소드를 호출한다. 호출된 메소드는 클릭된 뷰의 정보를 활용할 자바 클래스(예: Play.java)에 전달한다. Play.java는 전달받은 오디오 관련 화면을 출력하고 오디오를 실행한다.

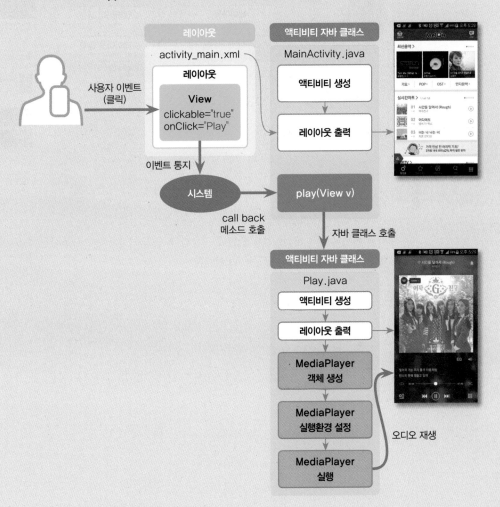

> 비디오 재생 앱은 비디오 뷰(Video View) 클래스를 이용하여 만든다. 먼저, 비디오 리소스를 인식하고, 비디오 뷰에 비디오 리소스를 설정해서 실행한다. 비디오 뷰에 MediaController 클래스를 사용하면 비디오 재생의 중지, 반복, 특정 위치로의 이동 등의 미디어 제어가 가능하다.

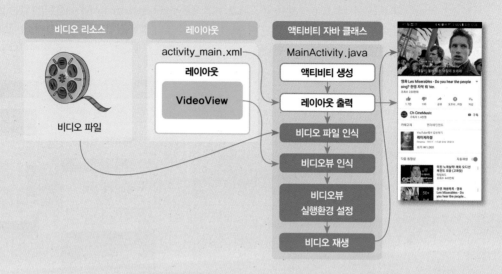

> 출력할 비디오 파일을 res/raw 폴더에 저장한다. 안드로이드에서 사용하는 주요 비디오 파일 유형은 3GPP(.3gp)와 MPEG-4(.mp4)이다.

1. 다음 보기를 읽고 물음에 답하시오.

> 가. MediaPlayer의 실행여부(true, false)를 반환함
> 나. 미디어 재생을 반복(true) 또는 비반복(false)으로 정함
> 다. 미디어를 재생함
> 라. 미디어 재생을 중지함
> 마. MediaPlayer 객체에 할당된 자원을 해제함

오디오와 비디오 재생을 위한 MediaPlayer 클래스의 메소드 기능을 위의 보기에서 고르시오.

① isPlaying() ························· (　　　)
② setLooping() ······················ (　　　)
③ start() ···························· (　　　)
④ stop() ···························· (　　　)
⑤ release() ·························· (　　　)

2. 다음 보기를 읽고 물음에 답하시오.

> 가. 액티비티가 사용자와 상호작용할 때 불려짐
> 나. 액티비티가 사용자에게 보여질 때 불려짐
> 다. 액티비티가 중지되었다가 다시 시작하기 전에 불려짐
> 라. 액티비티가 생성될 때 불려짐
> 마. 액티비티가 소멸될 때 불려짐
> 바. 액티비티가 사용자에게 더 이상 보여지지 않을 때 불려짐
> 사. 이전의 액티비티를 다시 시작할 때 불려짐

액티비티의 생명주기에 대한 메소드 기능을 위의 보기에서 고르시오.

① onCreate() ······················· (　　　)
② onRestart() ······················ (　　　)
③ onStart() ························· (　　　)
④ onResume() ······················ (　　　)
⑤ onPause() ························ (　　　)

⑥ onStop() ··························· (   )
⑦ onDestroy() ······················ (   )

3. 다음 보기를 읽고 물음에 답하시오.

> 가. 비디오 뷰의 화면 출력 여부 설정
> 나. 비디오 URI를 설정
> 다. 비디오 재생의 실행

비디오 재생을 위한 VideoView 클래스의 메소드 기능을 위의 보기에서 고르시오.

① setVisibility() ····················· (   )
② setVideoURI() ···················· (   )
③ start() ···························· (   )

동영상 목록과 비디오 재생

6.2절의 오디오 목록 프로젝트를 참고하여 비디오 앨범 앱을 개발해보자. 어플리케이션 이름은 『Video Album』, 어플리케이션 라벨과 액티비티 라벨은 『비디오 앨범』으로 한다. 아래 그림의 왼쪽은 보고 싶은 동영상 목록 화면(액티비티1)으로 아이템을 클릭하면 동영상 제목과 동영상이 재생되는 오른쪽 화면(액티비티2)으로 이동하게 된다. 한편, 동영상 재생 화면을 터치하면 동영상 목록 화면(액티비티1)으로 이동한다(동영상 재생 시에 동영상을 터치하면 하단부에 동영상 제어기가 자동으로 나타나게 된다).

> **프로젝트**
>
> **프로젝트 개요:** 비디오 목록과 재생 액티비티
>
> **Application Name:** Video Album
>
> **어플리케이션 라벨:** 비디오 앨범

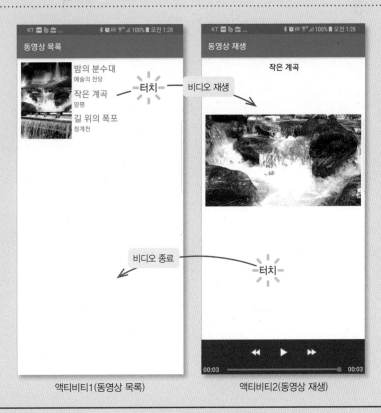

액티비티1(동영상 목록)   액티비티2(동영상 재생)

ANDROID
PROGRAMMING

그래픽과 애니메이션

학습목표

• 움직이는 영상은 어떻게 표현할까? 이번 장에서는 그래픽 객체로 도형을 만들어 움직이는 방법과 각 이미지에 애니메이션 효과를 적용하여 움직이는 방법을 익혀보자.

학습내용

• 그래픽 그리기와 움직이기
• 이미지뷰의 애니메이션과 터치의 적용
• 애니메이션을 이용한 게임 만들기

07.1 그래픽 원리

7.1.1 그래픽 활용 앱

안드로이드는 화면의 각 점들을 화소 단위로 하여 이미지를 만드는 비트맵(bitmap) 방식으로 화면에 직접 선이나 도형 등을 그리는 그래픽(graphics) 기능을 제공한다. 다음은 수학 계산용 프로그램인 Mathematica를 개발한 물리학자 스티븐 울프럼이 만든 검색엔진인 울프럼 알파(Wolfram Alpha)로, 컴퓨터 대수, 수치 계산, 시각화 및 통계 기능을 제공한다. 수식을 입력하면 선을 이용하여 그래프를 보여준다.

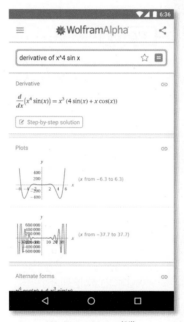

WolframAlpha(앱)

Q 화면에 도형은 어떤 방법으로 그리고, 어떻게 움직이게 할까?

7.1.2 그래픽 출력의 기본 원리

안드로이드는 캔버스와 같은 그래픽 도구들을 지원한다. 즉, 캔버스에 원, 다각형, 선 등 다양한 모양의 그래픽을 출력할 수 있고, 색을 입힐 수 있다. 다음 Circle.java는 View를 상속받아 원을 그리고 움직이게 하는 그래픽 기능이 구현된 자바 클래스라고 하자. 실행하는 한 가지 방법은 MainActivity.java 클래스에서 액티비티를 만들고 Circle 클래스를 이용하여 객체를 만들고 화면에 출력하면 원이 움직이게 된다. 다른 방법은 activity_main.xml에서 그래픽 자바 클래스를 View로 화면에 배치하고 MainActivity.java에서 화면을 출력할 수도 있다.

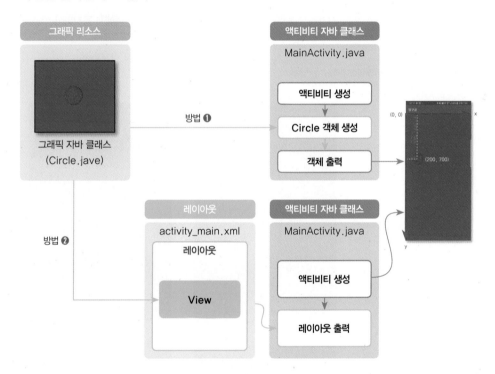

그래픽은 스마트폰의 가로, 세로를 x, y 좌표로 하여 출력된다. 좌상단이 원점(0, 0)에 해당하며, 우하단 방향으로 x, y의 크기가 증가하게 된다. 오른쪽 그림은 원의 중심이(200, 700) 위치에 출력된 예이다. 화면을 가로로 배치하게 되면, 가로가 x 방향이 된다.

>> 이번 절에서는 방법 ①을 이용해서 당구공을 굴리는 프로젝트를 만들어 보기로 한다.

7.1.3 당구공 굴리기

(1) 프로젝트 개요

그래픽 원리를 익히기 위해 원을 출력하고 움직이게 해보자. 어플리케이션 이름은 『Billiard Ball』, 어플리케이션 라벨과 액티비티 라벨은 『당구공』으로 한다. 다음은 파란 바탕에 당구공이 임의의 방향으로 일정하게 움직이다가 상하좌우 테두리에 부딪히면 튕겨져 움직이는 예이다.

프로젝트 7.1

프로젝트 개요: 그래픽 기능을 이용하여 원(당구공)을 그리고 화면 내에서 움직이기

Application Name: Billiard Ball

어플리케이션 라벨: 당구공

 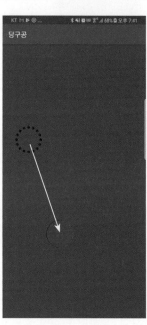

| 당구공의 초기 위치 | 굴러가는 당구공 |

---

(2) 프로젝트 개발

프로젝트 생성

다음 3단계 절차에 따라 프로젝트를 생성한다.

단계	내용
❶ 새 프로젝트 만들기	메뉴에서 'File → New → New Project' 클릭
❷ 프로젝트 선택	'Phone and Tablet' 탭에서 'Empty Activity' 선택
❸ 프로젝트 구성	프로젝트 이름: '**Billiard Ball**' 패키지 이름: 'com.example.billiardball' (디폴트 값) 프로젝트 저장 위치 확인 개발 언어: 'Java' 최소 API 레벨 설정: 실행할 스마트폰의 API 레벨 이하

STEP 2 파일 편집

먼저, strings.xml에서 출력할 텍스트들을 수정한다[편집 1]. 당구공을 그리는 클래스를 만들고[편집 2], MainActivity.java에서 출력한다[편집 3].

모듈	폴더	소스 파일	편집 내용
manifests	–	AndroidManifest.xml	–
java	com.example.billiardball	MainActivity.java	[3] 그래픽 출력
		BilliardBall.java	[2] 그래픽 클래스 정의
res	drawable	–	–
	layout	activity_main.xml	
	mipmap	ic_launcher.png	–
	values	colors.xml	–
		strings.xml	[1] 텍스트 리소스 편집 • 어플리케이션 라벨 수정
		styles.xml	–

[1] 텍스트 리소스 편집

strings.xml 파일을 열고, app_name 속성값에 해당하는 데이터를 '당구공'으로 수정한다.

```
01  <resources>
02      <string name="app_name">당구공</string>
03  </resources>
```

[2] 그래픽 클래스 정의

원 모양의 당구공을 그리는 자바 클래스를 만들어보자. **MainActivity.java**내에 서브 클래스로 작성할 수도 있지만, 확장성을 고려해서 별도의 파일로 만들어보자. 다음과 같이 **MainActivity.java**가 있는 폴더에 **BilliardBall.java** 클래스 파일의 틀을 만든다.

● **클래스 파일 만들기**

❶ MainActivity.java가 있는 패키지 폴더를 마우스 오른쪽 버튼으로 클릭한다.

❷ 팝업 메뉴에서 "New → Java Class"를 선택한다.

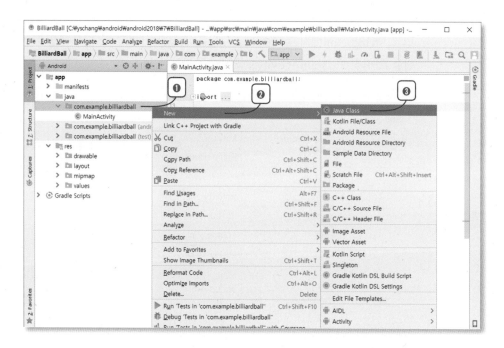

❸ 클래스명을 입력하고, 'OK' 버튼을 클릭한다.

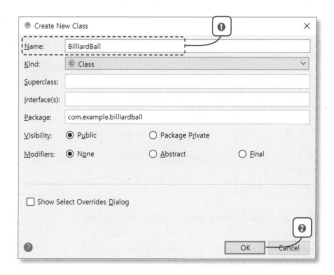

❹ 클래스명으로 입력한 **BilliardBall.java** 파일이 만들어지며, 클래스 기본 틀이 작성 되어 있다.

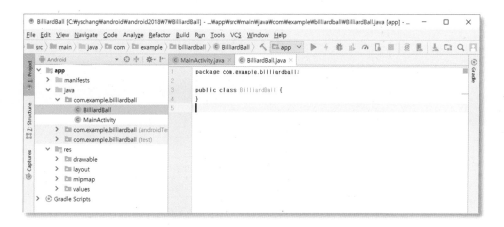

ShapeDrawable 클래스를 이용해서 그리는 방법의 예는 다음과 같다. **BilliardBall** 클래 스는 View 클래스로부터 상속받는다. **BilliardBall** 클래스는 **생성자(❶)**와 실행 시 자동 으로 호출될 **onDraw()** 메소드로 구성한다(❷). 생성자에는 타원의 좌상단 x, y 좌표와 타 원의 너비, 높이에 해당하는 width, height의 초기 값을 설정하고, **ShapeDrawable** 객체 를 이용해서 타원 그래픽을 위한 객체를 생성한다. 다음으로 그래픽 색과 위치를 지정한 다. onDraw()에는 캔버스 색을 지정하고, 그래픽 객체를 캔버스에 출력하도록 설정한다.

```
01  import android.view.View;
02
03  public class BilliardBall extends View {
04      private ShapeDrawable mDrawable;
05
06      public BilliardBall(Context context) {          ❶ 자바 클래스 생성자
07          super(context);
08
09          int x = 0;                                   당구공의 초기값
10          int y = 0;                                   (x, y좌표, 너비와 높이)
11          int width = 100;
12          int height = 100;
13                                                       타원 그래픽 객체 생성
14          mDrawable = new ShapeDrawable(new OvalShape());
15          mDrawable.getPaint().setColor(Color.RED);    그래픽 색 지정
16          mDrawable.setBounds(x, y, x + width, y + height);
17      }                                                그래픽 출력 위치
18                                  ❷ 그래픽 클래스 호출 시 자동 실행
19      protected void onDraw(Canvas canvas) {
20          canvas.drawColor(Color.BLUE);                캔버스 색 지정
21          mDrawable.draw(canvas);
22      }                           그래픽 객체를 캔버스에 출력
23  }
```

클래스와 속성/메소드

〉 클래스

클래스	설명
Canvas	**19행**. 비트맵에 그리는 방법을 제공하는 논리적 2D 화면
OvalShape	**14행**. 캔버스에 타원형의 그림을 그리는 기능 제공
Paint	그림의 스타일과 색에 관한 정보 제공
ShapeDrawable	**14행**. 캔버스에 그림을 그리는 방법에 관한 기능 제공

〉 메소드

클래스	메소드	설명
Canvas	void drawColor(int color)	**20행**. 캔버스에 색을 칠함
Drawable	void setBounds(int left, int top, int right, int bottom)	**16행**. 사각형의 왼쪽 상단 x, y 좌표와 가로, 세로 길이 지정

Paint	void setColor(int color)	15행. 페인트 색 지정	
ShapeDrawable	void draw(Canvas canvas)	21행. 캔버스에 설정된 색과 모양에 따라 그림을 그림	
	Paint getPaint()	15행. 그림을 그릴 Paint를 반환함	
	ShapeDrawable(Shape s)	14행. ShapeDrawable 클래스의 생성자	
View	protected void onDraw (Canvas canvas)	19행. View 클래스에 정의되어 있으며, 그릴 내용을 재정의함	

[3] 그래픽 출력

❶ 당구공 출력

MainActivity.java는 onCreate() 메소드에서 액티비티를 생성하고, BilliardBall 클래스 객체를 만들어서(❶) setContentView()로 전달하여 화면을 출력한다(❷).

MainActivity.java

```
01 package com.example.billiardball;
02
03 import android.support.v7.app.AppCompatActivity;
04 import android.os.Bundle;
05
06 public class MainActivity extends AppCompatActivity {
07
08     BilliardBall ball;
09
10     @Override
11     protected void onCreate(Bundle savedInstanceState) {
12         super.onCreate(savedInstanceState);
13         // setContentView(R.layout.activity_main);
14
15         ball = new BilliardBall(this);        ❶ BilliardBall 클래스의 객체 생성
16         setContentView(ball);
17     }                              ❷ 객체를 전달하여 화면에 출력
18 }
```

>> 정상적으로 실행되는지 확인해보자.

❷ 당구공 굴리기

이제 당구공을 굴려보자. 먼저 당구공을 그린
다. 당구공을 x 방향(오른쪽)으로 5 픽셀만큼,
y 방향(아래쪽)으로 15 픽셀만큼 반복해서 움
직인다. 당구공이 화면의 테두리에 부딪히면
빛이 반사되는 방향으로 움직인다. 당구공의
움직임을 묘사하는 BilliardBall 클래스를 다
음과 같이 수정한다.

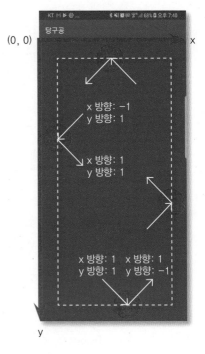

BilliardBall.java

```
01 package com.example.billiardball;
02
03 import android.content.Context;
04 import android.content.res.Resources;
05 import android.graphics.Canvas;
06 import android.graphics.Color;
07 import android.graphics.Paint;
08 import android.graphics.drawable.ShapeDrawable;
09 import android.graphics.drawable.shapes.OvalShape;
10 import android.graphics.drawable.shapes.RectShape;
11 import android.view.View;
12
13 public class BilliardBall extends View {
14     private ShapeDrawable mDrawable;
15
16     int x = 50;
17     int y = 50;
18     int width = 100;
19     int height = 100;
20
21     int cx, cy;
```

❶ 변수선언 및 초기화

그래픽 객체의 초기 위치

그래픽 객체의 가로 세로 크기

그래픽 객체의 중심 좌표

```
22
23    int dir_x = 1;                    그래픽 객체가 움직이는 방향. 1은 x, y값이
24    int dir_y = 1;                    증가하는 방향, −1은 x, y값이 감소하는 방향
25
26    int dx = 5;                       x, y값의 변화량
27    int dy = 15;
                                                              화면의 가로와 세로 크기
28
29    int screen_width  = Resources.getSystem().getDisplayMetrics().
                                                             widthPixels;
30    int screen_height = Resources.getSystem().getDisplayMetrics().
                                                             heightPixels;
31
32    public BilliardBall(Context context) {        ❷ 클래스 생성자
33        super(context);
                                                          타원 그래픽 객체 생성
34
35        mDrawable = new ShapeDrawable(new OvalShape());
36        mDrawable.getPaint().setColor(Color.RED);
37    }                                             그래픽 색 지정
38                                         ❸ 그래픽 출력
39    protected void onDraw(Canvas canvas) {
40        cx = x + width/2;             그래픽 중심 좌표
41        cy = y + height/2;
42
43        if (cx <= width/2)
44            dir_x = 1;                            x 방향의 전환
45        else if (cx >= screen_width - width/2)
46            dir_x = -1;
47
48        if (cy <= height/2)
49            dir_y = 1;                            y 방향의 전환
50        else if (cy >= screen_height - height/2)
51            dir_y = -1;
52
53        x += dir_x * dx;              x, y 방향의 이동
54        y += dir_y * dy;
                                              캔버스 색
55
56    canvas.drawColor(Color.BLUE);
                                                        그래픽 객체의 크기
57
58        mDrawable.setBounds(x, y, x + width, y + height);
59        mDrawable.draw(canvas);       그래픽 객체를 캔버스에 출력
60
61        invalidate();                 그래픽 객체를 지우고 다시
                                        onDraw() 메소드를 호출함
62    }
63 }
```

〉클래스

클래스	설명
DisplayMetrics	화면 크기, 밀도, 폰트 크기에 관한 일반적인 사항을 기술하는 구조

〉속성

클래스	메소드	설명
DisplayMetrics	public int heightPixels	픽셀 단위의 화면 높이
	public int widthPixels	픽셀 단위의 화면 너비

〉메소드

클래스	메소드	설명
Resources	DisplayMetrics getDisplayMetrics()	현재 리소스 객체에 적용되는 디스플레이 측정 항목 반환
	static Resources getSystem()	시스템 자원에 접근할 수 있는 Resources 객체 반환
View	void invalidate()	현재 뷰를 무효화하고(그래픽 객체를 화면에서 지움), 다음 화면 출력을 위해 onDraw() 메소드를 호출

STEP 3 〉 **프로젝트 실행**

프로젝트를 실행하고 결과를 살펴보자.

》 이제, 만들어진 이미지들을 이용해서 애니메이션 효과를 주는 방법을 살펴보자.

07.2 애니메이션

7.2.1 이미지 애니메이션 활용 앱

애니메이션이란 서로 다른 여러 정적인 이미지를 빨리 출력하여 움직이는 착각을 느끼도록 만드는 과정이다. 주로 게임, 영화, 기업의 홍보 및 상품 광고에 많이 활용되고 있다. 다음 그림은 나비 애벌레인 레드와 옐로가 벌이는 좌충우돌 에피소드를 담고 있는 투바엔터테인먼트에서 제작된 1분 30초 분량의 TV 애니메이션 '라바'의 한 장면이다.

라바 (TV 애니메이션)

> **Q** 이미지를 회전시키거나 움직이게 하려면 어떻게 할까?

7.2.2 애니메이션의 기본 원리

안드로이드 프레임워크는 강력한 애니메이션 시스템으로 Property Animation, View Animation, Drawable Animation 기능을 제공한다.

Property Animation은 뷰를 포함하는 모든 개체의 속성(property)에 대해 일정 시간 동안 투명도(alpha), 크기(scale), 회전(rotate), 직선이동(translate) 등의 속성을 지정하여 애니메이션 효과를 줄 수 있다. View Animation은 Property Animation에 비해 더 오래전부터 제공된 기능으로, 뷰에 대해 애니메이션이 가능하며 상대적으로 사용이 간편한 장점이 있다. 하지만, 위치가 변하더라도 실제 위치는 변하지 않기 때문에 현재 위치의 뷰를 클릭하면 반응하지 않는 단점이 있다.

한편, Drawable Animation은 View Animation의 하나로 영화와 같이 여러 동작의 그림을 일정 시간동안 차례대로 보여주는 방식의 프레임 애니메이션(Frame Animation)이다.

움직이는 동작을 표현하기 위해 구성되는 프레임들

각 애니메이션 유형은 자바 코드로 구현하거나 또는 XML 파일에서 정의하여 애니메이션 환경을 설정할 수 있다.

❶ 자바 코드를 이용하는 애니메이션

이번 절에서는 Property Animation 기반의 룰렛 애니메이션 프로젝트를 만들어보자. MainActivity.java에서 이미지를 포함하는 레이아웃을 출력하고, 애니메이션 관련 클래스의 객체를 생성해서 이미지가 일정 시간 동안 특정 각도만큼 회전하도록 애니메이션을 설정하고 실행시키면 룰렛이 정해진 각도만큼 회전하게 된다.

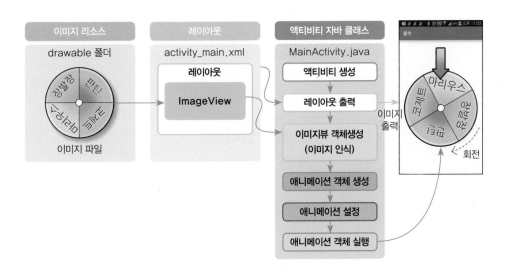

❷ XML 파일을 이용하는 애니메이션

애니메이션 환경은 XML 파일을 이용하면 쉽게 설정할 수 있다. 먼저 이미지를 만들고, XML 파일에는 이미지가 일정 시간 동안 특정 각도만큼 회전하도록 애니메이션을 설정한다. 그리고 레이아웃 파일에는 이미지를 배치한다. MainActivity.java에서는 레이아웃을 출력하고, XML 파일을 로딩하여 룰렛 이미지에 연동시키면 룰렛이 설정된 각도만큼 회전하게 된다.

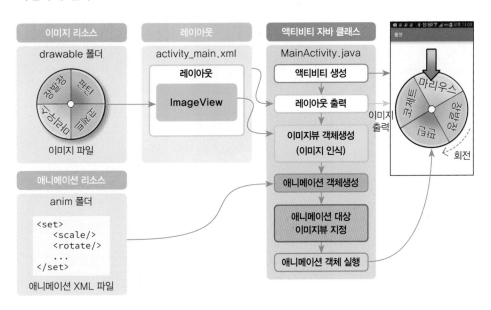

> 7.3절과 같이 이미지뷰들의 위치를 활용하여 게임에 활용하려면, 자바 코드에서 애니메이션 대상들의 위치를 파악하여 동적으로 제어할 필요가 있다. 따라서, 우리는 Property Animation을 자바 코드로 실행하는 방법을 공부하기로 한다.

7.2.3 터치 속도에 따른 룰렛 돌리기

(1) 프로젝트 개요

어플리케이션 이름은 『Roulette Game』, 어플리케이션 라벨과 액티비티 라벨은 『룰렛 게임』으로 하자. 아래 왼쪽 그림은 초기 화면이며, 오른쪽은 화면을 터치하면 랜덤으로 정해진 각도만큼 룰렛이 회전하는데, 처음에는 서서히 시작하다가 점차 빨라지고 마지막에는 서서히 정지하게 된다.

프로젝트 7.2

프로젝트 개요: **터치하면 임의 각도로 회전하는 룰렛**

....

Application Name: **Roulette Game**

....

어플리케이션 라벨: **룰렛 게임**

....

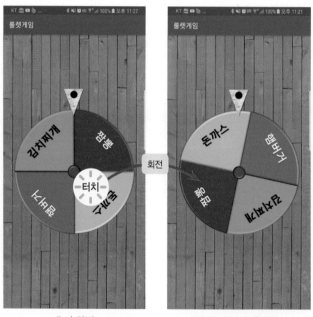

초기 화면   터치 시 회전 후 정지

(2) 프로젝트 개발

다음 3단계 절차에 따라 프로젝트를 생성한다.

단계	내용
❶ 새 프로젝트 만들기	메뉴에서 'File → New → New Project' 클릭
❷ 프로젝트 선택	'Phone and Tablet' 탭에서 'Empty Activity' 선택
❸ 프로젝트 구성	프로젝트 이름: **'Roulette Game'** 패키지 이름: 'com.example.roulettegame' (디폴트 값) 프로젝트 저장 위치 확인 개발 언어: 'Java' 최소 API 레벨 설정: 실행할 스마트폰의 API 레벨 이하

먼저 애니메이션에 활용할 이미지들을 추가한다[편집 1]. strings.xml에서는 출력할 텍스트들을 정의한다[편집 2]. activity_main.xml에서 이미지들을 배치하는 화면을 설계한다[편집 3]. MainActivity.java에서는 애니메이션을 실행하도록 수정한다[편집 4].

모듈	폴더	소스 파일	편집 내용
manifests	–	AndroidManifest.xml	
java	com.example. roulettegame	MainActivity.java	[4] 애니메이션 • 룰렛 이미지 인식 • 룰렛 이미지에 회전 애니메이션 실행
res	drawable	roulette_menu.png needle.png background.png	[1] 애니메이션 이미지 추가 • 룰렛, 기준 바늘, 배경 이미지
	layout	activity_main.xml	[3] 애니메이션 이미지 배치
	mipmap	ic_launcher.png	
	values	colors.xml	
		dimens.xml	
		strings.xml	[2] 텍스트 리소스 편집 • 액티비티 라벨 수정
		styles.xml	

[1] 애니메이션 이미지 파일 추가

룰렛, 기준 바늘, 배경 이미지들을 drawable 폴더에 저장한다.

모듈	폴더	소스 파일	이미지
res	drawable	roulette_menu.png	
		needle.png	
		background.png	

[2] 텍스트 리소스 편집

어플리케이션 이름을 수정하기 위해 app_name 속성값에 해당하는 데이터를 '룰렛 게임'으로 수정한다.

```
strings.xml
01 <resources>
02     <string name="app_name">룰렛 게임</string>
03 </resources>
```

[3] 화면 설계

룰렛과 바늘 이미지들을 컨스트레인트 레이아웃(ConstraintLayout)으로 배치하면 두 이미지의 위치를 간단히 설정하고 오버랩 시키기도 편하다(❶). 먼저 배경 이미지 (background.png)를 설정한다(❷). 다음으로 룰렛(roulette.png)을 화면의 가운데 배치 하고(❸), 기준 바늘(needle.png)은 화면 위쪽에서 아래로 이동시켜 룰렛과 조금 오버랩 되도록 위치시킨다(❹).

activity_main.xml

```xml
01 <? xml version="1.0" encoding="utf-8"?>
02 <android.support.constraint.ConstraintLayout xmlns:android=
                           "http://schemas.android.com/apk/res/android"
03     xmlns:app="http://schemas.android.com/apk/res-auto"
04     xmlns:tools="http://schemas.android.com/tools"
05     android:layout_width="match_parent"
06     android:layout_height="match_parent"
07     android:background="@drawable/background"
08     tools:context=".MainActivity">
09
10     <ImageView
11         android:id="@+id/roulette"
12         android:layout_width="0dp"
13         android:layout_height="0dp"
14         app:layout_constraintTop_toTopOf="parent"
15         app:layout_constraintBottom_toBottomOf="parent"
16         app:layout_constraintLeft_toLeftOf="parent"
17         app:layout_constraintRight_toRightOf="parent"
18         app:layout_constraintWidth_percent="0.9"
19         app:layout_constraintDimensionRatio="1"
20         android:src="@drawable/roulette_menu"
21         android:clickable="true"
22         android:onClick="rotate" />
23
24     <ImageView
25         android:layout_width="0dp"
26         android:layout_height="0dp"
27         app:layout_constraintVertical_bias="0.25"
28         app:layout_constraintTop_toTopOf="parent"
29         app:layout_constraintBottom_toBottomOf="parent"
30         app:layout_constraintLeft_toLeftOf="parent"
31         app:layout_constraintRight_toRightOf="parent"
32         app:layout_constraintWidth_percent="0.25"
33         app:layout_constraintDimensionRatio="1"
34         android:src="@drawable/needle" />
35
36 </android.support.constraint.ConstraintLayout>
```

① 컨스트레인트 레이아웃

② 배경 이미지 설정

③ 룰렛 이미지뷰

이미지 가로 세로 크기 비율 설정 시 '0dp'로 지정

세로의 중앙 배치

가로의 중앙 배치

이미지 가로 크기를 화면 너비의 90%로 설정

이미지의 가로와 세로 크기 비율을 1:1로 설정

룰렛 이미지

④ 기준 바늘 이미지뷰

이미지를 화면 위쪽에서 아래쪽으로 25% 위치에 배치

❯ 클래스

클래스	설명
ConstraintLayout	02행. 유연한 방법으로 위젯을 배치하고 크기를 조절할 수 있는 뷰 그룹

컨스트레인트 레이아웃의 이해

컨스트레인트 레이아웃(ConstraintLayout)은 리니어 레이아웃의 뷰 간 상대적인 크기 (layout_weight), 렐러티브 레이아웃의 뷰 간 상호관계 등을 보완하여 더욱 풍부한 사용자 인터페이스를 쉽게 만들 수 있게 한다(https://developer.android.com/reference/android/support/constraint/ConstraintLayout).

3장에서 살펴보았듯이 안드로이드 스튜디오에서 프로젝트를 생성하면 자동으로 컨스트레인트 레이아웃이 만들어진다. 뷰 간의 상대위치와 크기에 관한 속성은 다음과 같다.

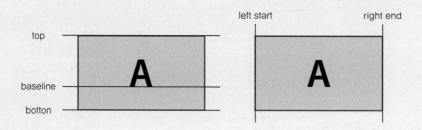

속성	역할
layout_constraintTop_toTopOf	배치할 뷰(A)의 위쪽을 다른 뷰(B)의 위쪽에 맞춤
layout_constraintTop_toBottomOf	배치할 뷰(A)의 위쪽을 다른 뷰(B)의 아래쪽에 맞춤
layout_constraintBottom_toTopOf	배치할 뷰(A)의 아래쪽을 다른 뷰(B)의 위쪽에 맞춤
layout_constraintBottom_toBottomOf	배치할 뷰(A)의 아래쪽을 다른 뷰(B)의 아래쪽에 맞춤
layout_constraintLeft_toTopOf	배치할 뷰(A)의 왼쪽을 다른 뷰(B)의 위쪽에 맞춤
layout_constraintLeft_toBottomOf	배치할 뷰(A)의 왼쪽을 다른 뷰(B)의 아래쪽에 맞춤
layout_constraintLeft_toLeftOf	배치할 뷰(A)의 왼쪽을 다른 뷰(B)의 왼쪽에 맞춤
layout_constraintLeft_toRightOf	배치할 뷰(A)의 왼쪽을 다른 뷰(B)의 오른쪽에 맞춤
layout_constraintRight_toTopOf	배치할 뷰(A)의 오른쪽을 다른 뷰(B)의 위쪽에 맞춤

layout_constraintRight_toBottomOf	배치할 뷰(A)의 오른쪽을 다른 뷰(B)의 아래쪽에 맞춤
layout_constraintRight_toLeftOf	배치할 뷰(A)의 오른쪽을 다른 뷰(B)의 왼쪽에 맞춤
layout_constraintRight_toRightOf	배치할 뷰(A)의 오른쪽을 다른 뷰(B)의 오른쪽에 맞춤
layout_constraintWidth_percent	뷰(A)의 가로 크기 비율(화면 가로 크기 대비)
layout_constraintHeight_percent	뷰(A)의 세로 크기 비율(화면 세로 크기 대비)
layout_constraintDimensionRatio	뷰(A)의 가로:세로 비율 1(또는 1:1)은 가로:세로 1:1을 의미 layout_width 또는 layout_height가 "0dp"로 설정되어 있어야 함 • ConstraintLayout은 match_parent 대신 match_constraint 　사용. "0dp"는 match_constraint를 의미함
layout_constraintHorizontal_bias	뷰(A)의 수평 위치(0 ~ 1) 0: 뷰를 왼쪽에 맞춤 1: 뷰를 오른쪽에 맞춤 • 0.5는 디폴트이며, 뷰가 수평 중간에 위치
layout_constraintVertical_bias	뷰(A)의 수직 위치(0 ~ 1) 0: 뷰를 위쪽에 맞춤 1: 뷰를 아래쪽에 맞춤 • 0.5는 디폴트이며, 뷰가 수직 중간에 위치

다음 두 버튼 뷰의 배치에 대한 위치 속성의 사용 예는 다음과 같다.

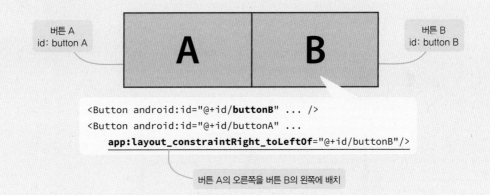

다음은 뷰 B가 ConstraintLayout으로 뷰 A를 담고 있는 parent에 해당하는 경우의 상대적인 위치와 사용 예이다.

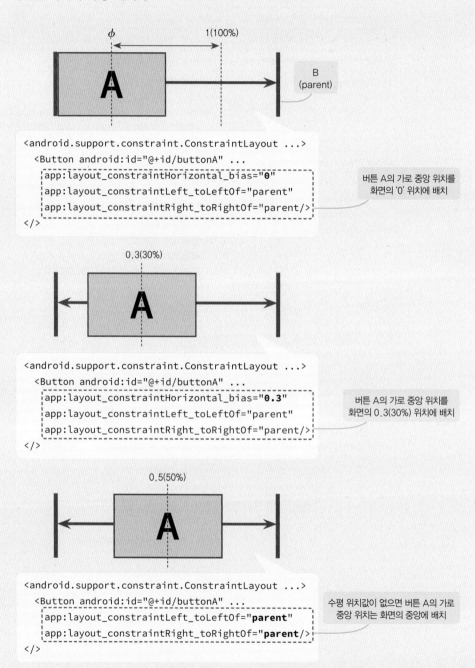

컨스트레인트 레이아웃에서 위치 속성을 이용하여 뷰들을 중심에 배치하고, 이동하며, 크기를 조정하는 예는 다음과 같다.

❶ 룰렛 이미지뷰의 중심 배치

activity_main.xml

```
01  <0?xml version="1.0" encoding="utf-8"?>
02  <android.support.constraint.ConstraintLayout xmlns:android=
                         "http://schemas.android.com/apk/res/android"
03      xmlns:app="http://schemas.android.com/apk/res-auto"
04      xmlns:tools="http://schemas.android.com/tools"
05      android:layout_width="match_parent"
06      android:layout_height="match_parent"
07      android:background="@drawable/background"
08      tools:context=".MainActivity">
09
10      <ImageView
11          android:id="@+id/roulette"
12          android:layout_width="match_parent"
13          android:layout_height="match_parent"
14          app:layout_constraintTop_toTopOf="parent"
15          app:layout_constraintBottom_toBottomOf="parent"
16          app:layout_constraintLeft_toLeftOf="parent"
17          app:layout_constraintRight_toRightOf="parent"
18          android:src="@drawable/roulette_menu"
19          android:clickable="true"
20          android:onClick="rotate" />
21
22  </android.support.constraint.ConstraintLayout>
```

이미지뷰의 가로와 세로의 중앙 배치

룰렛이미지

❷ 룰렛 이미지뷰의 중심 배치와 크기 조정

activity_main.xml

```
01  <?xml version="1.0" encoding="utf-8"?>
02  <android.support.constraint.ConstraintLayout
03      ..... 생략 .....
04      tools:context=".MainActivity">
05
06      <ImageView
07          android:id="@+id/roulette"
08          android:layout_width="0dp"
```

이미지의 가로와 세로 크기의
비율을 정할 때는 '0dp'로 설정

```
09        android:layout_height="0dp"
10        app:layout_constraintTop_toTopOf="parent"
11        app:layout_constraintBottom_toBottomOf="parent"
12        app:layout_constraintLeft_toLeftOf="parent"
13        app:layout_constraintRight_toRightOf="parent"
14        app:layout_constraintWidth_percent="0.9"
15        app:layout_constraintDimensionRatio="1"
16        android:src="@drawable/roulette_menu" />
17
18 </android.support.constraint.ConstraintLayout>
```

이미지뷰의 가로 크기는
화면 크기의 90%로 설정

이미지의 가로와 세로 크기
비율을 1:1로 설정

❸ 기준 바늘 이미지뷰의 중심 배치

activity_main.xml

```
01 <?xml version="1.0" encoding="utf-8"?>
02 <android.support.constraint.ConstraintLayout
03      ..... 생략 .....
04      tools:context=".MainActivity">
05
06
07      <ImageView
08          android:id="@+id/roulette"
09          ..... 생략 .....
10          android:src="@drawable/roulette_menu" />
11
12      <ImageView
13          android:layout_width="0dp"
14          android:layout_height="0dp"
15          app:layout_constraintTop_toTopOf="parent"
16          app:layout_constraintBottom_toBottomOf="parent"
17          app:layout_constraintLeft_toLeftOf="parent"
18          app:layout_constraintRight_toRightOf="parent"
19          app:layout_constraintWidth_percent="0.25"
20          app:layout_constraintDimensionRatio="1"
21          app:layout_constraintVertical_bias="0.25"
22          android:src="@drawable/needle" />
23
24 </android.support.constraint.ConstraintLayout>
```

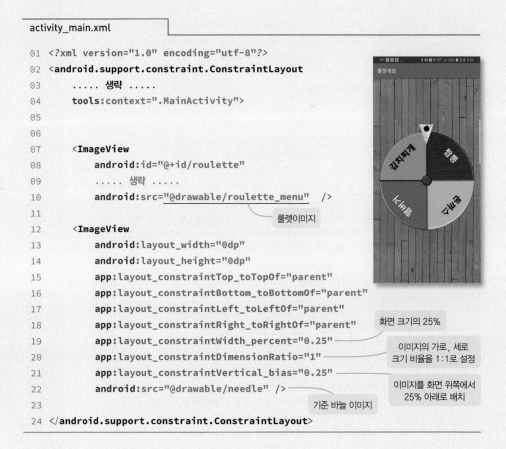

룰렛이미지

화면 크기의 25%

이미지의 가로, 세로
크기 비율을 1:1로 설정

이미지를 화면 위쪽에서
25% 아래로 배치

기준 바늘 이미지

[4] 액티비티 출력

❶ 자동으로 룰렛 회전하기

액티비티를 생성하고 activity_main.xml을 출력한 후, 룰렛 이미지를 인식한다(❶). 룰렛 이미지에 대한 회전 각도를 설정하고(❷), ObjectAnimator 클래스의 객체를 만들어서, 애니메이션 시간을 설정한 후 실행한다(❸).

MainActivity.java

```
01  package com.example.yscha.roulettegame;
02
03  import android.animation.ObjectAnimator;
04  import android.support.v7.app.AppCompatActivity;
05  import android.os.Bundle;
06  import android.view.MotionEvent;
07  import android.view.VelocityTracker;
08  import android.view.View;
09  import android.view.animation.AccelerateDecelerateInterpolator;
10  import android.widget.ImageView;
11  import android.widget.Toast;
12  import java.util.Random;
13
14  public class MainActivity extends AppCompatActivity {
15
16      @Override
17      protected void onCreate(Bundle savedInstanceState) {
18          super.onCreate(savedInstanceState);
19          setContentView(R.layout.activity_main);
20
21          ImageView iv_roulette = (ImageView)findViewById(R.id.roulette);
22
23          float startDegree = 0f;
24
25          Random rand = new Random();
26          int   degree_rand = rand.nextInt(360);
27          float endDegree = startDegree + 360 * 3 + degree_rand;
28
29          ObjectAnimator object = ObjectAnimator.ofFloat(iv_roulette,
                                      "rotation", startDegree, endDegree);
30          object.setInterpolator(new AccelerateDecelerateInterpolator());
31          object.setDuration(5000);
32          object.start();
33      }
34  }
```

- ❶ 애니메이션 이미지 인식
- ❷ 회전각도 설정 — 초기 각도 / 랜덤 객체 생성 / 0~359 사이의 정수 추출 / 회전 종료 각도 설정 (초기 각도에서 세 바퀴 돌고 0~359 난수만큼 회전)
- ❸ 애니메이션 실행 — 애니메이션 이미지에 대해 초기 각도에서 회전 종료 각도까지 회전하는 애니메이션 객체 생성 / 애니메이션 속력 설정 / 애니메이션 시간(5초) / 애니메이션 시작

〉클래스

클래스/인터페이스	설명
AccelerateDecelerateInterpolator	30행. 처음에는 속력이 점점 증가하고, 종료 시에는 속력이 점점 감소
ObjectAnimator	29행. ValueAnimator의 서브 클래스로서, 목표 객체에 대한 애니메이션 특성을 설정함
Random	25행. 난수 발생
ValueAnimator	시간에 따른 애니메이션 중간 값들을 계산하고 콜백함수를 호출하여 그때마다 목표로 하는 객체에 설정함

〉메소드

클래스	메소드	설명
AccelerateDecelerate Interpolator	AccelerateDecelerate Interpolator()	30행. AccelerateDecelerateInterpolator 클래스의 생성자
ObjectAnimator	static ObjectAnimator ofFloat (Object target, String pro pertyName, float... values)	29행. Values 사이의 애니메이션을 만들고 ObjectAnimator 를 반환함 표: 매개변수 / 설명 target / 애니메이션 대상 propertyName / 애니메이션 특성 이름 values / 시간에 따라 애니메이션이 될 값들
	ObjectAnimator setDuration(long duration)	31행. 애니메이션 시간 설정. 밀리초 단위이며, 디폴트는 300 밀리초로 설정됨.
	void start()	32행. 애니메이션 시작
Random	int nextInt(int n)	26행. 0부터 n미만의 정수 난수 반환
ValueAnimator	void setInterpolator (TimeInterpolator value)	30행. 시간에 따른 애니메이션 변화율 설정. • TimeInterpolator: 시간에 따른 애니메이션 속도의 변화를 정의하며, 다음 서브 클래스의 종류에 따라 효과가 다름 • AccelerateDecelerateInterpolator: 애니메이션 시작 시에는 서서히 움직이다가 점차 빨라지고 애니메이션이 끝날 때는 점차 서서히 멈춤 • LinearInterpolator: 애니메이션 속도가 일정함

❷ 룰렛 터치 시에 회전하기

앞에서 activity_main.xml의 룰렛 이미지뷰 클릭 시에 실행할 rotate 메소드가 지정되어
있다. 따라서, MainActivity.java에서 onCreate()에 있는 룰렛 회전 부분을 rotate() 메소
드로 옮겨 작성한다. 애니메이션은 회전이 정지한 상태에서 반복 가능하다.

MainActivity.java

```
01  package com.example.yscha.roulettegame;
02
03  import android.animation.ObjectAnimator;
04  import android.support.v7.app.AppCompatActivity;
05  import android.os.Bundle;
06  import android.view.MotionEvent;
07  import android.view.VelocityTracker;
08  import android.view.View;
09  import android.view.animation.AccelerateDecelerateInterpolator;
10  import android.widget.ImageView;
11  import android.widget.Toast;
12  import java.util.Random;
13
14  public class MainActivity extends AppCompatActivity {
15
16      ImageView iv_roulette;
17      float startDegree = 0f;
18      float endDegree   = 0f;
19
20      @Override
21      protected void onCreate(Bundle savedInstanceState) {
22          super.onCreate(savedInstanceState);
23          setContentView(R.layout.activity_main);
24
25          iv_roulette = (ImageView)findViewById(R.id.roulette);
26      }
27
28      public void rotate(View v) {          룰렛 이미지 터치 시에 호출되는 메소드
29          startDegree = endDegree;
30                                            이전 정지 각도를 시작 각도로 설정
31          Random rand = new Random();
32          int  degree_rand = rand.nextInt(360);
```

```
33          endDegree = startDegree + 360 * 3 + degree_rand;
34
35          ObjectAnimator object = ObjectAnimator.offloat(iv_roulette,
                                           "rotation", startDegree, endDegree);
36          object.setInterpolator(new AccelerateDecelerateInterpolator());
37          object.setDuration(5000);
38          object.start();
39      }
40 }
```

STEP 3 ▷ 프로젝트 실행

프로젝트를 실행하고, 결과를 살펴보자.

07.3

클레이 사격 게임

7.3.1 게임 활용 앱

애니메이션은 게임에 많이 사용된다. 다음 그림은 『클래시 오브 클랜(Clash of Clans)』의 애니메이션 게임 화면이다. 클래시 오브 클랜은 핀란드 기업 SUPERCELL(https://supercell.com/en/)에서 만든 스마트폰용 모바일 게임이다. 콧수염 바바리안과 불꽃 마법사들이 등장하며, 마을을 짓고 클랜을 키우며 다른 마을과 클랜을 공격하는 전략게임이다.

클래시 오브 클랜

Q 애니메이션 개체 간 상호작용은 어떻게 할까?

7.3.2 게임의 기본 원리

클레이 사격 게임이 애니메이션 게임의 기본 원리를 보여주는 한 예가 될 수 있다. 이 책에서는 애니메이션 환경 설정과 실행은 모두 자바 기반으로 하였다. 먼저 MainActivity.java에서 액티비티 생성 및 레이아웃을 출력하고, 이미지들을 배치한다. 클레이가 날아가는 애니메이션을 반복하는 동안, 사용자가 총을 터치하면 총알이 발사되고 명중 여부를 확인하게 된다.

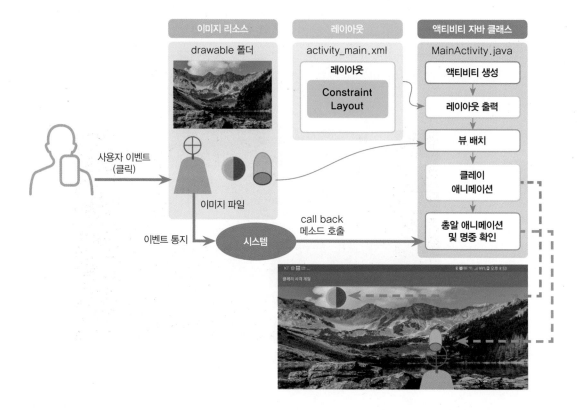

7.3.3 클레이 사격 게임

(1) 프로젝트 개요

클레이 사격장을 구현해보자. 왼쪽에서 5개의 클레이가 3초 간격으로 오른쪽으로 날아간다. 하단부에 있는 총을 터치하면 총알은 위쪽으로 날아간다. 클레이와 총알 거리가 100 픽셀 이하이면 명중된 것으로 하고 클레이는 사라진다. 어플리케이션 이름은 『Clay Shooting Game』 어플리케이션 라벨과 액티비티 라벨은 『클레이 사격』으로 한다.

프로젝트 7.3

프로젝트 개요: 왼쪽에서 오른쪽으로 주기적으로 날아가는 클레이를 총으로 명중시키기

Application Name: Clay Shooting Game

어플리케이션 라벨: 클레이 사격

(2) 프로젝트 개발

STEP 1 〉 **프로젝트 생성**

다음 3단계 절차에 따라 프로젝트를 생성한다.

단계	내용
❶ 새 프로젝트 만들기	메뉴에서 'File → New → New Project' 클릭
❷ 프로젝트 선택	'Phone and Tablet' 탭에서 'Empty Activity' 선택
❸ 프로젝트 구성	프로젝트 이름: 'Clay Shooting Game' 패키지 이름: 'com.example.clayshootinggame' (디폴트 값) 프로젝트 저장 위치 확인 개발 언어: 'Java' 최소 API 레벨 설정: 실행할 스마트폰의 API 레벨 이하

STEP 2 〉 **파일 편집**

먼저 애니메이션을 위한 이미지를 추가하고[편집 1], strings.xml에서 어플리케이션 라벨로 출력할 텍스트들을 수정한다[편집 2]. activity_main.xml에서 레이아웃을 배치하고[편집 3], AndroidManifest.xml에는 화면을 가로 배치하도록 설정한다[편집 4].

MainActivity.java에서 이미지를 출력하고 클레이 애니메이션을 실행한다. 사용자가 총을 터치하면 총알이 발사되는 사격 애니메이션이 실행되고 클레이와의 명중 여부를 확인한다[편집 5].

모듈	폴더	소스 파일	편집 내용
manifests	–	AndroidManifest.xml	[4] 화면 가로 배치 설정
java	com.example. clayshootinggame	MainActivity.java	[5] 애니메이션 실행 • 클레이 비행 • 사격 애니메이션과 클레이 명중 여부 확인
res	drawable	background.png gun.png clay.png bullet.png	[1] 애니메이션 이미지 추가 • 배경, 총, 클레이, 총알
	layout	activity_main.xml	[3] 애니메이션 이미지 배치
	mipmap	ic_launcher.png	
	values	colors.xml	
		strings.xml	[2] 텍스트 리소스 편집 • 액티비티 라벨 수정
		styles.xml	

[1] 이미지 파일 추가

배경, 총, 클레이, 총알 이미지들을 **drawable** 폴더에 저장한다.

모듈	폴더	소스 파일	이미지
res	drawable	background.png	
		gun.png	
		clay.png	
		bullet.png	

[2] 텍스트 리소스 편집

어플리케이션 라벨을 수정하기 위해 app_name 속성값에 해당하는 데이터를 '클레이 사격'으로 수정한다.

strings.xml

```
01 <resources>
02     <string name="app_name">클레이 사격</string>
03 </resources>
```

[3] 화면 설계

컨스트레인트 레이아웃에 배경 이미지를 설정한다.

activity_main.xml

```
01 <?xml version="1.0" encoding="utf-8"?>
02 <android.support.constraint.ConstraintLayout xmlns:android=
                              "http://schemas.android.com/apk/res/android"
03     xmlns:app="http://schemas.android.com/apk/res-auto"
04     xmlns:tools="http://schemas.android.com/tools"
05     android:layout_width="match_parent"
06     android:layout_height="match_parent"
07     android:id="@+id/layout"
08     android:background="@drawable/background"
09     tools:context=".MainActivity">
10
11 </android.support.constraint.ConstraintLayout>
```

배경 이미지

[4] 환경 설정

화면을 가로로 설정한다.

AndroidManifest.xml

```
01 <?xml version="1.0" encoding="utf-8"?>
02 <manifest xmlns:android="http://schemas.android.com/apk/res/android"
03     package="com.example.clayshootinggame">
04
05     <application
06         android:allowBackup="true"
07         android:icon="@mipmap/ic_launcher"
08         android:label="@string/app_name"
```

```
09              android:roundIcon="@mipmap/ic_launcher_round"
10              android:supportsRtl="true"
11              android:theme="@style/AppTheme">
12          <activity android:name=".MainActivity"                    화면 가로 설정
13              android:screenOrientation="landscape">
14              <intent-filter>
15                  <action android:name="android.intent.action.MAIN" />
16
17                  <category android:name="android.intent.category.LAUNCHER" />
18              </intent-filter>
19          </activity>
20      </application>
21
22 </manifest>
```

클래스와 속성/메소드

› XML 속성

클래스	속성	설명
Activity	android:screenOrientation	13행. 액티비티의 출력 방향 "landscape": 가로 방향(출력의 너비가 높이보다 큼) "portrait": 세로 방향(출력의 높이가 너비보다 큼)

›› 화면이 가로로 출력되는지 실행해보자.

[5] 애니메이션 실행

❶ 클레이 애니메이션

액티비티를 생성하고 activity_main.xml을 출력한 후, 총, 총알, 클레이 이미지를 불러
온다. 총은 하단부에 고정한다. 총알은 안 보이게 설정하고, 클레이는 3초 간격으로 5회
날아가도록 한다.

MainActivity.java

```java
01  package com.example.clayshootinggame;
02
03  import android.animation.Animator;
04  import android.animation.AnimatorSet;
05  import android.animation.ObjectAnimator;
06  import android.animation.ValueAnimator;
07  import android.graphics.Point;
08  import android.support.v7.app.AppCompatActivity;
09  import android.os.Bundle;
10  import android.view.Display;
11  import android.view.View;
12  import android.widget.ImageView;
13  import android.widget.RelativeLayout;
14  import android.widget.Toast;
15
16  public class MainActivity extends AppCompatActivity {
17      ImageView iv_gun;
18      ImageView iv_bullet;
19      ImageView iv_clay;
20
21      double screen_width, screen_height;
22      float bullet_height, bullet_width;
23      float gun_height, gun_width;
24      float clay_height, clay_width;
25      float bullet_center_x, bullet_center_y;
26      float clay_center_x, clay_center_y;
27      double gun_x, gun_y;
28      double gun_center_x;
29
30      final int NO_OF_CLAYS = 5;
```

클레이 개수

```
31
32      @Override
33      protected void onCreate(Bundle savedInstanceState) {
34          super.onCreate(savedInstanceState);
35          setContentView(R.layout.activity_main);
36
37          ConstraintLayout layout = (ConstraintLayout)findViewById(R.id.
                                                                  layout);
38
39          Display display = getWindowManager().getDefaultDisplay();
40          Point size = new Point();
41          display.getSize(size);
42          screen_width = size.x;
43          screen_height = size.y;
44
45          iv_bullet = new ImageView(this);
46          iv_gun    = new ImageView(this);
47          iv_clay   = new ImageView(this);
48
49          iv_gun.setImageResource(R.drawable.gun);
50          iv_gun.measure(iv_gun.getMeasuredWidth(), iv_gun.
                                                  getMeasuredHeight());
51          gun_height = iv_gun.getMeasuredHeight();
52          gun_width  = iv_gun.getMeasuredWidth();
53          layout.addView(iv_gun);
54
55          iv_bullet.setImageResource(R.drawable.bullet);
56          iv_bullet.measure(iv_bullet.getMeasuredWidth(),
                                          iv_bullet.getMeasuredHeight());
57          bullet_height = iv_bullet.getMeasuredHeight();
58          bullet_width  = iv_bullet.getMeasuredWidth();
59          iv_bullet.setVisibility(View.INVISIBLE);
60          layout.addView(iv_bullet);
61
62          iv_clay.setImageResource(R.drawable.clay);
63          iv_clay.setScaleX(0.8f);
64          iv_clay.setScaleY(0.8f);
65          iv_clay.measure(iv_bullet.getMeasuredWidth(),
                                          iv_bullet.getMeasuredHeight());
66          clay_height = iv_clay.getMeasuredHeight();
67          clay_width  = iv_clay.getMeasuredWidth();
68          layout.addView(iv_clay);
69
70          gun_center_x = screen_width * 0.7;
71          gun_x = gun_center_x - gun_width * 0.5;
```

레이아웃 인식

화면 가로 크기

화면 크기

화면 세로 크기

애니메이션
이미지 인식

```
72          gun_y = screen_height - gun_height;
73          iv_gun.setX((float)gun_x);
74          iv_gun.setY((float)gun_y - 100f);
75
76          ObjectAnimator clay_translateX = ObjectAnimator.ofFloat(iv_clay,
                        "translationX", -200f, (float)screen_width + 100f);
77          ObjectAnimator clay_translateY = ObjectAnimator.ofFloat(iv_clay,
                                            "translationY", 50f, 50f);
78          ObjectAnimator clay_rotation   = ObjectAnimator.ofFloat(iv_clay,
                                            "rotation", 0f, 1080f);
79          clay_translateX.setRepeatCount(NO_OF_CLAYS-1);
80          clay_translateY.setRepeatCount(NO_OF_CLAYS-1);
81          clay_rotation.setRepeatCount(NO_OF_CLAYS-1);
82          clay_translateX.setDuration(3000);
83          clay_translateY.setDuration(3000);
84          clay_rotation.setDuration(3000);
85
86          clay_translateX.start();
87          clay_translateY.start();
88          clay_rotation.start();
89      }
90 }
```

클래스와 속성/메소드

› 클래스

클래스/인터페이스	설명
Display	39행. 화면의 크기와 밀도에 관한 정보를 제공
Point	40행. 두 정수 좌표 값을 갖는 점
ViewGroup	다른 뷰(child view)들을 담고 있는 뷰 레이아웃 설정을 위해 ViewGroup.LayoutParams 내부 클래스를 가지고 있음
WindowManager	앱이 윈도우 매니저와 통신하기 위한 인터페이스

› 속성

클래스	속성	설명
Point	public int x	42행. X 좌표 값
	public int y	43행. y 좌표 값

⟩ 메소드

클래스	메소드	설명
Activity	WindowManager getWindowManager()	**39행**. 커스텀 윈도우를 보여주기 위한 윈도우 매니저를 반환함
Display	void getSize(Point outSize)	**41행**. 디스플레이의 크기를 얻음 (픽셀 단위)
ImageView	ImageView(Context context)	**45, 46, 47행**. ImageView의 클래스의 생성자
	void setImageResource(int resId)	**49행**. 이미지뷰를 drawable로 설정
ObjectAnimator	void setRepeatCount(int value)	**79, 80, 81행**. 애니메이션 반복 수 설정 (1회, 2회 반복은 각각 2회, 3회 실행을 의미함)
View	final int getMeasuredHeight()	**50, 51, 56, 57, 65, 66행**. 뷰의 높이를 측정함
	final int getMeasuredWidth()	**50, 52, 56, 58, 65, 67행**. 뷰의 너비를 측정함
	final void measure(int widthMeasureSpec, int heightMeasureSpec)	**50, 56, 65행**. 뷰의 크기를 측정함
ViewGroup	void addView(View child)	**53, 60, 68행**. 자식 뷰(child view)를 추가함
WindowManager	abstract Display getDefaultDisplay()	**39행**. 윈도우의 크기와 밀도에 관한 정보를 반환함

⟩⟩ 정상적으로 실행되는지 확인해보자.

❷ 사격

이제, 총을 터치하면 총알이 발사되고 클레이 비행 반복이 종료되면 토스트로 "게임 종료!!"를 출력한다.

⟨게임 진행⟩

〈게임 종료〉

총에 터치 이벤트 리스너를 설정하고, 터치 시에 실행할 애니메이션을 작성한다. 클레이
와 총알의 거리를 계산해서 100이하이면 클레이가 사라지게 한다. 클레이가 다시 나타
날 때에는 다시 보이게 하고, 날아가는 동안에는 회전하도록 한다.

MainActivity.java

```java
01 package com.example.clayshootinggame;
02
03 import android.animation.Animator;
04 import android.animation.AnimatorSet;
05 import android.animation.ObjectAnimator;
06 import android.animation.ValueAnimator;
07 import android.graphics.Point;
08 import android.support.v7.app.AppCompatActivity;
09 import android.os.Bundle;
10 import android.view.Display;
11 import android.view.View;
12 import android.widget.ImageView;
13 import android.widget.RelativeLayout;
14 import android.widget.Toast;
15
16 public class MainActivity extends AppCompatActivity implements
                                                  View.OnClickListener {
17     ImageView iv_gun;
18     ImageView iv_bullet;
19     ImageView iv_clay;
20
21     double screen_width, screen_height;
22     float bullet_height, bullet_width;
23     float gun_height, gun_width;
```

```
24        float clay_height, clay_width;
25        float bullet_center_x, bullet_center_y;
26        float clay_center_x, clay_center_y;
27        double gun_x, gun_y;
28        double gun_center_x;
29
30        final int NO_OF_CLAYS = 5;
31
32        @Override
33        protected void onCreate(Bundle savedInstanceState) {
34            super.onCreate(savedInstanceState);
35            setContentView(R.layout.activity_main);
36
37            RelativeLayout layout = (RelativeLayout)findViewById(R.id.layout);
38
39            Display display = getWindowManager().getDefaultDisplay();
40            Point size = new Point();
41            display.getSize(size);
42            screen_width = size.x;
43            screen_height = size.y;
44
45            iv_bullet = new ImageView(this);
46            iv_gun    = new ImageView(this);
47            iv_clay   = new ImageView(this);
48
49            iv_gun.setImageResource(R.drawable.gun);
50            iv_gun.measure(iv_gun.getMeasuredWidth(), iv_gun.
                                                    getMeasuredHeight());
51            gun_height = iv_gun.getMeasuredHeight();
52            gun_width = iv_gun.getMeasuredWidth();
53            layout.addView(iv_gun);
54
55            iv_bullet.setImageResource(R.drawable.bullet);
56            iv_bullet.measure(iv_bullet.getMeasuredWidth(), iv_bullet.
                                                    getMeasuredHeight());
57            bullet_height = iv_bullet.getMeasuredHeight();
58            bullet_width  = iv_bullet.getMeasuredWidth();
59            iv_bullet.setVisibility(View.INVISIBLE);
60            layout.addView(iv_bullet);
61
62            iv_clay.setImageResource(R.drawable.clay);
63            iv_clay.setScaleX(0.8f);
64            iv_clay.setScaleY(0.8f);
65            iv_clay.measure(iv_bullet.getMeasuredWidth(), iv_bullet.
                                                    getMeasuredHeight());
```

```
66        clay_height = iv_clay.getMeasuredHeight();
67        clay_width  = iv_clay.getMeasuredWidth();
68        iv_clay.setVisibility(View.INVISIBLE);   // step 2
69        layout.addView(iv_clay);
70
71        gun_center_x = screen_width * 0.7;
72        gun_x = gun_center_x - gun_width * 0.5;
73        gun_y = screen_height - gun_height;
74        iv_gun.setX((float)gun_x);
75        iv_gun.setY((float)gun_y - 100f);
76
77        ObjectAnimator clay_translateX = ObjectAnimator.ofFloat(iv_clay,
                        "translationX", -200f, (float)screen_width + 100f);
78        ObjectAnimator clay_translateY = ObjectAnimator.ofFloat(iv_clay,
                                    "translationY", 50f, 50f);
79        ObjectAnimator clay_rotation   = ObjectAnimator.ofFloat(iv_clay,
                                    "rotation", 0f, 1080f);
80        clay_translateX.setRepeatCount(NO_OF_CLAYS-1);
81        clay_translateY.setRepeatCount(NO_OF_CLAYS-1);
82        clay_rotation.setRepeatCount(NO_OF_CLAYS-1);
83        clay_translateX.setDuration(3000);
84        clay_translateY.setDuration(3000);
85        clay_rotation.setDuration(3000);
86
87        clay_translateX.addListener(new Animator.AnimatorListener() {
88            @Override
89            public void onAnimationStart(Animator animator) {
90                iv_clay.setVisibility(View.VISIBLE);
91            }
92
93            @Override
94            public void onAnimationEnd(Animator animator) {
95                Toast.makeText(getApplicationContext(), "게임 종료!!",
                                    Toast.LENGTH_SHORT).show();
96            }
97
98            @Override
99            public void onAnimationCancel(Animator animator) {
100
101           }
102
103           @Override
104           public void onAnimationRepeat(Animator animator) {
105               iv_clay.setVisibility(View.VISIBLE);
106           }
```

```
107        });
108
109        clay_translateX.start();
110        clay_translateY.start();
111        clay_rotation.start();
112
113        iv_gun.setClickable(true);
114        iv_gun.setOnClickListener(this);
115    }
116
117    @Override
118    public void onClick(View v) {
119        iv_bullet.setVisibility(View.VISIBLE);
120
121        ObjectAnimator bullet_scaleDownX = ObjectAnimator.ofFloat
                                            (iv_bullet, "scaleX", 1.0f, 0.0f);
122        ObjectAnimator bullet_scaleDownY = ObjectAnimator.ofFloat
                                            (iv_bullet, "scaleY", 1.0f, 0.0f);
123
124        double bullet_x = gun_center_x - bullet_width / 2;
125        ObjectAnimator bullet_translateX = ObjectAnimator.ofFloat
                (iv_bullet, "translationX", (float)bullet_x, (float)bullet_x);
126        ObjectAnimator bullet_translateY = ObjectAnimator.ofFloat
                                (iv_bullet, "translationY", (float)gun_y, 30);
127
128        bullet_translateY.addUpdateListener(new ValueAnimator.
                                                AnimatorUpdateListener() {
129            @Override
130            public void onAnimationUpdate(ValueAnimator animation) {
131                bullet_center_x = iv_bullet.getX() + bullet_width*0.5f;
132                bullet_center_y = iv_bullet.getY() + bullet_height*0.5f;
133
134                clay_center_x = iv_clay.getX() + clay_width*0.5f;
135                clay_center_y = iv_clay.getY() + clay_height*0.5f;
136
137                double dist = Math.sqrt(Math.pow(bullet_center_x -
            clay_center_x, 2) + Math.pow(bullet_center_y - clay_center_y, 2));
138                if (dist <= 200) {
139                    iv_clay.setVisibility(View.INVISIBLE);
140                }
141            }
142        });
143
144        AnimatorSet bullet = new AnimatorSet();
145        bullet.playTogether(bullet_translateX, bullet_translateY,
```

```
                                              bullet_scaleDownX, bullet_scaleDownY);
146          bullet.setDuration(500);
147          bullet.start();
148      }
149 }
```

클래스와 속성/메소드

〉 클래스

클래스/인터페이스	설명
Animator	애니메이션의 시작, 종료, 그리고 AnimatorListeners를 추가하는 애니메이션을 지원하는 클래스들의 수퍼 클래스
Animator.AnimatorListener	애니메이션 시작부터 종료까지의 과정에 대한 정보를 받음
AnimatorSet	여러 애니메이션을 하나의 Animator 객체 세트로 만드는 클래스
Math	수식 계산을 위한 클래스
View.OnClickListener	뷰를 클릭할 때 호출할 콜백의 인터페이스 정의
ValueAnimator. AnimatorUpdateListener	애니메이션 진행 과정의 리스너

〉 메소드

클래스	메소드	설명
Animator	Void addListener(Animator.Animator Listener listener)	뷰의 애니메이션 시작, 반복, 종료 이벤트를 받을 리스너 추가
AnimatorSet	AnimatorSet()	AnimatorSet 클래스의 생성자
	Void playTogether(Animator... items)	동시에 실행할 애니메이션 세트를 만듦
	AnimatorSet setDuration(long duration)	애니메이션 세트의 애니메이션 실행 시간
	Void start()	애니메이션 실행
Animator. AnimatorListener	abstract void onAnimationStart(Animator animation)	애니메이션 시작 시 실행
	abstract void onAnimationEnd(Animator animation)	애니메이션 종료 시 실행
	abstract void onAnimationCancel(Animator animation)	애니메이션이 취소될 때 실행
	abstract void onAnimationRepeat(Animator animation)	애니메이션이 반복될 때 실행
Math	static double pow(double a, double b)	실수 값의 거듭제곱 반환
	static double sqrt(double a)	실수 값의 루트 값 반환

ValueAnimator	Void addUpdateListener(ValueAnimator. AnimatorUpdateListener listener)	애니메이션 과정에서 실행할 리스너를 추가
ValueAnimator. AnimatorUpdateListener	abstract voidonAnimationUpdate(ValueAnimator animation)	애니메이션 과정에서 실행
View.OnClickListener	abstract void onClick(View v)	뷰가 클릭될 때 불려짐
View	Void setClickable(boolean clickable)	뷰에 대한 클릭 이벤트의 활성화 여부 설정
	Void setOnClickListener(View. OnClickListener I)	뷰가 클릭될 때 실행되도록 시스템에 등록 (콜백 메소드)
	void setVisibility(int visibility)	뷰가 화면에 보이는 여부 설정
	void setScaleX(float scaleX)	뷰의 가로 크기 확대 또는 축소
	Void setScaleY(float scaleY)	뷰의 세로 크기 확대 또는 축소
	float getX()	뷰의 현재 위치(x 좌표) 반환
	float getY()	뷰의 현재 위치(y 좌표) 반환

STEP 3 〉 프로젝트 실행

프로젝트를 실행하고 결과를 살펴보자.

> 안드로이드는 캔버스와 같은 그래픽 도구들을 지원한다. 캔버스에 원, 다각형, 선 등 다양한 모양의 그래픽을 출력할 수 있고 색을 입힐 수 있다.

> 원을 그리거나 움직이게 하는 그래픽 기능을 구현하기 위해서는 다음의 2가지 방법을 따른다.

- MainActivity.java 클래스에서 액티비티를 만들고, Circle클래스를 이용해 객체를 만들고 화면에 출력한다.
- activity_main.xml에서 그래픽 자바 클래스를 View로 화면에 배치하고, MainActivity.java에서 화면을 출력한다.

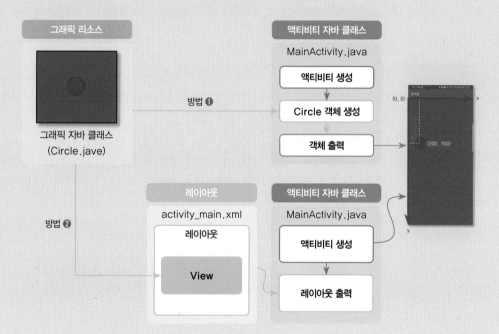

> 그래픽은 스마트폰의 가로, 세로를 x, y 좌표로 하여 출력된다. 좌측 상단이 원점(0, 0)에 해당하며, 우측 하단 방향으로 각각 x, y의 크기가 증가하게 된다. 화면을 가로로 배치하면, 가로가 x 방향이 된다.

> ShapeDrawble을 이용하여 도형(당구공, BilliardBall 클래스)을 그리는 방법은 다음과 같다.

- BilliardBall 클래스는 View 클래스로부터 상속받는다.
- BilliardBall 클래스의 생성자에 당구공의 x, y 좌표와 당구공의 width, height를 설정한다.
- ShapeDrawable 객체로 당구공의 색과 위치를 지정한다.
- ShapeDrawable 객체 생성 시에 자동으로 불려질 onDraw() 메소드에 캔버스의 색을 지정하고 당구공을 그린다.

› 안드로이드 프레임워크는 애니메이션 시스템으로 Property Animation, View Animation, Drawable Animation 기능을 제공한다.

- Property Animation: 뷰를 포함하는 모든 개체의 속성에 대해 일정 시간 동안 투명도(alpha), 크기(scale), 회전(rotate), 직선이동(translate)등의 속성을 지정한다.
- View Animation: 뷰에 대해 애니메이션이 가능하며 상대적으로 사용이 간편하다. 하지만 위치가 변하더라도 실제 위치는 변하지 않기 때문에 현재 위치의 뷰를 클릭하면 반응하지 않는 단점이 있다.
- Drawable Animation: 영화와 같이 여러 동작의 그림을 일정 시간 동안 차례대로 보여주는 방식의 프레임 애니메이션(Frame Animation)이다.

› Property Animation 기반으로 룰렛 애니메이션을 만들기 위해서는, MainActivity.java에서 이미지를 포함하는 레이아웃을 출력하고, 애니메이션 관련 클래스의 객체를 생성해서 이미지가 일정 시간 동안 특정 각도만큼 회전하도록 애니메이션을 설정하고 실행시키면 룰렛이 정해진 각도만큼 회전하게 된다.

› 회전 애니메이션 효과가 있는 XML 파일을 이용하면 쉽게 설정할 수 있다. MainActivity.java에서 룰렛 이미지가 있는 레이아웃을 출력하고, XML 파일을 로딩하여 룰렛 이미지에 연동시키면 룰렛이 설정된 각도만큼 회전하게 된다.

› 애니메이션 게임의 기본원리를 '클레이 사격 게임'을 통해 구현하였다. 왼쪽에서 5개의 클레이가 3초 간격으로 오른쪽으로 날아간다. 하단부에 있는 총을 터치하면 총알이 위쪽으로 날아간다. 클레이와 총알 거리가 100픽셀 이하이면 명중된 것으로 간주하여 클레이가 사라진다.

1. 다음 보기를 읽고 물음에 답하시오.

> 가. 캔버스에 타원형의 그림을 그리는 기능 제공
>
> 나. 비트맵에 그림 그리는 방법을 제공하는 논리적 2D 화면
>
> 다. 캔버스에 그림을 그리는 방법에 관한 기능 제공
>
> 라. 그림의 스타일과 색에 관한 정보 제공

다음 클래스를 설명하는 항목을 위의 보기에서 고르시오.

① Canvas ······························· (   )

② OvalShape ·························· (   )

③ Paint ································· (   )

④ ShapeDrawable ····················· (   )

2. A 뷰의 위치를 B 뷰 기준으로 배치하려고 한다. 다음 컨스트레인트 레이아웃 속성은 A 뷰를 B 뷰의 어느 부분에 맞추어 배치하게 되는지 역할을 기술하시오.

속성	역할
① layout_constraintTop_toTopOf	
② layout_constraintTop_toBottomOf	
③ layout_constraintBottom_toTopOf	
④ layout_constraintBottom_toBottomOf	
⑤ layout_constraintLeft_toTopOf	
⑥ layout_constraintLeft_toBottomOf	
⑦ layout_constraintLeft_toLeftOf	
⑧ layout_constraintLeft_toRightOf	
⑨ layout_constraintRight_toTopOf	
⑩ layout_constraintRight_toBottomOf	
⑪ layout_constraintRight_toLeftOf	
⑫ layout_constraintRight_toRightOf	

3. 컨스트레인트 레이아웃에서 아래의 그림과 같이 A 텍스트뷰를 B 텍스트뷰의 왼쪽에 배치하려고 한다. 올바른 실행결과가 나타나도록 빈칸을 채우시오(B 뷰의 id는 txtB로 설정되어 있다).

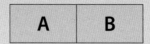

```
<TextView android:id="@+id/txtB" ... />
<TextView app:_____①_____="@+id/___②___"/>
```

4. 컨스트레인트 레이아웃에서 이미지뷰를 그림과 같이 화면에 배치하려고 한다. 올바른 실행결과가 나타나도록 빈칸을 채우시오.

```
<ImageView
    .....
    app:layout_constraintTop_toTopOf="parent"
    app:layout_constraintBottom_toBottomOf="parent"
    app:_____①_____=___②___
    app:layout_constraintLeft_toLeftOf="parent"
    app:layout_constraintRight_toRightOf="parent"
    app:_____③_____=___④___
    ..... />
```

5. 다음 View 클래스로부터 상속받은 onDraw(Canvas c) 메소드에서 화면을 초록색(GREEN)으로 칠하고(①), 애니메이션 효과를 위해 현재 뷰를 무효화(②)하는 소스를 완성하시오.

```
..... 생략 .....
protected void onDraw(Canvas canvas) {
    ..... 생략 .....
    _____①_____
    ..... 생략 .....
    _____②_____
}
..... 생략 .....
```

6. 애니메이션 시작 시에는 서서히 움직이다가 점차 빨라지고 애니메이션이 끝날 때는 서서히 멈추게 하려면, ValueAnimator 클래스의 setInterpolator() 메소드에 어떤 객체를 인수로 전달하면 되는가?

① new TimeInterpolator()
② new AccelerateDecelerateInterpolator()
③ new LinearInterpolator()

터치 방향으로 이동하는 당구공

7.1절의 당구공 애니메이션을 응용해보자. 당구공이 처음 설정된 방향과 속력으로 움직이고 있다. 화면을 터치했다가 떼면 현재 위치(cx, cy)에서 터치한 위치(x, y)로 방향을 전환하여 계속 움직인다. x, y 방향의 이동 간격(dx, dy)은 각각 현재 위치와 터치 위치의 차이(|cx-x|, |cy-y|)를 10으로 나눈 값으로 한다. 화면 테두리에 부딪히면 반사되어 움직인다. 어플리케이션 이름은 『Billiard Ball2』, 어플리케이션 라벨은 『당구공2』로 한다.

프로젝트

프로젝트 개요: 그래픽 애니메이션

....

Application Name: Billiard Ball2

....

어플리케이션 라벨: 당구공2

....

당구공의 초기 위치

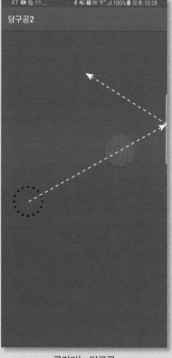

굴러가는 당구공

터치 이벤트 발생 시 실행할 onTouchEvent() 메소드를 작성한다. onTouchEvent()는 부모 클래스로부터 상속받으며, 구체적인 실행 내용은 재정의하여 사용한다. 터치 시에 x, y 좌표를 인식하고, 손이 화면에서 떼어질 때 당구공과의 상대적 위치와 거리를 계산하여 방향과 이동 간격을 설정한다.

MainActivity.java

```java
01 package com.example.billiardball2;
02
03 ..... 생략 .....
04
05 public class MainActivity extends AppCompatActivity {
06
07     BilliardBall ball;
08
09     @Override
10     protected void onCreate(Bundle savedInstanceState) {
11         ..... 생략 .....
12     }
13
14     @Override
15     public boolean onTouchEvent(MotionEvent event) {
16         int x = (int)event.getX();
17         int y = (int)event.getY();
18         switch (event.getAction()) {
19             case MotionEvent.ACTION_DOWN:
20             case MotionEvent.ACTION_MOVE:
21             case MotionEvent.ACTION_UP:
22                 if (x > ball.cx)
23                     ball.dir_x = 1;
24                 else
25                     ball.dir_x = -1;
26
27                 if (y > ball.cy)
28                     ball.dir_y = 1;
29                 else
30                     ball.dir_y = -1;
31
32                 ball.dx = Math.abs(ball.cx - x) / 10;
33                 ball.dy = Math.abs(ball.cy - y) / 10;
34                 break;
35         }
36         return false;
37     }
38 }
```

터치 속도에 따른 룰렛 굴리기

어플리케이션 이름은 『Roulette』, 어플리케이션 라벨과 액티비티 라벨은 『룰렛』으로 하자. 아래 왼쪽 그림은 초기 화면이며, 오른쪽은 룰렛을 터치한 상태에서 돌리면 그 속도에 비례하는만큼 회전하게 된다. 처음에는 서서히 시작되다가 점차 빨라지고 마지막에는 서서히 정지하도록 한다.

┌─ **프로젝트**

프로젝트 개요: 터치 속도에 따른 룰렛 회전
· ·
Application Name: Roulette
· ·
어플리케이션 라벨: 룰렛
· ·

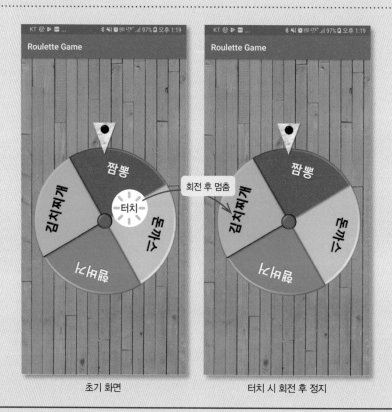

초기 화면　　　　　　　　　터치 시 회전 후 정지

룰렛 이미지에 "onClick" 속성은 지우고, "clickable" 속성을 "true"로 설정한다.

activity_main.xml

```
01  <?xml version="1.0" encoding="utf-8"?>
02  <android.support.constraint.ConstraintLayout
03      ..... 생략 .....>
04
05      <ImageView
06          ..... 생략 .....
07          android:clickable="true" />
08
09      <ImageView
10          ..... 생략 .....
11          android:src="@drawable/needle" />
12
13  </android.support.constraint.ConstraintLayout>
```

터치하면 실행할 onTouch() 메소드를 작성한다. VelocityTracker 클래스는 터치하여 움직일 때 그 픽셀 수로 속력을 계산한다. 터치하게 되면(MotionEvent.*ACTION_DOWN*) VelocityTracker 객체를 만들고, 터치하여 움직일 때는(MotionEvent.*ACTION_MOVE*) 터치 속력을 계산하고 rotate() 메소드로 룰렛을 회전시킨다. 터치 속력에 따라 룰렛의 회전이 변하게 된다.

MainActivity.java

```
01  package com.example.roulettegame2;
02
03  ..... 생략 .....
04
05  public class MainActivity extends AppCompatActivity implements View.
                                                    OnTouchListener {
06
07      ImageView iv_roulette;
08      float startDegree = 0f;
09      float endDegree   = 0f;
10
11      @Override
12      protected void onCreate(Bundle savedInstanceState) {
13          super.onCreate(savedInstanceState);
14          setContentView(R.layout.activity_main);
15
16          iv_roulette = (ImageView)findViewById(R.id.roulette);
17          iv_roulette.setOnTouchListener(this);
18      }
```

```java
19
20      private VelocityTracker mVelocityTracker = null;
21      public boolean onTouch(View v, MotionEvent event) {
22          switch (event.getAction()) {
23              case MotionEvent.ACTION_DOWN:
24                  if (mVelocityTracker == null) {
25                      mVelocityTracker = VelocityTracker.obtain();
26                  } else {
27                      mVelocityTracker.clear();
28                  }
29                  break;
30
31              case MotionEvent.ACTION_MOVE:
32                  mVelocityTracker.addMovement(event);
33                  mVelocityTracker.computeCurrentVelocity(10);
34
35                  float velocity_x = mVelocityTracker.getXVelocity();
36                  float velocity_y = mVelocityTracker.getYVelocity();
37                  float velocity = (float) Math.sqrt(Math.pow(velocity_x, 2)
                                            + Math.pow(velocity_y, 2));
38
39                  rotate(velocity);
40                  break;
41
42              case MotionEvent.ACTION_UP:
43                  break;
44              case MotionEvent.ACTION_CANCEL:
45                  mVelocityTracker.recycle();
46                  break;
47          }
48          return true;
49      }
50
51      public void rotate(float velocity) {
52          int duration = (int)velocity * 5;
53
54          startDegree = endDegree;
55          endDegree = startDegree + 360 * velocity * velocity;
56
57          ObjectAnimator object = ObjectAnimator.ofFloat(iv_roulette,
                                        "rotation", startDegree, endDegree);
58          object.setInterpolator(new AccelerateDecelerateInterpolator());
59          object.setDuration(duration);
60          object.start();
61      }
62  }
```

클레이 사격 게임2

7.3절의 클레이 사격 게임에서 왼쪽 하단부에 텍스트뷰를 추가하고, 남아 있는 클레이 수와 명중한 수를 출력해보자.

프로젝트

프로젝트 개요: 남아있는 클레이 수와 명중한 수를 출력한다.

. . . .

Application Name: Clay Shooting Game (7.3절 프로젝트)

. . . .

어플리케이션 라벨: 클레이 사격 게임

. . . .

〈게임 시작〉

〈게임 중〉

〈게임 종료〉

🔍 힌트

❶ 텍스트뷰를 화면에 추가한다.

MainActivity.java

```
01  package com.example.clayshootinggame;
02
03  ..... 생략 .....
04
05  public class MainActivity extends AppCompatActivity implements View.
                                                    OnClickListener {
06      ..... 생략 .....
07
08      final int NO_OF_CLAYS = 5;
09
10      TextView tv_status;
11      int hit = 0;
12      int no_of_clays_left = NO_OF_CLAYS;
13      int no_of_hits = 0;
14
15      @Override
16      protected void onCreate(Bundle savedInstanceState) {
17          ..... 생략 .....
18
19          iv_bullet = new ImageView(this);
20          iv_gun   = new ImageView(this);
21          iv_clay  = new ImageView(this);
22
```

```
23        tv_status = new TextView(this);
24        tv_status.setX(50f);
25        tv_status.setY((float)screen_height - 400f);
26        tv_status.setLayoutParams(new RelativeLayout.LayoutParams
                    (RelativeLayout.LayoutParams.WRAP_CONTENT,RelativeLayout.
                                        LayoutParams.WRAP_CONTENT));
27        tv_status.setLayoutParams(new ViewGroup.LayoutParams(ViewGroup.
            LayoutParams.WRAP_CONTENT,ViewGroup.LayoutParams.WRAP_CONTENT));
28        tv_status.setTextColor(Color.parseColor("#FFFFFF"));
29        tv_status.setTextSize(16);
30        layout.addView(tv_status);
31
32        iv_gun.setImageResource(R.drawable.gun);
33        iv_gun.measure(iv_gun.getMeasuredWidth(), iv_gun.
                                                getMeasuredHeight());
34        gun_height = iv_gun.getMeasuredHeight();
35        gun_width = iv_gun.getMeasuredWidth();
36        layout.addView(iv_gun);
37
38        ..... 생략 .....
39
40        clay_translateX.addListener(new Animator.AnimatorListener() {
41            ..... 생략 .....
42        });
43
44        ..... 생략 .....
45    }
46
47    @Override
48    public void onClick(View v) {
49
50        ..... 생략 .....
51    }
52 }
```

❷ 클레이 애니메이션이 시작할 때, 반복될 때, 그리고 종료할 때에 해당하는 각 상황을 출력한다.

MainActivity.java

```
01 public class MainActivity extends AppCompatActivity implements View.
                                                OnClickListener
02 {
03    ..... 생략 .....
04
```

```
05      @Override
06      protected void onCreate(Bundle savedInstanceState) {

07
08          ..... 생략 .....
09
10          clay_translateX.addListener(new Animator.AnimatorListener() {
11              @Override
12              public void onAnimationStart(Animator animator) {
13                  iv_clay.setVisibility(View.VISIBLE);
14                  tv_status.setText("게임 시작" +"\n남은 클레이 수: " +
                            no_of_clays_left + " / 5\n명중한 수: " + no_of_hits);
15              }
16
17              @Override
18              public void onAnimationEnd(Animator animator) {
19                  if (hit == 1)
20                      no_of_hits++;
21
22                  no_of_clays_left--;
23                  tv_status.setText("게임 종료!!" +"\n남은 클레이 수: " +
                            no_of_clays_left + " / 5\n명중한 수: " + no_of_hits);
24              }
25
26              @Override
27              public void onAnimationCancel(Animator animator) {
28
29              }
30
31              @Override
32              public void onAnimationRepeat(Animator animator) {
33                  if (hit == 1)
34                      no_of_hits++;
35
36                  hit = 0;
37                  no_of_clays_left--;
38
39                  if (no_of_clays_left > 0) {
40                      iv_clay.setVisibility(View.VISIBLE);
41                      tv_status.setText("게임 중" + "\n남은 클레이 수: " +
                            no_of_clays_left + " / 5\n명중한 수: " + no_of_hits);
42                  }
43              }
44          });
45
```

```
46
47               ..... 생략 .....
48           }
49
50           @Override
51           public void onClick(View v) {
52
53       ..... 생략 .....
54
55       }
56 }
```

❸ 총이 터치되면 애니메이션이 진행되는 동안, 총알과 클레이 간 거리가 100 이하이면 명중 상태(hit)를 1
로 설정한다.

MainActivity.java

```
01 public class MainActivity extends AppCompatActivity implements
                                                    View.OnClickListener
02 {
03     ..... 생략 .....
04
05     @Override
06     protected void onCreate(Bundle savedInstanceState) {
07
08         ..... 생략 .....
09
10         clay_translateX.addListener(new Animator.AnimatorListener() {
11             ..... 생략 .....
12         });
13
14         ..... 생략 .....
15     }
16
17     @Override
18     public void onClick(View v) {
19         ..... 생략 .....
20
21         bullet_translateY.addUpdateListener(new ValueAnimator.
                                            AnimatorUpdateListener() {
22             @Override
23             public void onAnimationUpdate(ValueAnimator animation) {
24
25                 ..... 생략 .....
```

```
26
27                    if (dist <= 100) {
28                        iv_clay.setVisibility(View.INVISIBLE);
29                        hit = 1;
30                    }
31                }
32            });
33
34            ..... 생략 .....
35        }
36 }
```

API와 센서 활용

지도 API와
공공데이터 활용

학습목표

• 지도는 어떻게 출력될까? 구글과 네이버의 지도정보를 사용하기 위해서는 각 사이트에 API
사용신청을 해야 한다. 네이버 클라우드 플랫폼에 API를 신청하고 지도를 출력하는 원리를
살펴보자. 또한 공공 데이터를 활용하는 원리와 지도와 연동하여 출력하는 방법을 살펴보자.

학습내용

• 네이버 지도 API 활용법
• 현재 위치 추적하기
• 공공데이터 활용하기

08.1

지도 출력

8.1.1 지도 활용의 예

앱에서 지도 서비스는 사용자들의 현재 위치 확인은 물론, 도보, 차, 자전거, 등산 길 안내 등에 사용된다. 공공기관에서는 범죄 예방을 위한 목적으로 사용하기도 하고, 기업에서는 부동산 정보, 수배송 경로 안내에 사용하는 등 그 활용 범위는 다양하다. 다음은 구글과 네이버에서 제공하는 지도로, 특정 지역의 지도를 보여주는 예이다.

구글 지도

네이버 지도

8.1.2 지도 출력 기본 원리

구글과 네이버는 지도 API(Application Programming Interface)를 통해 지도 서비스를 제공한다. 지도를 사용하기 위해서는 네이버(또는 구글) 클라우드 플랫폼에서 지도 API키를 받아야 한다. 지도를 출력하는 방법에는 여러가지가 있다. 프래그먼트 영역에 MapFragment클래스를 이용해서 지도를 로딩하고 화면을 출력하는 것은 간단한 방법 중 하나이다. 지도 출력 후에는 지도 크기, 지도 유형(기본형, 위성사진 등), 마커, 경로 추적 등 여러가지 부가적인 방법을 통해 다양하고 유용한 서비스를 개발할 수 있다.

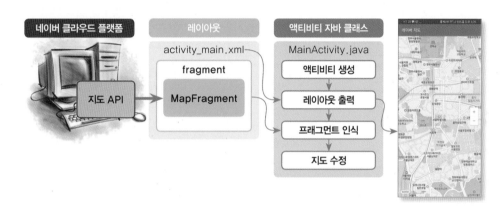

> ❶ 지도는 네이버 클라우드 플랫폼(https://www.ncloud.com)과 구글 클라우드 플랫폼(https://cloud.google.com)에서 제공하는 API가 주로 활용되고 있다. 2018년 가을부터 유료화로 전환하였으며, 회원정보와 신용카드를 등록하면 처음 1년간 무료 쿠폰이 제공되고 있다. 지도와 더불어 다양한 인공지능 기반 서비스를 위한 API를 제공하고 있다. 네이버 지도와 구글 지도는 회원 등록 절차와 안드로이드 앱 개발 원리가 서로 비슷하다. 우리는 국내 환경에 더 친숙한 네이버 지도 API를 사용하기로 하자.

fragment의 이해

프래그먼트(fragment)는 하나의 액티비티(activity) 내에서 UI의 일부분을 표현한다. 한 액티비티에서 여러 개의 프래그먼트를 조합할 수 있다. 프래그먼트는 큰 스크린에서 동적이며 유연한 디자인을 만들 수 있도록 지원한다. 아래 그림은 프래그먼트를 사용하는 태블릿 디자인과 핸드폰 디자인을 비교한 것이다. 핸드폰 같이 스크린이 작은 경우에는 하나의 액티비티에 하나의 프래그먼트로 디자인하고, 태블릿 같이 스크린이 큰 경우에는 하나의 액티비티에 여러 개의 프래그먼트를 구성한다.

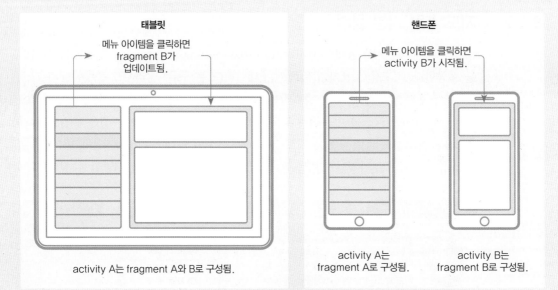

• Fragment를 사용하는 태블릿 디자인과 핸드폰 디자인의 비교
(자료원: developer.android.com)

다음은 하나의 액티비티에 두 개의 프래그먼트를 배치한 예이다.

```xml
01  <?xml version="1.0" encoding="utf-8"?>
02  <LinearLayout xmlns:android="http://schemas.android.com/apk/res/android"
03      android:orientation="horizontal"
04      android:layout_width="match_parent"
05      android:layout_height="match_parent">
06      <fragment
07          android:name="com.example.news.ActivityClassA"
08          android:id="@+id/list"
09          android:layout_weight="1"
10          android:layout_width="0dp"
11          android:layout_height="match_parent" />
12      <fragment
13          android:name="com.example.news.ActivityClassB"
14          android:id="@+id/viewer"
15          android:layout_weight="2"
16          android:layout_width="0dp"
17          android:layout_height="match_parent" />
18  </LinearLayout>
```

8.1.3　네이버 지도 API 활용 절차

네이버 지도를 활용하는 프로젝트 개발을 위해서는 먼저, 네이버 클라우드 플랫폼에 회원으로 등록하고, 개발 앱에 대한 API키를 발급받아야 한다. 회원 가입 시에는 신용카드를 등록해야 하는데 처음 1년간 무료 서비스가 제공되며, 사용 한도를 초과하지 않으면 된다. 개발 앱에 대한 API키는 프로젝트마다 각각 신청해야 한다. 신청 시에는 프로젝트 패키지 이름이 필요하다.

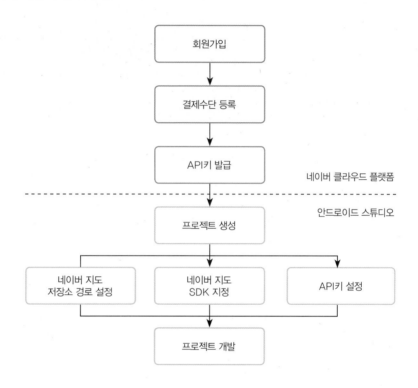

회원정보는 한 번만 등록하면 되지만, API키는 프로젝트마다 신청해야 한다. 이번 장에서 개발할 프로젝트와 등록 시 사용할 패키지명은 다음과 같다. 8.1절에서 개발할 프로젝트는 네이버 지도 출력 프로젝트로 프로젝트 이름은 Naver Map, 패키지 이름은 com.example.navermap, 8.2에서 개발할 프로젝트는 현재 위치를 표시하는 프로젝트로 프로젝트 이름은 Location Tracking, 패키지 이름은 com.example.locationtracking, 8.3절에서는 공공데이터 포탈의 대기오염정보를 출력하는 프로젝트로 프로젝트 이름은 Air Polution, 패키지 이름은 com.example.airpollution이다.

(1) 네이버 클라우드 플랫폼 회원 가입

❶ 네이버 클라우드 플랫폼(www.ncloud.com)에 접속하여, 우측 상단의 'Console' 메
뉴를 클릭한다.

❷ '회원가입' 버튼을 클릭한다.

❸ 국가와 회원 유형을 선택하고 '다음' 버튼을 클릭한다.

❹ 서비스 이용약관과 개인정보 수집에 대한 동의에 체크하고, '다음' 버튼을 클릭한다.

❺ 로그인 정보와 개인 정보를 입력하고 '다음' 버튼을 클릭한다.

아이디로 사용할 이메일을 입력하고 오른쪽의 '메일 전송' 버튼을 클릭하면 메일을 받게되는데, '메일 인증' 버튼을 클릭하면 본인 인증이 된다(❶). 또한, 휴대폰 번호를 입력하고 '휴대폰 인증' 버튼을 클릭하면 휴대폰으로 인증번호가 전달된다(❷). 인증 번호를 입력하고 '확인' 버튼을 클릭하면 된다. '다음' 버튼을 클릭하여 회원가입을 요청한다(❸).

❻ 회원가입이 완료되면, '결제 수단 등록' 버튼을 클릭한다.

(2) 결제 수단 등록

❶ 회원가입한 아이디와 비밀번호로 로그인한다.

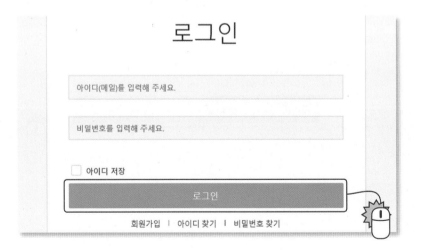

❷ '결제 수단 등록' 버튼을 클릭한다.

계정관리   **결제수단 관리**   나의 문의내역   솔루션 이용 현황   인증 시험 이력

결제수단 관리

결제 수단 등록 후, PC화면 우측 상단의  을 이용하여 서비스를 이용할 수 있습니다.

- 금융사 정책으로 오후 11시~오전 9시 동안은 요금 결제방법을 계좌이체 혹은 체크카드로 등록하실 수 없으니 참고하시기 바랍니다.
- 신용카드는 시간제한 없이 등록 가능합니다.
- 직접입금의 경우, 매월 10일 오전 9시부터 말일 오후 10시까지만 입금이 가능합니다.
- 개인 고객 여러분께는 신용카드 자동납부 방식의 결제만 지원됩니다.
- 모바일 환경에서 자동이체 결제 수단을 등록하는 경우, 개인 명의 신용카드와 기명식 법인카드에서만 적용됩니다.
- 해외 이용자일 경우, 해외에서 발급한 신용카드로만 등록이 가능합니다.
- Safari 의 경우 2가지를 확인해 주세요.
  1) Safari > 환경설정 > 보안 > 웹 콘텐츠 : 팝업 윈도우 차단 => 체크 해제
  2) Safari > 환경설정 > 개인 정보 보호 > 쿠키 및 웹 사이트 데이터 => '방문한 웹 사이트 허용 이나 항상 허용' 선택

> 결제 수단 등록

❸ 결제 수단을 선택하고, '휴대폰 인증하기' 버튼을 클릭한다.

❹ 약관에 동의한다(❶). 이름, 내외국인 구분, 성별, 생년월일을 입력하고, 휴대폰 번호 입력 후에 '인증' 버튼을 클릭해서 문자로 받은 인증번호를 입력한다(❷). '확인' 버튼을 클릭한다(❸).

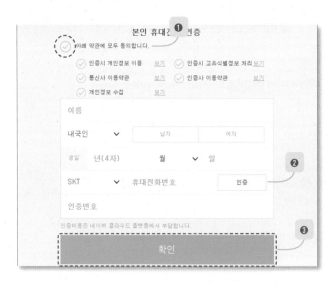

❺ 카드번호와 유효기간을 입력하고(❶), '결제정보 수집 및 제공 동의(❷)'와 '정기결제 진행 동의(❸)'에 체크 한 후에 '등록하기' 버튼을 클릭한다(❹).

❻ 등록이 완료되면 '할인 크레딧 신청하러 가기' 버튼을 클릭한다.

(3) 네이버 지도 API키 발급받기

❗ 회원 정보와 결제 정보까지 입력하게 되면, 이제 프로젝트 당 하나씩 API키를 발급받는 과정을 거치게 된다. 다음은 이번 절에서 개발할 Naver Map 프로젝트에 사용할 API키를 발급받는 과정이다. 패키지 이름은 'com.example.navermap'이다.

❶ 네이버 클라우드 플랫폼의 우측 상단에 있는 'Console' 메뉴를 클릭한다.

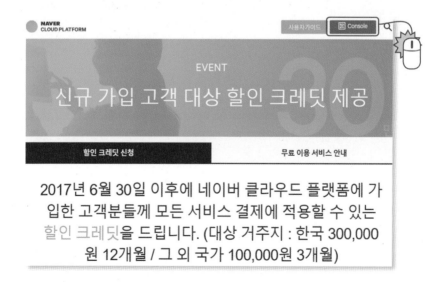

❷ '콘솔 시작하기' 버튼을 클릭한다.

❸ 'AI-Application Service'를 클릭한다.

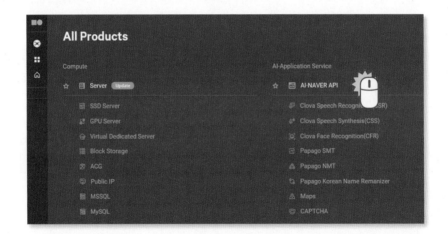

❹ 아래에 있는 'Application 등록' 버튼을 클릭한다.

❺ 이용약관에 동의하고 '확인' 버튼을 클릭한다.

❻ Application 이름을 입력하고(❶), 'Mobile Dynamic Map'을 체크한다(❷). 아래에 있는 안드로이드 앱 패키지 이름 입력 칸에 등록할 패키지명을 입력하고(❸), '등록' 버튼을 클릭한다(❹).

❗ 각 서비스의 오른쪽에 있는 '개발 가이드 바로가기' 버튼을 클릭하면 개발에 필요한 정보를 파악할 수 있다.

❼ App 이름에 있는 '인증 정보'를 클릭한다.

❽ Client ID의 오른쪽에 있는 '복사하기' 아이콘을 클릭하고, 안드로이드 프로젝트의
AndroidManifest.xml에 '붙여넣기' 하여 해당 키 값을 사용하면 된다(8.1.4절 참조).

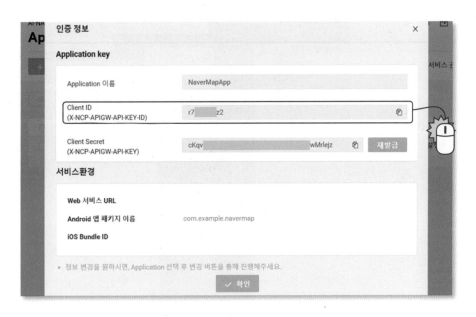

>> 이제 네이버 지도를 사용할 수 있는 환경이 되었으니, 지도를 출력해보자.

8.1.4 지도 출력하기

(1) 프로젝트 개요

젊은 사람들이 선호하는 이디야 커피 매장을 구글맵 위에 표시해보자. 각 위치를 마커로 표시하고 매장 이름과 할인 이벤트를 표시해보자. 어플리케이션 이름은 『Naver Map』, 어플리케이션 라벨과 액티비티 라벨은 『네이버 지도』로 하자. 먼저 디폴트로 나타나는 지도를 출력해보고(❶), 지도 유형을 변경하는 방법을 알아본 뒤에(❷), 특정 위치에 마커를 출력하는 방법을 살펴보는 단계로 공부해보자(❸).

프로젝트 8.1

프로젝트 개요: **특정 위치의 지도 출력**

Application Name: **Naver Map**

어플리케이션 라벨: **네이버 지도**

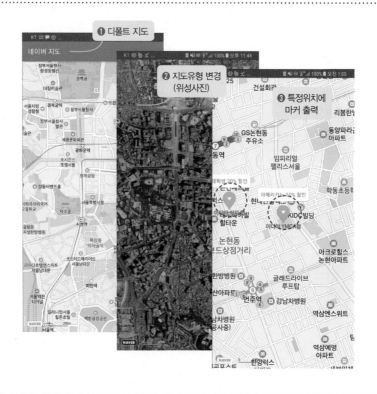

(2) 프로젝트 개발

STEP **1** ⟩ **프로젝트 생성**

다음 3단계 절차에 따라 프로젝트를 생성한다.

단계	내용
❶ 새 프로젝트 만들기	메뉴에서 'File → New → New Project' 클릭
❷ 프로젝트 선택	'Phone and Tablet' 탭에서 'Empty Activity' 선택
❸ 프로젝트 구성	프로젝트 이름: '**Naver Map**' 패키지 이름: 'com.example.navermap' (디폴트 값) 프로젝트 저장 위치 확인 개발 언어: 'Java' 최소 API 레벨 설정: 실행할 스마트폰의 API 레벨 이하

STEP **2** ⟩ **파일 편집**

먼저, 네이버 지도 저장소와 SDK를 지정하고[편집 1-1과 1-2], 발급 받은 네이버 지도 API키를 등록한다[편집 2]. 어플리케이션 라벨을 수정하고[편집 3], 지도 출력 레이아웃을 설계하며[편집 4], 지도를 화면에 출력한다[편집 5].

모듈	폴더	소스 파일	편집 내용
manifests	–	AndroidManifest.xml	[2] 네이버 지도 API키 등록
java	com.example.navermap	MainActivity.java	[5] 지도 출력
res	drawable		
	layout	activity_main.xml	[4] 지도 출력 레이아웃 설계
	mipmap	ic_launcher.png	
	values	colors.xml	
		strings.xml	[3] 어플리케이션 라벨 수정
		styles.xml	
Gradle.Scripts		build.gradle (Project: NaverMap)	[1-1] 네이버 지도 저장소 등록
		build.gradle (Module: app)	[1-2] 네이버 지도 SDK 설정

[1] 환경설정: 네이버 지도 저장소와 SDK 지정

다음 두 개의 그래들 스크립트에 네이버 지도 저장소(❶)와 SDK를 지정한다(❷).

build.gradle [Project: NaverMap]

```
01  // Top-level build file where you can add configuration options common to
                                                all sub-projects/modules.
02
03  buildscript {
04
05      repositories {
06          google()
07          jcenter()
08      }
09      dependencies {
10          classpath 'com.android.tools.build:gradle:3.2.1'
11
12          // NOTE: Do not place your application dependencies here;
13          // they belong in the individual module build.gradle files
14      }
15  }
16
17  allprojects {
18      repositories {
19          google()
20          jcenter()
21
22          // 네이버 지도 저장소                                              ❶
23          maven {
24              url 'https://navercorp.bintray.com/maps'
25          }
26      }
27  }
28
29  task clean(type: Delete) {
30      delete rootProject.buildDir
31  }
```

build.gradle [Module: app]

```
01  apply plugin: 'com.android.application'
02
03  android {
04      compileSdkVersion 28
```

```
05      defaultConfig {
06          applicationId "com.example.navermap"
07          minSdkVersion 22
08          targetSdkVersion 28
09          versionCode 1
10          versionName "1.0"
11          testInstrumentationRunner "android.support.test.runner.
                                                    AndroidJUnitRunner"
12      }
13      buildTypes {
14          release {
15              minifyEnabled false
16              proguardFiles getDefaultProguardFile('proguard-android.txt'),
                                                    'proguard-rules.pro'
17          }
18      }
19 }
20
21 dependencies {
22      implementation fileTree(dir: 'libs', include: ['*.jar'])
23      implementation 'com.android.support:appcompat-v7:28.0.0'
24      implementation 'com.android.support.constraint:
                                                    constraint-layout:1.1.3'
25      testImplementation 'junit:junit:4.12'
26      androidTestImplementation 'com.android.support.test:runner:1.0.2'
27      androidTestImplementation 'com.android.support.test.espresso:
                                                    espresso-core:3.0.2'
28
29      // 네이버 지도 SDK
30      implementation 'com.naver.maps:map-sdk:3.0.0'
31 }
```

❷

[2] 환경설정: 네이버 지도 API키 등록

발급받은 네이버 지도 API키를 AndroidManifest.xml 파일에 등록한다.

AndroidManifest.xml

```
01 <?xml version="1.0" encoding="utf-8"?>
02 <manifest xmlns:android="http://schemas.android.com/apk/res/android"
03     package="com.example.navermap">
04
05     <application
06         android:allowBackup="true"
07         android:icon="@mipmap/ic_launcher"
```

```
08              android:label="@string/app_name"
09              android:roundIcon="@mipmap/ic_launcher_round"
10              android:supportsRtl="true"
11              android:theme="@style/AppTheme">
12
13          <meta-data
14              android:name="com.naver.maps.map.CLIENT_ID"
15              android:value="r7 ... z2" />
16
17          <activity android:name=".MainActivity">
18              <intent-filter>
19                  <action android:name="android.intent.action.MAIN" />
20
21                  <category android:name="android.intent.category.LAUNCHER"
                                                                          />
22              </intent-filter>
23          </activity>
24      </application>
25
26 </manifest>
```

> 등록한 앱의 네이버 지도 API에 해당하는 Client ID 값

[3] 텍스트 리소스 편집

어플리케이션 이름을 수정하기 위해 **app_name** 속성값에 해당하는 데이터를 '네이버 지도'로 수정한다.

strings.xml

```
01 <resources>
02     <string name="app_name">네이버 지도</string>
03 </resources>
```

[4] 화면 설계

프래그먼트를 배치하고, 네이버에서 제공하는 MapFragment 클래스를 설정한다.

activity_main.xml

```
01 <?xml version="1.0" encoding="utf-8"?>
02 <android.support.constraint.ConstraintLayout xmlns:android=
                                "http://schemas.android.com/apk/res/android"
03     xmlns:app="http://schemas.android.com/apk/res-auto"
04     xmlns:tools="http://schemas.android.com/tools"
05     android:layout_width="match_parent"
```

```
06        android:layout_height="match_parent"
07        tools:context=".MainActivity">                    fragment의 id를 'map'으로 설정

08
09        <fragment android:layout_width="match_parent"
10            android:layout_height="match_parent"
11            android:id="@+id/map"                         네이버의 MapFragment
12            android:name="com.naver.maps.map.MapFragment" />    클래스 설정

13
14    </android.support.constraint.ConstraintLayout>
```

네이버 지도를 위한 자바 패키지와 클래스들을 설명하는 웹사이트는 다음과 같다. 'All

클래스와 속성/메소드

〉 클래스

클래스/인터페이스	설명
MagFragment	12행. android.support.v4.app.Fragment의 하위 클래스로, 화면에 지도 출력 (네이버 정의 클래스)

네이버 지도 자바 클래스와 활용법

Classes' 메뉴를 클릭하면 각 클래스의 자세한 기능을 파악할 수 있다. 구글 자바 클래스와 동일한 이름을 갖는 클래스도 있지만, 패키지 이름은 다르게 되어 있는 것을 확인할 수 있다.

자료원: https://navermaps.github.io/android-map-sdk/reference/overview-summary.html

아래 웹사이트에서 지도 객체, 좌표 객체 등의 네이버 지도 자바 클래스를 활용하여 개발하는 방법에 관한 자세한 정보를 얻을 수 있다.

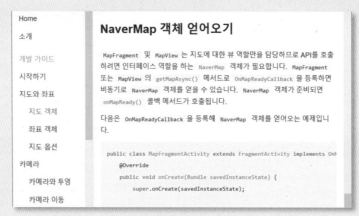

자료원: https://navermaps.github.io/android-map-sdk/

[5] 지도 출력

❶ 디폴트 지도 출력

MainActivity.java 내용을 수정하지 않고 그대로 실행한다. 화면을 출력하면 화면의 프래그먼트에 설정된 MapFragment 클래스를 통해 지도가 로딩되어 출력된다. 지도는 기본형(Basic)으로 '서울특별시청'을 중심으로 출력된다.

MainActivity.java

```
01  package com.example.navermap;
02
03  import android.support.v7.app.AppCompatActivity;
04  import android.os.Bundle;
05
06  public class MainActivity extends AppCompatActivity {
07      @Override
08      protected void onCreate(Bundle savedInstanceState) {
09          super.onCreate(savedInstanceState);
10          setContentView(R.layout.activity_main);
11      }
12  }
```

"서울특별시청" 중심의 지도

❷ 지도 유형의 변화

지도를 출력한 후에, activity_main.xml의 프래그먼트 영역을 인식하고(❶) onMapready() 콜백 메소드를 통해(❷) 지도 유형을 변경할 수 있다(❸). 화면에 출력되는 지도 유형은 기본형, 내비게이션, 위성사진, 하이브리드, 지형도가 있다.

MainActivity.java

```
01 package com.example.navermap;
02
03 import android.os.Bundle;
04 import android.support.annotation.NonNull;
05 import android.support.annotation.UiThread;
06 import android.support.v4.app.FragmentActivity;
07
08 import com.naver.maps.map.MapFragment;
09 import com.naver.maps.map.NaverMap;
10 import com.naver.maps.map.OnMapReadyCallback;
```

```
11
12  public class MainActivity extends FragmentActivity implements
                                                   OnMapReadyCallback {
13
14      @Override
15      protected void onCreate(Bundle savedInstanceState) {
16          super.onCreate(savedInstanceState);
17          setContentView(R.layout.activity_main);                    ❶
18
19          // 지도를 출력할 프래그먼트 영역 인식
20          MapFragment mapFragment = (MapFragment)getSupportFragmentManager().
                                        findFragmentById(R.id.map);
21          if (mapFragment == null) {
22              mapFragment = MapFragment.newInstance();
23              getSupportFragmentManager().beginTransaction().add(R.id.map,
                                        mapFragment).commit();
24          }
25
26          // 지도 사용이 준비되면 onMapReady 콜백 메소드 호출          ❷
27          mapFragment.getMapAsync(this);
28      }
29
30      @UiThread
31      @Override
32      public void onMapReady(@NonNull NaverMap naverMap) {      ❸ 지도 유형 출력
33          // 네이버 지도
34          naverMap.setMapType(NaverMap.MapType.Navi);
35      }
36  }
                                                          내비게이션 지도 출력
```

클래스와 속성/메소드

› 클래스

클래스/인터페이스	설명
FragmentActivity	12행. 액티비티 내의 fragment와 상호작용을 위한 인터페이스
FragmentManager	액티비티 내에서 fragment 객체 간 상호작용을 위한 인터페이스
FragmentTransaction	프래그먼트 조작을 위한 기능
NaverMap	32행. 지도를 나타내는 클래스. 지도 조작 기능 (네이버 정의 클래스)
NaverMap.MapType	34행. 지도 유형 (네이버 정의 클래스)
OnMapReadyCallback	12행. 맵이 사용될 준비가 될 때 호출되는 콜백 인터페이스
SupportMapFragment	안드로이드 3.0(API 레벨 11)부터 사용 가능한 Fragment 클래스의 서버 클래스로 더 낮은 버전에서도 사용 가능

클래스	메소드	설명
NaverMap.MapType	int *Basic*	일반 지도. 하천, 녹지, 도로, 심벌 등 다양한 정보 노출
	int *Navi*	**34행**. 내비게이션. 차량용 내비게이션에 특화된 지도
	int *Satellite*	위성 지도. 심벌, 도로 등 위성 사진을 제외한 요소는 노출되지 않음
	int *Hybrid*	하이브리드. 위성 사진과 도로, 심벌을 함께 노출
	int *Terrain*	지형도. 산악 지형을 실제 지형과 유사하게 입체적으로 표현

〉 메소드

클래스	메소드	설명
FragmentActivity	FragmentManager getSupportFragmentManager()	**20, 23행**. 액티비티와 연관된 프래그먼트와 상호작용을 위한 FragmentManager를 반환함
FragmentManager	abstract FragmentTransaction beginTransaction()	**23행**. FragmentManager와 연관된 프래그먼트의 조작을 시작함
FragmentManager	abstract Fragment find**FragmentById**(int id)	**20행**. 주어진 id에 해당하는 프래그먼트를 찾음
FragmentTransaction	abstract int commit()	**23행**. 트랜잭션을 완료함
	abstract FragmentTransaction add(int containerViewId, Fragment fragment)	**23행**. 액티비티에 프래그먼트 추가
MapFragment	static MapFragment newInstance()	**22행**. 새로운 인스턴스 생성
NaverMap	final void **setMapType**(int type)	**34행**. 출력될 맵 타입의 유형을 설정함
OnMapReadyCallback	abstract void **onMapReady** (GoogleMap googleMap)	**32행**. 맵이 사용될 준비가 될 때 호출됨
SupportMapFragment	void **getMapAsync** (OnMapReadyCallback callback)	**27행**. NaverMap 객체가 사용될 준비가 될 때 작동할 콜백 객체를 설정

》 정상적으로 실행되는지 확인해보자.

내비게이션(Navi)

위성사진(Satellite)

하이브리드(Hybrid)

지형도(Terrain)

❸ 특정 위치의 마커 표시

서울 강남구에 있는 두 군데의 이디야 커피 매장(이디야 YMCA점, 이디야 커피 랩)을 출력해보자. 지도 중심은 이디야 YMCA점으로 하고, 마커와 함께 정보 창도 출력한다. 각 지점들의 위도와 경도, 표시할 보조 캡션과 정보 창 내용은 다음과 같다.

매장	위도	경도	보조 캡션	정보 창
이디야 YMCA점	37.510530	127.035824	이디야 YMCA점	아메리카노 10% 할인
이디야 커피 랩	37.511177	127.032477	이디야 커피 랩	대학생 20% 할인

● 특정 지역의 위도와 경도 좌표 검색

특정 지역의 위도와 경도는 구글맵스(**maps.google.co.kr**)에서 검색할 수 있다. 검색 키워드로 '이디야 강남'을 입력하고 검색하면(❶), 서울 강남구 지역의 이디야 커피 매장들의 목록과 지도가 출력된다(❷).

매장의 아이콘을 마우스 오른쪽 버튼으로 클릭하면 나타나는 팝업 메뉴의 "이곳이 궁금한가요?"를 선택한다(❸). 아래 쪽에 주소와 위도 경도 정보가 나타난다(❹).

각 매장의 위치를 설정하고 마커, 보조 캡션, 정보 창을 설정한다. 지도 유형은 기본형, 지도 크기는 15로 출력하는 과정은 다음과 같다. 한편, 도로명 등의 글자를 크게 보이기 위해 심벌 값을 1.5로 설정하였다.

MainActivity.java

```
01  package com.example.navermap;
02
03  import android.graphics.Color;
04  import android.os.Bundle;
05  import android.support.annotation.NonNull;
06  import android.support.annotation.UiThread;
07  import android.support.v4.app.FragmentActivity;
08
09  import com.naver.maps.geometry.LatLng;
10  import com.naver.maps.map.CameraUpdate;
11  import com.naver.maps.map.MapFragment;
12  import com.naver.maps.map.NaverMap;
13  import com.naver.maps.map.OnMapReadyCallback;
14  import com.naver.maps.map.overlay.InfoWindow;
15  import com.naver.maps.map.overlay.Marker;
16
17  public class MainActivity extends FragmentActivity implements
                                                        OnMapReadyCallback {
18
19      @Override
20      protected void onCreate(Bundle savedInstanceState) {
21          super.onCreate(savedInstanceState);
22          setContentView(R.layout.activity_main);
23
```

```
24          // 지도를 출력할 프래그먼트 영역 인식
25          MapFragment mapFragment = (MapFragment)getSupportFragmentManager().
                                                    findFragmentById(R.id.map);
26          if (mapFragment == null) {
27              mapFragment = MapFragment.newInstance();
28              getSupportFragmentManager().beginTransaction().add(R.id.map,
                                                    mapFragment).commit();
29          }
30
31          // 지도 사용이 준비되면 onMapReady 콜백 메소드 호출
32          mapFragment.getMapAsync(this);
33      }
34
                            ┌─────┐
                            │ 호출 │
                            └─────┘
                               │
                               ▼                        ┌─────────┐
35      @UiThread                                        │ 지도 출력 │
36      @Override                                        └─────────┘
37      public void onMapReady(@NonNull NaverMap naverMap) {
38      ┌ // 지도 유형
39      │ naverMap.setMapType(NaverMap.MapType.Basic);
        └
40
41      ┌ // 심벌 크기
42      │ naverMap.setSymbolScale(1.5f);
        └
43
44      ┌ // 각 지점의 위도, 경도
45      │ LatLng latlng1 = new LatLng(37.510530, 127.035824);
46      │ LatLng latlng2 = new LatLng(37.511177, 127.032477);
        └
47
48      ┌ // 지도 중심
49      │ CameraUpdate cameraUpdate1 = CameraUpdate.scrollTo(latlng1);
50      │ naverMap.moveCamera(cameraUpdate1);
        └
51
52      ┌ // 지도 크기
53      │ CameraUpdate cameraUpdate2 = CameraUpdate.zoomTo(15);
54      │ naverMap.moveCamera(cameraUpdate2);
        └
55
56      ┌ // 매장1                                    ┌──────────────────┐
57      │ Marker marker1 = new Marker();              │ 매장 1의 마커, 보조 캡션, │
58      │ marker1.setPosition(latlng1);               │   정보 창 출력       │
59      │ marker1.setMap(naverMap);                   └──────────────────┘
60      │
61      │ marker1.setSubCaptionText("이디야 YMCA점");
62      │ marker1.setSubCaptionColor(Color.RED);
63      │ marker1.setSubCaptionHaloColor(Color.YELLOW);
64      │ marker1.setSubCaptionTextSize(10);
65      │
66      │ InfoWindow infoWindow1 = new InfoWindow();
```

```
67       infoWindow1.setAdapter(new InfoWindow.DefaultTextAdapter(this) {
68           @NonNull
69           @Override
70           public CharSequence getText(@NonNull InfoWindow infoWindow) {
71               return "아메리카노 10% 할인";
72           }
73       });
74       infoWindow1.open(marker1);
75
76       // 매장2
77       Marker marker2 = new Marker();
78       marker2.setPosition(latlng2);
79       marker2.setMap(naverMap);
80
81       marker2.setSubCaptionText("이디야 커피 랩");
82       marker2.setSubCaptionColor(Color.RED);
83       marker2.setSubCaptionHaloColor(Color.YELLOW);
84       marker2.setSubCaptionTextSize(10);
85
86       InfoWindow infoWindow2 = new InfoWindow();
87       infoWindow2.setAdapter(new InfoWindow.DefaultTextAdapter(this) {
88           @NonNull
89           @Override
90           public CharSequence getText(@NonNull InfoWindow infoWindow) {
91               return "대학생 20% 할인";
92           }
93       });
94       infoWindow2.open(marker2);
95   }
96 }
```

매장 2의 마커, 보조 캡션, 정보 창 출력

클래스와 속성/메소드

› 클래스

클래스/인터페이스	설명
CameraUpdate	49, 53행. 지도를 수정함 (네이버 정의 클래스)
InfoWindow	70, 90행. 지도의 특정 지점 또는 마커 위에 열 수 있는 정보 창 (네이버 정의 클래스)
InfoWindow.DefaultTextAdapter	67, 87행. 기본 배경 말풍선 이미지와 콘텐츠 텍스트를 사용해 정보 창의 이미지를 지정하는 어댑터 (네이버 정의 클래스)
LatLng	45, 46행. 위도와 경도 좌표를 표현하는 클래스 (네이버 정의 클래스)
Marker	57, 77행. 아이콘과 캡션을 이용해 지도 위의 한 지점을 표시하는 오버레이 (네이버 정의 클래스)

클래스	메소드	설명
CameraUpdate	static CameraUpdate scrollTo(LatLng target)	**49행**. 카메라의 좌표를 target으로 변경하는 CameraUpdate 객체 생성
	static CameraUpdate zoomTo(double zoom)	**53행**. 카메라의 줌 레벨을 zoom으로 변경하는 CameraUpdate 객체 생성
InfoWindow	void open(Marker marker)	**74, 94행**. 정보 창을 marker 위에 설정
	void setAdapter(InfoWindow.Adapter adapter)	**67, 87행**. 이미지 어댑터 지정
LatLng	LatLng(double latitude, double longitude)	**45, 46행**. 주어진 위도와 경도를 가진 LatLng 생성자
Marker	void setMap(NaverMap map)	**59, 79행**. 오버레이를 map에 추가
	void setPosition(LatLng position)	**58, 78행**. 좌표 지정
	void setSubCaptionColor(int color)	**62, 82행**. 보조 캡션의 텍스트 색상 지정
	void setSubCaptionHaloColor(int strokeColor)	**63, 83행**. 보조 캡션의 외곽 색상 지정
	void setSubCaptionText(String caption)	**61, 81행**. 보조 캡션의 텍스트 지정
	void setSubCaptionTextSize(float size)	**64, 84행**. 보조 캡션의 텍스트 크기 지정
NaverMap	void moveCamera(CameraUpdate update)	**50, 54행**. 카메라를 이동(지도 이동)
	void setSymbolScale(float scale)	**42행**. 심벌의 크기 배율 지정

STEP 3 〉 **프로젝트 실행**

프로젝트를 실행하고 결과를 살펴보자.

마커

정보창

보조 캡션

08.2 GPS를 이용한 현재 위치 추적

8.2.1 현재 위치 추적의 예

현재 위치를 추적하는 앱은 사용자들이 도보, 차, 자전거 등으로 이동할 때 내비게이션으로 사용하고 있고, 공공기관에서는 범죄 예방을 위해서, 기업에서는 효과적인 운송 활동을 목적으로 다양하게 활용하고 있다. 다음은 한국관광공사의 '대한민국 구석구석'이라는 앱으로 현재 위치 주변의 관광지 안내 외 다양한 서비스를 제공하고 있다.

대한민국 구석구석 (한국관광공사)

8.2.2   현재 위치 추적 기본 원리

네이버 API를 통해 지도를 요청하고 지도를 다운로드 받아 fragment에 설정되어있는
MapFragment 클래스를 통해 출력한다. 한편, 현재 앱에 위치를 추적하는 위치 리스너
(**LocationListener**)를 설정하고, 위치 관리자(**LocationManager**)는 위치 리스너를 이
용해 위치 변경을 확인한다. 위치가 변경되면, 현재 위치를 파악하고 지도에 표시한다.

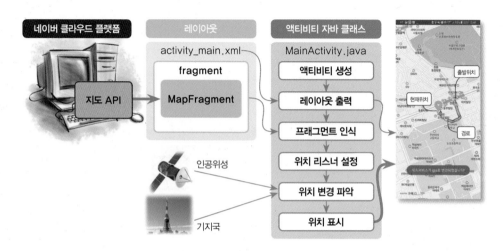

8.2.3   네이버 지도 API키 신청 절차

8.2.4절에서 개발할 현재 위치 추적 프로젝트(Location Tracking)에 대한 패키지명
(com.example.locationtracking)으로 네이버 지도 API키를 발급받는 과정은 다음과 같
다. 네이버 클라우드 플랫폼(www.ncloud.com)에 접속하고 로그인해서, 우측 상단의
'Console' 메뉴를 클릭한다.

왼쪽 메뉴에서 "AI·NAVER API → Application"을 선택한다.

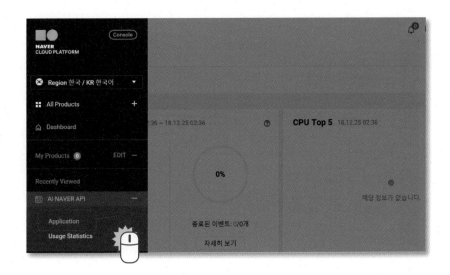

이전에 등록한 Application의 목록이 보인다. 위쪽에 있는 'Application 등록' 메뉴를 클릭한다.

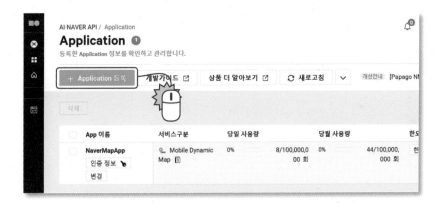

>> 다음 과정은 8.1.3절과 같다. Application 이름은 'LocationTrackingApp', Service 이름은 Maps의 Mobile Dynamic Map을 선택하고, 패키지 이름을 등록하면 Application 목록에 나타난다.

LocationTrackingApp의 '인증 정보' 메뉴를 클릭하면 API키(Client ID)를 확인할 수 있다.

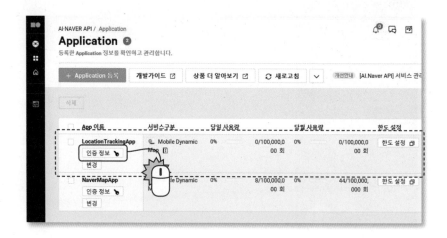

8.2.4 현재 위치 추적하기

(1) 프로젝트 개요

초기 현재 위치를 원으로 지도에 나타내고, 이동하는 경로를 시간에 따라 선으로 표시해 보자. 어플리케이션 이름은 『Location Tracking』, 어플리케이션 라벨과 액티비티 라벨은 『위치 추적』으로 하기로 한다. 아래 화면은 출발 전 초기 위치를 청색 원으로 표시하고 있으며, 움직인 경로를 선으로 나타내고 이동 후 현재 위치는 초록 색 마커로 표시하고 있다.

프로젝트 8.2

프로젝트 개요: **현재 위치 추적**

....

Application Name: **Location Tracking**

....

어플리케이션 라벨: **위치 추적**

....

---

(2) 프로젝트 개발

STEP 1 ⟩ **프로젝트 생성**

다음 3단계 절차에 따라 프로젝트를 생성한다.

단계	내용
❶ 새 프로젝트 만들기	메뉴에서 'File → New → New Project' 클릭
❷ 프로젝트 선택	'Phone and Tablet' 탭에서 'Empty Activity' 선택
❸ 프로젝트 구성	프로젝트 이름: '**Location Tracking**' 패키지 이름: 'com.example.locationtracking' (디폴트 값) 프로젝트 저장 위치 확인 개발 언어: 'Java' 최소 API 레벨 설정: 실행할 스마트폰의 API 레벨 이하

STEP 2 ⟩ **파일 편집**

파일 편집 과정은 8.1.4절과 같다. 일부 다른 점은 AndroidManifest.xml에는 GPS 사용 허용을 추가하고, MainActivity.java에는 현재 위치를 추적하고 표시하는 내용을 추가한다. 먼저, 네이버 지도 저장소와 SDK를 지정하고[편집 1-1과 1-2], 네이버 지도 API키 등록과 GPS 사용 허용을 설정한다[편집 2]. 어플리케이션 라벨을 수정하며[편집 3], 지도 출력 레이아웃을 설계하고[편집 4], 지도를 화면에 출력한다[편집 5].

모듈	폴더	소스 파일	편집 내용
manifests	–	AndroidManifest.xml	[2] 환경설정 • 네이버 지도 API키 등록 • GPS 사용 허용
java	com.example. locationtracking	MainActivity.java	[5] 지도 출력
res	drawable		
	layout	activity_main.xml	[4] 지도 출력 레이아웃 설계
	mipmap	ic_launcher.png	
	values	colors.xml	
		strings.xml	[3] 어플리케이션 라벨 수정
		styles.xml	
Gradle. Scripts		build.gradle (Project: NaverMap)	[1-1] 네이버 지도 저장소 등록
		build.gradle (Module: app)	[1-2] 네이버 지도 SDK 설정

[1] 환경설정: 네이버 지도 저장소와 SDK 지정

다음 두 개의 그래들 스크립트에 네이버 지도 저장소(❶)와 SDK를 지정한다(❷).

build.gradle [Project: NaverMap]

```
01 // Top-level build file where you can add configuration options common to
                                                all sub-projects/modules.
02
03 buildscript {
04
05     repositories {
06         google()
07         jcenter()
08     }
09     dependencies {
10         classpath 'com.android.tools.build:gradle:3.2.1'
11
12         // NOTE: Do not place your application dependencies here;
13         // they belong in the individual module build.gradle files
14     }
15 }
16
17 allprojects {
18     repositories {
19         google()
20         jcenter()
21
22         // 네이버 지도 저장소
23         maven {
24             url 'https://navercorp.bintray.com/maps'
25         }
26     }
27 }
28
29 task clean(type: Delete) {
30     delete rootProject.buildDir
31 }
```

build.gradle [Module: app]

```
01 apply plugin: 'com.android.application'
02
03 android {
04     compileSdkVersion 28
```

```
05    defaultConfig {
06        applicationId "com.example.navermap"
07        minSdkVersion 22
08        targetSdkVersion 28
09        versionCode 1
10        versionName "1.0"
11        testInstrumentationRunner "android.support.test.runner.
                                            AndroidJUnitRunner"
12    }
13    buildTypes {
14        release {
15            minifyEnabled false
16            proguardFiles getDefaultProguardFile('proguard-android.txt'),
                                            'proguard-rules.pro'
17        }
18    }
19 }
20
21 dependencies {
22    implementation fileTree(dir: 'libs', include: ['*.jar'])
23    implementation 'com.android.support:appcompat-v7:28.0.0'
24    implementation 'com.android.support.constraint:
                                            constraint-layout:1.1.3'
25    testImplementation 'junit:junit:4.12'
26    androidTestImplementation 'com.android.support.test:runner:1.0.2'
27    androidTestImplementation 'com.android.support.test.espresso:
                                            espresso-core:3.0.2'
28
29    // 네이버 지도 SDK
30    implementation 'com.naver.maps:map-sdk:3.0.0'
31 }
```

❷

---

[2] 환경설정: 네이버 지도 API키 등록

발급받은 네이버 지도 API키를 AndroidManifest.xml 파일에 등록한다. 현재 위치 파악을 위해 앱이 상세한 위치를 파악할 수 있는 권한(GPS)과 개략적인 위치를 파악할 수 있는 권한(기지국, 와이파이)을 추가한다. 가로 또는 세로 방향으로 화면이 변하면 지도가 변하면서, 위치가 초기화되기 때문에 화면 방향을 세로로 고정하기로 한다.

AndroidManifest.xml

```
01 <?xml version="1.0" encoding="utf-8"?>
02 <manifest xmlns:android="http://schemas.android.com/apk/res/android"
```

```
03        package="com.example.navermap">

04

05    <uses-permission android:name="android.permission.
                                              ACCESS_FINE_LOCATION" />

06    <uses-permission android:name="android.permission.
                                            ACCESS_COARSE_LOCATION" />

07

08    <application
09        android:allowBackup="true"
10        android:icon="@mipmap/ic_launcher"
11        android:label="@string/app_name"
12        android:roundIcon="@mipmap/ic_launcher_round"
13        android:supportsRtl="true"
14        android:theme="@style/AppTheme">

15

16        <meta-data
17            android:name="com.naver.maps.map.CLIENT_ID"
18            android:value="ff ... ln" />

19

20        <activity android:name=".MainActivity"
21            android:screenOrientation="portrait">
22            <intent-filter>
23                <action android:name="android.intent.action.MAIN" />

24

25                <category android:name="android.intent.category.LAUNCHER"
/>
26            </intent-filter>
27        </activity>
28    </application>

29

30 </manifest>
```

GPS를 이용한
상세 위치 파악 권한

기지국, 와이파이를 이용한
개략적 위치 파악 권한

등록한 앱의 네이버 지도 API에
해당하는 Client ID값

화면 방향 세로로 고정

[3] 텍스트 리소스 편집

어플리케이션 이름을 수정하기 위해 **app_name** 속성값에 해당하는 데이터를 '위치 추적'으로 수정한다.

strings.xml

```
01 <resources>
02     <string name="app_name">위치 추적</string>
03 </resources>
```

[4] 화면 설계

프래그먼트를 배치하고, 네이버에서 제공하는 MapFragment 클래스를 설정한다.

```
activity_main.xml

01 <?xml version="1.0" encoding="utf-8"?>
02 <android.support.constraint.ConstraintLayout xmlns:android=
                                "http://schemas.android.com/apk/res/android"
03     xmlns:app="http://schemas.android.com/apk/res-auto"
04     xmlns:tools="http://schemas.android.com/tools"
05     android:layout_width="match_parent"
06     android:layout_height="match_parent"
07     tools:context=".MainActivity">
08
09     <fragment android:layout_width="match_parent"
10         android:layout_height="match_parent"
11         android:id="@+id/map"
12         android:name="com.naver.maps.map.MapFragment" />
13
14 </android.support.constraint.ConstraintLayout>
```

[5] 지도 출력

현재 위치가 변함에 따라 화면의 지도 중심을 현재 위치로 변경하고, 이전 위치와 현재 위치 간 경로를 선으로 연결하고 현재 위치에 마커를 표시한다. 즉, **LocationListener**로 위치를 주기적으로 감지하다가 위치가 변하면 다시 지도 중심을 이동한다.

```
MainActivity.java

01 package com.example.locationtracking;
02
03 import android.Manifest;
04 import android.content.Context;
05 import android.content.Intent;
06 import android.content.pm.PackageManager;
07 import android.graphics.Color;
08 import android.location.Location;
09 import android.location.LocationListener;
10 import android.location.LocationManager;
11 import android.support.annotation.NonNull;
12 import android.support.annotation.UiThread;
13 import android.support.v4.app.ActivityCompat;
14 import android.support.v4.app.FragmentActivity;
```

```
15  import android.support.v7.app.AppCompatActivity;
16  import android.os.Bundle;
17  import android.widget.Toast;
18
19  import com.naver.maps.geometry.LatLng;
20  import com.naver.maps.map.CameraUpdate;
21  import com.naver.maps.map.MapFragment;
22  import com.naver.maps.map.NaverMap;
23  import com.naver.maps.map.OnMapReadyCallback;
24  import com.naver.maps.map.overlay.InfoWindow;
25  import com.naver.maps.map.overlay.LocationOverlay;
26  import com.naver.maps.map.overlay.Marker;
27  import com.naver.maps.map.overlay.PathOverlay;
28
29  import java.util.Arrays;
30
31  public class MainActivity extends FragmentActivity implements
                                                OnMapReadyCallback {
32
33      private NaverMap mMap;
34      LatLng prev_LOC = null;
35      LatLng curr_LOC;
36      Marker mk = new Marker();
37
38      LocationManager locationManager;
39      LocationListener locationListener;
40
41      @Override
42      protected void onCreate(Bundle savedInstanceState) {
43          super.onCreate(savedInstanceState);
44          setContentView(R.layout.activity_main);
45
46          // 지도를 출력할 프래그먼트 인식
47          MapFragment mapFragment = (MapFragment)getSupportFragmentManager().
                                                findFragmentById(R.id.map);
48          if (mapFragment == null) {
49              mapFragment = MapFragment.newInstance();
50              getSupportFragmentManager().beginTransaction().add(R.id.map,
                                                mapFragment).commit();
51          }
52
53          // 지도 사용이 준비되면 onMapReady 콜백 메소드 호출
54          mapFragment.getMapAsync(this);
55      }
56
```

```
57    @UiThread
58    @Override
59    public void onMapReady(@NonNull NaverMap naverMap) {
60        // 지도 객체를 여러 메소드에서 사용할 수 있도록 글로벌 객체로 할당
61        mMap = naverMap;
62
63        locationListener = new LocationListener() {
64            // 위치가 변할 때마다 호출
65            public void onLocationChanged(Location location) {
66                updateMap(location);
67            }
68
69            // 위치 서비스가 변경될 때
70            public void onStatusChanged(String provider, int status,
                                                    Bundle extras) {
71                alertStatus(provider);
72            }
73
74            // 사용자에 의해 Provider가 사용 가능하게 설정될 때
75            public void onProviderEnabled(String provider) {
76                alertProvider(provider);
77            }
78
79            // 사용자에 의해 Provider가 사용 불가능하게 설정될 때
80            public void onProviderDisabled(String provider) {
81                checkProvider(provider);
82            }
83        };
84
85        // 시스템 위치 서비스 관리 객체 생성
86        LocationManager locationManager = (LocationManager) this.
                            getSystemService(Context.LOCATION_SERVICE);
87
88        // 정확한 위치 접근 권한이 설정되어 있지 않으면 사용자에게 권한 요구
89        if (ActivityCompat.checkSelfPermission(this, Manifest.permission.
            ACCESS_FINE_LOCATION) != PackageManager.PERMISSION_GRANTED) {
90            ActivityCompat.requestPermissions(this, new String[]{Manifest.
                            permission.ACCESS_FINE_LOCATION}, 100);
91            return;
92        }
93
94        String locationProvider;
95        // GPS에 의한 위치 변경 요구
96        locationProvider = LocationManager.GPS_PROVIDER;
97        locationManager.requestLocationUpdates(locationProvider, 1, 1,
```

```
                                                          locationListener);
 98          // 통신사 기지국에 의한 위치 변경 요구
 99          locationProvider = LocationManager.NETWORK_PROVIDER;
100          locationManager.requestLocationUpdates(locationProvider, 1, 1,
                                                          locationListener);
101      }
102
103      public void checkProvider(String provider) {
104          Toast.makeText(this, provider + "에 의한 위치서비스가 꺼져 있습니다.
                                       켜주세요...", Toast.LENGTH_SHORT).show();
105
106          Intent intent = new Intent(android.provider.Settings.
                                       ACTION_LOCATION_SOURCE_SETTINGS);
107          startActivity(intent);
108      }
109
110      public void alertProvider(String provider) {
111          Toast.makeText(this, provider + "서비스가 켜졌습니다!", Toast.
                                       LENGTH_LONG).show();
112      }
113
114      public void alertStatus(String provider) {
115          Toast.makeText(this, "위치서비스가 " + provider + "로 변경되었습니다!",
                                       Toast.LENGTH_LONG).show();
116      }
117
118      public void updateMap(Location location) {
119          // 위도
120          double latitude = location.getLatitude();
121          double longitude = location.getLongitude();
122          // 경도
123          curr_LOC = new LatLng(latitude, longitude);
124
125          // 이전 위치가 없는 경우
126          if (prev_LOC == null) {
127              // 지도 크기
128              CameraUpdate cameraUpdate = CameraUpdate.zoomTo(15);
129              mMap.moveCamera(cameraUpdate);
130
131              // 위치 오버레이 표시(원)
132              LocationOverlay locationOverlay = mMap.getLocationOverlay();
133              locationOverlay.setVisible(true);
134              locationOverlay.setPosition(curr_LOC);
135
136              // 현재 위치를 이전 위치로 설정
```

```
137            prev_LOC = curr_LOC;
138
139        // 이전 위치가 있는 경우
140        } else {
141            // 지도 중심
142            CameraUpdate cameraUpdate1 = CameraUpdate.scrollTo(curr_LOC);
143            mMap.moveCamera(cameraUpdate1);
144
145            // 경로 표시
146            PathOverlay path = new PathOverlay();
147            path.setCoords(Arrays.asList(
148                    new LatLng(prev_LOC.latitude, prev_LOC.longitude),
149                    new LatLng(curr_LOC.latitude, curr_LOC.longitude)
150            ));
151            path.setMap(mMap);
152            path.setOutlineColor(Color.BLACK);
153            path.setColor(Color.YELLOW);
154            path.setWidth(30);
155
156            // 현재 위치에 마커 표시
157            mk.setVisible(false);
158            mk.setPosition(curr_LOC);
159            mk.setMap(mMap);
160            mk.setVisible(true);
161
162            // 현재 경로를 이전 경로로 설정
163            prev_LOC = curr_LOC;
164        }
165    }
166
167    @Override
168    protected void onDestroy() {
169        super.onDestroy();
170        if (locationManager != null)
171            locationManager.removeUpdates(locationListener);
172    }
173}
```

클래스와 속성/메소드

〉클래스

클래스/인터페이스	설명
LocationListener	39, 63행. 위치가 변할 때 LocationManager로부터 공지를 받는데 사용됨
LocationManager	38, 86행. 시스템 위치 서비스 접근 제공
LocationOverlay	132행. 사용자의 현재 위치를 나타내는 오버레이 (네이버 정의 클래스)
Manifest.permission	89행. 앱의 권한 정의
Overlay	지도에 오버레이 되는 요소를 나타내는 추상 클래스 (네이버 정의 클래스)
PackageManager	89행. 디바이스에 현재 설치된 패키지와 관련된 정보 추출
PathOverlay	146행. 지도에 경로선을 나타내는 오버레이 (네이버 정의 클래스)

〉상수

클래스	메소드	설명
Context	String LOCATION_SERVICE	86행. 위치 업데이트를 제어하기 위한 LocationManager를 추출하기 위해 getSystemService(Class)와 함께 사용
LocationManager	String GPS_PROVIDER	96행. GPS location provider의 이름.
	String NETWORK_PROVIDER	99행. Network location provider의 이름. Cell tower(전화 기지국)와 WiFi 액세스 포인트를 결정
Settings	String ACTION_LOCATION_SOURCE_SETTINGS	106행. 현재 위치를 얻기 위한 구성을 허락하는 설정을 보여 줌

〉메소드

클래스	메소드	설명
LocationListener	abstract void onLocationChanged (Location location)	65행. 위치가 변할 때 불려짐
	abstract void onStatusChanged (String provider, int status, Bundle extras)	70행. provider 상태가 변할 때 불려짐
	abstract void onProviderEnabled (String provider)	75행. 사용자에 의해 provider가 사용 가능하게 설정될 때 불려짐
	abstract void onProviderDisabled (String provider)	80행. 사용자에 의해 provider가 사용 불가능하게 설정될 때 불려짐
LocationManager	Void removeUpdates(LocationListener listener)	171행. 사용 중인 LocationListener 제거
	void requestLocationUpdates(String provider, long minTime, float minDistance, LocationListener listener)	97, 100행. 주어진 provider를 사용하여 위치 변경 사항을 요구함 minTime은 위치 변경 추적 간격(1/1000초), minDistance는 위치 변경 최소 거리(미터)

LocationOverlay	void **setPosition**(LatLng position)	134행. 좌표 지정
Marker	void **setMap**(NaverMap map)	159행. 오버레이를 map에 추가
	void **setPosition**(LatLng position)	158행. 좌표 지정
Manifest. permission	String ACCESS_FINE_LOCATION	89, 90행. 정확한 위치 접근
NaverMap	LocationOverlay getLocationOverlay()	132행. 이 지도의 LocationOverlay를 반환
Overlay	void setVisible(boolean visible)	133, 157행. 가시성 지정. 가시성이 false일 경우 오버레이는 화면에 표출되지 않으며 이벤트도 받지 못함
PackageManager	int PERMISSION_GRANTED	89행. 주어진 패키지에 사용 허용 권한이 주어져 있으면 반환되는 값
PathOverlay	void **setCoords**(List〈LatLng〉 coords)	147행. 좌표열 지정
	void **setMap**(NaverMap map)	151행. 오버레이를 map에 추가
	void **setColor**(int passedColor)	153행. 경로선의 색상 지정
	void **setOutlineColor** (int passedOutlineColor)	152행. 경로선의 테두리 색상 지정
	void setWidth(int width)	154행. 두께 지정

STEP 3 〉 **프로젝트 실행**

프로젝트를 실행하고 결과를 살펴보자.

▶▶ 네이버 지도를 다루는 방법과 현재 위치를 표시하는 방법까지 살펴 보았다. 이를 활용해서 공공 데이터베이스로부터 오픈 API를 이용한 대기오염 정보를 지도 위에 표시해보자.

08.3 공공데이터 API를 활용한 대기오염 정보

8.3.1 공공DB 오픈API 활용의 예

최근 공공기관들이 사회적, 경제적 가치가 높은 공공데이터를 개방하면서 다양한 비즈니스 기회가 주어지고 있다. 공공데이터포털(data.go.kr)에서는 버스 위치 정보, 서울메트로 지하철 정보, 날씨 정보, 대기오염 정보, 상가(상권) 정보, 수산물 수출입 정보 등 3,000여 건의 오픈 API가 제공되고 있다. 다음은 케이웨더(주)의 『케이웨더 날씨』 앱이 제공하는 전국 날씨 정보이다. 하나의 서비스는 대개 여러 가지 기술로 구현된다. 여러 가지 정보와 서비스를 엮어 새로운 서비스를 만드는 것을 Mash up이라 한다. 날씨 앱은 날씨 정보를 지도와 연동하여 나타내는 Mash up 서비스의 예이다.

케이웨더 날씨 앱(케이웨더(주))

8.3.2 공공DB 활용 원리

공공데이터포털(data.go.kr) 또는 열린 데이터 광장(data.seoul.go.kr) 등과 같이 공공정보를 제공하는 공공기관 또는 공공DB 포털들은 개발자들이 데이터를 활용하여 유용한 앱을 개발할 수 있도록 다양한 Open API를 제공하고 있다.

아래 그림은 한국환경공단의 대기오염 정보를 네이버 지도 위에 표시한 예를 나타낸 것이다. 즉, 네이버 API를 통해 지도를 요청하고, 네이버의 MapFragment 클래스를 이용해 지도를 출력하고 공공데이터 포털에서 받은 한국환경공단의 XML 형태의 문서로부터 추출한 대기오염 정보를 지도의 특정 위치에 표시한다.

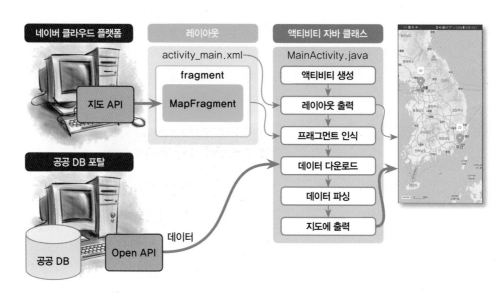

8.3.3 공공DB 오픈API (대기오염 정보) 인증키 받기

공공데이터포털(data.go.kr)의 Open API를 사용하기 위해서는 대기오염 정보를 제공하는 한국환경공단과 같은 여러 데이터 제공 기관으로부터 인증키를 받아야 한다. 네이버 지도를 위한 프로젝트를 생성한 후에 네이버 지도 API키를 발급받고 프로젝트에 등록한다(8.1, 8.2절 참조). 네이버 지도는 프로젝트 패키지명으로 신청해야 하기 때문에 작성할 프로젝트를 고려해야 하지만, 공공데이터포털의 Open API는 프로젝트와 무관하기 때문에 발급받은 키로 여러 프로젝트에서 동시에 사용할 수 있다. 공공데이터포털의 Open API로 연결하면 XML 형태의 자료가 실시간으로 다운로드되는데, XML 문서

(4장 참조) 내에 있는 특정 정보를 추출하여 출력하면 된다. 공공데이터포털의 대기오염정보의 시도별 실시간 평균정보 조회 API키를 발급받는 과정은 다음과 같다.

❶ 공공데이터포털(data.go.kr)에 접속하여 먼저 회원가입을 하고 로그인한다.

❷ 검색란에 '대기오염정보'를 입력하고 검색 버튼을 클릭한다.

❸ 검색된 오픈 API 목록에서 '한국환경공단 대기오염정보 조회 서비스'를 클릭한다.

❹ '활용신청' 버튼을 클릭한다. 하단부의 상세기능 목록에 있는 API가 모두 신청된다.

❺ 시스템 유형으로는 '일반', 활용목적은 '앱 개발', 상세기능정보에 모두 체크하기로 하자. 라이센스는 '저작자 표시' 조건으로 '동의'에 체크하고 '신청' 버튼을 클릭한다. 화면 윗 부분의 기본 정보에서 심의여부는 '자동승인'으로 되어 있기 때문에, 신청하면 바로 사용할 수 있다.

API에 따라 승인 일정이 다르니, 신청 시에 살펴보아야 한다. 한국환경공단의 대기오염 정보 조회서비스는 '자동 승인'으로 신청과 동시에 승인된다.

❻ 개발계정 신청이 완료되면 '확인' 버튼을 클릭한다.

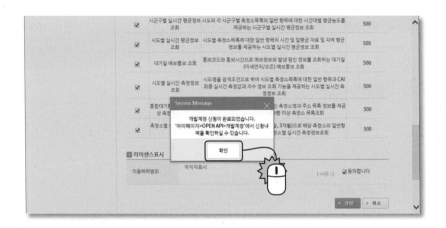

❼ 화면 상단에 있는 '마이 페이지'를 클릭하면 신청된 API 목록을 볼 수 있다.

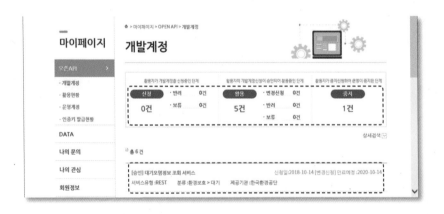

❽ 서비스 정보에는 발급받은 인증키, 한국환경공단 API URL(End Point), 반환되는
데이터 포맷이 있고, 필요 시에 참고문서를 다운로드하여 상세한 사용방법을 익힐
수 있다. 상세기능정보 목록에서 '시도별 실시간 평균정보 조회'에 있는 '실행' 버튼을
클릭하면 발급받은 API키와 요청변수로 샘플 데이터를 여러 형태로 볼 수 있는 화면
이 펼쳐진다. '미리 보기'를 클릭하면 실행결과가 웹브라우저에 XML 문서로 나타나
고, 'XML' 버튼을 클릭하면 XML 파일을 다운로드 받을 수 있다.

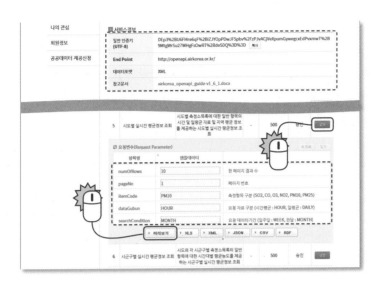

❾ 샘플 데이터에는 실시간 시도별 대기오염 정보가 XML형태로 출력된다. 웹브라우저 주소창에 있는 URL을 복사하면 API 호출에 참고할 수 있다.

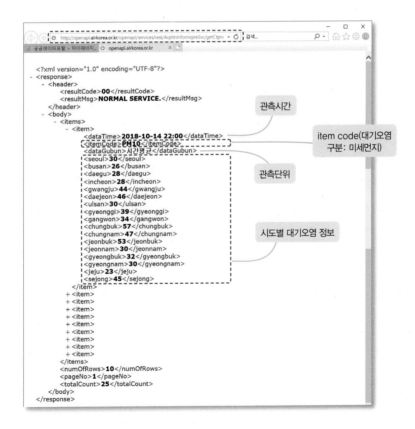

발급받은 공공데이터 API를 복사하면 다음과 같다. API URL(녹색), 요청변수(청색), 요청변수 값(흑색)을 확인할 수 있다. API URL과 요청변수는 '?'로 연결되고, 각 요청변수 간에는 '&'로 연결된다. servicekey에는 승인받은 오픈 API키를 적는다. 요청변수 itemCode의 값 'PM10'은 미세먼지에 대한 대기오염 정보를 요청하는 것이다.

```
http://openapi.airkorea.or.kr/openapi/services/rest/ArpltnInforInqireSvc/ge
tCtprvnMesureLIst?serviceKey=DEp3%.....DQ%3D%3D&numOfRows=10&pageSize=10&pa
geNo=1&startPage=1&itemCode=PM10&dataGubun=HOUR&searchCondition=MONTH
```

'시도별 실시간 평균정보 조회' API에 대한 요청변수와 응답 메시지 명세는 다음과 같다 (대기오염정보 서비스 기술문서 참조).

● 요청변수

항목명(국문)	항목명(영문)	항목크기	샘플데이터	항목설명
한 페이지 결과 수	numOfRows	4	10	한 페이지 결과 수
페이지 번호	pageNo	4	1	페이지 번호
항목명	itemCode	10	PM10	측정항목 구분 (SO2, CO, O3, NO2, PM10, PM25)※
자료 구분	dataGubun	10	HOUR	요청 자료 구분 (시간평균 : HOUR, 일평균 : DAILY)
데이터 기간	searchCondition	10	MONTH	요청 데이터 기간 (일주일 : WEEK, 한달 : MONTH)

※ PM10은 $10\mu m$ 미만의 미세먼지, PM25는 $2.510\mu m$ 미만의 초미세먼지를 의미함. 오염도 단위는 $\mu g/m^3$임

● 응답 메시지

항목명(영문)	항목명(국문)	항목크기	항목구분	샘플데이터	항목설명
resultCode	결과 코드	2	1	00	결과 코드
resultMsg	결과 메시지	50	1	Normal service	결과 메시지
numOfRows	한 페이지 결과 수	4	1	10	한 페이지 결과 수
pageNo	페이지 번호	4	1	1	페이지 번호
totalCount	전체 결과 수	4	1	24	전체 결과 수
items	목록	–	0..n	–	목록
dataTime	측정일시	20	1	2016-07-25	평균자료 조회일 연-월-일

항목명(영문)	항목명(국문)	항목크기	항목구분	샘플데이터	항목설명
itemCode	조회항목	10	1	PM10	조회항목 구분(SO2, CO, O3, NO2, PM10, PM25)
dataGubun	조회 자료 구분	10	1	일평균	조회 자료 구분 (시간평균, 일평균)
seoul	서울	10	1	44	서울 지역 평균
busan	부산	10	1	35	부산 지역 평균
daegu	대구	10	1	33	대구 지역 평균
incheon	인천	10	1	36	인천 지역 평균
gwangju	광주	10	1	22	광주 지역 평균
daejeon	대전	10	1	28	대전 지역 평균
ulsan	울산	10	1	35	울산 지역 평균
gyeonggi	경기	10	1	36	경기 지역 평균
gangwon	강원	10	1	32	강원 지역 평균
chungbuk	충북	10	1	26	충북 지역 평균
chungnam	충남	10	1	30	충남 지역 평균
jeonbuk	전북	10	1	28	전북 지역 평균
jeonnam	전남	10	1	28	전남 지역 평균
gyeongbuk	경북	10	1	30	경북 지역 평균
gyeongnam	경남	10	1	38	경남 지역 평균
jeju	제주	10	1	27	제주 지역 평균
sejong	세종	10	1	31	세종 지역 평균

대기 오염 구분 → itemCode

시도별 대기 오염 정보 → seoul

※ 항목구분 : 필수(1), 옵션(0), 1건 이상 복수건(1..n), 0건 또는 복수건(0..n)

8.3.4 네이버 지도 API키 신청

8.1.3절의 네이버 지도 API키를 발급받는 과정에 따라, 8.3.5절에서 개발할 대기오염 정보 프로젝트(Air Pollution)에 대한 패키지명(com.example.airpollution)으로 네이버 클라우드 플랫폼(www.ncloud.com)에 등록한 결과는 다음과 같다. AirPollutionApp의 '인증 정보' 메뉴를 클릭하면 API키(Client ID)를 확인할 수 있다.

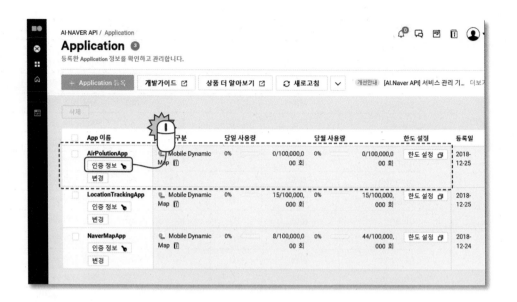

8.3.5 대기오염 정보 출력

(1) 프로젝트 개요

공공데이터 사이트에서 실시간으로 받은 대기오염 정보로부터 현재 시간대의 서울과 부산 지역의 미세먼지(PM10) 오염도($\mu g/m^3$)를 지도에 표시해서 비교해 보자. 단계적으로 다운로드 받은 XML 문서를 출력하고(❶), 서울과 부산의 미세먼지 농도를 파싱하여 출력한 후(❷), 마지막으로 지도에 표시하기로 한다(❸).

> **프로젝트 8.3**
>
> **프로젝트 개요: 서울과 부산 지역의 미세먼지 크기 비교**
> ....
> **Application Name: Air pollution**
> ....
> **어플리케이션 라벨: 대기오염 정보**
> ....

❶ XML 문서 출력

❷ 서울과 부산 미세먼지 농도 파싱

❸ 서울과 부산 미세먼지 농도 지도 표시

(2) 프로젝트 개발

STEP 1 ┊ **프로젝트 생성**

다음 3단계 절차에 따라 프로젝트를 생성한다.

단계	내용
❶ 새 프로젝트 만들기	메뉴에서 'File → New → New Project' 클릭
❷ 프로젝트 선택	'Phone and Tablet' 탭에서 'Empty Activity' 선택
❸ 프로젝트 구성	프로젝트 이름: '**Air Pollution**' 패키지 이름: 'com.example.airpollution' (디폴트 값) 프로젝트 저장 위치 확인 개발 언어: 'Java' 최소 API 레벨 설정: 실행할 스마트폰의 API 레벨 이하

STEP 2 ┊ **파일 편집**

파일 편집 과정은 8.1.4절과 같다. 네이저 지도 저장소와 SDK를 지정하고[편집 1-1과 1-2], 네이버 지도 API키를 등록한다[편집 2]. 어플리케이션 라벨을 수정하며[편집 3], 지도 출력 레이아웃을 설계하고[편집 4], 지도를 화면에 출력한다[편집 5]. MainActiv-ityjava는 먼저 대기오염 공공데이터의 XML문서를 다운로드 받아 출력해보고, 서울과 부산 지역의 대기오염도만 파싱하도록 한다. 그리고 서울과 부산에 대기오염 정도를 지도의 정보창으로 출력해본다.

모듈	폴더	소스 파일	편집 내용
manifests	–	AndroidManifest.xml	[2] 환경설정 • 네이버 지도 API키 등록
java	com.example. airpollution	MainActivity.java	[5] 지도 출력 • 대기오염 정보 다운로드 • 대기오염 정보 파싱 • 지도 출력
res	drawable		
	layout	activity_main.xml	[4] 지도 출력 레이아웃 설계
	mipmap	ic_launcher.png	
	values	colors.xml	
		strings.xml	[3] 어플리케이션 라벨 수정
		styles.xml	

Gradle. Scripts		build.gradle (Project: NaverMap)	[1-1] 네이버 지도 저장소 등록
		build.gradle (Module: app)	[1-2] 네이버 지도 SDK 설정

[1] 환경설정: 네이버 지도 저장소와 SDK 지정

다음 두 개의 그래들 스크립트에 네이버 지도 저장소(❶)와 SDK를 지정한다(❷).

build.gradle

```
01 // Top-level build file where you can add configuration options common to
                                                all sub-projects/modules.
02
03 buildscript {
04
05     repositories {
06         google()
07         jcenter()
08     }
09     dependencies {
10         classpath 'com.android.tools.build:gradle:3.2.1'
11
12         // NOTE: Do not place your application dependencies here;
13         // they belong in the individual module build.gradle files
14     }
15 }
16
17 allprojects {
18     repositories {
19         google()
20         jcenter()
21
22         // 네이버 지도 저장소
23         maven {                                              ❶
24             url 'https://navercorp.bintray.com/maps'
25         }
26     }
27 }
28
29 task clean(type: Delete) {
30     delete rootProject.buildDir
31 }
```

```
01 apply plugin: 'com.android.application'
02
03 android {
04     compileSdkVersion 28
05     defaultConfig {
06         applicationId "com.example.navermap"
07         minSdkVersion 22
08         targetSdkVersion 28
09         versionCode 1
10         versionName "1.0"
11         testInstrumentationRunner "android.support.test.runner.
                                            AndroidJUnitRunner"
12     }
13     buildTypes {
14         release {
15             minifyEnabled false
16             proguardFiles getDefaultProguardFile('proguard-android.txt'),
                                        'proguard-rules.pro'
17         }
18     }
19 }
20
21 dependencies {
22     implementation fileTree(dir: 'libs', include: ['*.jar'])
23     implementation 'com.android.support:appcompat-v7:28.0.0'
24     implementation 'com.android.support.constraint:
                                        constraint-layout:1.1.3'
25     testImplementation 'junit:junit:4.12'
26     androidTestImplementation 'com.android.support.test:runner:1.0.2'
27     androidTestImplementation 'com.android.support.test.espresso:
                                        espresso-core:3.0.2'
28
29     // 네이버 지도 SDK                                      ❷
30     implementation 'com.naver.maps:map-sdk:3.0.0'
31 }
```

[2] 환경설정: 네이버 지도 API키 등록

발급받은 네이버 지도 API키를 AndroidManifest.xml 파일에 등록한다.

```
01 <?xml version="1.0" encoding="utf-8"?>
```

```
02  <manifest xmlns:android="http://schemas.android.com/apk/res/android"
03      package="com.example.navermap">
04
05      <application
06          android:allowBackup="true"
07          android:icon="@mipmap/ic_launcher"
08          android:label="@string/app_name"
09          android:roundIcon="@mipmap/ic_launcher_round"
10          android:supportsRtl="true"
11          android:theme="@style/AppTheme">
12
13          <meta-data
14              android:name="com.naver.maps.map.CLIENT_ID"
15              android:value="8k ... ho" />
16
17          <activity android:name=".MainActivity">
18              <intent-filter>
19                  <action android:name="android.intent.action.MAIN" />
20
21                  <category android:name="android.intent.category.LAUNCHER"
                                                                            />
22              </intent-filter>
23          </activity>
24      </application>
25
26  </manifest>
```

[3] 텍스트 리소스 편집

어플리케이션 이름을 수정하기 위해 **app_name** 속성값에 해당하는 데이터를 '대기오염 정보'로 수정한다.

strings.xml

```
01  <resources>
02      <string name="app_name">대기오염 정보</string>
03  </resources>
```

[4] 대기오염 정보 출력

❶ 대기오염 XML 문서 출력

대기오염 정보를 출력할 TextView에 ID를 설정한다.

```xml
01 <?xml version="1.0" encoding="utf-8"?>
02 <android.support.constraint.ConstraintLayout xmlns:android=
                                    "http://schemas.android.com/apk/res/android"
03     xmlns:app="http://schemas.android.com/apk/res-auto"
04     xmlns:tools="http://schemas.android.com/tools"
05     android:layout_width="match_parent"
06     android:layout_height="match_parent"
07     tools:context=".MainActivity">
08
09     <TextView                                          id를 'tv'로 설정
10         android:id="@+id/tv"
11         android:layout_width="wrap_content"
12         android:layout_height="wrap_content"
13         android:text="Hello, World!"                   대기오염 정보를
14         app:layout_constraintBottom_toBottomOf="parent" 출력할 텍스트뷰
15         app:layout_constraintLeft_toLeftOf="parent"
16         app:layout_constraintRight_toRightOf="parent"
17         app:layout_constraintTop_toTopOf="parent" />
18
19 </android.support.constraint.ConstraintLayout>
```

비동기적 백그라운드로 실행되는 클래스 객체를 만들고(❶), 대기오염 API를 이용해서 XML 문서 다운로드를 실행한다(❷). 문서를 다운로드한 후에(❸) 문서를 텍스트뷰에 출력한다(❹).

```java
01 package com.example.airpollution;
02
03 import android.os.AsyncTask;
04 import android.os.Bundle;
05 import android.support.v7.app.AppCompatActivity;
06 import android.widget.TextView;
07
08 import com.naver.maps.geometry.LatLng;
09
10 import org.xmlpull.v1.XmlPullParser;
11 import org.xmlpull.v1.XmlPullParserFactory;
12
13 import java.io.BufferedInputStream;
14 import java.io.BufferedReader;
15 import java.io.IOException;
16 import java.io.InputStreamReader;
```

```
17  import java.io.StringReader;
18  import java.net.HttpURLConnection;
19  import java.net.URL;
20
21  public class MainActivity extends AppCompatActivity {
22
23      TextView tv;
24
25      @Override
26      protected void onCreate(Bundle savedInstanceState) {
27          super.onCreate(savedInstanceState);
28          setContentView(R.layout.activity_main);                  ┌─────────────────────┐
29                                                                    │ id가 'tv'인 텍스트뷰 인식 │
30          tv = (TextView)findViewById(R.id.tv);  ──────────────────┘
31
32          // 대기오염 정보 API
33          String api = "http://openapi.airkorea.or.kr/openapi/services/rest/
            ArpltnInforInqireSvc/getCtprvnMesureLIst?serviceKey=DEp3%2BU6FI4.....
            D%3D&numOfRows=10&pageSize=10&pageNo=1&startPage=1&itemCode=PM10&data
                                            Gubun=HOUR&searchCondition=MONTH";
34
35          // API를 이용한 데이터 다운로드 객체                        ❶ 객체 생성
36          DownloadWebpageTask task = new DownloadWebpageTask(); ─────
37          // 데이터 다운로드 및 처리        ❷ XML 문서 다운로드 실행
38          task.execute(api); ─────
39      }                                              자동실행
40
41      // 데이터 다운로드 클래스 정의
42      private class DownloadWebpageTask extends AsyncTask<String, Void,
                                                                    String> {
43
44          // 백그라운드 실행 (문서 다운로드)
45          @Override                                                ❸ 문서 다운로드
46          protected String doInBackground(String... urls) {
47              try {
48                  // API에 해당하는 문서 다운로드
49                  String txt =  (String) downloadUrl((String) urls[0]);
50                  return txt;
51              } catch (IOException e) {
52                  return "다운로드 실패";
53              }
54          }
55
56          // 문서 다운로드 후 자동 호출: XML 문서 출력
57          protected void onPostExecute(String result) {           ❹ 문서 출력
58              tv.setText(result);
```

자동실행

전달

```
59    }

60
61        // 전달받은 API에 해당하는 문서 다운로드
62        private String downloadUrl(String api) throws IOException {
63            HttpURLConnection conn = null;
64            try {
65                // 문서를 읽어 텍스트 단위로 버퍼에 저장
66                URL url = new URL(api);
67                conn = (HttpURLConnection) url.openConnection();
68                BufferedInputStream buf = new BufferedInputStream(conn.
                                               getInputStream());
69                BufferedReader bufreader = new BufferedReader
                                   (new InputStreamReader(buf, "utf-8"));

70
71                // 줄 단위로 읽어 문자로 저장
72                String line = null;
73                String page = "";
74                while ((line = bufreader.readLine()) != null) {
75                    page += line;
76                }

77
78                // 다운로드 문서 반환
79                return page;
80            } finally {
81                conn.disconnect();
82            }
83        }
84    }
85 }
```

클래스와 속성/메소드

❯ 클래스

클래스/인터페이스	설명
AsyncTask	42행. 백그라운드로 작업을 수행하며, UI에 결과를 출력함. AsyncTask의 서브 클래스를 만들어 작업을 수행함 서브 클래스를 만들 때는 AsyncTask⟨Params, Progress, Result⟩의 3가지 매개변수를 지정해야 함. Params는 execute() 메소드의 인자값에 해당하는 데이터 타입, Progress는 doInBackground() 메소드에서 publishProgress() 메소드 호출 시의 인자값에 해당하는 데이터 타입, Result는 doInBackground() 메소드에서 반환되는 값과 onPostExecute()의 매개변수 값에 해당하는 데이터 타입임
BufferedInputStream	68행. InputStream으로 받은 byte 단위의 데이터를 버퍼에 저장하는 클래스

BufferedReader	69행. Reader로부터 읽은 텍스트 데이터를 버퍼에 저장하는 클래스
IOException	62행. 입출력 관련 에러 정보 클래스
HttpURLConnection	63, 67행. 웹 상에서 데이터 송수신을 위해 사용되는 HTTP를 위한 URL 연결용 클래스
URL	66행. 인터넷 상의 리소스 주소를 위한 클래스
URLConnection	어플리케이션과 URL 사이에 통신 연결을 표현하는 모든 클래스의 수퍼클래스

〉메소드

클래스	메소드	설명
AsyncTask	abstract Result doInBackground(Params... params)	46행. 백그라운드 스레드로 실행함
	final AsyncTask〈Params, Progress, Result〉 execute(Params... params)	42행. 지정된 매개변수에 대해 작업을 수행함
	void onPostExecute(Result result)	57행. doInBackground() 실행 후에 결과를 받아 실행함
URL	URL(String spec)	66행. Spec으로 주어지는 리소스 위치를 해석하여 URL 객체를 생성함
	URLConnection openConnection()	67행. URL에 명시된 리소스를 연결함
HttpURLConnection	abstract void disconnect()	81행. Http 서버와의 연결을 닫음
URLConnection	InputStream getInputStream()	68행. URL 연결에 의한 리소스를 읽기 위한 InputStream을 반환함 HttpURLConnection은 URLConnection의 서브 클래스임
BufferedInputStream	BufferedInputStream (InputStream)	68행. 8192 Byte 크기를 가진 BufferedInputStream을 만듦
BufferedReader	String readLine()	74행. 줄 단위로 데이터를 읽음 읽을 문자가 없는 경우에는 null 값을 반환함
InputStreamReader	InputStreamReader (InputStream in, Charset charset)	69행. charset 문자 유형으로 in 에 대한 InputStreamReader 객체를 생성함

비동기적 태스크 실행 4단계의 이해

인터넷을 통해 문서를 다운로드 받을 때, **doInBackground()** 내에 정의된 **download URL()** 함수에 있는 명령어들을 직접 사용하면 에러가 발생할 수 있다. 즉, 데이터 크기가 클 때 또는 네트워크 통신량으로 인해 데이터를 제대로 수신하지 못하게 되는 경우가 있다. 따라서, **downloadURL()** 함수를 비동기적 백그라운드로 실행하여 데이터 수신을 완료할 수 있도록 하는 방법을 사용한다.

DownloadWebpageTask 클래스는 AsyncTask 클래스로부터 상속받아 정의되며, execute() 메소드를 실행하면 다음과 같이 단계적으로 비동기적 태스크를 실행한다.

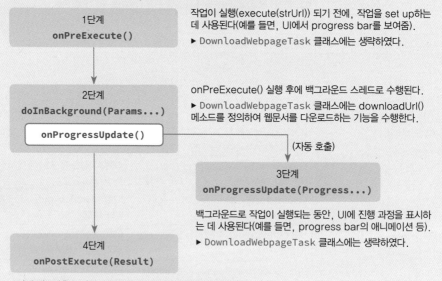

2단계 백그라운드 작업이 끝나면 그 결과를 전달받아 실행한다.

웹서버의 웹문서 수신 원리

doInBackground() 내에 정의된 downloadURL() 메소드가 인터넷을 통해 데이터를 수신하는 과정은 다음과 같다.

URL 클래스는 인터넷 상의 리소스를 명시하며, HttpURLConnection 클래스는 웹 상에서 데이터를 주고 받기 위한 HTTP(Hypertext Transfer Protocol, 웹 상의 하이퍼미디어 정보의 송수신을 위한 통신 프로토콜) 연결 기능을 가지고 있다. *BufferedInput Stream* 클래스는 연결된 URL의 소스를 Byte 단위로 다운로드받고, BufferedReader 클래스는 *BufferedInputStream* 클래스로부터 받은 Byte 단위의 데이터를 문자 단위로 버퍼에 기록한다. InputStreamReader 클래스는 Byte Stream을 문자 Stream으로 재조정 해주는 역할을 한다.

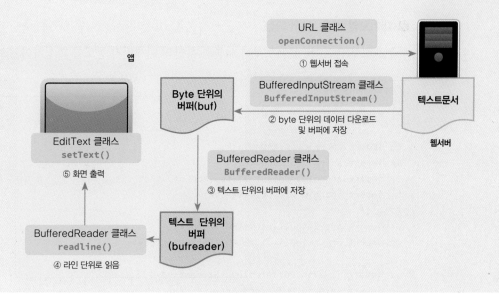

>> 정상적으로 실행되는지 확인해보자. 시간대별 도시들의 대기오염 정보가 XML문서 형태로 출력된다.

❷ 대기오염 XML 문서 파싱

다운로드 받은 XML 문서로부터 서울과 부산의 미세먼지 농도를 파싱하여 출력해보자.

MapsActivity.java

```
01 package com.example.airpollution;
02
03 import android.os.AsyncTask;
04 import android.os.Bundle;
05 import android.support.v7.app.AppCompatActivity;
06 import android.widget.TextView;
07
08 import org.xmlpull.v1.XmlPullParser;
09 import org.xmlpull.v1.XmlPullParserFactory;
10
11 import java.io.BufferedInputStream;
12 import java.io.BufferedReader;
13 import java.io.IOException;
14 import java.io.InputStreamReader;
15 import java.io.StringReader;
16 import java.net.HttpURLConnection;
17 import java.net.URL;
18
19 public class MainActivity extends AppCompatActivity {
20
21     TextView tv;
22
23     @Override
24     protected void onCreate(Bundle savedInstanceState) {
25         super.onCreate(savedInstanceState);
26         setContentView(R.layout.activity_main);
27
28         tv = (TextView)findViewById(R.id.tv);
29
30         // 대기오염 정보 API
31         String api = "http://openapi.airkorea.or.kr/openapi/services/rest/
    ArpltnInforInqireSvc/getCtprvnMesureLIst?serviceKey=DEp3%2BU6F..... 2
            Bde5DQ%3D%3D&numOfRows=10&pageSize=10&pageNo=1&startPage=1&
                itemCode=PM10&dataGubun=HOUR&searchCondition=MONTH";
32
33         // API를 이용한 데이터 다운로드 객체
34         DownloadWebpageTask task = new DownloadWebpageTask();
35         // 데이터 다운로드 및 처리
36         task.execute(api);
```

```java
37     }
38
39     // 데이터 다운로드 클래스 정의
       private class DownloadWebpageTask extends AsyncTask<String, Void,
                                                                  String> {
40
41         // 문서 다운로드(백그라운드 실행)
42         @Override
43         protected String doInBackground(String... urls) {
44             try {
45                 // API에 해당하는 문서 다운로드
46                 String txt =  (String) downloadUrl((String) urls[0]);
47                 return txt;
48             } catch (IOException e) {
49                 return "다운로드 실패";
50             }
51         }
52
53         // 문서 다운로드 후 자동 호출: XML 문서 파싱
54         protected void onPostExecute(String result) {
55             boolean bSet_itemCode = false;
56             boolean bSet_city = false;
57
58             String itemCode = "";
59             String pollution_degree = "";
60             String tag_name = "";
61
62             int cnt = 0;
63
64             // 화면 초기화
65             tv.setText("");
66
67             try {
68                 // XML Pull Parser 객체 생성
69                 XmlPullParserFactory factory = XmlPullParserFactory.
                                                          newInstance();
70                 factory.setNamespaceAware(true);
71                 XmlPullParser xpp = factory.newPullParser();
72
73                 // 파싱할 문서 설정
74                 xpp.setInput(new StringReader(result));
75
76                 // 현재 이벤트 유형 반환(START_DOCUMENT, START_TAG, TEXT,
                                                  END_TAG, END_DOCUMENT
77                 int eventType = xpp.getEventType();
```

```
78
79      // 이벤트 유형이 문서 마지막이 될 때까지 반복
80      while (eventType != XmlPullParser.END_DOCUMENT) {
81          // 문서의 시작인 경우
82          if (eventType == XmlPullParser.START_DOCUMENT) {
83              ;
84
85          // START_TAG이면 태그 이름 확인
86          } else if (eventType == XmlPullParser.START_TAG) {
87              tag_name = xpp.getName();
88              if (bSet_itemCode == false && tag_name.equals
                                        ("itemCode"))
89                  bSet_itemCode = true;
90              if (itemCode.equals("PM10") && (tag_name.equals
                        ("seoul") || tag_name.equals("busan")))
91                  bSet_city = true;
92
93          // 태그 사이의 문자 확인
94          } else if (eventType == XmlPullParser.TEXT) {
95              if (bSet_itemCode) {
96                  itemCode = xpp.getText();
97
98                  if (itemCode.equals("PM10")) {
99                      cnt++;
100                     bSet_itemCode = false;
101                 }
102             }
103             if (bSet_city) {
104                 pollution_degree = xpp.getText();
105
106                 // 도시와 미세먼지 농도 화면 출력
107                 tv.append("" + cnt + ": " + tag_name + ",
                            " + pollution_degree + "\n");
108                 bSet_city = false;
109             }
110
111         // 마침 태그인 경우
112         } else if (eventType == XmlPullParser.END_TAG) {
113
114         }
115
116         // 다음 이벤트 유형 할당
117         eventType = xpp.next();
118     }
119 } catch (Exception e) {
```

태그 이름이 itemCode인 경우

itemCode가 'PM10'이고 태그 이름이 'seoul' 또는 'busan'인 경우

태그가 itemCode인 경우, 데이터 추출

도시의 대기오염 농도

```
120                    }
121            }
122
123          // 전달받은 API에 해당하는 문서 다운로드
124          private String downloadUrl(String api) throws IOException {
125              HttpURLConnection conn = null;
126              try {
127                  // 문서를 읽어 텍스트 단위로 버퍼에 저장
128                  URL url = new URL(api);
129                  conn = (HttpURLConnection) url.openConnection();
130                  BufferedInputStream buf = new BufferedInputStream
                                                    (conn.getInputStream());
131                  BufferedReader bufreader = new BufferedReader
                                            (new InputStreamReader(buf, "utf-8"));
132
133                  // 줄 단위로 읽어 문자로 저장
134                  String line = null;
135                  String page = "";
136                  while ((line = bufreader.readLine()) != null) {
137                      page += line;
138                  }
139
140                  // 다운로드 문서 반환
141                  return page;
142              } finally {
143                  conn.disconnect();
144              }
145          }
146      }
147 }
```

XML 문서의 파싱 유형

XML 문서의 파싱에 사용되는 세 가지 유형을 비교하면 다음과 같다. 이 책에서는 초보자가 상대적으로 이해하기 쉬운 Pull Parser를 이용하였다.

Parser	특징	장점	단점
DOM(Document Object Model) Parser	Element를 모두 Tree 구조로 메모리에 넣어 두고 사용함	메모리에 Tree구조로 정보가 들어있기 때문에 한번 파싱해 두면 아무때나 얻고 싶은 Element에 대한 정보를 얻을 수 있음	메모리의 소모가 다른 방법보다 많음

SAX(Simple API for XML) Parser	이벤트 기반의 파서로 문서의 시작과 끝, Element의 시작과 끝, Element의 내용 등 Element Tag의 이름에 따라 각각을 처리하는 메소드를 두어 파싱함	라인 단위로 파싱하기 때문에 파싱하는데 적은 메모리 소요	파싱 시 그냥 지나갔던 Element의 정보를 얻고 싶으면 다시 파싱해야함
Pull Parser	SAX와 같이 이벤트 기반의 파서이지만, SAX와 달리 문서에 대한 모든 파싱을 하지 않고도 특정 부분까지의 파싱내용을 활용할 수 있음	원하는 부분을 파싱할 수 있음	SAX의 단점을 가지며 SAX보다 약간 느림

클래스와 속성/메소드

〉 클래스

클래스/인터페이스	설명
StringReader	74행. 순차적으로 String 데이터를 character로 읽는 리더기
Throwable	가상 머신에 의해 던져지는 모든 클래스의 수퍼 클래스. 서브 클래스로는 복원 가능한 Exception 클래스와 복원 불가능한 Error 클래스가 있음 IOException은 Exception의 서브클래스이며, Exception는 Throwable의 서브클래스임
XmlPullParserFactory	69행. Xml Pull Parser의 구현을 위해 사용됨
XmlPullParser	71, 80, 82, 86, 94, 112행. 파싱을 정의하는 인터페이스

〉 상수

클래스	상수	설명
XmlPullParser	static final int *START_DOCUMENT*	82행. XML 문서의 시작
	static final int *END_DOCUMENT*	80행. XML 문서의 끝
	static final int *START_TAG*	86행. 시작 태그가 읽혀질 때 반환됨
	static final int *END_TAG*	112행. 마침 태그가 읽혀질 때 반환됨
	static final int *TEXT*	94행. 데이터가 읽혀질 때 반환됨

〉 메소드

클래스	메소드	설명
Throwable	String getMessage()	Throwable이 발생할 때 제공되는 메시지를 반환함
XmlPullParserFactory	static XmlPullParserFactory newInstance()	69행. XML pull parser를 만들기 위해 사용될 수 있는 PullParserFactory의 새로운 인스턴스를 만듦
	void setNamespaceAware(boolean awareness)	70행. parser를 만들 때, XML namespace 지원 여부를 설정함(디폴트는 false)
	XmlPullParser newPullParser()	71행. XML pull parser의 인스턴스를 만듦

XmlPullParser	abstract void setInput(Reader in)	74행. parser에 입력 소스를 설정함
	abstract int getEventType()	77행. 현재 이벤트 유형을 반환함(START_TAG, END_TAG, TEXT 등)
	abstract String getName()	87행. 태그 이름 추출
	abstract String getText()	96, 104행. 현재 이벤트의 텍스트 콘텐츠를 반환함
	abstract int next()	117행. 다음 파싱 이벤트를 가져옴

≫ 정상적으로 실행되는지 확인해보자. 1~10개의 서울과 부산의 시간대별 미세먼지 농도 변화를 볼 수 있다. 1번 항목이 현재에 가장 가까운 시간대이다.

❸ 지도 출력

이제 서울과 부산 지역의 대기오염 정보를 네이버 지도 위에 출력해보자. 정보 창에는 미세먼지 농도를 표시한다.

지도 출력을 위해 activity_main.xml에 프래그먼트를 배치하고 네이버에서 제공하는 MapFragment 클래스를 설정한다.

activity_main.xml

```xml
01 <?xml version="1.0" encoding="utf-8"?>
02 <android.support.constraint.ConstraintLayout xmlns:android=
                                        "http://schemas.android.com/apk/res/android"
03     xmlns:app="http://schemas.android.com/apk/res-auto"
04     xmlns:tools="http://schemas.android.com/tools"
05     android:layout_width="match_parent"
06     android:layout_height="match_parent"
07     tools:context=".MainActivity">
08
09     <fragment android:layout_width="match_parent"
10         android:layout_height="match_parent"
11         android:id="@+id/map"
12         android:name="com.naver.maps.map.MapFragment" />
13
14 </android.support.constraint.ConstraintLayout>
```

MainActivity.java에는 서울과 부산 사이를 지도 중심으로 표시하고, 대기오염 정보를 다운로드받아 파싱하고 지도에 출력한다. 시간대별 10개의 미세먼지 농도 변화 중에 최근의 농도만 표시하기로 하자.

MainActivity.java

```java
01 package com.example.airpollution;
02 import android.graphics.Color;
03 import android.os.AsyncTask;
04 import android.os.Bundle;
05 import android.support.annotation.NonNull;
06 import android.support.annotation.UiThread;
07 import android.support.v4.app.FragmentActivity;
08 import android.support.v7.app.AppCompatActivity;
09 import android.widget.TextView;
10
11 import com.naver.maps.geometry.LatLng;
12 import com.naver.maps.map.CameraUpdate;
13 import com.naver.maps.map.MapFragment;
14 import com.naver.maps.map.NaverMap;
15 import com.naver.maps.map.OnMapReadyCallback;
16 import com.naver.maps.map.overlay.InfoWindow;
17 import com.naver.maps.map.overlay.Marker;
```

```
18
19   import org.xmlpull.v1.XmlPullParser;
20   import org.xmlpull.v1.XmlPullParserFactory;
21
22   import java.io.BufferedInputStream;
23   import java.io.BufferedReader;
24   import java.io.IOException;
25   import java.io.InputStreamReader;
26   import java.io.StringReader;
27   import java.net.HttpURLConnection;
28   import java.net.URL;
29
30   public class MainActivity extends FragmentActivity implements OnMapReady
                                                                    Callback {
31       NaverMap mMap;
32
33       // 도시명
34       String[] city = {"서울", "부산"};
35       // 좌표
36       LatLng[] latlng = new LatLng[2];
37
38       @Override
39       protected void onCreate(Bundle savedInstanceState) {
40           super.onCreate(savedInstanceState);
41           setContentView(R.layout.activity_main);          지도를 출력할 프래그먼트 영역 인식
42
43           MapFragment mapFragment = (MapFragment) getSupport
                               FragmentManager().findFragmentById(R.id.map);
44           if (mapFragment == null) {
45               mapFragment = MapFragment.newInstance();
46               getSupportFragmentManager().beginTransaction().add(R.id.map,
                                               mapFragment).commit();
47           }
48
49           mapFragment.getMapAsync(this);
50       }                                        지도 사용이 준비되면
51                                                  onMapReady
52       @UiThread                                콜백 메소드 호출          호출
53       @Override
54       public void onMapReady(@NonNull NaverMap naverMap) {
55           mMap = naverMap;
56           naverMap.setMapType(NaverMap.MapType.Basic);
57
58           // 서울 좌표
59           latlng[0] = new LatLng(37.566506, 126.977977);
```

```java
60          // 부산 좌표
61          latlng[1] = new LatLng(35.184912, 129.076744);
62
63          // 지도 중심: 서울과 부산 사이
               LatLng latlng_center = new LatLng((latlng[0].latitude + latlng[1].
                   latitude)/2, (latlng[0].longitude + latlng[1].longitude)/2);
64          CameraUpdate cameraUpdate1 = CameraUpdate.scrollTo(latlng_center);
65          naverMap.moveCamera(cameraUpdate1);
66
67          // 지도 크기
68          CameraUpdate cameraUpdate2 = CameraUpdate.zoomTo(6);
69          naverMap.moveCamera(cameraUpdate2);
70
71          // 대기오염 정보 API
72          String api = "http://openapi.airkorea.or.kr/openapi/services/rest/
             ArpltnInforInqireSvc/getCtprvnMesureLIst?serviceKey=DEp3%2BU6FI4.....
                   e5DQ%3D%3D&numOfRows=10&pageSize=10&pageNo=1&startPage=
                   1&itemCode=PM10&dataGubun=HOUR&searchCondition=MONTH";
73
74          // API를 이용한 데이터 다운로드 객체
75          DownloadWebpageTask task = new DownloadWebpageTask();
76          // 데이터 다운로드 및 처리
77          task.execute(api);
78      }
79
80  // 데이터 다운로드 클래스 정의
81  private class DownloadWebpageTask extends AsyncTask<String, Void,
                                                          String> {
82
83      // 문서 다운로드(백그라운드 실행)
84      @Override
85      protected String doInBackground(String... urls) {
86          try {
87              // API에 해당하는 문서 다운로드
88              String txt =  (String) downloadUrl((String) urls[0]);
89              return txt;
90          } catch (IOException e) {
91              return "다운로드 실패";
92          }
93      }
94
95      // 문서 다운로드 후 자동 호출: XML 문서 파싱
96      protected void onPostExecute(String result) {
97          boolean bSet_itemCode = false;
98          boolean bSet_city = false;
```

```
99
100          String itemCode = "";
101          String pollution_degree = "";
102          String tag_name = "";
103
104      int cnt = 0;
105      int city_no = 0;
106
107      try {
108          // XML Pull Parser 객체 생성
109          XmlPullParserFactory factory = XmlPullParserFactory.
                                                      newInstance();
110          factory.setNamespaceAware(true);
111          XmlPullParser xpp = factory.newPullParser();
112
113          // 파싱할 문서 설정
114          xpp.setInput(new StringReader(result));
115
116          // 현재 이벤트 유형 반환(START_DOCUMENT, START_TAG, TEXT,
                                              END_TAG, END_DOCUMENT)
117          int eventType = xpp.getEventType();
118
119          // 이벤트 유형이 문서 마지막이 될 때까지 반복
120          while (eventType != XmlPullParser.END_DOCUMENT) {
121              // 문서의 시작인 경우
122              if (eventType == XmlPullParser.START_DOCUMENT) {
123                  ;
124
125              // START_TAG이면 태그 이름 확인
126              } else if (eventType == XmlPullParser.START_TAG) {
127                  tag_name = xpp.getName();
128                  if (bSet_itemCode == false && tag_name.equals
                                                      ("itemCode"))
129                      bSet_itemCode = true;
130                  if (itemCode.equals("PM10") &&
131                      (tag_name.equals("seoul") || tag_name.equals
                                                      ("busan")))
132                      bSet_city = true;
133
134              // 태그 사이의 문자 확인
135              } else if (eventType == XmlPullParser.TEXT) {
136                  if (bSet_itemCode) {
137                      itemCode = xpp.getText();
138
139                      if (itemCode.equals("PM10")) {
```

```
140                              cnt++;
141                              bSet_itemCode = false;
142
143                      // PM10에 대한 가장 가까운 시간 대의 도시 대기오염
                                                  정보 추출 후에 반복 종료
144                              if (cnt > 1)
145                                  break;
146                          }
147                      }
148                  if (bSet_city) {
149                      pollution_degree = xpp.getText();
150
151                      // 지도 위에 해당 도시의 미세먼지 농도 표시
152                      addInfo(latlng[city_no], city[city_no],
                                              pollution_degree);
153
154                      city_no++;
155                      bSet_city = false;
156                  }
157
158                  // 마침 태그인 경우
159              } else if (eventType == XmlPullParser.END_TAG) {
160
161              }
162
163              // 다음 이벤트 유형 할당
164              eventType = xpp.next();
165          }
166      } catch (Exception e) {
167      }
168  }
169
170  // 전달받은 API에 해당하는 문서 다운로드
171  private String downloadUrl(String api) throws IOException {
172      HttpURLConnection conn = null;
173      try {
174          // 문서를 읽어 텍스트 단위로 버퍼에 저장
175          URL url = new URL(api);
176          conn = (HttpURLConnection) url.openConnection();
177          BufferedInputStream buf = new BufferedInputStream
                                          (conn.getInputStream());
178          BufferedReader bufreader = new BufferedReader
                              (new InputStreamReader(buf, "utf-8"));
179
180          // 줄 단위로 읽어 문자로 저장
```

```
181                    String line = null;
182                    String page = "";
183                    while ((line = bufreader.readLine()) != null) {
184                        page += line;
185                    }
186
187                    // 다운로드 문서 반환
188                    return page;
189                } finally {
190                    conn.disconnect();
191                }
192            }
193        }
194
195    // 지도 위에 미세먼지 농도 표시
196    public void addInfo(LatLng latlng, String city, String
                                                    pollution_degree) {
197        final String pollution = pollution_degree;
198
199        Marker marker = new Marker();————————[마커]
200        marker.setPosition(latlng);
201        marker.setMap(mMap);
                                            [보조캡션]
202
203        marker.setSubCaptionText(city);————
204        marker.setSubCaptionColor(Color.RED);
205        marker.setSubCaptionHaloColor(Color.YELLOW);
206        marker.setSubCaptionTextSize(20);
                                            [정보창]
207
208        InfoWindow infoWindow1 = new InfoWindow();————
209        infoWindow1.setAdapter(new InfoWindow.DefaultTextAdapter(this) {
210            @NonNull
211            @Override
212            public CharSequence getText(@NonNull InfoWindow infoWindow) {
213                return pollution;
214            }
215        });
216        infoWindow1.open(marker);
217    }
218}
```

프로젝트를 실행하고 결과를 살펴보자.

> 구글과 네이버는 지도 API(Application Programming Interface)를 통해 지도정보 서비스를 제공한다.

> 네이버 지도를 활용하는 프로젝트 개발을 위해서는, 개발 앱에 대한 지도 API 사용 승인을 받아야 한다. 구글과 네이버 모두 2018년 가을부터 유료화 되었으며, 회원정보와 신용카드를 등록하면 처음 1년간 무료 쿠폰이 제공되고 있다. 우리는 국내 환경에 더 친숙한 네이버 지도 API를 사용하기로 하자.

> fragment는 하나의 activity 내에서 UI의 일부분을 표현한다. 한 activity에서 여러 개의 fragment를 조합할 수 있다. fragment는 큰 스크린에서 동적이며 유연한 디자인을 만들 수 있도록 지원한다.

> 화면 설계 시에 배치된 MapFragment 클래스를 통해 지도를 출력하며, onMapready() 콜백함수를 통해 지도유형을 변경한다. 지도유형은 기본, 내비게이션형, 위성사진, 하이브리드, 지형도가 있다.

> GPS를 이용하여 현재 위치를 추적하는 앱은 사람들이 도보, 차, 자전거 등으로 이동하거나 또는 범죄 예방을 위해서, 기업에서는 효과적 운송 활동을 목적으로 다양하게 활용되고 있다.

> 위치 리스너(LocationListerner)를 설정하면 위치가 변경될 때 위치관리자(LocationManager)로부터 공지를 받게 되어 onLocationChanged() 함수가 실행되면서 위치를 파악하게 된다. 현재 위치를 표시하면 움직인 경로가 나타나게 된다.

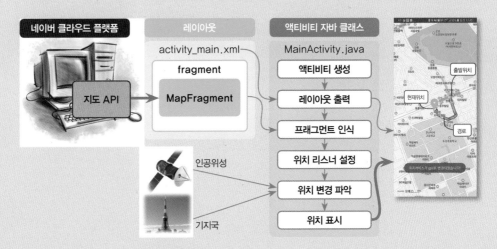

- 공공데이터 포털(data.go.kr)에서는 버스위치정보, 서울메트로 지하철정보, 날씨정보, 대기오염정보, 상가(상권)정보, 수산물 수출입정보 등 3,000여 건의 오픈 API가 제공되고 있다.

- 공공데이터포털(data.go.kr)의 Open API를 사용하기 위해서는 데이터 제공 기관으로부터 인증키를 받아야 한다. 이때 발급받은 키는 네이버맵 API 등과 다르게 여러 프로젝트에서 동시에 사용할 수 있다.

- 공공데이터 포털에서 XML 문서를 다운로드 받을 때는 데이터 크기 또는 네트워크로 인한 수신 상의 문제를 해결하기 위해 AsyncTask 클래스로부터 상속받는 클래스를 사용하여 비동기적 백그라운드로 데이터를 수신한다.

- AsyncTask 클래스로부터 상속받는 클래스가 실행되면 onPreExecute() → doInBackground() → onPostExecute()가 단계적으로 호출되며, doInBackground() 실행 시에는 onProgress Update() 함수가 자동 호출된다. 백그라운드로 실행되는 doInBackground()에서 웹문서를 다운로드 받고, 그 결과는 onPostExecute()에서 처리한다.

- XML 문서의 파싱은 DOM(Document Object Model) Parser, SAX(Simple API for XML) Parser, XML Pull Parser 방식이 있다. XML Pull Parser 방식은 추출할 텍스트가 있는 시작 태그를 찾은 후, 태그의 데이터를 추출한다.

1. 네이버 지도 API를 사용하려고 한다. build.gradle 파일 외에 AndroidManifest.xml 파일과 activity_main.xml의 빈칸을 채워 올바른 실행결과가 나타나도록 소스를 완성하시오.

```
AndroidManifest.xml

..... 생략 .....
    <meta-data
        android:name="_____①_____"
        android:value="..... API키....." />
..... 생략 .....
```

```
activity_main.xml

..... 생략 .....
    <fragment android:layout_width="match_parent"
        android:layout_height="match_parent"
        android:id="@+id/map"
        android:name="_____②_____" />
..... 생략 .....
```

2. MainActivity.java의 onCreate()에서 지도 사용이 준비되면 onMapReady 콜백 함수를 호출하는 소스를 완성하시오.

```
protected void onCreate(Bundle savedInstanceState) {
    ..... 생략 .....
    MapFragment mapFragment = ..... 생략 .....
    mapFragment._____;
}
```

3. MainActivity.java의 onMapReady()에서 위성사진과 도로명 등을 함께 출력하려고 한다. naverMap.setMapType() 메소드의 인수로 적당한 것은?

① NaverMap.MapType.*Basic*
② NaverMap.MapType.*Navi*
③ NaverMap.MapType.*Setellite*
④ NaverMap.MapType.*Hybrid*
⑤ NaverMap.MapType.*Terrain*

4. 다음 보기를 읽고 물음에 답하시오.

> 가. 마커 위의 정보 창 출력
>
> 나. 지도 수정
>
> 다. 지도 위의 한 지점을 아이콘과 캡션으로 표시
>
> 라. 지도가 출력될 위도와 경도

아래의 클래스와 연관된 설명을 위의 보기에서 고르시오.

① CameraUpdate ···················· (   )
② Information ······················ (   )
③ LatLng ··························· (   )
④ Marker ·························· (   )

5. 다음 보기를 읽고 물음에 답하시오.

> 가. 사용자에 의해 provider가 사용 불가능하게 설정될 때 불려짐
>
> 나. 사용자에 의해 provider가 사용 가능하게 설정될 때 불려짐
>
> 다. provider 상태가 변할 때 불려짐
>
> 라. 위치가 변할 때 불려짐

위치가 변할 때 LocationManager로부터 공지를 받는 LocationListener 클래스와 연관된 설명을 위의 보기에서 고르시오.

① onLocationChanged() ·············· (   )
② onStatusChanged() ················ (   )
③ onProviderEnabled() ·············· (   )
④ onProviderDisabled() ·············· (   )

6. 다음 보기를 읽고 물음에 답하시오.

> 가. 입출력 관련 에러 정보 클래스
>
> 나. 인터넷 상의 리소스 주소를 위한 클래스
>
> 다. 백그라운드로 작업을 수행하며, UI에 결과를 출력함
>
> 라. 어플리케이션과 URL 사이에 통신 연결을 표현하는 모든 클래스의 수퍼클래스
>
> 마. InputStream으로 받은 byte 단위의 데이터를 버퍼에 저장하는 클래스
>
> 바. 웹 상에서 데이터 송수신을 위해 사용되는 HTTP를 위한 URL 연결용 클래스
>
> 사. Reader로부터 읽은 텍스트 데이터를 버퍼에 저장하는 클래스

웹상의 데이터 파일을 다운로드 받기 위해 사용되는 클래스와 연관된 설명을 위의 보기에서 고르시오

① AsyncTask ························· (   )

② BufferedInputStream ·············· (   )

③ BufferedReader ··················· (   )

④ IOException ····················· (   )

⑤ HttpURLConnection··············· (   )

⑥ URL ··························· (   )

⑦ URLConnection ·················· (   )

7. AsyncTask 클래스로부터 상속받은 클래스가 실행될 때 자동으로 호출되는 AsyncTask 클래스의메소드 순서는?

① doInBackground() → onPreExecute() → onPostExecute()

② onPreExecute() → onPostExecute() → doInBackground()

③ onPreExecute() → doInBackground() → onPostExecute()

④ onPostExecute() → onPreExecute() → doInBackground()

8. 다음 보기를 읽고 물음에 답하시오.

> 가. 현재 이벤트 유형 반환
>
> 나. 태그 이름 추출
>
> 다. 파싱할 문서 설정
>
> 라. 다음 파싱 이벤트로 이동
>
> 마. 텍스트 데이터 추출

XML 문서를 파싱할 때 사용되는 XmlPullParser 클래스의 메소드와 연관된 설명을 위의 보기에서 고르시오.

① setInput() ························· (　　　)

② getEventType() ················· (　　　)

③ getName() ························· (　　　)

④ getText() ························· (　　　)

⑤ next() ························· (　　　)

대기오염도(미세먼지)의 지도 출력

9.3.3절을 참고하여 공공DB 사이트에서 실시간으로 받은 대기오염정보를 토대로 현재부터 가장 가까운 시간대의 모든 도시의 미세먼지(PM10) 오염도($\mu g/m^3$)를 지도에 표시하고 비교해보자.

프로젝트

프로젝트 개요: 우리나라 도시 지역의 미세먼지 크기 비교

Application Name: Air Pollution

어플리케이션 라벨: 대기오염 정보

힌트

서울과 부산 외에 대구(daegu), 인천(Incheon), 광주(gwangju), 대전(Daejeon), 울산(ulsan), 경기(gyeonggi), 강원(gangwon), 충북(chungbuk), 충남(chungnam), 전북(jeonbuk), 전남(jeonnam), 경북(gyeongbuk), 경남(gyeongnam), 제주(jeju), 세종(sejong)에 대한 좌표를 배열로 설정한다.

ANDROID
PROGRAMMING

음성인식과 음성출력

학습목표

- 이번 장에서는 음성을 문자로 인식하거나 문자를 음성으로 출력하는 방법을 살펴보고, 애니메이션과 연동하여 화면을 제어하는 원리를 익혀보자.

학습내용

- 음성인식(STT) 기능과 활용법
- 음성출력(TTS) 기능과 활용법
- 음성인식과 애니메이션

09.1

음성인식

9.1.1 음성인식 활용 앱

최근 인공지능 분야의 발달에 따라 데이터 기반 학습에 의한 음성인식이 다양하게 활용되고 있다. 아마존의 알렉사(Alexa)는 대표적인 음성인식 비서의 예로 볼 수 있다. 네이버의 파파고는 기계번역 앱으로, 다음 왼쪽 그림은 초기 화면이며 오른쪽은 사용자의 말을 인식하여 영어로 번역한 문자를 출력하는 화면을 보여주고 있다.

파파고(초기 화면)   파파고(음성인식과 문자 출력)

Q 음성인식 API는 어떻게 사용하며, 어떤 방법으로 활용할 수 있을까?

9.1.2 음성인식 기본 원리

MainActivity.java 클래스는 화면에 activity_main.xml에서 배치된 버튼과 텍스트뷰를 출력하고, 오디오 기록을 허용하고(앱 처음 실행 시) 음성인식을 위한 인텐트 생성 및 리스너를 설정한다. 사용자가 버튼을 클릭하면 시스템에서는 MainActivity.java 클래스에 구현된 콜백함수 recognizeVoice()를 호출한다. recognizeVoice()는 인텐트를 활용하는 음성인식 리스너를 시작시킨다. 음성인식 리스너는 사용자의 음성을 인식하여 화면의 텍스트뷰에 문자로 출력한다.

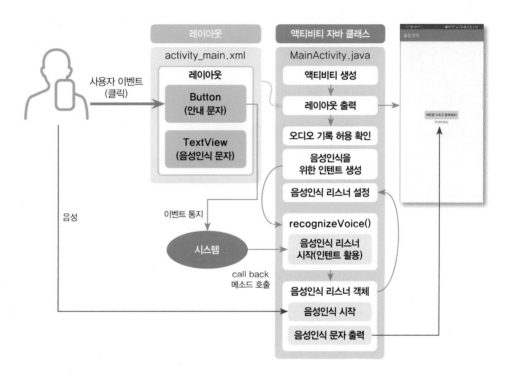

● 음성인식과 음성출력

안드로이드는 음성을 인식하여 문자로 변환하는 음성인식(STT: Speech to Text)와 문자를 음성으로 출력하는 음성출력(TTS: Text to Speech) 기술을 제공한다. 9.1절에서는 STT, 9.2절과 9.3절에서는 STT와 TTS 기술을 모두 활용하는 앱을 개발해보자.

9.1.3 음성인식과 문자 출력

(1) 프로젝트 개요

버튼을 누르고 말하면, 구글의 STT 기능으로 음성을 인식해서 문자로 출력해보자. 프로젝트의 어플리케이션 이름은 『Voice To Text』, 어플리케이션 라벨과 액티비티 라벨은 『음성인식』으로 한다. 다음은 사용자의 인사말("안녕하세요")을 인식해서 문자로 출력한 예이다.

프로젝트 9.1

프로젝트 개요: 사용자의 음성을 인식해서 문자로 출력

··

Application Name: Voice To Text

··

어플리케이션 라벨: 음성인식

··

(2) 프로젝트 개발

STEP 1 〉 **프로젝트 생성**

다음 3단계 절차에 따라 프로젝트를 생성한다.

단계	내용
❶ 새 프로젝트 만들기	메뉴에서 'File → New → New Project' 클릭
❷ 프로젝트 선택	'Phone and Tablet' 탭에서 'Empty Activity' 선택
❸ 프로젝트 구성	프로젝트 이름: '**Voice To Text**' 패키지 이름: 'com.example.voicetotext' (디폴트 값) 프로젝트 저장 위치 확인 개발 언어: 'Java' 최소 API 레벨 설정: 실행할 스마트폰의 API 레벨 이하

STEP 2 〉 **파일 편집**

strings.xml에서 어플리케이션 라벨을 수정하고[편집 1], activity_main.xml에서 음성인식을 시작할 버튼과 음성을 번역한 결과를 문자로 출력하는 텍스트뷰를 배치한다[편집 2]. MainActivity.java에서는 버튼을 클릭한 후 음성을 인식해서 문자로 출력한다[편집 3]. 한편, AndroidManifest.xml에는 오디오 기록을 허용하는 권한을 부여한다[편집 4].

모듈	폴더	소스 파일	편집 내용
manifests	–	AndroidManifest.xml	[4] 오디오 기록 허용
java	com.example.voicetotext	MainActivity.java	[3] 음성인식과 문자 출력
res	drawable	–	–
	layout	activity_main.xml	[2] 화면 설계 • 버튼과 문자 출력
	mipmap	ic_launcher.png	–
	values	colors.xml	–
		strings.xml	[1] 텍스트 리소스 편집 • 어플리케이션 라벨 수정
		styles.xml	–

[1] 텍스트 리소스 편집

strings.xml 파일을 열고, 어플리케이션 라벨과 액티비티 라벨을 '음성인식'으로 수정한다.

```
01  <resources>
02      <string name="app_name">음성인식</string>
03  </resources>
```

[2] 화면 설계

activity_main.xml 파일에 음성인식을 시작할 버튼과 음성을 번역하여 문자로 출력할
텍스트뷰를 배치한다. 각각 'btn'과 'tv'라는 id로 지정한다.

activity_main.xml

```
01  <?xml version="1.0" encoding="utf-8"?>
02  <android.support.constraint.ConstraintLayout xmlns:android=
                            "http://schemas.android.com/apk/res/android"
03      xmlns:app="http://schemas.android.com/apk/res-auto"
04      xmlns:tools="http://schemas.android.com/tools"
05      android:layout_width="match_parent"
06      android:layout_height="match_parent"
07      tools:context=".MainActivity">
08
09      <Button ─────── 음성인식 시작 버튼
10          android:id="@+id/btn"
11          android:layout_width="wrap_content"
12          android:layout_height="wrap_content"
13          android:text="버튼을 누르고 말하세요!"
14          android:clickable="true"
15          android:onClick="recognizeVoice"
16          app:layout_constraintLeft_toLeftOf="parent"
17          app:layout_constraintRight_toRightOf="parent"
18          app:layout_constraintBottom_toTopOf="@+id/tv"/>
19
20      <TextView ─────── 음성인식 결과 출력
21          android:id="@+id/tv"
22          android:layout_width="wrap_content"
23          android:layout_height="wrap_content"
24          android:text="문자 출력 영역"
25          app:layout_constraintBottom_toBottomOf="parent"
26          app:layout_constraintLeft_toLeftOf="parent"
27          app:layout_constraintRight_toRightOf="parent"
28          app:layout_constraintTop_toTopOf="parent" />
29
30  </android.support.constraint.ConstraintLayout>
```

〉클래스

클래스	설명
Button	09행. 하나의 액션을 실행하기 위해 사용자가 클릭할 수 있는 사용자 인터페이스 요소

[3] 액티비티 제어

앱에 음성인식 권한을 허가하지 않은 경우, 처음에 한 번 체크하는 과정을 거치게 된다
(❶). 음성인식을 위한 인텐트를 설정하고(❷), 음성인식 리스너를 설정한다(❸). 음성인
식 시작 버튼을 클릭하면 음성인식 리스너를 실행한다(❹). 버튼을 누르면 음성인식 리
스너가 작동을 시작하고, 말을 하면 음성을 인식해서 화면에 문자로 출력하게 된다. 음
성인식 리스너는 음성인식 대기부터 음성인식 시작과 종료까지 여러 상태를 처리하는
기능이 있다.

MainActivity.java

```
01  package com.example.voicetotext;
02
03  import android.Manifest;
04  import android.content.Intent;
05  import android.content.pm.PackageManager;
06  import android.speech.RecognitionListener;
07  import android.speech.RecognizerIntent;
08  import android.speech.SpeechRecognizer;
09  import android.support.v4.app.ActivityCompat;
10  import android.support.v4.content.ContextCompat;
11  import android.support.v7.app.AppCompatActivity;
12  import android.os.Bundle;
13  import android.view.View;
14  import android.widget.Button;
15  import android.widget.TextView;
16
17  import java.util.ArrayList;
18
19  public class MainActivity extends AppCompatActivity {
20
21      Button   button;
22      TextView textView;
23      Intent   intent;
24      SpeechRecognizer mRecognizer;
```

```
25
26      @Override
27      protected void onCreate(Bundle savedInstanceState) {
28          super.onCreate(savedInstanceState);
29          setContentView(R.layout.activity_main);
30
31          button = (Button) findViewById(R.id.btn);
32          textView = (TextView) findViewById(R.id.tv);
33
34          // 앱 처음 실행 시, 오디오 기록 허용 여부 확인 요청
35          if (ContextCompat.checkSelfPermission(this, Manifest.permission.
                    RECORD_AUDIO) != PackageManager.PERMISSION_GRANTED) {
36  ❶          ActivityCompat.requestPermissions(this, new String[]{Manifest.
                                    permission.RECORD_AUDIO}, 1);
37          }
38
39          // 음성인식을 위한 인텐트 생성
40          intent = new Intent(RecognizerIntent.ACTION_RECOGNIZE_SPEECH);
41  ❷      intent.putExtra(RecognizerIntent.EXTRA_CALLING_PACKAGE,
                                            getPackageName());
42          intent.putExtra(RecognizerIntent.EXTRA_LANGUAGE, "ko-KR");
43
44          // 음성인식 객체 생성과 리스너 설정
45  ❸      mRecognizer = SpeechRecognizer.createSpeechRecognizer(this);
46          mRecognizer.setRecognitionListener(recognitionListener);
47      }
48
49      // 버튼 클릭 시 실행되는 콜백 함수
50      public void recognizeVoice(View view) {
51          button.setText("말하는 중.....");                ❹ 음성인식 시작        음성인식
52          mRecognizer.startListening(intent);                                    리스너 설정
53      }
54
55      // 음성인식 리스너 객체 생성
56      private RecognitionListener recognitionListener = new Recognition
                                                        Listener() {
57          // 사용자가 말할 때까지 대기하는 상태
58          @Override
59          public void onReadyForSpeech(Bundle bundle) {
60              button.setText("음성인식 대기 중...");
61              textView.setText("");
62          }
63
64          // 사용자가 말하기 시작할 때
65          @Override
```

378 PART 03 API와 센서 활용

```java
66      public void onBeginningOfSpeech() {
67      }
68
69      // 음성의 사운드 수준이 변할 때
70      @Override
71      public void onRmsChanged(float v) {
72      }
73
74      // 여러 소리가 들려질 때
75      @Override
76      public void onBufferReceived(byte[] bytes) {
77      }
78
79      // 사용자가 말을 마칠 때
80      @Override
81      public void onEndOfSpeech() {
82          button.setText("버튼을 누르고 말하세요!");
83      }
84
85      // 네트워크 또는 음성인식 에러
86      @Override
87      public void onError(int i) {
88          textView.setText("말이 없네요...");
89      }
90
91      // 음성인식 결과
92      @Override
93      public void onResults(Bundle bundle) {
94          ArrayList<String> mResult = bundle.getStringArrayList
                                (SpeechRecognizer.RESULTS_RECOGNITION);
95
96          String[] rs = new String[mResult.size()];
97          mResult.toArray(rs);
98
99          textView.setText(rs[0]);
100     }
101
102     // 음성인식이 부분적으로 된 경우
103     @Override
104     public void onPartialResults(Bundle bundle) {
105     }
106
107     // 방생 예정 이벤트 설정
108     @Override
109     public void onEvent(int i, Bundle bundle) {
```

음성인식 결과는
문자로 출력

```
110            }
111    };
112 }
```

AndroidManifest.xml에서 오디오 기록 권한을 부여하지만, 34-37행에 의해 앱 처음 실행 시에 그 권한의 허용여부를 다시 한 번 더 확인하게 된다.

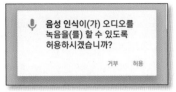

클래스와 속성/메소드

〉 클래스

클래스	설명
ActivityCompat	09, 36행. 액티비티 접근 (권한 요청 등)
ArrayList	94행. 배열 크기 조절 가능한 List 인터페이스
ContextCompat	35행. 콘텍스트에 접근 (권한 확인 등)
Manifest	03행.
Manifest.permission	35, 36행. Manifest의 내부 클래스
PackageManager	35행. 현재 디바이스에 설치된 어플리케이션 패키지 관련 여러 정보 추출
RecognitionListener	56행. 음성인식 에러 발생 시, SpeechRecognizer 클래스로부터 공지를 받음
RecognizerIntent	40, 41, 42행. 인텐트를 사용하는 동안 음성인식을 지원하기 위한 상수들
SpeechRecognizer	45, 94행. 음성인식 서비스에 대한 접근. 이 클래스를 사용하기 위해 어플리케이션은 Manifest.permission.RECORD_AUDIO에 대한 사용 권한을 가지고 있어야 함

〉 속성

클래스	속성	설명
Manifest.permission	String RECORD_AUDIO	어플리케이션이 오디오를 기록하도록 허락
PackageManager	int PERMISSION_GRANTED	사용 권한 확인 결과
RecognizerIntent	String ACTION_RECOGNIZE_SPEECH	사용자에게 말하는 것을 요구하고, 그 결과를 음성 인식기(Speech Recognizer)를 통해 전송하는 활동 시작
RecognizerIntent	String EXTRA_CALLING_PACKAGE	음성인식을 위해 인텐트가 음성인식기(Speech Recognizer)에 사용되는 여분의 키
RecognizerIntent	String EXTRA_LANGUAGE	언어 태그. 영어는 "en-US", 한글은 "ko-KR"

› 메소드

클래스	메소드	설명
ActivityCompat	static void requestPermissions(Activity activity, String[] permissions, int requestCode)	어플리케이션에 승인되어야 할 허락 요청
ArrayList	Object[] toArray()	리스트 속성들을 포함하는 배열 반환
ArrayList	int size()	리스트를 구성하는 속성의 수 반환
Bundle	ArrayList⟨String⟩ getStringArrayList(String key)	주어진 키에 연관된 값들 반환
ContextCompat	static int checkSelfPermission(Context context, String permission)	특정 권한 승인 여부 확인
RecognitionListener	abstract void onBufferReceived(byte[] buffer)	많은 소리가 수신될 때 호출
RecognitionListener	abstract void onEndOfSpeech()	사용자가 말하기를 그만둘 때 호출
RecognitionListener	abstract void onError(int error)	네트워크 또는 인식 과정에서 에러 발생 시 호출
RecognitionListener	abstract void onBeginningOfSpeech()	사용자가 말하기를 시작할 때 호출
RecognitionListener	abstract void onEvent(int eventType, Bundle params)	발생한 이벤트 저장
RecognitionListener	abstract void onPartialResults(Bundle partialResults)	부분적으로 인식이 되었을 때 호출
RecognitionListener	abstract void onReadyForSpeech(Bundle params)	사용자가 말하기를 시작할 준비가 되었을 때 호출
RecognitionListener	abstract void onResults(Bundle results)	음성인식 결과가 준비될 때 호출
RecognitionListener	abstract void onRmsChanged(float rmsdB)	오디오 스트림의 사운드 수준이 변할 때 호출(목소리가 변할 때 등)
SpeechRecognizer	static SpeechRecognizer createSpeechRecognizer(Context context)	음성인식기 생성
SpeechRecognizer	void setRecognitionListener(RecognitionListener listener)	모든 콜백을 받아들이는 리스너 설정
SpeechRecognizer	void startListening(Intent recognizerIntent)	음성을 듣기 시작

[4] 환경 설정

앱에 오디오 기록을 허용하는 권한을 부여한다.

AndroidManifest.xml

```xml
01 <?xml version="1.0" encoding="utf-8"?>
02 <manifest xmlns:android="http://schemas.android.com/apk/res/android"
03     package="com.example.yscha.voicetotext">
04
05 <uses-permission android:name="android.permission.RECORD_AUDIO"/>
```

오디오 기록 권한 부여

```
06
07    <application
08        android:allowBackup="true"
09        android:icon="@mipmap/ic_launcher"
10        android:label="@string/app_name"
11        android:roundIcon="@mipmap/ic_launcher_round"
12        android:supportsRtl="true"
13        android:theme="@style/AppTheme">
14        <activity android:name=".MainActivity">
15            <intent-filter>
16                <action android:name="android.intent.action.MAIN" />
17
18                <category android:name="android.intent.category.LAUNCHER" />
19            </intent-filter>
20        </activity>
21    </application>
22
23 </manifest>
```

STEP 3 ▷ 프로젝트 실행

프로젝트를 실행하고 결과를 살펴보자.

09.2

DJ 로봇

9.2.1 음성 검색 활용 앱

사용자의 말을 인식해서 관련 주제에 해당하는 콘텐츠를 출력하는 기능은 다양하게 활용될 수 있다. 다음 왼쪽 그림은 유튜브의 사용자 음성 대기 상태를 나타내고, 오른쪽은 음성을 인식해서 해당 단어로 검색한 결과 목록을 보여주고 있다.

유튜브: 음성 대기

유튜브: 음성인식 결과 목록

9.2.2 음성인식과 오디오 출력 기본 원리

MainActivity.java 클래스는 화면에 activity_main.xml에서 배치된 화면을 출력한다. 오디오 출력을 위한 미디어플레이어를 생성하고, 문자를 음성으로 출력할 TTS 객체를 만든다. 오디오 기록 허용을 확인하고 음성인식을 위한 인텐트 생성 및 리스너를 설정한다. 사용자가 화면을 터치하면 시스템에서는 **MainActivity.java** 클래스에 구현된 콜백 함수 recognizeVoice()를 호출한다. recognizeVoice()는 사용자에게 음성 안내를 하고, 인텐트를 활용하는 음성인식 리스너를 시작시킨다. 음성인식 리스너는 사용자가 말하는 노래 제목을 인식해서 화면에 노래 배경 이미지 출력과 노래 오디오를 재생한다.

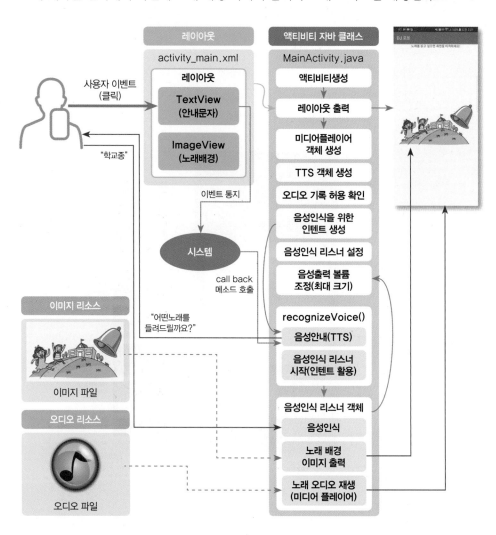

9.2.3 TTS와 STT API를 활용한 DJ 로봇

(1) 프로젝트 개요

화면을 터치하면 "어떤 노래를 들려드릴까요?"라는 음성이 출력된다. 6장에서 만든 프로젝트를 응용하여 "학교종", "산토끼", "코끼리 아저씨" 중에 하나를 말하면 그 노래가 출력되도록 해보자. 노래에 따른 배경 이미지도 나타나게 한다. 어플리케이션 이름은 『DJ Robot』, 어플리케이션 라벨과 액티비티 라벨은 『DJ 로봇』으로 하는 프로젝트를 개발한다.

프로젝트 9.2

프로젝트 개요: TTS와 STT를 활용한 노래 재생
....
Application Name: DJ Robot
....
어플리케이션 라벨: DJ 로봇
....

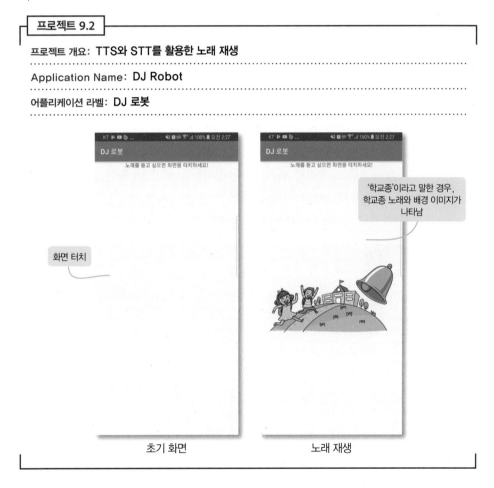

초기 화면   노래 재생

(2) 프로젝트 개발

STEP **1** 〉 **프로젝트 생성**

다음 3단계 절차에 따라 프로젝트를 생성한다.

단계	내용
❶ 새 프로젝트 만들기	메뉴에서 'File → New → New Project' 클릭
❷ 프로젝트 선택	'Phone and Tablet' 탭에서 'Empty Activity' 선택
❸ 프로젝트 구성	프로젝트 이름: '**DJ Robot**' 패키지 이름: 'com.example.djrobot' (디폴트 값) 프로젝트 저장 위치 확인 개발 언어: 'Java' 최소 API 레벨 설정: 실행할 스마트폰의 API 레벨 이하

STEP **2** 〉 **파일 편집**

먼저, res/raw 폴더에는 노래 오디오 파일들을 저장하고[편집 1], 노래 재생 시에 출력할 배경 이미지들을 drawable 폴더에 추가한다[편집 2]. String.xml에는 어플리케이션 이름을 수정하고, 출력할 텍스트들을 정의한다[편집 3]. 화면 중앙에는 이미지뷰를 배치한다[편집 4]. MainActivity.java에는 버튼 클릭 시에 음성을 인식해서 문자를 출력하도록 한다[편집 5]. AndroidManifest.xml에는 오디오 기록 권한을 부여한다[편집 6].

모듈	폴더	소스 파일	편집 내용
manifests	–	AndroidManifest.xml	[6] 오디오 기록 허용
java	com.example. djrobot	MainActivity.java	[5] 음성인식과 문자 출력
res	drawable	img_elephant.png img_hare.png img_schoolbell.png	[2] 노래 배경 이미지 추가
	layout	activity_main.xml	[4] 노래 배경 이미지 출력을 위한 이미지뷰 배치
	mipmap	ic_launcher.png	–
	raw	elephant.mp3 hare.mp3 schoolbell.mp3	[1] 노래 오디오 파일 추가
	values	colors.xml	
		strings.xml	[3] 텍스트 리소스 편집 • 어플리케이션 라벨 수정
		styles.xml	

[1] 오디오 파일 추가

오디오 파일 schoolbell.mp3, elephant.mp3, hare.mp3들을 res/raw 폴더에 저장한다
(7장 참조).

모듈	폴더	소스 파일	내용
res	raw	schoolbell.mp3	학교종 연주
		elephant.mp3	코끼리 아저씨 연주
		hare.mp3	산토끼 연주

[2] 이미지 파일 추가

각 노래 재생 시에 배경 이미지들로 사용하기 위해 준비한 세 개 이미지 img_school-bell.png, img_elephant.png, img_hare.png 파일들을 res/drawable 폴더에 저장한다
(6장 참조).

모듈	폴더	소스 파일	이미지
res	drawable	img_schoolbell.png (학교종)	
		img_elephant.png (코끼리 아저씨)	
		img_hare.png (산토끼)	

[3] 텍스트 리소스 편집

strings.xml에는 어플리케이션 이름과 액티비티 이름을 수정하기 위해 app_name 속성
값을 'DJ 로봇'으로 수정한다.

strings.xml

```
01 <resources>
02     <string name="app_name">DJ 로봇</string>
03 </resources>
```

[4] 화면 설계

activity_main.xml에는 실행 안내문구를 화면 상단에 배치하고, 노래 배경 이미지를 출력할 이미지뷰는 화면 중앙에 배치한다. 출력될 이미지 소스는 MainActivity.java에서 노래에 따라 동적으로 정해지도록 한다.

activity_main.xml

```
01  <?xml version="1.0" encoding="utf-8"?>
02  <android.support.constraint.ConstraintLayout xmlns:android=
                                  "http://schemas.android.com/apk/res/android"
03      xmlns:app="http://schemas.android.com/apk/res-auto"
04      xmlns:tools="http://schemas.android.com/tools"
05      android:layout_width="match_parent"
06      android:layout_height="match_parent"
07      tools:context=".MainActivity"
08      android:id="@+id/cl"
09      android:clickable="true"
10      android:onClick="recognizeVoice" >
11
12      <TextView                    [실행 안내 문구]
13          android:layout_width="wrap_content"
14          android:layout_height="wrap_content"
15          android:text="노래를 듣고 싶으면 화면을 터치하세요!"
16          app:layout_constraintLeft_toLeftOf="parent"
17          app:layout_constraintRight_toRightOf="parent"
18          app:layout_constraintTop_toTopOf="parent" />
19
20      <ImageView              [노래 배경 이미지뷰]
21          android:id="@+id/iv"
22          android:layout_width="wrap_content"
23          android:layout_height="wrap_content"
24          app:layout_constraintBottom_toBottomOf="parent"
25          app:layout_constraintLeft_toLeftOf="parent"
26          app:layout_constraintRight_toRightOf="parent"
27          app:layout_constraintTop_toTopOf="parent" />
28
29  </android.support.constraint.ConstraintLayout>
```

[5] 액티비티 제어

이미지를 출력할 이미지뷰를 인식한다. TTS 객체와 음성인식을 위한 객체를 생성하고 오디오 출력을 위한 볼륨을 설정한다. 버튼이 터치되면 TTS 기능으로 "어떤 노래를 들려드릴까요?"라고 오디오를 출력하고, 사용자가 말하는 노래 제목을 STT 기능으로 인식해서 노래제목에 해당하는 배경 이미지를 출력하고 노래를 재생한다.

MainActivity.java

```
01  package com.example.djrobot;
02
03  import android.Manifest;
04  import android.animation.ObjectAnimator;
05  import android.app.Activity;
06  import android.content.Context;
07  import android.content.Intent;
08  import android.content.pm.PackageManager;
09  import android.media.AudioManager;
10  import android.media.MediaPlayer;
11  import android.net.Uri;
12  import android.speech.RecognitionListener;
13  import android.speech.RecognizerIntent;
14  import android.speech.SpeechRecognizer;
15  import android.speech.tts.TextToSpeech;
16  import android.support.constraint.ConstraintLayout;
17  import android.support.v4.app.ActivityCompat;
18  import android.support.v4.content.ContextCompat;
19  import android.support.v7.app.AppCompatActivity;
20  import android.os.Bundle;
21  import android.view.View;
22  import android.view.animation.AccelerateDecelerateInterpolator;
23  import android.widget.ImageView;
24  import android.widget.Toast;
25
26  import java.util.ArrayList;
27  import java.util.Locale;
28
29  import static android.speech.tts.TextToSpeech.ERROR;
30
31  public class MainActivity extends AppCompatActivity {
32
33      ConstraintLayout cl;
34      ImageView iv;
35      private TextToSpeech tts;
36      Intent intent;
37      SpeechRecognizer mRecognizer;
38      MediaPlayer mp;
39
40      @Override
```

```
41      protected void onCreate(Bundle savedInstanceState) {
42          super.onCreate(savedInstanceState);
43          setContentView(R.layout.activity_main);
44
45          cl = (ConstraintLayout)findViewById(R.id.cl);
46          iv = (ImageView)findViewById(R.id.iv);
47                                          미디어 플레이어 객체 생성
48          mp = new MediaPlayer();
49
50          // TTS 객체 생성
51          tts = new TextToSpeech(this, new TextToSpeech.OnInitListener() {
52              @Override
53              public void onInit(int status) {
54                  if(status != ERROR) {
55                      tts.setLanguage(Locale.KOREAN);
56                  }
57              }
58          });
59
60          // 앱 처음 실행 시, 음성인식 허용 여부 확인 요청
61          if (ContextCompat.checkSelfPermission(this, Manifest.permission.
                    RECORD_AUDIO) != PackageManager.PERMISSION_GRANTED) {
62              ActivityCompat.requestPermissions(this, new String[]{Manifest.
                                          permission.RECORD_AUDIO}, 1);
63          }
64
65          // 음성인식을 위한 인텐트 생성
66          intent = new Intent(RecognizerIntent.ACTION_RECOGNIZE_SPEECH);
67          intent.putExtra(RecognizerIntent.EXTRA_CALLING_PACKAGE,
                                                  getPackageName());
68          intent.putExtra(RecognizerIntent.EXTRA_LANGUAGE, "ko-KR");
69
70          // 음성인식 객체 생성과 리스너 설정
71          mRecognizer = SpeechRecognizer.createSpeechRecognizer(this);
72          mRecognizer.setRecognitionListener(recognitionListener);        음성인식
                                                                            리스너 설정
73
74          // 볼륨 조절
75          AudioManager am = (AudioManager)getSystemService(Context.
                                                  AUDIO_SERVICE);
76          int amStreamMusicMaxVol = am.getStreamMaxVolume(am.STREAM_MUSIC);
77          am.setStreamVolume(am.STREAM_MUSIC, amStreamMusicMaxVol, 0);
78      }
79
80      // 음성인식 리스너 객체 생성
81      private RecognitionListener recognitionListener =
                                              new RecognitionListener() {
```

```
82      // 사용자가 말할 때까지 대기하는 상태
83      @Override
84      public void onReadyForSpeech(Bundle bundle) {
85      }
86
87      // 사용자가 말하기 시작할 때
88      @Override
89      public void onBeginningOfSpeech() {
90      }
91
92      // 음성의 사운드 수준이 변할 때
93      @Override
94      public void onRmsChanged(float v) {
95      }
96
97      // 여러 소리가 들려질 때
98      @Override
99      public void onBufferReceived(byte[] bytes) {
100     }
101
102     // 사용자가 말을 마칠 때
103     @Override
104     public void onEndOfSpeech() {
105     }
106
107     // 네트워크 또는 음성인식 에러
108     @Override
109     public void onError(int i) {
110     }
111
112     // 음성인식 결과
113     @Override
114     public void onResults(Bundle bundle) {
115         ArrayList<String> mResult = bundle.getStringArrayList(SpeechRe
                                    cognizer.RESULTS_RECOGNITION);
116                                              음성인식 결과 문자
117         String[] rs = new String[mResult.size()];
118         mResult.toArray(rs);                 음성 인식에 따른 노래 재생
119
120     if (rs[0].equals("학교종")) {
121         iv.setImageResource(R.drawable.img_schoolbell);
122         mp = MediaPlayer.create(MainActivity.this, R.raw.
                                                    schoolbell);
123         mp.start();
124     } else if (rs[0].equals("산토끼")) {
125         iv.setImageResource(R.drawable.img_hare);
```

```
126            mp = MediaPlayer.create(MainActivity.this, R.raw.hare);
127            mp.start();
128        } else if (rs[0].equals("코끼리 아저씨")) {
129            iv.setImageResource(R.drawable.img_elephant);
130            mp = MediaPlayer.create(MainActivity.this, R.raw.
                                                        elephant);
131            mp.start();
132        }

133    }

134
135    // 음성인식이 부분적으로 된 경우
136    @Override
137    public void onPartialResults(Bundle bundle) {
138    }

139
140    // 방생 예정 이벤트 설정
141    @Override
142    public void onEvent(int i, Bundle bundle) {
143    }
144 };

145
146 // 화면이 터치될 때 실행되는 콜백 메소드
147 public void recognizeVoice(View v) {
148     if (mp.isPlaying()) {
149         mp.stop();
150         mp.release();
151     }

152
153     tts.speak("어떤 노래를 들려드릴까요",TextToSpeech.QUEUE_FLUSH, null);
154     mRecognizer.startListening(intent);
155 }
                                            음성인식 시작

156
157 // 앱이 종료될 때 실행
158 @Override
159 protected void onDestroy() {
160     super.onDestroy();

161
162     if(tts != null){
163         tts.stop();
164         tts.shutdown();
165         tts = null;
166     }

167
168     if (mp.isPlaying()) {
169         mp.stop();
170         mp.release();
```

```
171          }
172      }
173 }
```

> **클래스**

클래스	설명
AudioManager	75행. 볼륨과 벨소리 모드 설정
Locale	55행. 특정 지리, 정치, 문화적인 지역 표현
TextToSpeech	35, 153행. 문자를 음성으로 출력
TextToSpeech.OnInitListener	51행. TTS 객체 생성이 완료될 때 부르는 콜백을 정의하는 인터페이스

> **속성**

클래스	속성	설명
Context	String *AUDIO_SERVICE*	볼륨과 벨소리 모드 등을 설정하는 AudioManager를 검색하기 위해 getSystemService(String)과 함께 사용
Locale	public static final Locale *KOREAN*	한글 언어 설정을 위한 상수
TextToSpeech	int *QUEUE_FLUSH*	모든 문자를 음성으로 출력
TextToSpeech	int *ERROR*	작동 중의 일반적인 에러
AudioManager	int *STREAM_MUSIC*	음악 재생을 위한 볼륨과 오디오 스트림 타입을 식별하는데 사용

> **메소드**

클래스	메소드	설명
AudioManager	int getStreamMaxVolume(int streamType)	특정 스트림의 최대 볼륨 수준 반환
AudioManager	void setStreamVolume(int streamType, int index, int flags)	특정 스트림의 볼륨 설정
Context	abstract Object getSystemService(String name)	주어진 이름에 해당하는 시스템 수준의 서비스에 대한 핸들 반환
TextToSpeech. OnInitListener	abstract void onInit(int status)	TTS 생성 초기화가 완료될 때 알려주기 위해 호출
TextToSpeech	int setLanguage(Locale loc)	TTS 언어 설정
TextToSpeech	void shutdown()	TTS 엔진에서 사용되던 리소스 해제
TextToSpeech	int speak(String text, int queueMode, HashMap(String, String) params)	문자를 음성으로 출력. API level 21부터는 *speak(Char Sequence, int, Bundle, String)*로 대체
TextToSpeech	int stop()	현재 음성 출력 중지

[6] 환경 설정

앱에 오디오를 기록하는 권한을 부여한다.

AndroidManifest.xml

```xml
01 <?xml version="1.0" encoding="utf-8"?>
02 <manifest xmlns:android="http://schemas.android.com/apk/res/android"
03     package="com.example.djrobot">
04
05     <uses-permission android:name="android.permission.RECORD_AUDIO"/>
06
07     <application
08         android:allowBackup="true"
09         android:icon="@mipmap/ic_launcher"
10         android:label="@string/app_name"
11         android:roundIcon="@mipmap/ic_launcher_round"
12         android:supportsRtl="true"
13         android:theme="@style/AppTheme">
14         <activity android:name=".MainActivity">
15             <intent-filter>
16                 <action android:name="android.intent.action.MAIN" />
17
18                 <category android:name="android.intent.category.LAUNCHER" />
19             </intent-filter>
20         </activity>
21     </application>
22
23 </manifest>
```

> 오디오 기록 권한 부여

STEP 3 ▷ 프로젝트 실행

프로젝트를 실행하고 결과를 살펴보자.

09.3 음성인식과 애니메이션

9.3.1 음성인식의 애니메이션 활용 앱

음성인식은 애니메이션 게임에도 유용하게 활용되고 있다. 다음은 『Santa Claus Voice Effect』 앱을 보여주고 있다. 음성을 녹음해서 산타클로스 음성과 비슷하게 변환할 수 있다. 자녀에게 산타클로스 목소리로 인사하면 큰 선물이 될 수 있다.

초기 화면

음성 녹음

9.3.2 음성인식과 애니메이션 기본 원리

MainActivity.java 클래스는 화면에 activity_main.xml에서 배치된 화면을 출력한다. 음성을 출력할 TTS 객체를 만들고, 음성인식 허용 확인(앱 처음 실행 시)과 음성인식을 위한 인텐트 생성 및 리스너를 설정한다. 사용자가 룰렛을 터치하면 시스템에서는 MainActivity.java 클래스에 우리가 정의한 콜백 메소드 recognizeVoice()를 호출한다. recognizeVoice()는 사용자에게 음성으로 실행을 요청하고("어떻게 할까요?"), 인텐트를 활용하는 음성인식 리스너를 시작시킨다. 음성인식 리스너는 음성인식을 시작하고, 사용자의 음성("회전", "정지")에 따라 룰렛을 회전 또는 정지시키는 애니메이션을 실행한다.

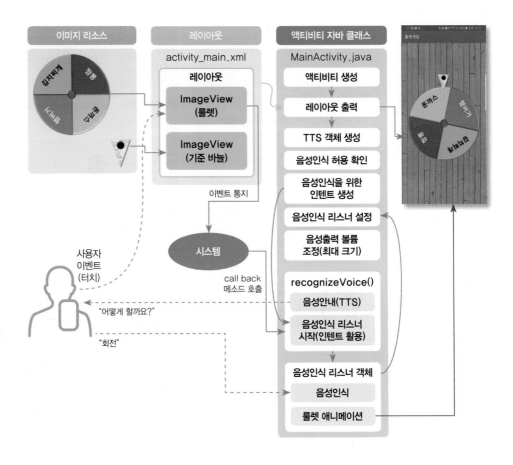

9.3.3 음성인식과 룰렛 로봇

(1) 프로젝트 개요

사용자의 말을 인식해서 7장에서 배운 룰렛 애니메이션 프로젝트에 활용하도록 해보자. 룰렛을 터치하면 "어떻게 할까요?"라는 말이 나온다. 사용자가 "회전"이라고 하면 룰렛이 회전하고, "정지"라고 하면 회전이 멈추도록 한다. 어플리케이션 이름은 『Roulette Robot』, 어플리케이션 라벨과 액티비티 라벨은 『룰렛 로봇』으로 한다.

프로젝트 9.3

프로젝트 개요: 사용자의 말에 따라 회전 또는 정지하는 룰렛

Application Name: Roulette Robot

어플리케이션 라벨: 룰렛 로봇

룰렛 터치

'회전'이라고 말하면 룰렛이 회전(회전 중 터치 후에 '정지'라고 말하면 정지)

초기 화면 룰렛 회전

---

(2) 프로젝트 개발

STEP 1 〉 **프로젝트 생성**

다음 3단계 절차에 따라 프로젝트를 생성한다.

단계	내용
❶ 새 프로젝트 만들기	메뉴에서 'File → New → New Project' 클릭
❷ 프로젝트 선택	'Phone and Tablet' 탭에서 'Empty Activity' 선택
❸ 프로젝트 구성	프로젝트 이름: '**Roulette Robot**' 패키지 이름: 'com.example.rouletterobot' (디폴트 값) 프로젝트 저장 위치 확인 개발 언어: 'Java' 최소 API 레벨 설정: 실행할 스마트폰의 API 레벨 이하

STEP 2 〉 **파일 편집**

먼저 애니메이션에 활용할 이미지들을 추가한다[편집 1]. strings.xml에서는 출력할 텍스트들을 정의한다[편집 2]. activity_main.xml에서 이미지들을 배치하는 화면을 설계한다[편집 3]. MainActivity.java에서는 애니메이션을 실행하도록 수정한다[편집 4]. AndroidManifest.xml에는 오디오 기록 권한을 허용한다[편집 5].

모듈	폴더	소스 파일	편집 내용
manifests	–	AndroidManifest.xml	[5] 오디오 기록 권한 허용
java	com.example. rouletterobot	MainActivity.java	[4] 애니메이션 • 룰렛 이미지 인식과 애니메이션 실행
res	drawable	roulette_menu.png needle.png background.png	[1] 애니메이션 이미지 추가 • 룰렛, 기준 바늘, 배경 이미지
	layout	activity_main.xml	[3] 애니메이션 이미지 배치
	mipmap	ic_launcher.png	
	values	colors.xml	
		strings.xml	[2] 텍스트 리소스 편집 • 액티비티 라벨 수정
		styles.xml	

[1] 애니메이션 이미지 파일 추가

룰렛, 기준 바늘, 배경 이미지들을 drawable 폴더에 저장한다(7장 참조).

모듈	폴더	소스 파일	이미지
res	drawable	roulette_menu.png	
		needle.png	
		background.png	

[2] 텍스트 리소스 편집

어플리케이션 이름을 수정하기 위해 app_name 속성값에 해당하는 데이터를 '룰렛 로봇'으로 수정한다.

strings.xml

```
01 <resources>
02     <string name="app_name">룰렛 로봇</string>
03 </resources>
```

[3] 화면 설계

룰렛과 기준 바늘 이미지들을 컨스트레인트 레이아웃으로 배치하면 두 이미지의 배치가 간단하다. 배경 이미지(background.png)는 컨스트레인트 레이아웃의 배경으로 설정한다. 룰렛(roulette_menu.png)은 화면의 가운데에 배치하고, 기준 바늘(needle.png)은 룰렛의 위쪽과 조금 겹쳐지도록 배치한다.

```xml
01  <?xml version="1.0" encoding="utf-8"?>
02  <android.support.constraint.ConstraintLayout xmlns:android=
                            "http://schemas.android.com/apk/res/android"
03      xmlns:app="http://schemas.android.com/apk/res-auto"
04      xmlns:tools="http://schemas.android.com/tools"
05      android:layout_width="match_parent"
06      android:layout_height="match_parent"
07      android:background="@drawable/background"
08      tools:context=".MainActivity">
09
10      <ImageView
11          android:id="@+id/roulette"
12          android:layout_width="0dp"
13          android:layout_height="0dp"
14          app:layout_constraintBottom_toBottomOf="parent"
15          app:layout_constraintLeft_toLeftOf="parent"
16          app:layout_constraintRight_toRightOf="parent"
17          app:layout_constraintTop_toTopOf="parent"
18          app:layout_constraintWidth_percent="0.9"
19          app:layout_constraintDimensionRatio="1"
20          android:src="@drawable/roulette_menu"
21          android:clickable="true"
22          android:onClick="recognizeVoice" />
23
24      <ImageView
25          android:layout_width="0dp"
26          android:layout_height="0dp"
27          app:layout_constraintBottom_toBottomOf="parent"
28          app:layout_constraintLeft_toLeftOf="parent"
29          app:layout_constraintRight_toRightOf="parent"
30          app:layout_constraintTop_toTopOf="parent"
31          app:layout_constraintWidth_percent="0.25"
32          app:layout_constraintDimensionRatio="1"
33          app:layout_constraintVertical_bias="0.25"
34          android:src="@drawable/needle" />
35
36  </android.support.constraint.ConstraintLayout>
```

주석(말풍선): 롤렛 이미지뷰 / 이미지뷰를 동적으로 처리하기 위한 id 부여 / 롤렛 이미지 / 기준 바늘 이미지뷰 / 기준 바늘 이미지

[4] 액티비티 제어

먼저 화면을 출력하고, 룰렛을 터치하면 "어떻게 할까요"라는 음성이 출력되도록 한다. 사용자가 "회전" 또는 "정지"라고 하면 애니메이션이 시작 또는 종료된다(회전 애니메이션 부분은 7.2절 참조).

```java
01  package com.example.rouletterobot;
02
03  import android.Manifest;
04  import android.animation.ObjectAnimator;
05  import android.content.Context;
06  import android.content.Intent;
07  import android.content.pm.PackageManager;
08  import android.media.AudioManager;
09  import android.speech.RecognitionListener;
10  import android.speech.RecognizerIntent;
11  import android.speech.SpeechRecognizer;
12  import android.speech.tts.TextToSpeech;
13  import android.support.v4.app.ActivityCompat;
14  import android.support.v4.content.ContextCompat;
15  import android.support.v7.app.AppCompatActivity;
16  import android.os.Bundle;
17  import android.view.View;
18  import android.view.animation.AccelerateDecelerateInterpolator;
19  import android.widget.ImageView;
20  import android.widget.Toast;
21
22  import java.util.ArrayList;
23  import java.util.Locale;
24
25  import static android.speech.tts.TextToSpeech.ERROR;
26
27  public class MainActivity extends AppCompatActivity {
28      ImageView iv_roulette;
29      private TextToSpeech tts;
30      Intent intent;
31      SpeechRecognizer mRecognizer;
32      ObjectAnimator object;
33
34      float startDegree = 0f;
35      float endDegree   = 0f;
36
37      @Override
38      protected void onCreate(Bundle savedInstanceState) {
39          super.onCreate(savedInstanceState);
40          setContentView(R.layout.activity_main);
41
42          iv_roulette = (ImageView)findViewById(R.id.roulette);
43
44          // TTS 객체 생성
```

```
45          tts = new TextToSpeech(this, new TextToSpeech.OnInitListener() {
46              @Override
47              public void onInit(int status) {
48                  if(status != ERROR) {
49                      tts.setLanguage(Locale.KOREAN);
50                  }
51              }
52          });
53
54          // 앱 처음 실행 시, 음성인식 허용 여부 확인 요청
55          if (ContextCompat.checkSelfPermission(this, Manifest.permission.
                     RECORD_AUDIO) != PackageManager.PERMISSION_GRANTED) {
56              ActivityCompat.requestPermissions(this, new String[]{Manifest.
                                         permission.RECORD_AUDIO}, 1);
57          }
58
59          // 음성인식을 위한 인텐트 생성
60          intent = new Intent(RecognizerIntent.ACTION_RECOGNIZE_SPEECH);
61          intent.putExtra(RecognizerIntent.EXTRA_CALLING_PACKAGE,
                                                 getPackageName());
62          intent.putExtra(RecognizerIntent.EXTRA_LANGUAGE, "ko-KR");
63
64          // 음성인식 객체 생성과 리스너 설정
65          mRecognizer = SpeechRecognizer.createSpeechRecognizer(this);
66          mRecognizer.setRecognitionListener(recognitionListener);
67      }
68
69      // 음성인식 리스너 객체 생성
70      private RecognitionListener recognitionListener = new
                                              RecognitionListener() {
71          // 사용자가 말할 때까지 대기하는 상태
72          @Override
73          public void onReadyForSpeech(Bundle bundle) {
74          }
75
76          // 사용자가 말하기 시작할 때
77          @Override
78          public void onBeginningOfSpeech() {
79          }
80
81          // 음성의 사운드 수준이 변할 때
82          @Override
83          public void onRmsChanged(float v) {
84          }
85
```

음성인식 리스너 설정

```
86          // 여러 소리가 들려질 때
87          @Override
88          public void onBufferReceived(byte[] bytes) {
89          }
90
91          // 사용자가 말을 마칠 때
92          @Override
93          public void onEndOfSpeech() {
94          }
95
96          // 네트워크 또는 음성인식 에러
97          @Override
98          public void onError(int i) {
99          }
100
101         // 음성인식 결과
102         @Override
103         public void onResults(Bundle bundle) {
104             ArrayList<String> mResult = bundle.getStringArrayList
                                    (SpeechRecognizer.RESULTS_RECOGNITION);
105
106             String[] rs = new String[mResult.size()];          음성인식 문자
107             mResult.toArray(rs);                          음성인식에 따른 애니메이션
108
109             if (rs[0].equals("회전")) {
110                 tts.speak("회전하겠습니다",TextToSpeech.QUEUE_FLUSH, null);
111                 rotate();
112             }                    회전
113
114             if (rs[0].equals("정지")) {
115                 tts.speak("정지하겠습니다",TextToSpeech.QUEUE_FLUSH, null);
116                 stop();
117             }              회전 정지
118         }
119
120         // 음성인식이 부분적으로 된 경우
121         @Override
122         public void onPartialResults(Bundle bundle) {
123         }
124
125         // 방생 예정 이벤트 설정
126         @Override
127         public void onEvent(int i, Bundle bundle) {
128         }
129 };
```

```java
130
131     // 룰렛 이미지가 터치될 때 실행되는 콜백 메소드
132     public void recognizeVoice() {
133         AudioManager am = (AudioManager)getSystemService(Context.
                                                        AUDIO_SERVICE);
134         int amStreamMusicMaxVol = am.getStreamMaxVolume(am.STREAM_MUSIC);
135         am.setStreamVolume(am.STREAM_MUSIC, amStreamMusicMaxVol, 0);
136
137         tts.speak("어떻게 할까요",TextToSpeech.QUEUE_FLUSH, null);
138         mRecognizer.startListening(intent);        음성인식 시작
139     }
140
141     // 룰렛의 회전 애니메이션
142     public void rotate() {
143         startDegree = endDegree;
144
145         Random rand = new Random();
146         int  degree_rand = rand.nextInt(360);
147         endDegree = startDegree + 360 * 3 + degree_rand;
148
149         object = ObjectAnimator.ofFloat(iv_roulette, "rotation", start
                                                        Degree, endDegree);
150         object.setInterpolator(new AccelerateDecelerateInterpolator());
151         object.setDuration(6000);
152         object.start();
153     }
154
155     // 룰렛의 회전 애니메이션 종료
156     public void stop() {
157         if(object.isStarted())
158             object.cancel();
159     }
160
161     // 앱이 종료될 때 실행
162     @Override
163     protected void onDestroy() {
164         super.onDestroy();
165         if(tts != null){
166             tts.stop();
167             tts.shutdown();
168             tts = null;
169         }
170     }
171 }
```

[5] 환경 설정

앱에 오디오를 기록하는 권한을 부여한다.

AndroidManifest.xml

```
01  <?xml version="1.0" encoding="utf-8"?>
02  <manifest xmlns:android="http://schemas.android.com/apk/res/android"
03      package="com.example.rouletterobot">
04
05      <uses-permission android:name="android.permission.RECORD_AUDIO"/>
06
07      <application
08          android:allowBackup="true"
09          android:icon="@mipmap/ic_launcher"
10          android:label="@string/app_name"
11          android:roundIcon="@mipmap/ic_launcher_round"
12          android:supportsRtl="true"
13          android:theme="@style/AppTheme">
14          <activity android:name=".MainActivity">
15              <intent-filter>
16                  <action android:name="android.intent.action.MAIN" />
17
18                  <category android:name="android.intent.category.LAUNCHER" />
19              </intent-filter>
20          </activity>
21      </application>
22
23  </manifest>
```

오디오 기록 권한 부여

STEP 3 ⟩ 프로젝트 실행

프로젝트를 실행하고 결과를 살펴보자.

> 최근 인공지능 분야의 발달에 따라 데이터 기반 학습에 의한 음성인식이 다양하게 활용되고 있다. 아마존의 알렉사(Alexa)는 대표적인 음성인식 비서의 에로 볼 수 있다.

> 음성인식의 기본 원리: MainActivity.java 클래스는 화면에 activity_main.xml에서 배치된 버튼과 텍스트뷰를 출력하고, 오디오 기록의 권한 허용을 확인하고 음성인식을 위한 인텐트 생성 및 리스너를 설정한다. 사용자가 버튼을 클릭하면 시스템은 MainActivity.java 클래스에 사용자가 정의한 콜백함수(예: recognizeVoice())를 호출한다. recognizeVoice()는 음성인식 리스너를 시작하고 사용자의 음성을 인식하여 화면에 문자로 출력한다.

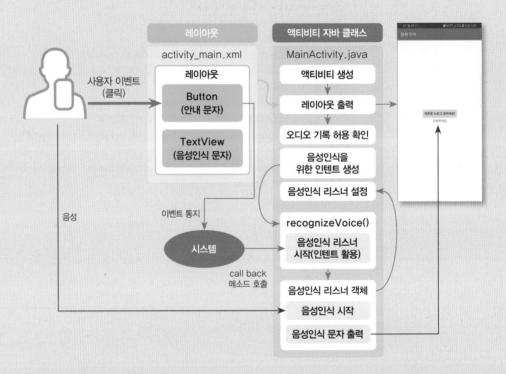

> 안드로이드는 음성을 인식하여 문자로 변환하는 음성인식(STT: Speech to Text)과 문자를 음성으로 출력하는 음성출력(TTS: Text to Speech) 기술을 제공한다.

> 음성인식 리스너는 음성인식 대기부터 음성인식 시작과 종료까지 여러 상태를 처리한다. 버튼을 누르면 음성인식 리스너가 작동하고, 말을 하면 음성을 인식하여 화면에 문자로 출력한다.

1. 다음 보기를 읽고 물음에 답하시오.

> 가. 성인식 에러 발생 시 SpeechRecognizer 클래스로부터 공지를 받음
>
> 나. 인텐트를 사용하는 동안 음성인식 지원을 위한 상수들
>
> 다. 현재 디바이스에 설치된 어플리케이션 패키지 관련 여러 정보 추출
>
> 라. 음성인식 서비스에 대한 접근

다음 클래스와 연관된 설명을 위의 보기에서 고르시오.

① PackageManager ·················· (　　　)

② RecognitionListener ··············· (　　　)

③ RecognizerIntent ················· (　　　)

④ SpeechRecognizer ················· (　　　)

2. 다음 보기를 읽고 물음에 답하시오.

> 가. 발생한 이벤트 저장
>
> 나. 사용자가 말하기를 시작할 준비가 되었을 때 호출
>
> 다. 많은 소리가 수신될 때 호출
>
> 라. 음성인식 결과가 준비될 때 호출
>
> 마. 사용자가 말하기를 그만둘 때 호출
>
> 바. 사용자가 말하기를 시작할 때 호출
>
> 사. 오디오 스트림의 사운드 수준이 변할 때 호출(목소리가 변할 때 등)
>
> 아. 네트워크 또는 인식 과정에서 에러 발생 시 호출
>
> 자. 부분적인 인식이 되었을 때 호출

RecognitionListener 클래스에 대한 설명을 위의 보기에서 고르시오.

① onBufferReceived() ··············· (　　　)

② onEndOfSpeech() ················· (　　　)

③ onError() ························· (　　　)

④ onBeginningOfSpeech() ············ (　　　)

⑤ onEvent() ······················· (　　　)

⑥ onPartialResults() ···················· (   )

⑦ onReadyForSpeech() ·············· (   )

⑧ onResults() ························· (   )

⑨ onRmsChanged() ················· (   )

3. AndroidManifest.xml에 음성인식을 위해 필요한 권한을 설정허시오.

```
····· 생략 ·····
     <uses-permission android:name="_____"/>
····· 생략 ·····
```

4. 다음 보기를 읽고 물음에 답하시오.

> 가. TTS 객체 생성이 완료될 때 부르는 콜백을 정의하는 인터페이스
>
> 나. 문자를 음성으로 출력
>
> 다. 특정 지리, 정치, 문화 지역적인 지역 표현
>
> 라. 볼륨과 벨소리 모드 설정

다음 클래스와 관련된 설명을 위의 보기에서 고르시오.

① AudioManager ··················· (   )

② Locale ···························· (   )

③ TextToSpeech ···················· (   )

④ TextToSpeech.OnInitListener ········ (   )

5. 다음 보기를 읽고 물음에 답하시오.

> 가. 문자를 음성으로 출력
>
> 나. TTS 엔진에서 사용되던 자원 해제
>
> 다. 현재 음성 출력 중지
>
> 라. 현재 음성 출력 중지

TextToSpeech 클래스의 메소드에 대한 설명과 관련된 것을 위의 보기에서 고르시오.

① setLanguage() ···················· (   )

② shutdown() ···················· (   )

③ speak() ························· (   )

④ stop() ························· (   )

6. "조금 회전"이라고 하면 3초간 회전, "오래 회전"이라고 하면 6초간 회전하려고 한다. 본문 9.3.3의 MainActivity.java 소스의 밑줄을 완성하시오.

```java
..... 생략 .....
public class MainActivity extends AppCompatActivity {
    ..... 생략 .....
    private RecognitionListener recognitionListener
                                        = new RecognitionListener() {
        ..... 생략 .....
        @Override
        public void onResults(Bundle bundle) {
            ..... 생략 .....
            if (rs[0].equals("조금 회전")) {
                tts.speak("조금 회전하겠습니다",TextToSpeech.
                                        QUEUE_FLUSH, null);
                rotate(_____①_____);
            }
            if (rs[0].equals("오래 회전")) {
                tts.speak("오래 회전하겠습니다",TextToSpeech.
                                        QUEUE_FLUSH, null);
                rotate(_____②_____);
            }
            if (rs[0].equals("정지")) {
                tts.speak("정지하겠습니다",TextToSpeech.QUEUE_FLUSH, null);
                stop();
            }
        }
        ..... 생략 .....
    }

    public void rotate(int millisecond) {
        ..... 생략 .....
        object.setDuration(_____③_____);
        object.start();
    }
..... 생략 .....
}
```

응용문제

나레이터

화면을 터치하고 시의 제목을 말하면, 해당 시를 읽어주는 앱을 개발해보자. 화면 상단에는 "어떤 시를 읽어드릴까요? 시의 제목을 말하세요"라는 문구를 배치한다. 시의 제목에 해당하는 시의 내용은 화면 중앙에 출력되도록 하고, 동시에 음성으로 출력되도록 한다.

프로젝트

프로젝트 개요: 사용자가 말하는 시 제목에 해당하는 시를 읽어 오디오로 출력

Application Name: Narrator

어플리케이션 라벨: 나레이터

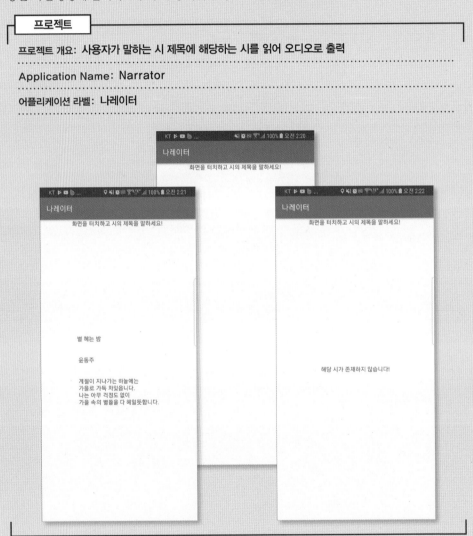

❶ 시의 내용을 텍스트 리소스로 저장

strings.xml에 시의 내용을 추가한다.

---
strings.xml

```
01  <resources>
02      <string name="app_name">나레이터</string>
03
04      <string name="poem1">
05      별 헤는 밤\n\n\n
06      윤동주\n\n\n
07      계절이 지나가는 하늘에는\n
08      가을로 가득 차있습니다.\n
09      나는 아무 걱정도 없이\n
10      가을 속의 별들을 다 헤일듯합니다.
11      </string>
12
13      <string name="poem2">
14       .....
15      </string>
16
17  </resources>
```
---

❷ 화면 배치

화면 상단에는 실행 안내 문구를 출력하고, 화면 중앙에는 시의 내용이 출력될 텍스트뷰를 배치한다(9.2절 참조).

---
activity_main.xml

```
01  <?xml version="1.0" encoding="utf-8"?>
02  <android.support.constraint.ConstraintLayout
03      .....
04      android:id="@+id/cl"
05      android:clickable="true"
06      android:onClick="recognizeVoice" >
07
08      <TextView
09          .....
10          android:text="화면을 터치하고 시의 제목을 말하세요!"
11          ..... />
```

```
12
13       <TextView
14           android:id="@+id/tv"
15           ..... />
16
17   </android.support.constraint.ConstraintLayout>
```

❸ 액티비티 제어

화면 상단에는 실행 안내 문구를 출력하고, 화면 중앙에는 시의 내용이 출력될 텍스트뷰를 배치한다(9.2절 참조).

MainActivity.java

```
01   package com.example.narrator;
02
03   .....
04   public class MainActivity extends AppCompatActivity {
05
06       private TextToSpeech tts;
07       TextView tv;
08       Intent intent;
09       SpeechRecognizer mRecognizer;
10
11       @Override
12       protected void onCreate(Bundle savedInstanceState) {
13           super.onCreate(savedInstanceState);
14           setContentView(R.layout.activity_main);
15
16           // 시의 내용을 출력할 텍스트뷰 인식
17           tv = (TextView)findViewById(R.id.tv);
18
19           .....
20       }
21
22       // 음성인식 리스너 객체 생성
23       private RecognitionListener recognitionListener =
                                                new RecognitionListener() {
24           .....
25
26           // 음성인식 결과
27           @Override
28           public void onResults(Bundle bundle) {
```

```
29              .....
30
31              // 음성인식 문자에 해당하는 시의 문자와 음성 출력
32              Resources res = getResources();
33              if (rs[0].equals("별 헤는 밤")) {
34                  int id_poem = res.getIdentifier("poem1", "string",
                                                        getPackageName());
35                  String body = res.getString(id_poem);
36
37                  tv.setText(body);
38                  tts.speak(body,TextToSpeech.QUEUE_FLUSH, null);
39              } else if (rs[0].equals("가지 않은 길")) {
40                  .....
41              } else {
42                  tv.setText("해당 시가 존재하지 않습니다!");
43              }
44          }
45
46          .....
47      };
48
49      // 화면이 터치될 때 실행되는 콜백 함수
50      public void recognizeVoice(View v) {
51          tv.setText("");
52
53          // 음성 출력 중이면 중지
54          if (tts.isSpeaking()) {
55              tts.stop();
56          }
57
58          // 문자를 읽어 사운드로 출력
59          tts.speak("시의 제목을 말하세요",TextToSpeech.QUEUE_FLUSH, null);
60          // 음성인식 리스너 시작
61          mRecognizer.startListening(intent);
62      }
63
64      .....
65 }
```

ANDROID
PROGRAMMING

스마트폰 센서 활용

학습목표

• 스마트폰에는 다양한 센서가 부착되어 있다. 먼저 내가 가지고 있는 스마트폰에는 어떤 센서들이 있는지 확인해보자. 그리고 위치 센서, 근접 센서, 모션 센서를 이용하는 예제를 통해 센서를 활용하는 방법들을 익혀보자.

학습내용

• 환경 센서 유형과 활용
• 위치 센서 유형과 활용
• 모션 센서 유형과 활용

10.1

스마트폰 센서

10.1.1 스마트폰 센서 개요

안드로이드는 기기의 모션, 위치, 환경적
인 조건들을 측정하기 위한 내장 센서들
이 있다. 이들 센서는 정밀도 높은 측정
자료를 제공하는데, 3차원적인 모션과 위
치 정보, 또는 디바이스 근접 환경의 변화
를 모니터링한다면 아주 유용하게 사용
할 수 있다. 예를 들면, 게임에서 사용자
의 복잡한 모션을 추론하기 위해 디바이
스의 중력 센서를 이용한다든지, 날씨 분
야에서는 디바이스로의 온도나 습도 센서

를 이용한다든지, 여행 분야에서는 위치를 파악하기 위해 자기장이나 가속도 센서를 이
용할 수 있다. 또는 증강현실 분야에서 카메라로 건물을 비추면 그 건물의 위치를 파악
하여 건물 관련 추가적인 정보를 제공하기도 한다. 안드로이드에서 지원하는 모션, 환
경, 위치 센서는 다음과 같은 종류가 있다.

구분	기능	측정
환경 센서	디바이스 주변 특성 측정	기압, 조도, 온도, 습도
위치 센서	디바이스의 물리적인 위치 측정	방향, 근접, 자력
모션 센서	디바이스의 움직임 측정	가속도, 회전 가속도, 스텝 감지

모션 센서와 위치 센서들은 일반적으로 스마트폰 내부에 내장되어 있으며, 환경 센서는
외부에 부착되어 있다. 다음 그림은 스마트폰의 앞면과 뒷면의 외부에 있는 센서들의 위
치를 예시한 것으로 각 제조사에 따라 그리고 각 모델에 따라 다를 수 있다.

근접/조도 센서

터치화면

삼성 스마트폰

근접/조도 센서

터치화면

LG 스마트폰

10.1.2 스마트폰 가능 센서 확인 원리

스마트폰의 센서는 제조사마다, 그리고 각 모델마다 다를 수 있다. 따라서, 센서를 활용하는 앱을 만들기 전에, 내가 사용하는 스마트폰이 어떤 센서 기능을 가지고 있는지 확인할 필요가 있다. 주요 과정은 디바이스의 센서를 인식하는 기능을 이용해서, 스마트폰의 사용 가능 센서 목록을 만들고 화면에 출력하면 된다.

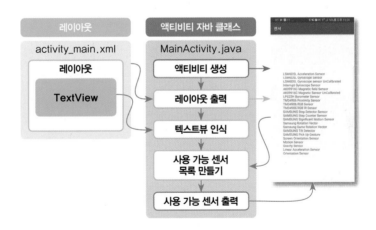

목록은 제조사와 모델에 따라 다른데, 가속도 센서, 자이로스코프, 방향센서 등 다양한 센서들이 구성되어 있다(10.1.3절 참조). 센서 활용 방법은 비슷하기 때문에 10.2절에서는 근접 센서의 활용, 10.3절에서는 가속도 센서를 응용한 걸음걸이 인식에 대해 살펴보기로 하자.

10.1.3 스마트폰의 사용 가능 센서 확인

(1) 프로젝트 개요

내가 가지고 있는 스마트폰의 사용 가능한 센서를 확인하는 앱을 만들어 보자. 어플리케이션 이름은 『My Phone Sensors』, 어플리케이션 라벨과 액티비티 라벨은 『센서』로 하자. 다음은 국내 안드로이드 폰 시장 점유율이 높은 삼성과 LG폰의 예이다.

프로젝트 10.1

프로젝트 개요: 스마트폰의 사용 가능 센서 확인

··

Application Name: My Phone Sensors

··

어플리케이션 라벨: 센서

··

스마트폰의 사용 가능 센서 목록

---

(2) 프로젝트 개발

STEP 1 〉 프로젝트 생성

다음 3단계 절차에 따라 프로젝트를 생성한다.

단계	내용
❶ 새 프로젝트 만들기	메뉴에서 'File → New → New Project' 클릭
❷ 프로젝트 선택	'Phone and Tablet' 탭에서 'Empty Activity' 선택
❸ 프로젝트 구성	프로젝트 이름: **'My Phone Sensors'** 패키지 이름: 'com.example.myphonesensors' (디폴트 값) 프로젝트 저장 위치 확인 개발 언어: 'Java' 최소 API 레벨 설정: 실행할 스마트폰의 API 레벨 이하

STEP 2 〉 파일 편집

strings.xml에는 어플리케이션 라벨을 수정하고 [편집 1], activity_main.xml에서 텍스트뷰에 id를 추가한다[편집 2]. MainActivity.java에는 센서 값을 출력한다 [편집 3].

모듈	폴더	소스 파일	편집 내용
manifests	–	AndroidManifest.xml	
java	com.example. myphonesensors	MainActivity.java	[3] 센서 값 출력 • 사용 가능 센서 확인 및 출력
res	drawable	–	–
	layout	activity_main.xml	[2] 화면 배치 • 출력할 텍스트뷰에 id추가
	mipmap	ic_launcher.png	–
	values	colors.xml	–
		strings.xml	[1] 텍스트 리소스 편집 • 어플리케이션 라벨 수정
		styles.xml	–

[1] 텍스트 리소스 편집

strings.xml 파일을 열고, 어플리케이션 라벨과 액티비티 라벨을 '센서'로 수정한다

strings.xml

```
01 <resources>
```

```
02    <string name="app_name">센서</string>
03  </resources>
```

[2] 화면 설계

activity_main.xml 파일에 있는 텍스트뷰에 센서 목록을 출력하기 위해 id를 부여한다.

activity_main.xml

```
01  <?xml version="1.0" encoding="utf-8"?>
02  <android.support.constraint.ConstraintLayout xmlns:android=
                                "http://schemas.android.com/apk/res/android"
03      xmlns:app="http://schemas.android.com/apk/res-auto"
04      xmlns:tools="http://schemas.android.com/tools"
05      android:layout_width="match_parent"
06      android:layout_height="match_parent"
07      tools:context=".MainActivity">
08                      ┌─ 센서 목록 텍스트뷰 ─┐
09      <TextView ──────
10          android:id="@+id/sensor"
11          android:layout_width="wrap_content"
12          android:layout_height="wrap_content"
13          android:text="Hello World!"
14          app:layout_constraintBottom_toBottomOf="parent"
15          app:layout_constraintLeft_toLeftOf="parent"
16          app:layout_constraintRight_toRightOf="parent"
17          app:layout_constraintTop_toTopOf="parent" />
18
19  </android.support.constraint.ConstraintLayout>
```

[3] 센서 확인

MainActivity.java에서 먼저 텍스트뷰를 인식한다(❶). 디바이스의 사용 가능한 센서 목록을 만들고(❷), 목록의 각 아이템을 반복하여 출력한다(❸).

MainActivity.java

```
01  package com.example.myphonesensors;
02
03  import android.content.Context;
04  import android.hardware.Sensor;
05  import android.hardware.SensorManager;
06  import android.support.v7.app.AppCompatActivity;
07  import android.os.Bundle;
```

```
08  import android.widget.TextView;
09
10  import java.util.List;
11
12  public class MainActivity extends AppCompatActivity {
13
14      @Override
15      protected void onCreate(Bundle savedInstanceState) {
16          super.onCreate(savedInstanceState);
17          setContentView(R.layout.activity_main);
18
19          TextView tv_sensor = (TextView) findViewById(R.id.sensor);
20
21          SensorManager sensorManager = (SensorManager)getSystemService
                                          (Context.SENSOR_SERVICE);
22          List<Sensor> sensorList = sensorManager.getSensorList
                                          (Sensor.TYPE_ALL);
23
24          String sensorInfo = "";
25          for (Sensor s : sensorList){
26              sensorInfo = sensorInfo + s.getName()+ "\n";
27          }
28          tv_sensor.setText(sensorInfo);
29      }
30  }
```

❶ 텍스트뷰 인식

❷ 디바이스의 사용
가능 센서 목록

❸ 센서 목록 아이템 출력

클래스와 속성/메소드

〉 클래스

클래스/인터페이스	설명
List	22행. 순서화된 Collection (객체들의 그룹)
Sensor	25행. 센서 표현을 위한 클래스
SensorManager	21행. 디바이스의 센서에 접근할 수 있도록 함

〉 상수

클래스	상수	설명
Context	String SENSOR_SERVICE	21행. 센서 이용을 위한 센서 매니저를 추출하기 위해 getSystemService(Class)와 함께 사용
Sensor	int TYPE_ALL	22행. 모든 센서 종류를 의미하는 상수

클래스	메소드	설명
SensorManager	List〈Sensor〉 getSensorList(int type)	22행. 디바이스의 사용 가능한 센서 리스트를 만듦
Sensor	int getName()	26행. 사용 가능한 센서 이름을 가져옴

STEP 3 〉 **프로젝트 실행**

프로젝트를 실행하고 결과를 살펴보자.

10.2 위치 센서 활용

10.2.1 위치 센서 활용 앱

근접 센서는 위치 센서 중 하나이다. 스마트폰의 외부에 부착된 근접 센서를 이용해서 전화 사용 시에 귀를 가까이 대면 화면이 저절로 꺼져 절전하는 등 다양하게 이용되고 있다. 다음은 스마트폰 화면에 손을 가까이 대면 화면이 켜지고, 멀어지면 꺼지는 앱의 예이다(play.google.com).

초기 화면(화면이 꺼진 상태)   손을 화면에 가까이 대면 켜짐

10.2.2 위치 센서 활용 원리

스마트폰의 진동과 함께 좌우로 떨고 있는 이미지에 손을 가까이 대면 웃는 이미지로 변하면서 진동이 없어지는 애니메이션 앱을 만들어 보자. 먼저 초기 이미지를 출력하고 애니메이션 효과를 준다. 근접 센서가 값을 인식하면, 그 값에 따라 이미지를 변경하고 애니메이션 효과도 수정한다.

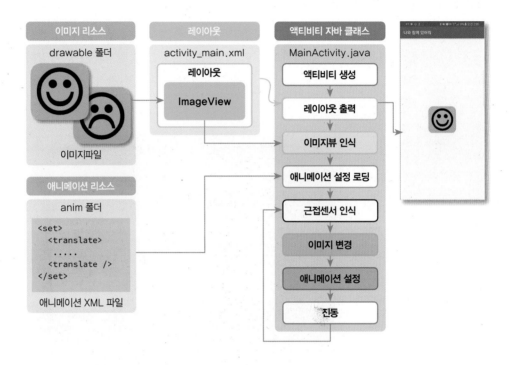

10.2.3 근접 센서를 이용한 이미지 변환

(1) 프로젝트 개요

위치 센서의 원리를 이해하기 위해 근접 센서를 이용하기로 한다. 진동과 함께 애니메이션 효과에 의해 좌우로 떨고 있는 이미지가 있고, 근접 센서에 가까이 대면 화면의 진동과 이미지 좌우 떨림 애니메이션이 중지되는 앱을 개발해 보자. 어플리케이션 이름은 『Always With Me』, 어플리케이션 라벨과 액티비티 라벨은 『함께 있어줘』로 하자. 아래 그림은 초기화면과 손을 스마트폰 근접 센서 근처로 대었을 때의 변화를 나타낸 화면이다.

프로젝트 10.2

프로젝트 개요: 스마트폰에 가까이 가면, 이미지가 바뀌고 좌우 움직임과 진동이 정지

Application Name: Always With Me

어플리케이션 라벨: 함께 있어줘

초기 화면
(좌우로 떨면서 진동)

근접 센서에 손을 가까이 댈 때
(이미지가 바뀌며, 좌우 떨림과 진동 정지)

(2) 프로젝트 개발

STEP 1 ⟩ 프로젝트 생성

다음 3단계 절차에 따라 프로젝트를 생성한다.

단계	내용
❶ 새 프로젝트 만들기	메뉴에서 'File → New → New Project' 클릭
❷ 프로젝트 선택	'Phone and Tablet' 탭에서 'Empty Activity' 선택
❸ 프로젝트 구성	프로젝트 이름: '**Always With Me**' 패키지 이름: 'com.example.alwayswithme' (디폴트 값) 프로젝트 저장 위치 확인 개발 언어: 'Java' 최소 API 레벨 설정: 실행할 스마트폰의 API 레벨 이하

STEP 2 ⟩ 파일 편집

화면에 출력할 아이콘 이미지들을 추가한다[편집 1]. 어플리케이션 이름은 '함께 있어 줘'로 수정한다[편집 2], 좌우 떨림 애니메이션 파일을 만든다[편집 3]. 이미지를 화면에 배치하고 이미지의 떨림 애니메이션을 설정한다[편집 4]. 센서를 등록하고, 근접 여부를 파악해서 이미지를 변경하고 진동이 되도록 한다[편집 5]. 진동이 가능하도록 허용한다 [편집 6].

모듈	폴더	소스 파일	편집 내용
manifests	–	AndroidManifest.xml	[6] 진동 허용
java	com.example.alwayswithme	MainActivity.java	[5] 근접 정도에 따른 애니메이션 변화
res	anim	shaking.xml	[3] 애니메이션 • 좌우 떨림 애니메이션
	drawable	angry.png smile.png	[1] 아이콘 이미지 추가 • 화난 모습, 웃는 모습
	layout	activity_main.xml	[4] 화면 설계 • 초기 이미지, 애니메이션 설정
	mipmap	ic_launcher.png	
	values	colors.xml	
		strings.xml	[2] 텍스트 리소스 편집 • 어플리케이션 라벨 수정
		styles.xml	

[1] 이미지 파일의 복사

drawable 폴더에 초기에 보여지는 angry.png 이미지와 근접 센서에 가까이 갈 때 보여지는 smile.png 이미지 2개를 저장한다.

모듈	폴더	소스 파일	이미지
res	drawable	angry.png	
		smile.png	

[2] 텍스트 리소스 편집

어플리케이션 이름을 수정하기 위해 **app_name** 속성값에 해당하는 데이터를 '함께 있어줘'로 수정한다.

```
strings.xml

01 <resources>
02     <string name="app_name">함께 있어줘</string>
03 </resources>
```

[3] 화면 설계

초기에 나타날 아이콘 이미지(angry.png)를 배치하고, id를 설정한다.

```
activity_main.xml

01 <?xml version="1.0" encoding="utf-8"?>
02 <android.support.constraint.ConstraintLayout xmlns:android=
                              "http://schemas.android.com/apk/res/android"
03     xmlns:app="http://schemas.android.com/apk/res-auto"
04     xmlns:tools="http://schemas.android.com/tools"
05     android:layout_width="match_parent"
06     android:layout_height="match_parent"
07     tools:context=".MainActivity">
08                          아이콘 이미지 뷰
09     <ImageView
10         android:id="@+id/img"
```

```
11          android:src="@drawable/angry"
12          android:layout_width="wrap_content"
13          android:layout_height="wrap_content"
14          app:layout_constraintBottom_toBottomOf="parent"
15          app:layout_constraintLeft_toLeftOf="parent"
16          app:layout_constraintRight_toRightOf="parent"
17          app:layout_constraintTop_toTopOf="parent" />
18
19  </android.support.constraint.ConstraintLayout>
```

이미지 소스

[4] 애니메이션 설정

사용자가 스마트폰에 멀리 떨어져 있으면 아이콘 이미지가 좌우로 진동하도록 애니메이션을 설정한다. 애니메이션 XML 파일은 res 폴더에 anim 폴더를 만들고 작성한다.

❶ anim 폴더 만들기

res 폴더를 마우스 오른쪽 버튼으로 클릭하고 "New → Directory" 메뉴를 클릭한다.

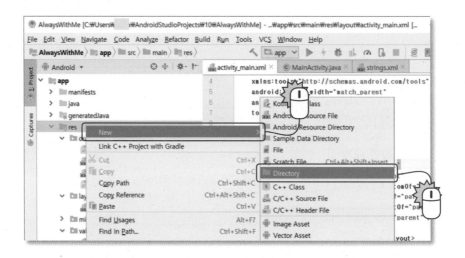

폴더 이름 "anim"을 입력하고 "OK" 버튼을 클릭한다.

❷ shaking.xml 파일 만들기

방금 만들어진 anim 폴더를 마우스 오른쪽 버튼으로 클릭하고 "New → File" 메뉴를 클릭한다.

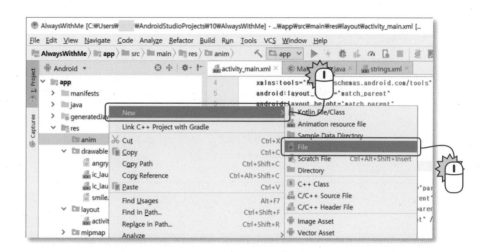

파일 이름 "shaking.xml"을 입력하고 "OK" 버튼을 클릭한다.

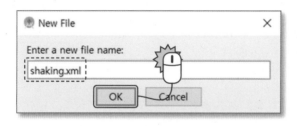

XML 형태의 애니메이션 파일을 편집한다.

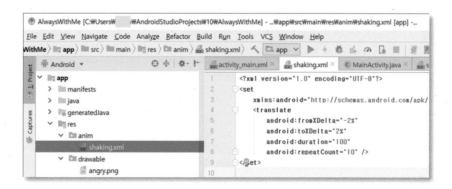

편집할 소스 내용은 다음과 같다. X 방향으로 뷰 너비의 2%에 해당하는 크기만큼 좌우로 설정한다. 시간은 0.1초(100 밀리초), 반복은 10회로 설정한다. 즉, 0.1초 내에 좌우 2% 크기만큼 움직임을 10회 반복하게 된다.

shaking.xml

```
01 <?xml version="1.0" encoding="UTF-8"?>
02 <set
03     xmlns:android="http://schemas.android.com/apk/res/android">
04     <translate            진동
05         android:fromXDelta="-2%"        x 방향의 왼쪽으로 뷰 너비의 2% 크기로 이동
06         android:toXDelta="2%"           x 방향의 오른쪽으로 뷰 너비의 2% 크기로 이동
07         android:duration="100"          애니메이션 시간(0.1초)
08         android:repeatCount="10" />     애니메이션 반복 횟수
09 </set>
```

Tween Animation을 위한 XML 선언

Tween Animation 클래스들은 프로그래밍 대신 XML 태그로 선언하여 사용할 수 있다. XML에 의한 정의는 애니메이션 편집이 쉽고 여러 액티비티에서 쉽게 재사용도 가능하다.

트윈 클래스	대응되는 XML 태그	설명
AlphaAnimation	〈alpha〉	뷰의 투명도 설정
RotateAnimation	〈rotate〉	뷰의 회전 설정
ScaleAnimation	〈scale〉	뷰의 크기 변환 설정
TranslateAnimation	〈translate〉	뷰의 이동 설정

XML 구조

```
01 <?xml version="1.0" encoding="utf-8"?>
02 <set xmlns:android="http://schemas.android.com/apk/res/android"
03     android:interpolator="@[package:]anim/interpolator_resource"
04     android:shareInterpolator=["true" | "false"] >
05     <alpha
06         android:fromAlpha="float"
07         android:toAlpha="float" />
08     <scale
09         android:fromXScale="float"
10         android:toXScale="float"
```

```
11          android:fromYScale="float"
12          android:toYScale="float"
13          android:pivotX="float"
14          android:pivotY="float" />
15      <translate
16          android:fromXDelta="float"
17          android:toXDelta="float"
18          android:fromYDelta="float"
19          android:toYDelta="float" />
20      <rotate
21          android:fromDegrees="float"
22          android:toDegrees="float"
23          android:pivotX="float"
24          android:pivotY="float" />
25      <set>
26          ...
27      </set>
28  </set>
```

엘리먼트 속성

엘리먼트	속성	설명
〈set〉	android:interpolator	뷰의 인터폴레이터 설정
	android:shareInterpolator	true이면, 서브 엘리먼트가 같은 인터폴레이터 (애니메이션 효과 속도)를 공유함
〈alpha〉	android:fromAlpha	실수. 애니메이션 시작할 때의 투명도 • 0이면 완전 투명, 1.0이면 완전 불투명
	android:toAlpha	실수. 애니메이션 종료 시의 투명도 • 0이면 완전 투명, 1.0이면 완전 불투명
〈scale〉	android:fromXScale	실수. 애니메이션 시작할 때의 X(가로) 크기 • 1.0이면 크기 변화 없음
	android:toXScale	실수. 애니메이션 종료할 때의 X(가로) 크기 • 1.0이면 크기 변화 없음
	android:fromYScale	실수. 애니메이션 시작할 때의 Y(세로) 크기 • 1.0이면 크기 변화 없음
	android:toYScale	실수. 애니메이션 종료할 때의 Y(세로) 크기 • 1.0이면 크기 변화 없음
	android:pivotX	실수. 크기 변환 시의 X 좌표 기준점 • 0%: 뷰의 좌측을 기준으로 오른쪽의 크기가 변함 • 50%: 가로 크기의 중간을 기준으로 좌우측 크기가 변함
	android:pivotY	실수. 크기 변환 시의 Y 좌표 기준점 • 0%: 뷰의 상단을 기준으로 아래쪽의 크기가 변함 • 50%: 세로 크기의 중간을 기준으로 상하 크기가 변함

⟨translate⟩	android:fromXDelta	실수 또는 퍼센트. 애니메이션 시작 시의 X 좌표 • 실수: 픽셀 단위의 위치 • 퍼센트: 뷰 너비의 퍼센트에 해당하는 크기의 위치 • 퍼센트p: 부모 뷰 너비의 퍼센트에 해당하는 크기의 위치
	android:toXDelta	실수 또는 퍼센트. 애니메이션 종료 시의 X 좌표 • 값에 따른 변화는 android:fromXDelta와 같음
	android:fromYDelta	실수 또는 퍼센트. 애니메이션 시작 시의 Y 좌표 • 실수: 픽셀 단위의 위치 • 퍼센트: 뷰 높이의 퍼센트에 해당하는 크기의 위치 • 퍼센트p: 부모 뷰 높이의 퍼센트에 해당하는 크기의 위치
	android:toYDelta	실수 또는 퍼센트. 애니메이션 종료 시의 Y 좌표 • 값에 따른 변화는 android:fromYDelta와 같음
⟨rotate⟩	android:fromDegrees	실수. 애니메이션 시작 시의 각도
	android:toDegrees	실수. 애니메이션 종료 시의 각도
	android:pivotX	실수 또는 퍼센트. 회전 시의 X 좌표 기준점 • 실수: 뷰의 좌측으로부터 픽셀단위의 위치 • 퍼센트: 뷰의 좌측으로부터 퍼센트에 해당하는 크기의 위치 • 퍼센트p: 부모 뷰의 좌측으로부터 퍼센트에 해당하는 크기의 위치
	android:pivotY	실수 또는 퍼센트. 회전 시의 Y 좌표 기준점 • 실수: 뷰의 상단으로부터 픽셀단위의 위치 • 퍼센트: 뷰의 상단으로부터 퍼센트에 해당하는 크기의 위치 • 퍼센트p: 부모 뷰의 상단으로부터 퍼센트에 해당하는 크기의 위치

예

① 애니메이션 설정

hyperspace_jump.xml

```
01 <set xmlns:android=http://schemas.android.com/apk/res/android
02 android:shareInterpolator="false">
03     <scale
04         android:interpolator="@android:anim/accelerate_decelerate_
                                                        interpolator"
05         android:fromXScale="1.0"
06         android:toXScale="1.4"
07         android:fromYScale="1.0"
08         android:toYScale="0.6"
09         android:pivotX="50%"
10         android:pivotY="50%"
11         android:fillAfter="false"
12         android:duration="700" />
13     <set
14         android:interpolator="@android:anim/accelerate_interpolator"
```

```
15          android:startOffset="700">
16          <scale
17              android:fromXScale="1.4"
18              android:toXScale="0.0"
19              android:fromYScale="0.6"
20              android:toYScale="0.0"
21              android:pivotX="50%"
22              android:pivotY="50%"
23              android:duration="400" />
24          <rotate
25              android:fromDegrees="0"
26              android:toDegrees="-45"
27              android:toYScale="0.0"
28              android:pivotX="50%"
29              android:pivotY="50%"
30              android:duration="400" />
31      </set>
32 </set>
```

② 애니메이션 파일 로딩 및 이미지뷰에 애니메이션 시작

MainActivity.java

```
01 .....
02 ImageView image = (ImageView) findViewById(R.id.image);
03 Animation animation = AnimationUtils.loadAnimation
                                    (this, R.anim.hyperspace_jump);
04 image.startAnimation(animation);
05 .....
```

[5] 액티비티 출력

센서 이용을 위해 센서 매니저를 만들고(❶) 근접 센서의 객체들을 시스템에 등록한다
(❷). 센서 값이 변하면 근접 여부를 파악하고, 근접 상태이면 이미지를 변경하여(smile.
png) 애니메이션을 실행한다. 근접 상태를 벗어나면 이미지를 원래대로 변경한다(an-
gry.png)(❸).

MainActivity.java

```
01 package com.example.alwayswithme;
02
03 import android.content.Context;
04 import android.hardware.Sensor;
05 import android.hardware.SensorEvent;
```

```
06  import android.hardware.SensorEventListener;
07  import android.hardware.SensorManager;
08  import android.os.Vibrator;
09  import android.support.v7.app.AppCompatActivity;
10  import android.os.Bundle;
11  import android.view.animation.Animation;
12  import android.view.animation.AnimationUtils;
13  import android.widget.ImageView;
14
15  public class MainActivity extends AppCompatActivity implements Sensor
                                                        EventListener {
16
17      ImageView img;
18      SensorManager sm;
19      Sensor sensor_proximity;
20
21      Animation ani;
22      Vibrator mVibe;
23
24      @Override
25      protected void onCreate(Bundle savedInstanceState) {
26          super.onCreate(savedInstanceState);
27          setContentView(R.layout.activity_main);
28
29          img = (ImageView)findViewById(R.id.img);
30
31          sm = (SensorManager)getSystemService(SENSOR_SERVICE);
32          sensor_proximity = sm.getDefaultSensor(Sensor.TYPE_PROXIMITY);
33
34          ani = AnimationUtils.loadAnimation(this, R.anim.shaking);
35          img.startAnimation(ani);
36
37          mVibe = (Vibrator)getSystemService(Context.VIBRATOR_SERVICE);
38      }
39
40      @Override
41      protected void onResume() {
42          super.onResume();
43
44          sm.registerListener(this, sensor_proximity, SensorManager.
                                          SENSOR_DELAY_NORMAL);
45      }
46
47      @Override
48      protected void onPause() {
```

이미지뷰 인식

❶ 센서 매니저 생성

❷ 근접 센서 등록

애니메이션 설정 로딩

애니메이션 시작

진동 객체 생성

액티비티가 실행될 때 근접센서 리스너 등록

다른 액티비티가 앞에 나올 때 근접센서 리스너 해제

```
49          super.onPause();
50
51          sm.unregisterListener(this);
52      }
53
54      @Override
55      public void onAccuracyChanged(Sensor sensor, int accuracy) {
56      }
57                                                      ❸ 센서값에 따른 변화
58      @Override
59      public void onSensorChanged(SensorEvent event) {
60                                          근접 센서의 값이 변화되는 경우
61          if (event.sensor.getType() == Sensor.TYPE_PROXIMITY) {
62              if (event.values[0] <= 6) {         근접 상태이면 웃는 아이콘으로
63                  img.setImageResource(R.drawable.smile);   변하고, 애니메이션 효과를
64                  img.clearAnimation();                      제거하며 진동 끔
65                  mVibe.cancel();        근접 상태가 아니면 화난 아이콘으로 변하고,
66              } else {                      애니메이션 시작하며 진동
67                  img.setImageResource(R.drawable.angry);
68                  img.startAnimation(ani);
69                  mVibe.vibrate(new long[]{1000,2000,500}, 0);
70              }
71          }
72      }
73
74      @Override
75      protected void onDestroy() {
76          super.onDestroy();        액티비티 종료 시 진동 끔
77          mVibe.cancel();
78      }
79  }
```

클래스와 속성/메소드

› 클래스

클래스/인터페이스	설명
AnimationUtils	34행. 애니메이션 작업을 위한 일반적인 유틸리티 정의
SensorEvent	59행. 센서의 이벤트를 표현하는 클래스
SensorEvent.Sensor	센서의 이벤트를 표현하는 클래스
SensorEventListener	15행. 센서 값이 변할 때 센서 매니저로부터 공지를 받는데 사용함
VibrationEffect	Vibrator가 실행되는 진동 효과 기술
Vibrator	22행. 진동을 제어하는 클래스

› 상수

클래스	상수	설명
Context	String VIBRATOR_SERVICE	37행. 진동기기와 상호작용하는 Vibrator 검색. getSystemService(String)와 함께 사용
Sensor	int *TYPE_PROXIMITY*	32, 61행. 근접 센서를 의미하는 상수
SensorManager	int *SENSOR_DELAY_NORMAL*	44행. 스크린 방향 변화에 적당한 비율

› 속성

클래스	속성	설명
SensorEvent	public final float[] values	62행. 센서가 인식한 값들을 저장하는 배열

› 메소드

클래스	메소드	설명
AnimationUtils	static Animation loadAnimation (Context context, int id)	34행. 리소스로부터 애니메이션 객체를 로딩
SensorEvent.Sensor	int getType()	61행. 센서 타입을 반환함
SensorEventListener	abstract void onAccuracy Changed(Sensor sensor, int accuracy)	55행. 등록된 센서의 정확도가 변할 때 호출됨
	abstract void onSensorChanged (SensorEvent event)	59행. 센서 값이 변할 때 호출됨
SensorManager	Sensor getDefaultSensor (int type)	32행. 주어진 type을 위한 디폴트 센서를 얻기 위해 사용함
	boolean registerListener(Senso rEventListener listener, Sensor sensor, int samplingPeriodUs)	44행. 주어진 샘플링 주파수(samplingPeriodUs)에서 주어진 센서를 위한 SensorEventListener를 등록함
	void unregisterListener (SensorEventListener listener)	51행. 모든 센서에 대한 리스너를 해제함
Vibrator	abstract void cancel()	65행. 진동을 끔
Vibrator	void vibrate(long[] pattern, int repeat)	69행. 설정된 패턴에 따른 진동 시작
View	void clearAnimation()	64행. 뷰에 지정된 애니메이션 취소
View	void startAnimation (Animation animation)	35행, 68행. 뷰에 지정된 애니메이션 시작

모든 센서 값의 측정은 유사하다. onCreate() 메소드에서 sensor_proximity = sm.getDefaultSensor(Sensor.*TYPE_PROXIMITY*);와 같이 센서 타입을 설정하고, onSensorChanged() 메소드에서 센서가 변화를 감지할 때마다 event.sensor.getType()로 감지되는 센서 유형을 확인한다(예: Sensor.*TYPE_PROXIMITY*).

감지된 센서 값이 온도, 근접, 조도, 기압 등 크기만으로 측정되는 스칼라일 때는 event.values[0]이 감지된 센서 값에 해당하고, 가속도와 같이 x, y, z축 세 방향의 값으로 측정되는 벡터일 때는 event.values[0], event.values[1], event.values[2]가 각각 그에 대응되는 값이다. 센서 유형별로 대응되는 이벤트 값은 다음과 같다.

센서 구분	센서 유형	센서 이벤트 데이터	설명
환경 센서	TYPE_AMBIENT_TEMPERATURE	event.values[0]	대기 온도(°C)
	TYPE_LIGHT	event.values[0]	조도(lx)
	TYPE_PRESSURE	event.values[0]	대기압(mbar)
	TYPE_RELATIVE_HUMIDITY	event.values[0]	상대습도(%)
	TYPE_TEMPERATURE	event.values[0]	디바이스 온도(°C)
위치 센서	TYPE_MAGNETIC_FIELD	SensorEvent.values[0]	x축의 자기장 강도(μT)
		SensorEvent.values[1]	y축의 지기장 강도(μT)
		SensorEvent.values[2]	z축의 자기장 강도(μT)
	TYPE_PROXIMITY	SensorEvent.values[0]	디바이스와 물체 간 거리(cm) • 디바이스에 따라 가깝고 먼 여부의 0, 1 이진 정수 값 제공
모션 센서	TYPE_ACCELEROMETER	SensorEvent.values[0]	중력을 포함한 x축 방향의 가속력(m/s^2)
		SensorEvent.values[1]	중력을 포함한 y축 방향의 가속력(m/s^2)
		SensorEvent.values[2]	중력을 포함한 z축 방향의 가속력(m/s^2)
	TYPE_GRAVITY	SensorEvent.values[0]	x축 방향의 중력(m/s^2)
		SensorEvent.values[1]	y축 방향의 중력(m/s^2)
		SensorEvent.values[2]	z축 방향의 중력(m/s^2)
	TYPE_LINEAR_ACCELERATION	SensorEvent.values[0]	중력을 제외한 x축 방향의 가속력(m/s^2)
		SensorEvent.values[1]	중력을 제외한 y축 방향의 가속력(m/s^2)
		SensorEvent.values[2]	중력을 제외한 z축 방향의 가속력(m/s^2)
	TYPE_STEP_COUNTER	SensorEvent.values[0]	센서가 활성화된 후부터 측정된 누적 스텝 수
	TYPE_STEP_DETECTOR	N/A	스텝 감지 상태

스마트폰은 가속도와 방향을 측정한다. 그림과 같이 스
마트폰을 x, y, z축으로 두면 축 방향의 가속도와 각 축
의 회전 가속도가 있다. 직선 가속도는(물체의 가속도
- 중력)에 해당한다. 지구 표면에서의 중력의 경우, 위
치에 따라 조금씩 차이가 있을 수 있지만 지구 중심을
향해 $9.8 \ m/s^2$의 크기이다. 스마트폰의 기울기에 따라
중력의 x, y, z 성분 값은 달라질 수 있다. 한편, 방향은
x, y, z 세 가지 축을 기준으로 측정하며, 디바이스가 가
리키는 곳이다. z축은 방위각(azimuth) 측정 축으로,

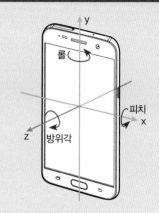

동서남북 방향을 찾을 때 사용하며 0~360도의 값을 갖는다. 디바이스가 수평으로 놓
여 있을 때 머리가 북쪽을 가리키면 0도이며, 오른쪽으로 90도 돌리면 동쪽, 180도 돌리
면 남쪽, 270도 돌리면 서쪽을 가리키게 된다. x축은 피치(pitch) 측정 축으로 디바이스
의 수직 기울기인 경사도를 의미하며, -180도~180도의 값을 갖는다. 0도는 책상 위의
화면이 천정을 향하는 상태이며, -90도는 화면이 사용자를 향하게 바로 세운 상태이고,
-180도는 화면이 책상 면을 향하는 것을 의미한다. 90도는 화면이 전방 즉, 사용자가
보는 방향으로 거꾸로 든 상태를 말한다. 더 회전시켜 180도가 되면 -180도와 같은 상
태가 된다. y축은 롤(roll) 측정 축으로 디바이스의 수평 기울기를 의미하며 -90~90도
의 값을 갖는다. 90도의 값은 z축이 x축으로 향하게 되는 상태를 -90도는 -x축으로 향
하게 되는 상태를 의미한다. 지구는 하나의 커다란 자석으로 위치에 따라 자기장의 크기
가 다르다. 지자기 센서로 그 크기를 측정해서 가속 센서값과 미리 구축된 지자기장 맵
을 이용해서 위치를 파악할 수 있다.

[6] 진동 환경 설정

이미지가 좌우로 움직일 때, 진동할 수 있도록 진동을 허용하는 환경을 설정한다.

AndroidManifest.xml

```
01  <?xml version="1.0" encoding="utf-8"?>
02  <manifest xmlns:android="http://schemas.android.com/apk/res/android"
03      package="com.example.alwayswithme">
04
05      <uses-permission android:name="android.permission.VIBRATE" />
06
07      <application
08          android:allowBackup="true"
09          android:icon="@mipmap/ic_launcher"
10          android:label="@string/app_name"
11          android:roundIcon="@mipmap/ic_launcher_round"
12          android:supportsRtl="true"
13          android:theme="@style/AppTheme">
14          <activity android:name=".MainActivity">
15              <intent-filter>
16                  <action android:name="android.intent.action.MAIN" />
17
18                  <category android:name="android.intent.category.LAUNCHER" />
19              </intent-filter>
20          </activity>
21      </application>
22
23  </manifest>
```

> 진동 권한 부여 (05행 주석)

STEP 3 프로젝트 실행

프로젝트를 실행하고 결과를 살펴보자.

10.3

모션 센서 활용

10.3.1 모션 센서 활용 앱

스마트폰의 움직임을 활용하여 만든 대표적인 앱은 만보기이다. 모션 센서의 가속도 센서를 이용하면 가속도의 변화로 걸음 걸이 수를 측정할 수 있고, 그에 따른 소비 칼로리 등도 추정할 수 있다. 다음 그림의 만보기는 하루 소비 칼로리, 걸은 거리, 걸은 시간, 속력(시속) 등을 나타내고 있다(ITO Technologies).

만보기

10.3.2 모션 센서 활용의 기본 원리

스마트폰의 모션 센서들을 시스템에 등록하고, 사용자의 움직임 변화를 감지하여 걸음 수를 측정하면 된다. 스텝의 변화에 따른 걸음 수를 측정하는 경우, 모션 센서 중에 스텝 감지 센서를 이용하면 걸음 수 측정이 편리하다. 스텝 감지 센서의 변화에 따라 걸음 수를 1씩 증가시켜 화면에 출력하면 된다.

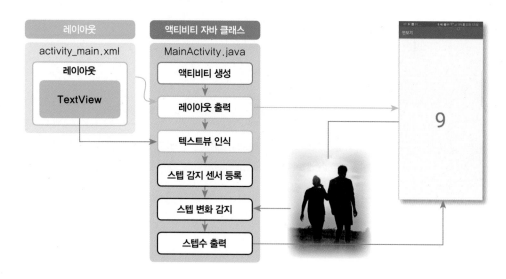

10.3.3 만보기

초기 걸음걸이는 0이고, 스텝 감지 센서를 이용해서 걸음 수의 변화를 출력해보자. 어플리케이션 이름은 『Step Counter』, 어플리케이션 라벨과 액티비티 라벨은 『만보기』로 하자. 아래 그림은 걸음걸이 수를 나타내는 화면이다.

프로젝트 10.3

프로젝트 개요: **걸음 수 출력**

Application Name: **Step Counter**

어플리케이션 라벨: **만보기**

초기 화면   걸음 수

---

(2) 프로젝트 개발

STEP 1 | **프로젝트 생성**

다음 3단계 절차에 따라 프로젝트를 생성한다.

단계	내용
❶ 새 프로젝트 만들기	메뉴에서 'File → New → New Project' 클릭
❷ 프로젝트 선택	'Phone and Tablet' 탭에서 'Empty Activity' 선택
❸ 프로젝트 구성	프로젝트 이름: **'Step Counter'** 패키지 이름: 'com.example.stepcounter'(디폴트 값) 프로젝트 저장 위치 확인 개발 언어: 'Java' 최소 API 레벨 설정: 실행할 스마트폰의 API 레벨 이하

STEP 2 | **파일 편집**

어플리케이션 이름을 '만보기'로 수정한다[편집 1]. 화면에 걸음 수를 출력할 화면 배치를 설계한다[편집 2]. 가속도 센서의 변화를 감지하여 걸음 수를 계산하고 출력한다[편집 3]. 한편, AndroidManifest.xml에는 스텝 감지 센서의 사용 권한을 부여해야 한다[편집 4].

모듈	폴더	소스 파일	편집 내용
manifests	–	AndroidManifest.xml	[4] 스텝 감지 센서 사용 권한 부여
java	com.example.stepcounter	MainActivity.java	[3] 걸음 수 출력 • 스텝 변화 감지 • 스텝 수 증가
res	drawable		
	layout	activity_main.xml	[2] 화면 설계 • 걸음 수 출력을 위한 텍스트뷰 배치
	mipmap	ic_launcher.png	
	values	colors.xml	
		strings.xml	[1] 텍스트 리소스 편집 • 어플리케이션 라벨 수정
		styles.xml	

[1] 텍스트 리소스 편집

어플리케이션 이름을 수정하기 위해 **app_name** 속성값에 해당하는 데이터를 '만보기'로 수정한다.

```
strings.xml

01  <resources>
02      <string name="app_name">만보기</string>
03  </resources>
```

[2] 화면 설계

걸음 수를 출력하는 텍스트뷰에 id를 부여하고, 출력 문자는 '0', 크기는 '100sp'로 설정하다.

```
activity_main.xml

01  <?xml version="1.0" encoding="utf-8"?>
02  <android.support.constraint.ConstraintLayout xmlns:android=
                                "http://schemas.android.com/apk/res/android"
03      xmlns:app="http://schemas.android.com/apk/res-auto"
04      xmlns:tools="http://schemas.android.com/tools"
05      android:layout_width="match_parent"
06      android:layout_height="match_parent"
07      tools:context=".MainActivity">
08                          걸음 수 출력 텍스트뷰
09      <TextView
10          android:id="@+id/sensor"
11          android:textSize="100sp"
12          android:layout_width="wrap_content"
13          android:layout_height="wrap_content"
14          android:text="0"
15          app:layout_constraintBottom_toBottomOf="parent"
16          app:layout_constraintLeft_toLeftOf="parent"
17          app:layout_constraintRight_toRightOf="parent"
18          app:layout_constraintTop_toTopOf="parent" />
19
20  </android.support.constraint.ConstraintLayout>
```

[3] 액티비티 클래스 편집: 스텝 변화 감지 및 출력

스텝 감지 센서를 설정한다. 다른 앱을 사용하는 등 액티비티가 일시 정지되면(on-Pause), 스텝 감지 리스너를 해제하고, 다시 액티비티가 활성화되면(onResume) 리

스너를 등록한다. 센서의 변화가 감지되고(onSensorChanged) 스텝의 변화가 있으면 (TYPE_STEP_DETECTOR) 스텝 수를 1 증가하고 출력한다.

MainActivity.java

```java
01 package com.example.stepcounter;
02
03 import android.hardware.Sensor;
04 import android.hardware.SensorEvent;
05 import android.hardware.SensorEventListener;
06 import android.hardware.SensorManager;
07 import android.support.v7.app.AppCompatActivity;
08 import android.os.Bundle;
09 import android.widget.TextView;
10
11 public class MainActivity extends AppCompatActivity implements Sensor
                                                        EventListener {
12
13     TextView tv_sensor;
14     SensorManager sm;
15     Sensor sensor_step_detector;
16
17     int steps = 0;
18
19     @Override
20     protected void onCreate(Bundle savedInstanceState) {
21         super.onCreate(savedInstanceState);
22         setContentView(R.layout.activity_main);
23                                                         ❶ 텍스트뷰 인식
24         tv_sensor = (TextView)findViewById(R.id.sensor);
25         tv_sensor.setText("0");
26                              ❷ 걸음 수 초기화 및 출력        ❸ 센서 매니저 생성
27         sm = (SensorManager)getSystemService(SENSOR_SERVICE);
28         sensor_step_detector = sm.getDefaultSensor(Sensor.
                                                     TYPE_STEP_DETECTOR);
29     }                                         ❹ 스텝 감지 센서 등록
30
31     @Override
32     protected void onResume() {
33         super.onResume();
34
35         sm.registerListener(this, sensor_step_detector, SensorManager.
                                                     SENSOR_DELAY_NORMAL);
36     }
37
```

```
38      @Override
39      protected void onPause() {
40          super.onPause();
41          sm.unregisterListener(this);
42      }
43
44      @Override
45      public void onAccuracyChanged(Sensor sensor, int accuracy) {
46      }                                                    센서값이 변할 때
47
48      @Override
49      public void onSensorChanged(SensorEvent event) {
50                                                           센서 유형이 스텝 감지
51          switch(event.sensor.getType()) {                센서인 경우 걸음수를
52              case Sensor.TYPE_STEP_DETECTOR:             1 증가하여 출력
53                  tv_sensor.setText("" + (++steps));
54                  break;
55          }
56      }
57  }
```

클래스와 속성/메소드

› 상수

클래스	상수	설명
Sensor	int *TYPE_STEP_DETECTOR*	52행. 스텝 감지 센서를 의미하는 상수

[4] 환경 설정: 센서 감지

스텝 감지 센서의 사용을 허용한다.

AndroidManifest.xml

```
01  <?xml version="1.0" encoding="utf-8"?>
02  <manifest xmlns:android="http://schemas.android.com/apk/res/android"
03      package="com.example.stepcounter">
04                                                           스텝 감지 센서 사용 설정
05      <uses-feature android:name="android.hardware.sensor.stepdetector" />
06
07      <application
08          android:allowBackup="true"
```

```
09              android:icon="@mipmap/ic_launcher"
10              android:label="@string/app_name"
11              android:roundIcon="@mipmap/ic_launcher_round"
12              android:supportsRtl="true"
13              android:theme="@style/AppTheme">
14          <activity android:name=".MainActivity">
15              <intent-filter>
16                  <action android:name="android.intent.action.MAIN" />
17
18                  <category android:name="android.intent.category.LAUNCHER" />
19              </intent-filter>
20          </activity>
21      </application>
22
23 </manifest>
```

STEP 3 ⟩ 프로젝트 실행

프로젝트를 실행하고 결과를 살펴보자.

> ⓘ 화면을 가로와 세로로 변화시키면 걸음 수가 0으로 초기화되기 때문에, 한 방향으로 고정시킬 필요가
> 있다. 응용문제 1을 참고 하면 된다.

요약

> 안드로이드는 환경 센서(기압, 조도, 온도, 습도), 위치 센서(방향, 근접, 자력), 모션 센서(가속도, 회전 가속도, 스텝 감지)를 지원한다. 모션 센서와 위치 센서들은 일반적으로 스마트폰 내부에 내장되어 있으며, 환경 센서는 외부에 부착되어 있다.

> 스마트폰의 센서는 제조사마다, 그리고 각 모델마다 다를 수 있다. 따라서 센서를 활용하는 앱을 만들기 전에, 내가 사용하는 스마트폰이 어떤 센서 기능을 가지고 있는지 확인할 필요가 있다.

> 모든 센서 값의 측정은 유사하다. onCreate() 메소드에서 sensor_proximity=sm.getDefaultSensor(Sensor.TYPE_PROXIMITY);와 같이 센서 타입을 설정하고, onSensorChanged() 메소드에서 센서가 변화를 감지할 때마다 event.sensor.getType()으로 감지되는 센서 유형을 확인한다.

> 감지된 센서 값이 온도, 근접, 조도, 기압 등 크기만으로 측정되는 스칼라일 때는 event.values[0]이 감지된 센서 값에 해당하고, 가속도와 같이 x, y, z축 세 방향의 값으로 측정되는 벡터일 때는 event.values[0], event.values[1], event.values[2]가 각각 그에 대응되는 값이다.

> 스마트폰은 가속도와 방향을 측정할 수 있다. 스마트폰을 x, y, z축으로 두면 각 축 방향의 가속도와 각 축의 회전 가속도가 있다. x축은 피치(pitch) 측정 축으로 디바이스의 수직 기울기인 경사도를 의미하며, −180도~180도의 값을 갖는다. y축은 롤(roll) 측정 축으로 디바이스의 수평 기울기를 의미하며 −90~90도의 값을 갖는다. z축은 방위각(azimuth) 측정 축으로, 동서남북 방향을 찾을 때 사용하며 0~360도의 값을 갖는다.

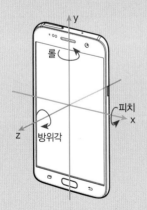

> 걸음 수를 감지하는 스텝 감지 센서를 활용하여 만보기 앱을 만들 수 있다. 응용하면 그에 따른 소비 칼로리도 추정할 수 있다.

1. 다음 센서들의 측정과 서로 관련 있는 것을 연결하시오.

가. 환경 센서	① 방향, 근접, 자력
나. 위치 센서	② 기압, 조도, 온도, 습도
다. 모션 센서	③ 가속도, 회전 가속도, 스텝 감지

2. 각 센서와 연관 있는 센서 유형을 모두 연결하시오.

	① TYPE_PROXIMITY
	② TYPE_STEP_COUNTER
가. 환경 센서	③ TYPE_LIGHT
나. 위치 센서	④ TYPE_PRESSURE]
다. 모션 센서	⑤ TYPE_MAGNETIC_FIELD
	⑥ TYPE_ACCELEROMETER

3. 다음 괄호 안에 들어갈 용어로 적당한 것은?

스마트폰 화면 중심에서 수직 위로 향하는 축을 중심으로 회전하는 각을 (   )(이)라고 한다.

① 방위각
② 피치
③ 롤
④ 회전 가속도

4. 다음 중 스마트폰의 센서에 접근할 수 있도록 하는 클래스는?

① List
② Sensor
③ SensorManager
④ SensorEvent

5. 다음 중 센서 값이 변할 때 센서 매니저로부터 공지를 받는데 사용하는 클래스는?

① Sensor

② SensorEvent

③ SensorEventListener

④ SensorManager

6. 이미지에 1초 동안 이미지의 5%에 해당하는 크기만큼 위에서 아래로 움직임을 5회 반복하게 하려고 한다. motion.xml 파일과 MainActivity.java 파일을 완성하시오.

motion.xml

```xml
<?xml version="1.0" encoding="UTF-8"?>
<set
    xmlns:android="http://schemas.android.com/apk/res/android">
    <translate
        android:_____①_____ ="5%"
        android:_____②_____ ="-5%"
        android:duration="_____③_____"
        android:_____④_____ ="5" />
</set>
```

MainActivity.java

```java
..... 생략 .....
public class MainActivity extends AppCompatActivity
                                        implements SensorEventListener {
    ..... 생략 .....
    ImageView img;
    Animation ani;

    @Override
    protected void onCreate(Bundle savedInstanceState) {
        ..... 생략 .....

        ani = AnimationUtils._____⑤_____(this, R.anim.motion);
        img._____⑥_____(ani);
    }

    ..... 생략 .....
}
```

7. AndroidManifest.xml에서 스마트폰을 진동시키기 위한 권한을 설정하시오.

```
<uses-permission android:name="_____" />
```

8. AndroidManifest.xml에서 스마트폰의 스텝 감지 센서를 사용하기 위한 권한을 설정하시오.

```
<uses-feature android:name="_____ " />
```

9. 센서 매니저 객체로 근접 센서 사용을 위한 센서 객체를 만드시오.

```
SensorManager sm = (SensorManager)getSystemService(_____①_____);
Sensor sensor_proximity = sm.getDefaultSensor(_____②_____);
```

10. 센서 객체를 SensorEventListener에 등록하는 SensorManager 클래스의 메소드는?

① getDefaultSensor()
② registerListener()
③ unregisterListener()
④ onSensorChanged()

11. 센서 값이 변할 때 호출되는 SensorManager 클래스의 메소드는?

① getDefaultSensor()
② registerListener()
③ unregisterListener()
④ onSensorChanged()

만보기2

스텝 감지 센서를 이용하여, "시작" 버튼을 누르면 스텝의 수가 출력되고 "정지" 버튼을 누르면 걸음 수를 0으로 초기화하는 프로젝트를 개발해보자. 버튼은 초기에 "시작"으로 표시되고, 누를 때마다 "정지"와 "시작"이 반복되도록 한다. 화면이 가로 또는 세로 모드로 변환되면 0으로 초기화되기 때문에, 화면을 세로 모드로 고정하기로 한다.

프로젝트

프로젝트 개요: 초기 상태에서 "시작" 버튼을 누르면, 걸음 수를 초기화한 후 걸음 수의 변화를 출력한다. "정지" 버튼을 누르면 걸음 수를 측정하지 않는다.

Application Name: Step Counter2

어플리케이션 라벨: 만보기2

초기 상태   걸음 수 측정 상태

❶ 화면 하단 중앙에 "시작" 버튼을 추가한다.

activity_main.xml

```
01 <?xml version="1.0" encoding="utf-8"?>
02 <android.support.constraint.ConstraintLayout
03     ..... 생략 ..... >
04
05     <TextView
06         ..... 생략 ..... />
07
08     <Button
09         android:id="@+id/btn"
10         android:layout_width="wrap_content"
11         android:layout_height="wrap_content"
12         android:text="시작"
13         android:clickable="true"
14         android:onClick="start"
15         android:layout_marginBottom="50dp"
16         app:layout_constraintBottom_toBottomOf="parent"
17         app:layout_constraintLeft_toLeftOf="parent"
18         app:layout_constraintRight_toRightOf="parent" />
19
20
21 </android.support.constraint.ConstraintLayout>
```

❷ MainActivity.java에서 버튼을 클릭할 때 실행되는 콜백 메소드 start()를 정의한다. start()는 버튼을 클릭할 때마다 "종료", "시작"을 번갈아 출력한다. "종료"가 출력되면 걸음 수를 측정하는 과정이므로 초기화 후에 걸음 수의 변화를 계속 출력한다. "시작"이 출력되면 정지 상태이기 때문에 걸음 수 측정을 하지 않는다.

MainActivity.java

```
01 package com.example.stepcounter2;
02
03 ..... 생략 ......
04
05 public class MainActivity extends AppCompatActivity implements
                                                    SensorEventListener {
06
07     ..... 생략 .....
08     int steps = 0;
09     Button btn;
```

```
10
11      @Override
12      protected void onCreate(Bundle savedInstanceState) {
13          ..... 생략 .....
14
15          btn = (Button)findViewById(R.id.btn);
16
17          ..... 생략 .....
18      }
19
20      ..... 생략 .....
21
22      public void start(View v) {
23          String name = (String)btn.getText();
24
25          if (name.equals("시작")) {
26              btn.setText("종료");
27              steps = 0;
28              tv_sensor.setText("" + steps);
29          } else if (name.equals("종료"))
30              btn.setText("시작");
31      }
32 }
```

클래스와 속성/메소드

〉 메소드

클래스	메소드	설명
TextView	CharSequence getText()	텍스트뷰에 출력되어 있는 텍스트 반환

❸ 화면을 세로 모드로 고정한다.

AndroidManifest.xml

```
01 <?xml version="1.0" encoding="utf-8"?>
02 <manifest xmlns:android="http://schemas.android.com/apk/res/android"
03     package="com.example.stepcounter2">
04
05     <uses-feature android:name="android.hardware.sensor.stepdetector" />
06
07     <application
```

```
08              ..... 생략 ..... >
09          <activity android:name=".MainActivity"
10              android:screenOrientation="portrait">
11              ..... 생략 .....
12          </activity>
13      </application>
14
15  </manifest>
```

스마트폰의 가속도에 따라 돌아가는 바람개비

스마트폰을 한방향으로 크게 움직여 직선 가속도(중력 가속도 미포함)를 가하면 그 크기를 바람의 크기라고 생각하고 회전 애니메이션을 이용하여 바람개비가 돌아가게 해보자. 센서 값의 인지가 1초 이상 되면 바람개비는 현재 각도에서 센서 값의 1,000배가 되는 각도로 1초간 회전하도록 한다.

프로젝트

프로젝트 개요: **직선 가속도를 이용한 바람개비 회전**

Application Name: **Pinwheel**

어플리케이션 라벨: **바람개비**

❶ 바람개비 이미지를 activity_main.xml에 배치하고 id를 iv_pinwheel로 설정한다.

❷ 다음을 참고하여 MainActivity.java를 편집한다.

　　• 직선 가속도 센서 타입: **TYPE_LINEAR_ACCELERATION**:

　　• 직선 가속도 크기: x, y, z 방향의 각 제곱 값을 더한 값

Math.sqrt(Math(event.values[0], 2) + Math(event.values[1], 2) + Math(event.values[2], 2))

　　• 센서 값의 인지 시간이 기준 값(예: 1초) 이상이 되면, 현재 각도를 인식하고, 이전 회전 애니메이션은 정지한다.

현재 각도에서 직선 가속도 크기의 수 배(예: 1,000배)가 되는 각도로 일정 시간(예: 1초) 회전하도록 한다 (애니메이션은 7.2.3 절 참조).

MainActivity.java

```
01  package com.example.pinwheel;
02
03  ..... 생략 .....
04
05  public class MainActivity extends AppCompatActivity implements
                                                     SensorEventListener {
06
07      ImageView iv_pinwheel;
08      SensorManager sm;
09      Sensor sensor_linear_acceleration;
10      ObjectAnimator object = new ObjectAnimator();
11      double timestamp = 0;
12
13      @Override
14      protected void onCreate(Bundle savedInstanceState) {
15
16          ..... 생략 .....
17
18          sensor_linear_acceleration = sm.getDefaultSensor(Sensor.
                                      TYPE_LINEAR_ACCELERATION);
19      }
20
21      @Override
22      protected void onResume() {
23  ..... 생략 .....
24  }
25
26      @Override
```

```java
27    protected void onPause() {
28    ..... 생략 .....
29    }
30
31    @Override
32    public void onAccuracyChanged(Sensor sensor, int accuracy) {
33    }
34
35    @Override
36    public void onSensorChanged(SensorEvent event) {
37
38        switch(event.sensor.getType()) {
39            case Sensor.TYPE_LINEAR_ACCELERATION:
40
41                // 센서 감지 시간 간격, 나노 시간을 초 단위로 변환
42                double dt = (event.timestamp - timestamp) / 1000000000;
43
44                // 센서 감지 시간 간격이 1초 되면 회전 변경
45                if (dt > 1) {
46                    double magnitude = Math.sqrt(Math.pow(event.values[0],
                        2) + Math.pow(event.values[1], 2) + Math.pow(event.values[2], 2));
47
48                    double degree_start = iv_pinwheel.getRotation();
49                    double degree_end   = degree_start + magnitude * 1000;
50
51                    // Toast.makeText(this, "" + magnitude,
                                                    Toast.LENGTH_LONG).show();
52
53                    object.cancel();
54                    object = ObjectAnimator.ofFloat(iv_pinwheel,
                        "rotation", (float)degree_start, (float)degree_end);
55                    object.setInterpolator(new LinearInterpolator());
56                    object.setDuration(1000);
57                    object.start();
58
59                    timestamp = event.timestamp;
60                }
61                break;
62        }
63    }
64 }
```

클래스와 속성/메소드

› 상수

클래스	메소드	설명
Sensor	*TYPE_LINEAR_ACCELERATION*	39행. 직선 가속도를 의미하는 상수

❸ 앱이 직선 가속도를 사용할 수 있도록 허용한다

AndroidManifest.xml

```xml
01  <?xml version="1.0" encoding="utf-8"?>
02  <manifest xmlns:android="http://schemas.android.com/apk/res/android"
03      package="com.example.pinwheel">
04
05      <!-- 중력, 가속, 직선 가속도의 사용 허용 -->
06      <uses-feature android:name="android.hardware.sensor.accelerometer"
                                       android:required="true" />
07
08      <application
09          ..... 생략 .....>
10
11          ..... 생략 .....
12      </application>
13
14  </manifest>
```

» 직선 가속도가 급격히 감소하면 회전이 자연스럽지 않게 정지하게 된다. 자연스런 회전 애니메이션이
되도록 해보자.

입력 컨트롤과
데이터 베이스 활용

데이터 입력과 전송

학습목표

• 앱의 화면 간 데이터 전달과 전송 받은 데이터의 저장은 데이터 입력으로 시작한다. 데이터를
  입력하기 위한 뷰의 유형들을 살펴보고, 데이터 전달 원리와 화면 상단에 메뉴를 구성하는 원
  리를 살펴본다.

학습내용

• 입력 컨트롤 유형
• 코디네이터 레이아웃을 이용한 메뉴와 화면 구성
• 데이터 전송

11.1 입력 컨트롤과 데이터 전송 원리

11.1.1 입력 컨트롤 활용 앱의 예

스마트폰이 널리 보편화되고 있는 이유 중의 하나는 사람들과 상호작용하는 유용한 컴포넌트를 가지고 있기 때문이다. 입력 컨트롤(input control)은 앱의 사용자 인터페이스(UI)에서 스마트폰과 상호작용하는 컴포넌트로서, 버튼, 텍스트 입력과 출력, 체크 박스, 줌 버튼 등이 있다.

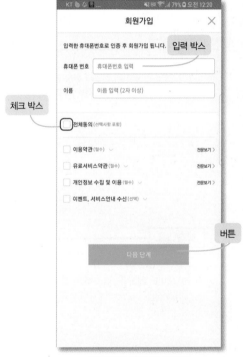

회원가입 폼의 예 (멜론)

우리는 입력 컨트롤을 이용하여 다른 사람들과 정보를 원활하게 공유하고 실생활에 밀접한 정보도 편리하게 관리한다. 즉, 메시지 전송, 연락처 저장, 회원 등록, 사진 및 동영상 등록 등 다양하게 사용되고 있다. 위의 그림은 입력 컨트롤로 구성되어 있는 멜론

(melon) 앱의 회원가입의 예이다. 휴대폰 번호와 이름 입력 박스와 약관에 대해 동의를 확인하는 체크 박스가 있고, 하단에는 다음 단계로 진행하는 버튼이 배치되어 있다.

11.1.2 입력 컨트롤 활용 기본원리

> ❗ 화면에 메뉴가 보이도록 하기 위해서는 프로젝트 생성 시에 액티비티 유형을 'Basic Activity'로 선택한다.

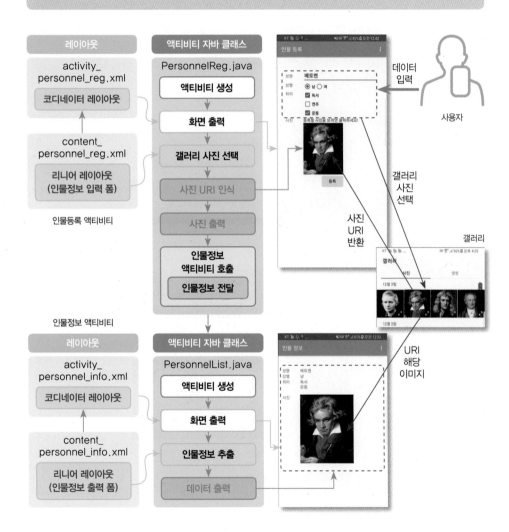

'Basic Activity'는 화면을 메뉴 부분과 콘텐츠 출력 영역으로 나누는 기본 틀을 제공한다. 즉, activity_xxx.xml에서 코디네이터 레이아웃(CoordinatorLayout)을 사용하여 메뉴가 나타날 액션 바 부분과 콘텐츠 영역의 두 개 프레임으로 구분하고, 콘텐츠 출력은 content_xxx.xml에서 설계한 화면을 출력하여 사용한다. content_xxx.xml에서는 데이터 입력 처리를 위한 입력 박스, 라디오 버튼, 체크 박스, 버튼 등의 입력 컨트롤을 사용하여 화면을 구성한다. 한편, 메뉴 설정과 화면 이동은 액티비티 자바 클래스에서 제어한다.

11.1.3 입력 컨트롤 유형과 데이터 전송 원리

우리가 사용할 수 있는 일반적인 입력 컨트롤 유형은 다음과 같다(developer.android.com). 각각 입력 이벤트를 처리하는 기능을 가지고 있다.

컨트롤 유형	설명	관련 클래스
Button	사용자에 의해 눌러지거나 클릭되는 푸쉬 버튼	Button
Text field	편집 가능한 입력박스. 한 글자만 입력하면 자동으로 단어가 완성되는 기능은 AutoCompleteTextView를 사용하면 됨	EditText, AutoComplete TextView
Checkbox	사용자에 의해 토글되는 on/off 스위치. 여러 아이템을 그룹으로 묶어 다중 선택이 가능하게 할 때 사용함,	CheckBox
Radio button	그룹에서 하나의 아이템만 선택 가능하도록 할 때 사용함	RadioGroup, RadioButton

Toggle button	on/off 버튼	ToggleButton
Spinner	목록에서 한 아이템을 선택하도록 할 때 사용하는 드롭다운(drop-down) 리스트	Spinner
Picker	up/down 버튼 등을 사용하여 한 가지 값을 선택할 때 사용하는 대화상자. 날짜(연, 월, 일)에 대한 값을 선택하는 DatePicker, 시간(시, 분, 오전/오후)을 선택할 때 사용하는 TimePicker 등이 있음	DatePicker, TimePicker

> **❗ 데이터 전송 원리**
>
> 액티비티 간 데이터는 **인텐트**를 통해 전송한다. 데이터를 보낼 때는 호출할 액티비티 자바 클래스에 관한 인텐트 객체를 만들고 전달할 데이터를 저장한 후에, 액티비티 자바 클래스를 호출한다. 데이터를 받을 때는 호출된 액티비티 자바 클래스에서 그 인텐트를 통해 데이터를 추출하면 된다(5.3절 참고).

11.1.4 메뉴 유형

메뉴는 여러 유형의 어플리케이션에서 일상적인 UI 컴포넌트이다. 메뉴 유형은 다음과
같다.

메뉴 유형	설명
Options menu와 Action bar	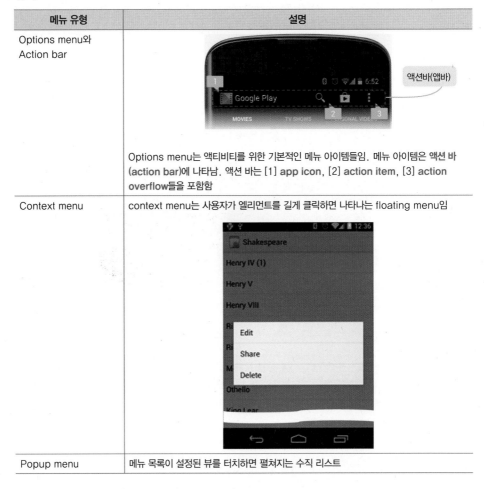 Options menu는 액티비티를 위한 기본적인 메뉴 아이템들임. 메뉴 아이템은 **액션 바 (action bar)**에 나타남. 액션 바는 [1] **app icon**, [2] **action item**, [3] **action overflow**들을 포함함
Context menu	context menu는 사용자가 엘리먼트를 길게 클릭하면 나타나는 floating menu임
Popup menu	메뉴 목록이 설정된 뷰를 터치하면 펼쳐지는 수직 리스트

≫ 입력 컨트롤은 입력 데이터를 등록하는 화면의 기본 구성요소들이다. 회원 등록, 상품 등록, 사진/동영상 등록 등 다양한 콘텐츠 관리 등에 활용된다. 이번 장에서는 인물 등록을 통해 입력 컨트롤의 작동 원리를 이해하고, 다음 12장에서는 스마트폰의 내장 데이터베이스인 **SQLite**에 데이터를 저장하고 조회, 수정, 삭제하는 인물관리 시스템의 과정을 살펴보기로 하자.

11.2

입력 컨트롤을 이용한 인물 등록

11.2.1 프로젝트 개요

입력 컨트롤과 액션 바에 메뉴를 구성해서 카메라로 찍은 사진을 찾아 인물 정보를 입력해보자. 아래 그림은 초기 화면, 인물 등록 폼, 인물 정보 출력 과정을 나타낸 화면들이다. 어플리케이션 이름은 'Personnel Registration', 어플리케이션 라벨은 '인물 등록'으로 하자.

┌─ **프로젝트 11.1**

프로젝트 개요: Input Controls를 이용한 인물 등록(인물 정보 전달)

....

Application Name: Personnel Registration

....

어플리케이션 라벨: 인물 등록

....

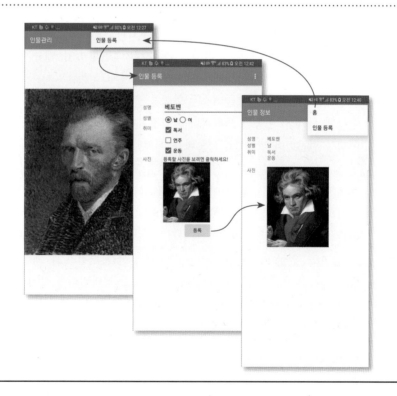

11.2.2 프로젝트 개발 단계

STEP 1 〉 **프로젝트 생성**

다음 3단계 절차에 따라 프로젝트를 생성한다. 액션 바의 메뉴 구성을 위해 액티비티 유형은 "Basic Activity"를 선택한다.

단계	내용
❶ 새 프로젝트 만들기	메뉴에서 'File → New → New Project' 클릭
❷ 프로젝트 선택	'Phone and Tablet' 탭에서 '**Basic Activity**' 선택
❸ 프로젝트 구성	프로젝트 이름: '**Personnel Registration**' 패키지 이름: 'com.example.personnelregistration' 프로젝트 저장 위치 확인 개발 언어: 'Java' 최소 API 레벨 설정: 실행할 스마트폰의 API 레벨 이하

STEP 2 〉 **파일 편집**

홈 액티비티, 인물 등록 액티비티, 인물 정보 액티비티 순으로 편집한다. 먼저 홈 액티비티에서 사용하는 이미지를 저장한다[편집 1.1]. 각 액티비티에서 사용하는 액티비티 라벨과 메뉴 아이템의 텍스트 리소스를 추가하고[편집 1.2]. 메뉴 아이템을 편집한다[편집 1.3]. 앱 바를 배치하는 화면 레이아웃을 편집하고[편집 1.4], 홈 이미지를 배치한다[편집 1.5], 액티비티 자바 클래스는 화면을 출력한 후에 액션 바에 메뉴를 설정하고, 메뉴 아이템 선택 시 이동할 액티비티를 설정한다[편집 1.6]. 인물 등록 액티비티의 메뉴 아이템을 편집한다[편집 2.1]. 앱 바를 배치하는 화면 레이아웃을 편집하고[편집 2.2], 인물 정보를 입력하는 폼을 편집한다[편집 2.3], 액티비티 자바 클래스는 화면을 출력한 후에 메뉴 아이템 선택 시 이동할 액티비티를 설정하며, 사진을 선택해서 '등록' 버튼을 클릭하면 데이터를 '인물 정보' 액티비티로 전달하도록 한다[편집 2.4]. 인물 정보 액티비티의 메뉴 아이템을 편집한다[편집 3.1]. 앱 바를 배치하는 화면 레이아웃을 편집하고 [편집 3.2], 인물 정보를 출력하는 폼을 편집한다[편집 3.3], 액티비티 자바 클래스는 화면을 출력한 후에 메뉴 아이템 선택 시 이동할 액티비티를 설정하며, 수신 받은 인물 정보를 출력한다[편집 3.4]. 환경 설정에는 사진 선택을 허용하는 권한을 부여하고 추가된 액티비티들을 등록한다[편집 4].

모듈	폴더	소스 파일	편집 내용	관련 액티비티
manifests	–	AndroidManifest.xml	[4] 환경 설정 • 사진 선택 허용 • 액티비티 등록	
java	com. example. personnel registration	MainActivity.java	[1.6] 홈 액티비티	홈
		personnelReg.java	[2.4] 인물 등록 • 인물 정보 입력 화면 • 인물 정보 전송	인물 등록
		PersonnelInfo.java	[3.4] 인물 정보 출력 • 인물 정보 수신 • 인물 정보 출력	인물 정보 출력
res	drawable	home.png	[1.1] 홈 이미지 등록	홈
	layout	activity_main.xml	[1.4] 메인 화면 레이아웃	홈
		content_main.xml	[1.5] 메인 화면의 콘텐츠 레이아웃	홈
		activity_personnel_reg.xml	[2.2] 인물 정보 입력 화면 구성 틀	인물 등록
		content_personnel_reg.xml	[2.3] 인물 정보 입력 컨트롤의 배치	인물 등록
		activity_personnel_info.xml	[3.3] 인물 정보 출력 화면 구성 틀	인물 정보
		content_personnel_info.xml	[3.2] 인물 정보 출력 화면 배치	인물 정보
	menu	menu_main.xml	[1.3] 메인 액티비티 메뉴 아이템	홈
		menu_personnel_reg.xml	[2.1] 인물 등록 액티비티 메뉴 아이템	인물 등록
		menu_personnel_info.xml	[3.1] 인물 정보 액티비티 메뉴 아이템	인물 정보
	values	colors.xml		
		dimens.xml		
		strings.xml	[1.2] 텍스트 리소스 편집 • 액티비티 이름 추가 • 메뉴 아이템 추가	
		styles.xml		

STEP 3 ⟩ 프로젝트 실행

» 다음 11.2.3 ~ 11.2.5절을 참고하여 각 액티비티별로 편집한 후에 실행해보자.

11.3 액티비티별 개발

11.3.1 메인 액티비티

갤러리 홈 화면에 홈 이미지를 배치하고, 액티비티 간의 이동에 사용할 우측 상단의 액션바는 그대로 둔다.

클릭 시, 인물 등록 액티비티로 이동

[1] 홈 이미지 추가

res/drawable 폴더에 화면에 출력할 이미지를 저장한다.

모듈	폴더	소스 파일	이미지
res	drawable	home.png	

[2] 텍스트 리소스 편집

strings.xml의 app_name을 '인물 등록'으로 수정하고 '인물 등록 폼'과 '인물 정보' 액티비티에 사용될 액티비티 이름도 추가한다. 그리고, 액션 바(앱바)의 메뉴에 사용될 '홈', '인물 등록' 메뉴 아이템들도 추가한다.

strings.xml

```
01  <resources>
02      <!-- 액티비티 이름 -->
03      <string name="app_name">인물 등록</string>
04      <string name="app_name2">인물 등록 폼</string>
05      <string name="app_name3">인물 정보</string>
06
07      <!-- 액션 바 메뉴 아이템 이름 -->
08      <string name="action_settings">홈</string>
09      <string name="action_settings2">인물 등록</string>
10  </resources>
```

[3] 메뉴 편집

'인물 등록' 액티비티로 이동할 수 있는 메뉴 아이템을 설정한다.

menu_main.xml

```
01  <menu xmlns:android="http://schemas.android.com/apk/res/android"
02      xmlns:app="http://schemas.android.com/apk/res-auto"
03      xmlns:tools="http://schemas.android.com/tools"
04      tools:context="com.example.personnelregistration.MainActivity">
05                                              메뉴 아이템
06      <!-- 인물 등록 폼 -->
07      <item
```

```
08          android:id="@+id/action_settings2"
09          android:orderInCategory="100"
10          android:title="@string/action_settings2"
11          app:showAsAction="never" />
12  </menu>
```

> 메뉴 목록에 나타나는 아이템의 글자 "인물 등록"

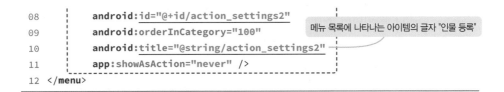

클래스와 속성/메소드

▶ 클래스

클래스/인터페이스	설명
item	07행. 메뉴 내에 하나의 메뉴 아이템을 표현하는 MenuItem 클래스를 만듦
menu	01행. 메뉴 아이템을 포함하는 Menu 클래스를 정의함. 루트 노드로 구성함

▶ XML 속성

클래스	속성	설명
item	android: orderInCategory	09행. 메뉴 항목이 표시 될 때 메뉴 내에 나타나는 순서 지정
	android: showAsAction	11행. 메뉴가 액션 바에 언제 어떻게 나타나는지를 기술함

값	설명
ifRoom	액션 바에 메뉴를 표시할 공간이 있을 때 액션 아이템으로 나타남
withText	아이콘과 텍스트를 나타냄
never	action overflow메뉴 형태로 표시함
always	항상 액션 바에 나타나게 함

클래스	속성	설명
	android:title	10행. 메뉴에 표시될 제목
menu	tools:context	04행. 그래픽 레이아웃의 테마를 사용할 액티비티 클래스

[4] 화면 설계

프로젝트 생성 단계에서 액티비티 유형을 'Basic Activity'로 설정하면 activity_main. xml과 content_main.xml 파일이 자동으로 만들어지게 된다. activity_main.xml에는 액션 바, 콘텐츠 영역, 플로팅 액션 버튼으로 구성되며, 액션 바에는 툴바가 있다. 콘텐츠 출력은 content_main.xml로 설정되어 있다.

>> 이번 프로젝트에서 사용하지 않는 플로팅 액션 버튼 부분은 주석문으로 처리한다.

activity_main.xml

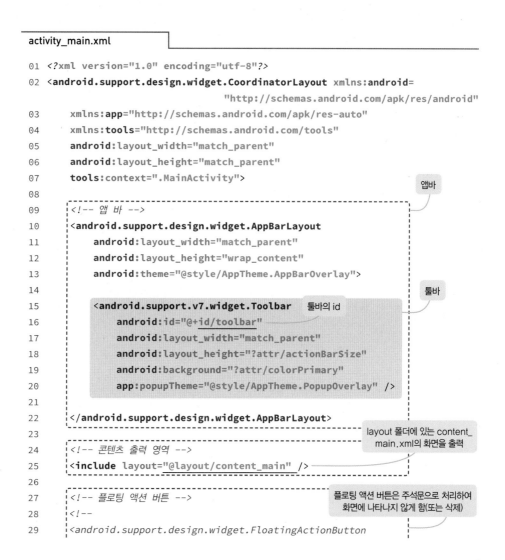

```
01  <?xml version="1.0" encoding="utf-8"?>
02  <android.support.design.widget.CoordinatorLayout xmlns:android=
                              "http://schemas.android.com/apk/res/android"
03      xmlns:app="http://schemas.android.com/apk/res-auto"
04      xmlns:tools="http://schemas.android.com/tools"
05      android:layout_width="match_parent"
06      android:layout_height="match_parent"
07      tools:context=".MainActivity">
08
09      <!-- 앱 바 -->
10      <android.support.design.widget.AppBarLayout
11          android:layout_width="match_parent"
12          android:layout_height="wrap_content"
13          android:theme="@style/AppTheme.AppBarOverlay">
14
15          <android.support.v7.widget.Toolbar          툴바의 id
16              android:id="@+id/toolbar"
17              android:layout_width="match_parent"
18              android:layout_height="?attr/actionBarSize"
19              android:background="?attr/colorPrimary"
20              app:popupTheme="@style/AppTheme.PopupOverlay" />
21
22      </android.support.design.widget.AppBarLayout>
23
24      <!-- 콘텐츠 출력 영역 -->
25      <include layout="@layout/content_main" />
26
27      <!-- 플로팅 액션 버튼 -->
28      <!--
29      <android.support.design.widget.FloatingActionButton
```

앱바

툴바

layout 폴더에 있는 content_main.xml의 화면을 출력

플로팅 액션 버튼은 주석문으로 처리하여 화면에 나타나지 않게 함(또는 삭제)

```
30          android:id="@+id/fab"
31          android:layout_width="wrap_content"
32          android:layout_height="wrap_content"
33          android:layout_gravity="bottom|end"
34          android:layout_margin="@dimen/fab_margin"
35          app:srcCompat="@android:drawable/ic_dialog_email" />
36      -->
37
38 </android.support.design.widget.CoordinatorLayout>
```

클래스와 속성/메소드

〉클래스

클래스/인터페이스	설명
AppBarLayout	10행. LinearLayout의 서브 클래스로 메뉴를 구성함
CoordinatorLayout	02행. 화면을 여러 출력 영역으로 분할하는 FrameLayout의 서브 클래스로, 외부의 콘텐츠 출력 레이아웃을 포함

content_main.xml에는 홈 이미지를 출력할 이미지뷰로 대체한다.

content_main.xml

```
01 <?xml version="1.0" encoding="utf-8"?>
02 <android.support.constraint.ConstraintLayout xmlns:android=
                              "http://schemas.android.com/apk/res/android"
03      xmlns:app="http://schemas.android.com/apk/res-auto"
04      xmlns:tools="http://schemas.android.com/tools"
05      android:layout_width="match_parent"
06      android:layout_height="match_parent"
07      app:layout_behavior="@string/appbar_scrolling_view_behavior"
08      tools:context=".MainActivity"
09      tools:showIn="@layout/activity_main">
10
11      <ImageView
12          android:layout_width="wrap_content"
13          android:layout_height="wrap_content"          홈 이미지 소스
14          android:src="@drawable/home"
15          app:layout_constraintBottom_toBottomOf="parent"
16          app:layout_constraintLeft_toLeftOf="parent"
17          app:layout_constraintRight_toRightOf="parent"
18          app:layout_constraintTop_toTopOf="parent" />
```

```
19
20   </android.support.constraint.ConstraintLayout>
```

[5] 액티비티 제어

화면을 출력하고, 상단에 있는 툴바를 인식해서(❶) 액션바에 설정한다(❷). 액션바에 메뉴 목록을 추가하고(❸) 메뉴의 '인물 등록' 아이템이 클릭되면(❹) '인물 등록' 액티비티로 이동하도록 한다(❺).

MainActivity.java

```
01   package com.example.personnelregistration;
02
03   import android.content.Intent;
04   import android.os.Bundle;
05   import android.support.design.widget.FloatingActionButton;
06   import android.support.design.widget.Snackbar;
07   import android.support.v7.app.AppCompatActivity;
08   import android.support.v7.widget.Toolbar;
09   import android.view.View;
10   import android.view.Menu;
11   import android.view.MenuItem;
12
13   public class MainActivity extends AppCompatActivity {
14
15       @Override
16       protected void onCreate(Bundle savedInstanceState) {
17           super.onCreate(savedInstanceState);
18           setContentView(R.layout.activity_main);                    ❶ 툴바 인식
19           Toolbar toolbar = (Toolbar) findViewById(R.id.toolbar);
20           setSupportActionBar(toolbar);                ❷ 툴바를 액션바에 설정
21       }
22                                                         ❸ 메뉴 목록을 추가함
23       @Override
24       public boolean onCreateOptionsMenu(Menu menu) {
25           // Inflate the menu; this adds items to the action bar if it
                                                           is present.
26           getMenuInflater().inflate(R.menu.menu_main, menu);
27           return true;                                        메뉴 목록
28       }
29                                                              메뉴 아이템이 클릭될 때
30       @Override
31       public boolean onOptionsItemSelected(MenuItem item) {
32           int id = item.getItemId();
                                              클릭된 메뉴 아이템의 id
```

```
33

34        if (id == R.id.action_settings2) {

35            Intent it = new Intent(this, PersonnelReg.class);

36            startActivity(it);

37            finish();

38            return true;

39        }

40

41        return super.onOptionsItemSelected(item);

42    }

43 }
```

❹ '인물 등록' 메뉴 아이템이 클릭된 경우

❺ '인물 등록' 액티비티 호출

클래스와 속성/메소드

› 클래스

클래스/인터페이스	설명
Toolbar	19행. 어플리케이션 콘텐츠 내에 사용하기 위한 표준 툴바
Menu	24행. 메뉴 아이템을 관리하는 인터페이스
MenuInflater	XML 메뉴 파일을 메뉴 오브젝트로 만드는데 사용됨
MenuItem	31행. 이전에 만들어진 메뉴 아이템에 대해 직접적으로 접근하기 위한 인터페이스

› 메소드

클래스	메소드	설명
AppCompatActivity	void setSupportActionBar(Toolbar toolbar)	20행. 액티비티 창에 액션 바가 나타나도록 ToolBar를 설정함
Activity	boolean onCreateOptionsMenu(Menu menu)	24행. 액티비티의 표준 옵션 메뉴의 콘텐츠를 초기화함
	boolean onOptionsItemSelected(MenuItem item)	31행. 옵션 메뉴의 아이템이 선택될 때 호출됨
	MenuInflater getMenuInflater()	26행. 앱바에 메뉴를 추가함
MenuInflate	void inflate(int menuRes, Menu menu)	26행. XML 리소스로부터 메뉴 계층을 만듦
MenuItem	abstract int getItemId()	32행. 메뉴 아이템의 id를 반환함

11.3.2 '인물 등록' 액티비티

스마트폰 갤러리로부터 사진을 찾고 '등록' 버튼을 클릭하면 '인물 정보' 액티비티로 데이터가 전달된다. 액션 바의 메뉴 아이템인 '홈'을 클릭하면 메인 액티비티로 이동하게 된다.

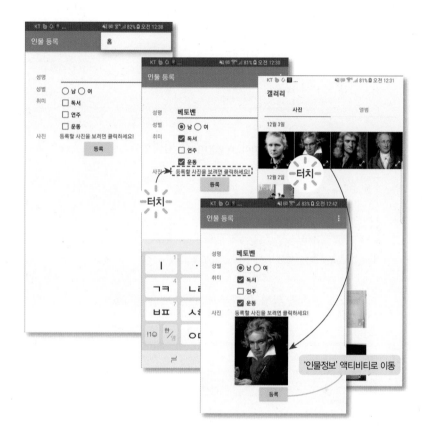

[1] 메뉴 구성

res/menu 폴더에 menu_personnel_reg.xml 파일을 만들고, '인물 등록 폼' 액티비티에서 다른 액티비티로 이동되는 메뉴 아이템을 구성한다.

❶ 파일 생성

'menu' 폴더를 마우스 오른쪽 버튼으로 클릭하고, 팝업 메뉴에서 "New → File" 메뉴를 선택한다.

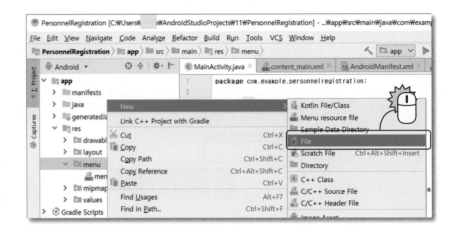

파일 명 'menu_personnel_reg.xml'을 입력한다.

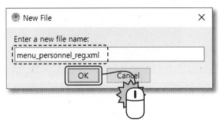

메뉴 소스 편집을 위해, 하단부의 'Text' 탭을 클릭한다.

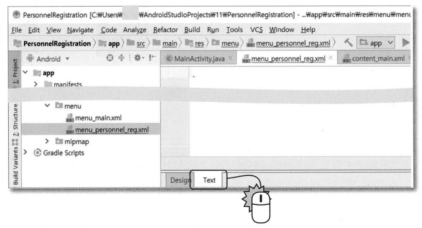

❷ 소스 편집

메인 액티비티로 이동하는 메뉴를 설정한다.

```
01  <menu xmlns:android="http://schemas.android.com/apk/res/android"
02      xmlns:app="http://schemas.android.com/apk/res-auto"
03      xmlns:tools="http://schemas.android.com/tools"
04      tools:context="com.example.personnelregistration.MainActivity">
05
06      <!-- 홈 (인물 등록) -->
07      <item
08          android:id="@+id/action_settings"
09          android:orderInCategory="100"
10          android:title="@string/action_settings"
11          app:showAsAction="never" />
12  </menu>
```

'홈' 메뉴 아이템

[2] 화면 설계

앞에서 메뉴 파일을 생성했던 절차에 따라 res/layout 폴더에는 화면 레이아웃인 activity_personnel_reg.xml과 콘텐츠 배치를 위한 content_personnel_reg.xml을 새로 만든다. activity_personnel_reg.xml는 content_personnel_reg.xml을 포함하도록 한다.

❗ activity_personnel_reg.xml 파일 편집은, activity_main.xml 파일 소스를 복사하고 23행 부분만 수정하면 된다.

```
01  <?xml version="1.0" encoding="utf-8"?>
02  <android.support.design.widget.CoordinatorLayout xmlns:android=
                            "http://schemas.android.com/apk/res/android"
03      xmlns:app="http://schemas.android.com/apk/res-auto"
04      xmlns:tools="http://schemas.android.com/tools"
05      android:layout_width="match_parent"
06      android:layout_height="match_parent"
07      tools:context=".MainActivity">
08
09      <android.support.design.widget.AppBarLayout
10          android:layout_width="match_parent"
11          android:layout_height="wrap_content"
12          android:theme="@style/AppTheme.AppBarOverlay">
13
14          <android.support.v7.widget.Toolbar
```

앱바

툴바

```
15          android:id="@+id/toolbar"
16          android:layout_width="match_parent"
17          android:layout_height="?attr/actionBarSize"
18          android:background="?attr/colorPrimary"
19          app:popupTheme="@style/AppTheme.PopupOverlay" />
20
21  </android.support.design.widget.AppBarLayout>
22
23  <include layout="@layout/content_personnel_reg" />
24
25  </android.support.design.widget.CoordinatorLayout>
```

출력 콘텐츠의 화면 설계

content_personnel_reg.xml은 등록할 인물 정보인 성명, 성별, 취미, 사진 항목에 대한
입력 컨트롤을 구성한다. 그 아래에는 데이터를 전송하기 위한 '등록' 버튼을 배치한다.

content_personnel_reg.xml

```
01  <?xml version="1.0" encoding="utf-8"?>
02  <LinearLayout xmlns:android="http://schemas.android.com/apk/res/android"
03      android:layout_width="match_parent"
04      android:layout_height="match_parent"
05      android:orientation="vertical"
06      android:paddingTop="100dp"
07      android:paddingLeft="30dp"
08      android:paddingRight="30dp" >
09
10      <!-- 성명 -->
11      <LinearLayout
12          android:orientation="horizontal"
13          android:layout_width="match_parent"
14          android:layout_height="wrap_content" >
15          <TextView
16              android:layout_width="60sp"
17              android:layout_height="wrap_content"
18              android:text="성명" />
19          <EditText                                    성명 입력 박스
20              android:id="@+id/name"
21              android:layout_width="match_parent"
22              android:layout_height="wrap_content" />
23      </LinearLayout>
24
25      <!-- 성별 -->
26      <LinearLayout
27          android:orientation="horizontal"
```

```
28          android:layout_width="match_parent"
29          android:layout_height="wrap_content" >
30          <TextView
31              android:layout_width="60sp"
32              android:layout_height="wrap_content"
33              android:text="성별" />
34          <RadioGroup
35              android:id="@+id/gender"
36              android:layout_width="match_parent"
37              android:layout_height="wrap_content"
38              android:orientation="horizontal" >
39              <RadioButton
40                  android:id="@+id/male"
41                  android:layout_width="wrap_content"
42                  android:layout_height="wrap_content"
43                  android:text="남" />
44              <RadioButton
45                  android:id="@+id/female"
46                  android:layout_width="wrap_content"
47                  android:layout_height="wrap_content"
48                  android:text="여" />
49          </RadioGroup>
50      </LinearLayout>
51
52      <!-- 취미 -->
53      <LinearLayout
54          android:orientation="horizontal"
55          android:layout_width="match_parent"
56          android:layout_height="wrap_content" >
57          <TextView
58              android:layout_width="60sp"
59              android:layout_height="wrap_content"
60              android:text="취미" />
61
62          <LinearLayout
63              android:orientation="vertical"
64              android:layout_width="match_parent"
65              android:layout_height="wrap_content" >
66              <CheckBox
67                  android:id="@+id/hobby1"
68                  android:layout_width="wrap_content"
69                  android:layout_height="wrap_content"
70                  android:text="독서" />
71              <CheckBox
72                  android:id="@+id/hobby2"
```

'성별'에 대한 라디오 버튼

'취미' 선택을 위한 체크박스

```
 73                    android:layout_width="wrap_content"
 74                    android:layout_height="wrap_content"
 75                    android:text="연주" />
 76            <CheckBox
 77                    android:id="@+id/hobby3"
 78                    android:layout_width="wrap_content"
 79                    android:layout_height="wrap_content"
 80                    android:text="운동" />
 81        </LinearLayout>
 82    </LinearLayout>
 83
 84    <!-- 사진 -->
 85    <LinearLayout
 86        android:orientation="horizontal"
 87        android:layout_width="match_parent"
 88        android:layout_height="wrap_content" >
 89        <TextView
 90            android:layout_width="60sp"
 91            android:layout_height="wrap_content"
 92            android:text="사진" />
 93        <LinearLayout
 94            android:orientation="vertical"
 95            android:layout_width="match_parent"
 96            android:layout_height="wrap_content" >
 97            <TextView
 98                android:id="@+id/tv_photo"
 99                android:layout_width="wrap_content"
100                android:layout_height="wrap_content"
101                android:textColor="#ff0000"
102                android:text="등록할 사진을 보려면 클릭하세요!"
103                android:clickable="true"
104                android:onClick="selectPhoto" />
105            <ImageView
106                android:id="@+id/photo"
107                android:layout_width="150dp"
108                android:layout_height="wrap_content"
109                android:adjustViewBounds="true" />
110        </LinearLayout>
111    </LinearLayout>
112
113    <!-- '등록' 버튼 -->
114    <LinearLayout
115        android:orientation="horizontal"
116        android:gravity="center"
117        android:layout_width="match_parent"
```

사진 선택 안내 텍스트뷰

텍스트뷰 터치 시에 실행할 콜백 메소드

갤러리에서 선택한 '사진'을 출력할 이미지뷰

```
118            android:layout_height="wrap_content" >          등록버튼
119        <Button
120            android:layout_width="wrap_content"
121            android:layout_height="wrap_content"          '버튼' 클릭 시 실행할 콜백 메소드
122            android:text="등록"
123            android:onClick="register" />
124    </LinearLayout>
125 </LinearLayout>
```

클래스와 속성/메소드

〉클래스

클래스/인터페이스	설명
Button	119행. 푸쉬 버튼 위젯을 나타냄
CheckBox	66, 71, 76행. '체크' 또는 '체크 않음'의 두 상태 중 하나로 표시할 수 있는 버튼임
RadioButton	39, 44행. '체크' 또는 '체크 않음'의 두 상태 중 하나를 표시하는 버튼임
RadioGroup	34행. 라디오버튼들의 집합에 대하여 하나의 라디오버튼만 선택이 가능하도록 만드는데 사용됨

[3] 액티비티 제어

java/com.example.personnelregistration 폴더에 PersonnelReg.java 파일을 만든다(클래스 파일 생성 방법은 5.3절 참조). PersonnelReg.java에는 인물 등록 폼의 화면을 출력한다. 사용자는 사진 선택 안내 문구가 있는 텍스트뷰를 터치하고(❶) 인텐트를 통해 기기 내의 갤러리 사진 목록에서 하나를 선택한다(❷). startActivityForResult() 메소드는 선택한 사진을 반환하는 onActivityResult() 메소드를 호출한다(❸). onActivityResult() 메소드에서는 선택된 이미지 URI를 이용해서(❹) 화면에 출력한다(❺). 등록 버튼을 클릭하면(❻), 입력된 인물정보와 사진 URI를 포함하는 데이터를 '인물 정보' 액티비티로 전달한다(❼).

PersonnelReg.java

```java
01 package com.example.personnelregistration;
02
03 import android.content.Intent;
04 import android.net.Uri;
05 import android.os.Bundle;
06 import android.provider.MediaStore;
07 import android.support.v7.app.AppCompatActivity;
```

```
08  import android.support.v7.widget.Toolbar;
09  import android.view.Menu;
10  import android.view.MenuItem;
11  import android.view.View;
12  import android.widget.CheckBox;
13  import android.widget.EditText;
14  import android.widget.ImageView;
15  import android.widget.RadioButton;
16  import android.widget.RadioGroup;
17  import android.widget.Toast;
18
19  public class PersonnelReg extends AppCompatActivity {
20
21      public final static int REQUES_PHOTO_CODE = 1;
22      ImageView iv_photo;
23      Uri photoUri;
24
25      @Override
26      protected void onCreate(Bundle savedInstanceState) {
27          super.onCreate(savedInstanceState);
28          setContentView(R.layout.activity_personnel_reg);            툴바 인식
29          Toolbar toolbar = (Toolbar) findViewById(R.id.toolbar);
30          setSupportActionBar(toolbar);          툴바를 앱바에 설정
31
32          iv_photo = (ImageView) findViewById(R.id.photo);
33      }
                                                    갤러리에서 선택한 사진을
34                                                  출력할 이미지뷰 인식
35      @Override
36      public boolean onCreateOptionsMenu(Menu menu) {
37          getMenuInflater().inflate(R.menu.menu_personnel_reg, menu);
38          return true;
39      }                                    메뉴 목록      메뉴 목록을 추가함
40
41      @Override
42      public boolean onOptionsItemSelected(MenuItem item) {    메뉴 아이템이 클릭될 때
43          int id = item.getItemId();
44
45          if (id == R.id.action_settings) {              메인 액티비티 호출
46              Intent it = new Intent(this, MainActivity.class);
47              startActivity(it);
48              finish();
49              return true;
50          } else if (id == R.id.action_settings2) {      사진 등록 액티비티 호출
51              Intent it = new Intent(this, PersonnelReg.class);
52              startActivity(it);
```

```
53              finish();
54              return true;
55          }
56
57      return super.onOptionsItemSelected(item);
58  }

60  public void selectPhoto(View v) {
61      Intent intent = new Intent(Intent.ACTION_PICK ,
62          MediaStore.Images.Media.EXTERNAL_CONTENT_URI );
63      startActivityForResult(intent, REQUES_PHOTO_CODE );
64  }

66  @Override
67  public void onActivityResult(int requestCode,
                                  int resultCode, Intent data) {
68      if (requestCode == REQUES_PHOTO_CODE ) {
69          if (resultCode == RESULT_OK ) {
70              photoUri = data.getData();
71              iv_photo.setImageURI(photoUri);
72          } else {
73              Toast.makeText (this, "사진 선택 에러!",
                                  Toast.LENGTH_SHORT ). show();
74          }
75      }
76  }

78  public void register(View v) {
79      ///// 입력 내용 추출
80      // 성명
81      EditText et_name = (EditText)findViewById(R.id.name );
82      String str_name = et_name.getText().toString();
83
84      // 성별
85      RadioGroup rg_gender = (RadioGroup)findViewById(R.id.gender );
86      RadioButton rb_gender;
87      String str_gender = "";
88      if (rg_gender.getCheckedRadioButtonId() == R.id.male ) {
89          rb_gender = (RadioButton)findViewById(R.id.male );
90          str_gender = rb_gender.getText().toString();
91      }
92      if (rg_gender.getCheckedRadioButtonId() == R.id.female ) {
93          rb_gender = (RadioButton)findViewById(R.id.female );
94          str_gender = rb_gender.getText().toString();
95      }
```

❶ 사진 선택 안내 텍스트뷰 터치 시에 호출되는 콜백 메소드

❸ 선택한 사진을 반환 하는 메소드 호출

❷ 기기 내의 갤러리 사진 선택

❹ 선택된 이미지의 .Uri

❺ 이미지 출력

선택된 이미지 반환

❻ 등록 버튼 터치 시 호출되는 콜백 메소드

```
 96
 97          // 취미
 98          CheckBox chk_hobby;
 99          String str_hobby1 = "";
100          String str_hobby2 = "";
101          String str_hobby3 = "";
102          chk_hobby = (CheckBox)findViewById(R.id.hobby1 );
103          if (chk_hobby.isChecked()) {
104              str_hobby1 = (String)chk_hobby.getText();
105          }
106          chk_hobby = (CheckBox)findViewById(R.id.hobby2 );
107          if (chk_hobby.isChecked()) {
108              str_hobby2 = (String)chk_hobby.getText();
109          }
110          chk_hobby = (CheckBox)findViewById(R.id.hobby3 );
111          if (chk_hobby.isChecked()) {
112              str_hobby3 = (String)chk_hobby.getText();
113      }
114
115          // '인물 정보' 액티비티 호출 및 데이터 전송
116          Intent it = new Intent(this, PersonnelInfo.class);
117          it.putExtra("it_name", str_name);
118          it.putExtra("it_gender", str_gender);
119          it.putExtra("it_hobby1", str_hobby1);
120          it.putExtra("it_hobby2", str_hobby2);
121          it.putExtra("it_hobby3", str_hobby3);
122          it.putExtra("it_photoUri", photoUri.toString());
123          startActivity(it);
124          finish();
125      }
126 }
```

❼ 입력 데이터를 '인물 정보' 액티비티로 전송

클래스와 속성/메소드

› 클래스

클래스/인터페이스	설명
EditText	
MediaStore.Images.Media	62행. 기기 내의 이미지 입출력
Uri	23행. 변경 불가한 URI

› 상수

클래스	상수	설명
Intent	String ACTION_PICK	61행. 아이템 선택 및 선택된 객체 반환
MediaStore.Images.Media	static final Uri EXTERNAL_CONTENT_URI	62행. 외부 저장 장치에 대한 URI

› 메소드

클래스	메소드	설명
CompoundButton	boolean isChecked()	103,107,111행. 선택되면 true, 그렇지 않으면 false가 반환됨
RadioGroup	int getCheckedRadioButtonId()	88,92행. 선택된 라디오 버튼의 id를 반환함
TextView	CharSequence getText()	82행. 텍스트뷰가 출력하고 있는 텍스트를 반환
EditText	Editable getText()	90,94,104,108,112행. 텍스트뷰가 출력하고 있는 텍스트를 반환
Object	String toString()	90,94,122행. 문자로 변환
FragmentActivity	void onActivityResult(int requestCode, int resultCode, Intent data)	67행. 액티비티 실행결과 반환
	void startActivityForResult(Intent intent, int requestCode)	63행. 결과를 반환하는 액티비티 호출
ImageView	void setImageUri(uri uri)	71행. 설정된 URI의 이미지 출력
Intent	Uri getData()	70행. URI 데이터 추출

11.3.3 '인물 정보' 액티비티

'인물 등록' 액티비티로부터 전달받은 인물 정보를 추출하고 화면에 출력한다. 액션 바의
메뉴 아이템은 '홈'의 메인 액티비티로 이동하거나, '인물 등록' 액티비티로 이동할 수 있
도록 한다

[1] 메뉴 구성

res/menu 폴더에 menu_personnel_info.xml 파일을 만들고, '홈'과 '인물 등록' 액티비
티로 이동되는 메뉴 아이템을 구성한다.

menu_personnel_info.xml

```
01  <menu xmlns:android="http://schemas.android.com/apk/res/android"
02      xmlns:app="http://schemas.android.com/apk/res-auto"
03      xmlns:tools="http://schemas.android.com/tools"
04      tools:context="com.example.personnelregistration.MainActivity">
05
```

```
06        <!-- 홈 (인물 등록) -->
07        <item
08            android:id="@+id/action_settings"
09            android:orderInCategory="100"
10            android:title="@string/action_settings"
11            app:showAsAction="never" />
12
13        <!-- 인물 등록 폼 -->
14        <item
15            android:id="@+id/action_settings2"
16            android:orderInCategory="100"
17            android:title="@string/action_settings2"
18            app:showAsAction="never" />
19    </menu>
```

[2] 화면 설계

layout 폴더에 화면 레이아웃인 activity_personnel_info.xml과 콘텐츠 배치를 위한 content_personnel_info.xml을 만든다. activity_personnel_info.xml에는 콘텐츠 출력을 위해 content_personnel_info.xml을 설정한다.

activity_personnel_info.xml

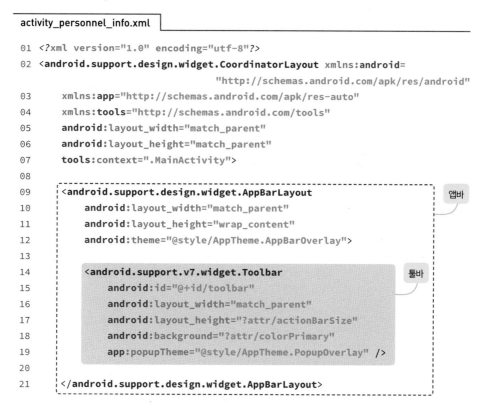

```
01    <?xml version="1.0" encoding="utf-8"?>
02    <android.support.design.widget.CoordinatorLayout xmlns:android=
                                "http://schemas.android.com/apk/res/android"
03        xmlns:app="http://schemas.android.com/apk/res-auto"
04        xmlns:tools="http://schemas.android.com/tools"
05        android:layout_width="match_parent"
06        android:layout_height="match_parent"
07        tools:context=".MainActivity">
08
09        <android.support.design.widget.AppBarLayout                      앱바
10            android:layout_width="match_parent"
11            android:layout_height="wrap_content"
12            android:theme="@style/AppTheme.AppBarOverlay">
13
14            <android.support.v7.widget.Toolbar                           툴바
15                android:id="@+id/toolbar"
16                android:layout_width="match_parent"
17                android:layout_height="?attr/actionBarSize"
18                android:background="?attr/colorPrimary"
19                app:popupTheme="@style/AppTheme.PopupOverlay" />
20
21        </android.support.design.widget.AppBarLayout>
```

```
22
23        <include layout="@layout/content_personnel_info" />
24
25   </android.support.design.widget.CoordinatorLayout>
```

content_personnel_info.xml은 전달받은 인물 정보인 성명, 성별, 취미, 사진을 출력하는 화면을 배치한다.

content_personnel_info.xml

```
01   <?xml version="1.0" encoding="utf-8"?>
02   <LinearLayout xmlns:android="http://schemas.android.com/apk/res/android"
03       android:layout_width="match_parent"
04       android:layout_height="match_parent"
05       android:orientation="vertical"
06       android:paddingBottom="@dimen/fab_margin"
07       android:paddingLeft="@dimen/fab_margin"
08       android:paddingRight="@dimen/fab_margin"
09       android:paddingTop="100dp" >
10
11       <LinearLayout                                              성명
12           android:orientation="horizontal"
13           android:layout_width="match_parent"
14           android:layout_height="wrap_content" >
15           <TextView
16               android:layout_width="60sp"
17               android:layout_height="wrap_content"
18               android:text="성명" />
19           <TextView
20               android:id="@+id/name"
21               android:layout_width="match_parent"
22               android:layout_height="wrap_content" />
23       </LinearLayout>
24
25       <LinearLayout                                              성별
26           android:orientation="horizontal"
27           android:layout_width="match_parent"
28           android:layout_height="wrap_content" >
29           <TextView
30               android:layout_width="60sp"
31               android:layout_height="wrap_content"
32               android:text="성별" />
33           <TextView
34               android:id="@+id/gender"
35               android:layout_width="match_parent"
```

```
36              android:layout_height="wrap_content" />
37     </LinearLayout>
38
39     <LinearLayout                                                    취미
40         android:orientation="horizontal"
41         android:layout_width="match_parent"
42         android:layout_height="wrap_content" >
43         <TextView
44             android:layout_width="60sp"
45             android:layout_height="wrap_content"
46             android:text="취미" />
47         <TextView
48             android:id="@+id/hobby"
49             android:layout_width="wrap_content"
50             android:layout_height="wrap_content" />
51     </LinearLayout>
52
53     <LinearLayout                                                    사진
54         android:orientation="horizontal"
55         android:layout_width="match_parent"
56         android:layout_height="wrap_content" >
57         <TextView
58             android:layout_width="60sp"
59             android:layout_height="wrap_content"
60             android:text="사진" />
61         <ImageView
62             android:id="@+id/photo"
63             android:layout_width="200dp"
64             android:layout_height="wrap_content"
65             android:adjustViewBounds="true" />
66     </LinearLayout>
67
68 </LinearLayout>
```

[3] 액티비티 제어

java/com.example.personnelregistration 폴더에 PersonnelInfo.java 파일을 만든다.
PersonnelInfo.java에는 전달받은 인물 정보를 추출하고 화면에 출력하도록 한다.

PersonnelInfo.java

```
01 package com.example.personnelregistration;
02
03 import android.content.Intent;
04 import android.database.Cursor;
```

```
05  import android.database.sqlite.SQLiteDatabase;
06  import android.database.sqlite.SQLiteException;
07  import android.net.Uri;
08  import android.os.Bundle;
09  import android.support.v7.app.AppCompatActivity;
10  import android.support.v7.widget.Toolbar;
11  import android.view.Menu;
12  import android.view.MenuItem;
13  import android.view.View;
14  import android.widget.ImageView;
15  import android.widget.TextView;
16  import android.widget.Toast;
17
18  public class PersonnelInfo extends AppCompatActivity {
19
20      @Override
21      protected void onCreate(Bundle savedInstanceState) {
22          super.onCreate(savedInstanceState);
23          setContentView(R.layout.activity_personnel_info);        툴바 인식
24          Toolbar toolbar = (Toolbar) findViewById(R.id.toolbar);
25          setSupportActionBar(toolbar);                 툴바를 앱바에 설정
26
27          // 레이아웃 내의 뷰 인식
28          TextView tv_name   = (TextView) findViewById(R.id.name);
29          TextView tv_gender = (TextView) findViewById(R.id.gender);
30          TextView tv_hobby  = (TextView) findViewById(R.id.hobby);
31          ImageView iv_photo = (ImageView) findViewById(R.id.photo);
32
33          // 데이터 수신
34          Intent it = getIntent();
35          String str_name = it.getStringExtra("it_name");
36          String str_gender = it.getStringExtra("it_gender");
37          String str_hobby1 = it.getStringExtra("it_hobby1");
38          String str_hobby2 = it.getStringExtra("it_hobby2");
39          String str_hobby3 = it.getStringExtra("it_hobby3");
40          String str_photoUri = it.getStringExtra("it_photoUri");
41
42          // 뷰에 데이터 출력
43          String str_hobby = "";
44          if (!str_hobby1.equals(""))
45              str_hobby = str_hobby + str_hobby1 + "\n";
46          if (!str_hobby2.equals(""))
47              str_hobby = str_hobby + str_hobby2 + "\n";
48          if (!str_hobby3.equals(""))
49              str_hobby = str_hobby + str_hobby3 + "\n";
```

```
50
51          tv_name.setText(str_name);
52          tv_gender.setText(str_gender);
53          tv_hobby.setText(str_hobby);
54
55          Uri photoUri = Uri.parse(str_photoUri);
56          iv_photo.setImageURI(photoUri);
57      }
```

메뉴 목록을 추가

```
59  @Override
60  public boolean onCreateOptionsMenu(Menu menu) {
61      // Inflate the menu; this adds items to
62                      the action bar if it is present.
62      getMenuInflater().inflate(R.menu.menu_personnel_info, menu);
63      return true;
```

메뉴 목록

```
64  }
65
66  @Override
```

메뉴 아이템 클릭 시

```
67  public boolean onOptionsItemSelected(MenuItem item) {
68      int id = item.getItemId();
69
70      // 메뉴 클릭 시, 해당 액티비티로 이동
```

메인 액티비티 호출

```
71      if (id == R.id.action_settings) {
72          Intent it = new Intent(this, MainActivity.class);
73          startActivity(it);
74          finish();
75          return true;
76      } else if (id == R.id.action_settings2) {
77          Intent it = new Intent(this, PersonnelReg.class);
78          startActivity(it);
79          finish();
```

인물 등록 액티비티 호출

```
80          return true;
81      }
82
83      return super.onOptionsItemSelected(item);
84  }
85 }
```

클래스와 속성/메소드

› 메소드

클래스	메소드	설명
Uri	static Uri parse(String uriString)	55행. 주어진 URI 문자열에서 URI로 변환

11.3.4 환경 설정

AndroidManifest.xml에 새로 만든 액티비티 클래스들을 등록한다. 그리고 각 액티비티의 화면은 모두 세로로 고정하기로 한다.

> **!** Android 4.4(API 레벨 19)부터는 앱이 외부 저장소의 자체 애플리케이션 관련 디렉터리에 데이터를 쓰려는 경우, 앱이 **WRITE_EXTERNAL_STORAGE** 권한을 요청할 필요가 없다.
> (참조: https://developer.android.com/guide/topics/manifest/uses-permission-element?hl=ko)

AndroidManifest.xml

```
01  <?xml version="1.0" encoding="utf-8"?>
02  <manifest xmlns:android="http://schemas.android.com/apk/res/android"
03      package="com.example.personnelregistration">
04
05      <application
06          android:allowBackup="true"
07          android:icon="@mipmap/ic_launcher"
08          android:label="@string/app_name"
09          android:roundIcon="@mipmap/ic_launcher_round"
10          android:supportsRtl="true"
11          android:theme="@style/AppTheme">
12          <activity
13              android:name=".MainActivity"
14              android:label="@string/app_name"
15              android:theme="@style/AppTheme.NoActionBar">
16              <intent-filter>
17                  <action android:name="android.intent.action.MAIN" />
18
19                  <category android:name="android.intent.category.LAUNCHER" />
20              </intent-filter>
21          </activity>
22
23          <activity
24              android:name=".PersonnelReg"
25              android:label="@string/app_name2"
26              android:screenOrientation="portrait"
27              android:theme="@style/AppTheme.NoActionBar">
28          </activity>
29
```

인물 등록 액티비티
- 액티비티 클래스
- 액티비티 라벨
- 화면 방향(세로)
- 앱의 전체 스타일

```
30        <activity
31            android:name=".PersonnelInfo"
32            android:label="@string/app_name3"
33            android:screenOrientation="portrait"
34            android:theme="@style/AppTheme.NoActionBar">
35        </activity>
36    </application>
37 </manifest>
```

인물 정보 액티비티

클래스와 속성/메소드

› XML 속성

XML 속성	설명
android:screenOrientation	26, 33행. 화면의 방향 설정

STEP 3 › 프로젝트 실행

프로젝트를 실행하고 결과를 살펴보자.

>> 이제 입력 컨트롤을 이용해서 데이터를 전송하는 방법을 알았으니, 12장에서는 이를 확장하여 실제 데이터베이스에 데이터를 저장하고 활용하는 프로젝트를 만들어보자.

> 입력 컨트롤(input control)은 앱의 사용자 인터페이스에서 스마트폰과 상호작용하는 컴포넌트로서, 버튼, 텍스트 입력과 출력, 체크 박스, 줌 버튼 등의 기능을 가지고 있다. 우리는 입력 컨트롤을 이용하여 메시지 전송, 연락처 저장, 회원 등록, 사진 및 동영상 등록 등을 한다.

> 일반적인 입력 컨트롤의 유형은 Button, Text field, Checkbox, Radio button, Toggle button, Spinner, Picker 등이 있다.

> 화면의 메뉴는 Options menu, Context menu, Popup menu가 있다.

> 액티비티 간 데이터는 인텐트를 통해 전송한다. 데이터 보낼 때는 호출할 액티비티 자바 클래스에 관한 인텐트 객체를 만들고 전달할 데이터를 저장 후에, 액티비티 자바 클래스를 호출한다. 데이터를 받을 때는 호출된 액티비티 자바 클래스의 인텐트에서 데이터를 추출하면 된다.

> 입력 컨트롤과 액션 바에 메뉴를 구성해서 카메라로 찍은 사진을 찾아 인물정보를 입력하는 앱의 기능은 다음과 같다. 각 액티비티의 액션 바의 메뉴 아이템은 '홈'의 메인 액티비티로 이동하거나, '인물 등록' 액티비티로 이동할 수 있도록 한다.

- 텍스트로 입력한 인물정보와 스마트폰 갤러리로부터 선택한 사진으로 구성되는 화면에서 '등록' 버튼을 클릭하면 '인물정보' 액티비티로 데이터가 전달된다.
- '인물 등록' 액티비티로부터 수신된 인물정보를 추출하고 화면에 출력한다.

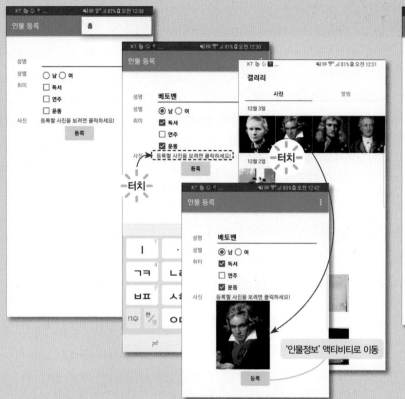

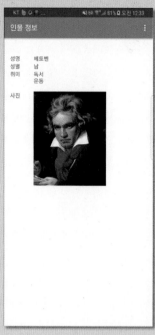

1. 보기를 읽고 물음에 답하시오.

> 가. 그룹에서 하나의 아이템만 선택 가능하도록 할 때 사용함
>
> 나. 목록에서 한 아이템을 선택하도록 할 때 사용하는 드롭다운(drop-down) 리스트
>
> 다. 사용자에 의해 눌러지거나 클릭되는 푸쉬 버튼
>
> 라. up/down 버튼 등을 사용하여 한 가지 값을 선택할 때 사용하는 대화상자. 날짜(연, 월, 일)에 대한 값을 선택하는 DatePicker, 시간(tl, 분, 오전/오후)을 선택할 때 사용하는 TimePicker 등이 있음
>
> 마. 편집 가능한 입력박스. 한 글자만 입력하면 자동으로 단어가 완성되는 기능은 AutoComplete TextView를 사용하면 됨
>
> 바. on/off 버튼
>
> 사. 사용자에 의해 토글되는 on/off 스위치. 여러 아이템을 그룹으로 묶어 다중 선택이 가능할 때 사용함

① Button ·································· (   )

② Text field ······························ (   )

③ Checkbox ······························ (   )

④ Radio button ·························· (   )

⑤ Toggle button ························ (   )

⑥ Spinner ································· (   )

⑦ Picker ·································· (   )

2. 다음 괄호 안에 공통으로 들어갈 클래스 이름은?

> 액티비티 간 데이터는 (   )(을)를 통해 전송한다. 데이터를 보낼 때는 호출할 액티비티 자바 클래스에 관한 (   ) 객체를 만들고 전달할 데이터를 저장한 후에, 액티비티 자바 클래스를 호출한다. 데이터를 받을 때는 호출된 액티비티 자바 클래스에서 그 (   )(에)서 데이터를 추출하면 된다.

3. 'Blank Activity'로 프로젝트를 설정하면 activity_main.xml과 (①) 파일이 자동으로 만들어진다. activity_main.xml에는 액션바, (②), (③)(으)로 구성된다. 한편, (④) 파일은 콘텐츠 출력을 기술한다.

4. <item> 요소의 속성인 android:showAsAction가 값들에 의해 메뉴가 나타나는 현상을 기술하시오.

① ifRoom:

② withText:

③ never:

④ always:

5. 보기를 읽고 물음에 답하시오.

가. 라디오버튼들의 집합에 대하여 하나의 라디오버튼만 선택이 가능하도록 만드는데 사용됨

나. '체크' 또는 '체크 않음'의 두 상태 중 하나를 표시하는 버튼임

다. '체크' 또는 '체크 않음'의 두 상태 중 하나로 될 수 있는 버튼임

라. 푸쉬 버튼 위젯을 나타냄

다음 클래스와 관련된 설명을 위의 보기에서 고르시오.

① Button ···························· (   )

② CheckBox ······················ (   )

③ RadioButton ·················· (   )

④ RadioGroup ·················· (   )

6. menu 폴더의 menu_list.xml에 다음 두 개의 메뉴 아이템이 있다. 첫 번째 메뉴 아이템 "오디오 목록"을 터치하면 AudioItem 클래스를 호출하고, 두 번째 메뉴 아이템 "비디오 목록"을 터치하면 VidioItem 클래스를 호출하도록 소스의 밑줄을 완성하시오.

```
menu_list.xml

<menu ..... 생략 .....">
    <item
        android:id="@+id/action_A"
        android:orderInCategory="100"
        android:title="오디오 목록"
        app:showAsAction="never" />
    <item
        android:id="@+id/action_B"
        android:orderInCategory="100"
        android:title="비디오 목록"
        app:showAsAction="never" />
</menu>
```

MainActivity.java

```java
..... 생략 .....
public class MainActivity extends AppCompatActivity {
    ..... 생략 .....
    @Override
    public boolean _____①_____(Menu menu) {
        getMenuInflater().inflate(_____②_____, menu);
        return true;
    }


    @Override
    public boolean _____③_____(MenuItem item) {
        int id = item.getItemId();

        if (id ==_____④_____) {
            Intent it = new Intent(this, _____⑤_____);
            startActivity(it);
            finish();
            return true;
        } else if (id ==_____⑥_____) {
            Intent it = new Intent(this, _____⑦_____);
            startActivity(it);
            finish();
            return true;
        }
        return super.onOptionsItemSelected(item);
    }
}
```

입력 컨트롤 데이터 체크

본문의 인물등록 프로젝트에서 '성명'은 입력 필수 항목이다. 성명을 입력하지 않고 '등록' 버튼을 누르는 경우, 토스트(Toast)로 "성명 입력을 확인하세요!"라는 메시지를 출력하도록 수정해보자.

'인물 등록' 액티비티   메시지 출력

힌트

"인물 등록" 액티비티에서 '등록' 버튼 클릭 시, 성명란에 데이터가 입력되었는지 확인한다. 입력된 경우는 "인물 정보" 액티비티를 호출하고, 그렇지 않으면 메시지 박스를 출력한다.

데이터베이스 활용과
동적 출력

학습목표

- 안드로이드 데이터베이스 관리시스템인 SQLite에 데이터를 체계적으로 저장하고 추출하는 방법을 살펴본다. 또한 XML을 이용하여 정해진 데이터를 화면에 배치하는 대신에 자바 코드를 이용하여 화면 목록을 동적으로 구성하는 원리를 살펴본다.

학습내용

- SQLite의 정보처리 원리
- 인물정보의 SQLite 저장
- SQLite 연동 인물 목록의 동적 출력

12.1 데이터베이스 활용

12.1.1 데이터베이스 활용의 예

스마트폰 내부적으로 전화번호를 관리하는 경우, 데이터베이스(DB: Database)를 이용하면 정보 관리가 편리하다. 또한, 네트워크를 통해 정보를 교환하는 앱의 경우에도 변화가 없는 일부 자료는 앱의 데이터베이스에 보관하고 실시간으로 변하는 정보는 필요한 시점에 다운로드하면 정보 관리의 효율성을 높일 수 있다.

데이터베이스 활용의 예(전화번호 등록)

>> 데이터베이스에서 데이터를 처리하는 기본원리를 먼저 살펴보고, 11장에서 공부한 인물 정보를 데이터베이스로 관리하는 프로젝트를 개발해 보자.

12.1.2 데이터베이스 활용 기본 원리

데이터베이스에서 데이터를 추출하거나 공공DB 사이트에서 데이터를 수신하는 경우, 출력해야 할 데이터의 수가 사전에 정해져 있지 않다. 이 경우에는 동적으로 데이터를 뷰에 설정하고 그 뷰를 화면에 추가하면 된다. 데이터베이스에서 데이터를 추출해서 목록으로 출력하는 예를 보자. 우선 content_personnel_list.xml에는 리니어 레이아웃만 배치한다. 액티비티 자바 클래스에서 리니어 레이아웃을 인식하고, 데이터베이스로부터 해당 데이터를 추출해서 데이터를 반복적으로 텍스트뷰에 할당하고 그 뷰들을 리니어 레이아웃에 추가하면 된다.

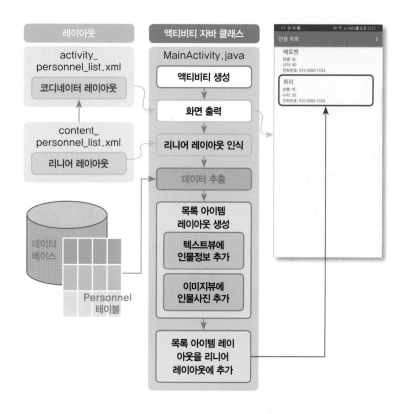

12.1.3 SQLite 기초 문법

SQLite(www.sqlite.com)는 안드로이드폰에 내장되어 있는 가벼운 관계형 데이터베이스관리시스템(DBMS: Database Management System)이다.

> **관계형 데이터베이스(Relational Database)**
>
> 데이터베이스란 여러 사용자의 정보 요구를 충족시키기 위해 서로 관련된 데이터를 체계적으로 구조화하여 저장하는 것이다. 그리고 관계형 데이터베이스란 데이터 개체를 사용자들이 이해하기 쉽게 데이터를 테이블 형태로 표현한 것이다. DBMS에는 여러 개의 데이터베이스를 만들 수 있으며, 하나의 데이터베이스에는 여러 테이블이 논리적으로 연결되어 있다.
>
> 인사 데이터베이스   회계 데이터베이스
>
> 인물 테이블
>   취미 테이블
>   ...

11장의 인물 정보를 데이터베이스에 저장하고 목록으로 조회하는 앱을 생각해보자. 인물 정보로 등록할 속성들은 많겠지만, 취미인 경우에는 한 사람당 한 개 이상의 데이터가 있을 수 있기 때문에 서로 다른 테이블로 분리해야 된다. 따라서, 하나의 데이터로 표현되는 속성인 성명(name), 성별(gender), 나이(age), 전화번호(tel)만 고려해 보자. 데이터 유형에서 'text'는 문자, 'int'는 정수 데이터를 의미한다.

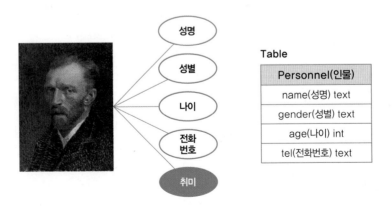

Table

Personnel(인물)
name(성명) text
gender(성별) text
age(나이) int
tel(전화번호) text

두 명의 인물이 Personnel 테이블에 저장된 데이터의 예는 다음과 같다.

Personnel

name	gender	age	tel
베토벤	남	40	010-2000-0001
퀴리	여	30	010-3000-0001

데이터베이스시스템은 데이터 구조를 만들거나 데이터를 관리하는 언어인 SQL(Structured Query Language)이 있다. SQL에는 데이터베이스와 테이블과 같은 데이터 구조를 만드는 DDL(Data Definition Language), 데이터를 저장하고, 조회, 수정, 삭제하는 DML(Data Manipulation Language)이 있다. SQLite 데이터베이스시스템은 모든 데이터베이스시스템에서 사용 가능한 표준 SQL과 일부 추가적인 기능들을 제공하고 있다. 안드로이드의 SQLite에서 데이터베이스와 테이블을 만들고, 데이터 추가, 조회, 삭제하는 일부 문법을 살펴보자.

[1] 데이터베이스 만들기

PersonnelDB 데이터베이스를 만드는 예는 다음과 같다.

```
super(context, "PersonnelDB", null, 1);
```

[2] 테이블 만들기

Personnel 테이블을 name, gender, age, tel, uri 속성으로 만드는 방법은 다음과 같다. 각 속성에 맞는 데이터 유형은 text(문자), int(정수), real(실수), blob(binary large object)가 가능하다.

```
create table 테이블명 (속성명 데이터유형, 속성명 데이터유형, …);
예:
create table Personnel (name text, gender text, age int, tel text);
```

[3] 데이터 추가

SQLiteDatabase 클래스와 ContentValues 클래스를 이용하여 데이터를 추가하는 한 방법으로, 다음은 insert문에 있는 테이블에 설정된 values값(name 속성의 '베토벤' 등)을 추가하는 예이다. 정상적으로 수행되지 않으면 newRowId에는 −1이 반환된다.

```
SQLiteDatabase sqlitedb;
ContentValues values = new ContentValues();
values.put("name", "베토벤");
.....
long newRowId = sqlitedb.insert("Personnel", null, values);
```

[4] 데이터 조회

테이블에서 데이터를 조회하는 방법은 SQLiteDatabase와 커서(Cursor)클래스를 이용한다. 다음은 Personnel 테이블에 있는 name이 null 값이 아닌 모든 데이터를 추출하는 예이다.

```
SQLiteDatabase sqlitedb;
Cursor cursor = sqlitedb.query
         ("Personnel", null, "name is not null", null, null, null, null);
```
> name 속성에 대한 검색 조건

● 추출된 데이터의 처리

데이터는 일반적으로 여러 행에 걸쳐 나타나는데, 반복문을 이용하여 Cursor를 다음 행으로 이동하면서 데이터를 처리한다. 데이터가 존재할 때 Cursor는 데이터 세트의 시작(BOF: Begin of File)을 가리키고 있다. Cursor 클래스의 moveToNext() 메소드를 이용하면 첫 행부터 마지막 행까지 이동이 가능하다. 만일 데이터 세트의 끝(EOF: End of File)을 가리키고 있다면 moveToNext() 메소드는 null을 반환한다. Cursor 클래스의 객체 cursor가 임의의 행을 가리키고 있을 때, 첫 번째 열과 두 번째 열의 데이터 추출은 getString(0), getString(1)과 같이 하면 된다. 첫 번째 속성은 name이기 때문에 색인 대신에 속성명을 사용하면 getString(0) 대신 getString(cursor.getColumnIndex("name"))을 사용하면 된다.

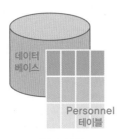

데이터추출
```
Cursor cursor= sqlitedb.query("Personnel", null, "name is not null", null, null, null, null);
```

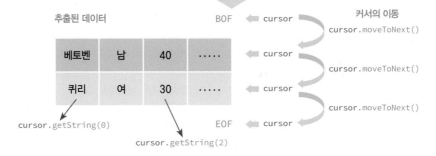

다음과 같이 while문을 이용하면 추출한 데이터의 1행부터 마지막 행까지 선택한 열의
데이터를 추출할 수 있다.

```
while(cursor.moveToNext()) {
    .....
    String name    = cursor.getString(0);
    int age        = cursor.getInt(2);
    .....
}
```

name이 '베토벤'인 인물만 조회하는 방법은 다음과 같다.

```
String str_name = "베토벤";
Cursor cursor = sqlitedb.query("Personnel", null, "name = ?", new String[]
                                        {str_name}, null, null, null, null);
```

[5] 데이터 삭제

name이 '베토벤'인 인물을 테이블에서 삭제하는 방법은 다음과 같다.

```
String str_name = "베토벤";
sqlitedb.delete("Personnel", "name = ?", new String[]{str_name});
```

[6] 데이터 수정

name이 '베토벤'인 인물의 전화번호를 '010-2000-1235'로 수정하는 방법은 다음과 같다.

```
String str_name = "베토벤";
SQLiteDatabase sqlitedb;
ContentValues values = new ContentValues();
values.put("tel", "010-2000-1235");
.....
long newRowId = sqlitedb.update
                    ("Personnel", values, "name = ?", new String[]{str_name});
```

>> 데이터 수정 절차는 일반적으로 해당 항목의 조회 후에 수정하게 된다. 이제, 11장의 인물 등록 프로젝트를 참고해서 인물 정보를 SQLite 데이터베이스에 저장하고, 저장된 인물정보의 목록 출력, 인물 정보 삭제 기능을 가진 앱을 만들어 보자. 인물 정보 수정은 응용문제에서 해보기로 하자.

12.2

인물관리 앱

12.2.1 프로젝트 개요

(1) 프로젝트 개요

첫 화면에는 하나의 이미지와 메뉴 목록을 추가하면 된다. '인물 목록'은 현재까지 데이터베이스에 저장된 모든 인물 정보를 추출해서 출력하고, 목록 아이템을 클릭하면 각 인물 정보를 조회하는 '인물 정보' 액티비티로 이동하거나 '인물 등록' 액티비티로 이동하게 된다. '인물 등록' 액티비티는 인물 정보를 입력하고 '등록' 버튼을 클릭하면 데이터베이스에 저장한 후에 '인물 정보' 액티비티로 이동해서 저장된 상태를 보여준다. '인물 정보' 액티비티에서는 '인물 목록', '인물 등록' 액티비티로 이동하거나, 삭제 후에 '인물 목록'으로 이동할 수 있다.

12.2.2 프로젝트 개발 단계

STEP 1 ＞ 프로젝트 생성

다음 3단계 절차에 따라 프로젝트를 생성한다. 액션 바의 메뉴 구성을 위해 액티비티 유형은 "Basic Activity"를 선택한다.

단계	내용
❶ 새 프로젝트 만들기	메뉴에서 'File → New → New Project' 클릭
❷ 프로젝트 선택	'Phone and Tablet' 탭에서 **Basic Activity** 선택
❸ 프로젝트 구성	프로젝트 이름: '**Personnel Management**' 패키지 이름: 'com.example.personnelmanagement' 프로젝트 저장 위치 확인 개발 언어: 'Java' 최소 API 레벨 설정: 실행할 스마트폰의 API 레벨 이하

STEP 2 ＞ 파일 편집

홈 액티비티, 인물 등록 액티비티, 인물 정보 액티비티, 인물 목록 액티비티 순으로 편집한다. 홈 액티비티는 먼저 홈 액티비티에서 사용하는 이미지를 저장한다[편집 1.1]. 각 액티비티에서 사용하는 액티비티 라벨과 메뉴 아이템의 텍스트 리소스를 추가하고[편집 1.2]. 메뉴 아이템을 편집한다[편집 1.3]. 앱 바를 배치하는 화면 레이아웃을 편집하고[편집 1.4], 홈 이미지를 배치한다[편집 1.5], 액티비티 자바 클래스는 화면을 출력한 후에 액션 바에 메뉴를 설정하고, 메뉴 아이템 선택 시 이동할 액티비티를 설정한다[편집 1.6]. '인물 등록' 액티비티는 먼저 메뉴 아이템을 편집한다[편집 2.1]. 앱 바를 배치하는 화면 레이아웃을 편집하고[편집 2.2], 인물 정보를 입력하는 폼을 편집한다[편집 2.3], 액티비티 자바 클래스는 화면을 출력 후에 메뉴 아이템 선택 시 이동할 액티비티를 설정하며, '등록' 버튼 클릭 시에 데이터를 테이블에 저장하고 '인물 정보' 액티비티로 인물의 성명을 전달한다[편집 2.4]. '인물 정보' 액티비티는 먼저 메뉴 아이템을 편집한다[편집 3.1]. 앱 바를 배치하는 화면 레이아웃을 편집하고[편집 3.2], 인물정보를 출력하는 폼을 편집한다[편집 3.3], 액티비티 자바 클래스는 화면을 출력한 후에 메뉴 아이템을 선택하면 이동할 액티비티를 설정하며, 수신 받은 인물의 성명에 해당하는 인물 정보를 테이블로부터 추출하여 출력한다[편집 3.4]. '인물 목록' 액티비티는 먼저 메뉴 아이템을 편집한다[편집 4.1]. 앱 바를 배치하는 화면 레이아웃을 편집하고[편집 4.2], 인물 목록을 출력하는 폼을 편집한다[편집 4.3], 액티비티 자바 클래스는 화면을 출력한 후에 인물정보를 테이블로부터 추출하고 동적으로 목록 아이템에 추가하여 출력한다[편집

4.4]. 환경 설정에는 사진 선택을 허용하는 권한을 부여하고 추가된 액티비티들을 등록한다. 한편, 모든 액티비티의 화면을 세로 방향으로 고정시킨다[편집 5].

모듈	폴더	소스 파일	편집 내용	관련 액티비티
manifests	–	AndroidManifest.xml	[5] 환경 설정 • 액티비티 등록	
java	com. example. personne lmanage ment	MainActivity.java	[1.6] 홈 액티비티	홈
		PersonnelInfo.java	[3.4] 인물 정보 출력 • 인물 정보 수신 • 테이블에서 인물 정보 추출 • 인물 정보 출력	인물 정보
		PersonnelList.java	[4.4] 인물 목록 출력 • 테이블에서 인물 정보 추출 • 인물 목록 출력 • 인물 목록 아이템 클릭 시 인물 정보 액티비티로 이동	인물 목록
		PersonnelReg.java	[2.4] 인물 정보 등록 • 인물 정보 입력 • 테이블에 인물 정보 등록 • 인물 정보 액티비티 호출	인물 등록
res	drawable	home.png	[1.1] 홈 이미지 등록	홈
	layout	activity_main.xml	[1.4] 메인 화면 레이아웃	홈
		activity_personnel_info.xml	[3.2] 인물 정보 출력화면 구성 틀	인물 정보
		activity_personnel_list.xml	[4.2] 인물 목록 화면 구성 틀	인물 목록
		activity_personnel_reg.xml	[2.2] 인물 정보 입력화면 구성 틀	인물 등록
		content_main.xml	[1.5] 메인 화면의 콘텐츠 레이아웃	홈
		content_personnel_info.xml	[3.3] 인물 정보 출력화면 배치	인물 정보
		content_personnel_list.xml	[4.3] 인물 목록 목록 아이템	인물 목록
		content_personnel_reg.xml	[2.3] 인물 정보 입력 컨트롤의 배치	인물 등록
	menu	menu_main.xml	[1.3] 메인 액티비티의 메뉴 아이템	홈
		menu_personnel_info.xml	[3.1] 인물 정보 액티비티의 메뉴 아이템	인물 정보
		menu_personnel_list.xml	[4.1] 인물 목록 액티비티의 메뉴 아이템	인물 목록
		menu_personnel_reg.xml	[2.1] 인물 등록 액티비티의 메뉴 아이템	인물 등록
	values	colors.xml		
		dimens.xml		
		strings.xml	[1.2] 텍스트 리소스 편집 • 액티비티 이름 추가 • 메뉴 아이템 추가	
		styles.xml		

STEP **3** 프로젝트 실행

 다음 12.3절을 참고하여 각 액티비티별로 소스를 편집한 후에 실행해 보자.

12.3 액티비티별 개발

12.3.1 메인 액티비티

첫 화면에는 메인 이미지를 배치하고, 액티비티 간의 이동에 사용할 우측 상단의 액션바의 메뉴 아이템은 '인물 목록'과 '인물 등록'으로 구성한다.

[1] 홈 이미지 추가

res/drawable 폴더에 화면에 출력할 이미지를 저장한다.

모듈	폴더	소스 파일	이미지
res	drawable	home.png	

[2] 텍스트 리소스 편집

strings.xml의 app_name을 '인물 관리2'로 수정하고 '인물 목록', '인물 등록', '인물 정보' 액티비티에 사용될 액티비티 이름도 추가한다. 한편, 액션 바의 메뉴에 사용될 '홈', '인물 목록', '인물 등록', '인물 정보', '삭제' 메뉴 아이템들도 추가한다.

strings.xml

```
01  <resources>
02      <!-- 액티비티 이름 -->
03      <string name="app_name">인물관리2</string>
04      <string name="app_name1">인물 목록</string>
05      <string name="app_name2">인물 등록</string>
06      <string name="app_name3">인물 정보</string>
07
08      <!-- 액션 바 메뉴 아이템 -->
09      <string name="action_settings">홈</string>
10      <string name="action_settings1">인물 목록</string>
11      <string name="action_settings2">인물 등록</string>
12      <string name="action_settings3">인물 정보</string>
13      <string name="action_settings4">삭제</string>
14  </resources>
```

[3] 메뉴 편집

'인물 목록'과 '인물 등록' 액티비티로 이동할 수 있는 메뉴 아이템을 설정한다.

menu_main.xml

```
01  <menu xmlns:android="http://schemas.android.com/apk/res/android"
02      xmlns:app="http://schemas.android.com/apk/res-auto"
03      xmlns:tools="http://schemas.android.com/tools"
04      tools:context="com.example.personnelregistration.MainActivity">
```

```
05
06      <!-- 인물 목록 -->
07      <item
08          android:id="@+id/action_settings1"
09          android:orderInCategory="100"
10          android:title="@string/action_settings1"
11          app:showAsAction="never" />
12
13      <!-- 인물 등록 폼 -->
14      <item
15          android:id="@+id/action_settings2"
16          android:orderInCategory="100"
17          android:title="@string/action_settings2"
18          app:showAsAction="never" />
19  </menu>
```

[4] 화면 설계

프로젝트 생성 단계에서 액티비티 유형을 'Basic Activity'로 설정하면 activity_main.xml과 content_main.xml 파일이 자동으로 만들어지게 된다. activity_main.xml은 액션 바, 콘텐츠 영역, 플로팅 액션 버튼으로 구성되며, 액션 바에는 툴바가 있다. 콘텐츠 출력은 content_main.xml로 설정되어 있다.

>> 이번 프로젝트에서 사용하지 않는 플로팅 액션 버튼 부분은 주석문으로 처리한다.

activity_main.xml

```
01  <?xml version="1.0" encoding="utf-8"?>
02  <android.support.design.widget.CoordinatorLayout xmlns:android=
                            "http://schemas.android.com/apk/res/android"
03      xmlns:app="http://schemas.android.com/apk/res-auto"
04      xmlns:tools="http://schemas.android.com/tools"
05      android:layout_width="match_parent"
06      android:layout_height="match_parent"
07      tools:context=".MainActivity">
08
09      <!-- 앱 바 -->
10      <android.support.design.widget.AppBarLayout
11          android:layout_width="match_parent"
12          android:layout_height="wrap_content"
13          android:theme="@style/AppTheme.AppBarOverlay">
14
```

```
15          <android.support.v7.widget.Toolbar
16              android:id="@+id/toolbar"
17              android:layout_width="match_parent"
18              android:layout_height="?attr/actionBarSize"
19              android:background="?attr/colorPrimary"
20              app:popupTheme="@style/AppTheme.PopupOverlay" />
21
22      </android.support.design.widget.AppBarLayout>
23
24      <!-- 콘텐츠 출력 -->
25      <include layout="@layout/content_main" />
26
27      <!-- 플로팅 액션 버튼 -->
28      <!--
29      <android.support.design.widget.FloatingActionButton
30          android:id="@+id/fab"
31          android:layout_width="wrap_content"
32          android:layout_height="wrap_content"
33          android:layout_gravity="bottom|end"
34          android:layout_margin="@dimen/fab_margin"
35          app:srcCompat="@android:drawable/ic_dialog_email" />
36      -->
37  </android.support.design.widget.CoordinatorLayout>
38
```

주석처리(사용하지 않음)

---

content_main.xml에 화면에 출력할 이미지뷰로 대체한다.

content_main.xml

```
01  <?xml version="1.0" encoding="utf-8"?>
02  <android.support.constraint.ConstraintLayout xmlns:android=
                            "http://schemas.android.com/apk/res/android"
03      xmlns:app="http://schemas.android.com/apk/res-auto"
04      xmlns:tools="http://schemas.android.com/tools"
05      android:layout_width="match_parent"
06      android:layout_height="match_parent"
07      app:layout_behavior="@string/appbar_scrolling_view_behavior"
08      tools:context=".MainActivity"
09      tools:showIn="@layout/activity_main">
10
11      <!-- 메인 이미지 -->
12      <ImageView
13          android:layout_width="wrap_content"
14          android:layout_height="wrap_content"
15          android:src="@drawable/home"
```

```
16            app:layout_constraintBottom_toBottomOf="parent"
17            app:layout_constraintLeft_toLeftOf="parent"
18            app:layout_constraintRight_toRightOf="parent"
19            app:layout_constraintTop_toTopOf="parent" />
20
21 </android.support.constraint.ConstraintLayout>
```

[5] 액티비티 제어

화면을 출력하고, 상단에 있는 툴바를 인식해서 메뉴를 사용할 수 있도록 준비한다. 메뉴의 각 아이템이 클릭되면 해당되는 액티비티로 이동하도록 한다.

MainActivity.java

```
01 package com.example.personnelmanagement;
02
03 import android.content.Intent;
04 import android.os.Bundle;
05 import android.support.v7.app.AppCompatActivity;
06 import android.support.v7.widget.Toolbar;
07 import android.view.View;
08 import android.view.Menu;
09 import android.view.MenuItem;
10
11 public class MainActivity extends AppCompatActivity {
12
13
14     @Override
15     protected void onCreate(Bundle savedInstanceState) {
16         super.onCreate(savedInstanceState);
17         setContentView(R.layout.activity_main);
18         Toolbar toolbar = (Toolbar) findViewById(R.id.toolbar);
19         setSupportActionBar(toolbar);
20     }
21
22     @Override
23     public boolean onCreateOptionsMenu(Menu menu) {
24         // 액션 바에 메뉴 아이템 추가
25         getMenuInflater().inflate(R.menu.menu_main, menu);
26         return true;
27     }
28
29     @Override
30     public boolean onOptionsItemSelected(MenuItem item) {
```

```
31          // 클릭한 목록 아이템 id
32          int id = item.getItemId();
33
34          // 클릭한 목록 아이템 id별 이동할 액티비티
35          if (id == R.id.action_settings1) {
36              Intent it = new Intent(this, PersonnelList.class);
37              startActivity(it);
38              finish();
39              return true;
40          } else if (id == R.id.action_settings2) {
41              Intent it = new Intent(this, PersonnelReg.class);
42              startActivity(it);
43              finish();
44              return true;
45          }
46          ///////////////////////////////////////////////
47
48          return super.onOptionsItemSelected(item);
49      }
50  }
```

인물 목록 액티비티 호출

인물 등록 액티비티 호출

12.3.2 '인물 등록' 액티비티

입력 컨트롤로 성명, 성별, 나이, 전화번호를 입력하고 '등록' 버튼을 클릭하면 입력한 내용이 Personnel 테이블에 저장되고 '인물 정보' 액티비티를 호출한다. 메뉴는 홈, 인물 목록으로 이동하는 아이템으로 구성한다.

[1] 메뉴 구성

res/menu 폴더에 menu_personnel_reg.xml 파일을 만들고, '인물 등록' 액티비티에서 다른 액티비티로 이동되는 메뉴 아이템을 구성한다.

menu_personnel_reg.xml

```
01  <menu xmlns:android="http://schemas.android.com/apk/res/android"
02      xmlns:app="http://schemas.android.com/apk/res-auto"
03      xmlns:tools="http://schemas.android.com/tools"
04      tools:context="com.example.personnelmanagement.MainActivity">
05
06      <!-- 메뉴 아이템 -->
```

```
07  <item
08      android:id="@+id/action_settings"
09      android:orderInCategory="100"
10      android:title="@string/action_settings"          "홈"
11      app:showAsAction="never" />
12
13  <item
14      android:id="@+id/action_settings1"
15      android:orderInCategory="100"                      "인물 목록"
16      android:title="@string/action_settings1"
17      app:showAsAction="never" />
18  </menu>
```

[2] 화면 설계

앞에서 메뉴 파일을 생성했던 절차에 따라 res/layout 폴더에는 화면 레이아웃인 activity_personnel_reg.xml과 콘텐츠 배치를 위한 content_personnel_reg.xml을 새로 만든다. activity_personnel_reg.xml는 content_personnel_reg.xml을 포함하도록 한다.

> activity_personnel_reg.xml 파일 편집은, activity_main.xml 파일 소스를 복사하고 25행 부분만 수정하면 된다.

activity_personnel_reg.xml

```
01  <?xml version="1.0" encoding="utf-8"?>
02  <android.support.design.widget.CoordinatorLayout xmlns:android=
                                "http://schemas.android.com/apk/res/android"
03      xmlns:app="http://schemas.android.com/apk/res-auto"
04      xmlns:tools="http://schemas.android.com/tools"
05      android:layout_width="match_parent"
06      android:layout_height="match_parent"
07      tools:context=".MainActivity">
08
09      <!-- 앱 바 -->
10      <android.support.design.widget.AppBarLayout
11          android:layout_width="match_parent"
12          android:layout_height="wrap_content"
13          android:theme="@style/AppTheme.AppBarOverlay">
14
15          <android.support.v7.widget.Toolbar
16              android:id="@+id/toolbar"
```

```
17              android:layout_width="match_parent"
18              android:layout_height="?attr/actionBarSize"
19              android:background="?attr/colorPrimary"
20              app:popupTheme="@style/AppTheme.PopupOverlay" />
21
22      </android.support.design.widget.AppBarLayout>
23
24      <!-- 콘텐츠 출력 -->
25      <include layout="@layout/content_personnel_reg" />
26
27  </android.support.design.widget.CoordinatorLayout>
```

content_personnel_reg.xml은 등록할 인물 정보인 성명, 성별, 나이, 전화번호 항목으로 입력 폼을 구성한다. 그 아래에는 데이터를 전송하기 위한 '등록' 버튼을 배치한다.

content_personnel_reg.xml

```
01  <?xml version="1.0" encoding="utf-8"?>
02  <LinearLayout xmlns:android="http://schemas.android.com/apk/res/android"
03      android:layout_width="match_parent"
04      android:layout_height="match_parent"
05      android:orientation="vertical"
06      android:paddingTop="100dp"
07      android:paddingLeft="30dp"
08      android:paddingRight="30dp" >
09
10      <!-- 성명 -->
11      <LinearLayout
12          android:orientation="horizontal"
13          android:layout_width="match_parent"
14          android:layout_height="wrap_content" >
15          <TextView
16              android:layout_width="60sp"
17              android:layout_height="wrap_content"
18              android:text="성명" />
19          <EditText
20              android:id="@+id/name"
21              android:layout_width="match_parent"
22              android:layout_height="wrap_content" />
23      </LinearLayout>
24
25      <!-- 성별 -->
26      <LinearLayout
27          android:orientation="horizontal"
28          android:layout_width="match_parent"
```

```
29              android:layout_height="wrap_content" >
30          <TextView
31              android:layout_width="60sp"
32              android:layout_height="wrap_content"
33              android:text="성별" />
34          <RadioGroup
35              android:id="@+id/gender"
36              android:layout_width="match_parent"
37              android:layout_height="wrap_content"
38              android:orientation="horizontal" >
39              <RadioButton
40                  android:id="@+id/male"
41                  android:layout_width="wrap_content"
42                  android:layout_height="wrap_content"
43                  android:text="남" />
44              <RadioButton
45                  android:id="@+id/female"
46                  android:layout_width="wrap_content"
47                  android:layout_height="wrap_content"
48                  android:text="여" />
49          </RadioGroup>
50      </LinearLayout>
51
52      <!-- 나이 -->
53      <LinearLayout
54          android:orientation="horizontal"
55          android:layout_width="match_parent"
56          android:layout_height="wrap_content" >
57          <TextView
58              android:layout_width="60sp"
59              android:layout_height="wrap_content"
60              android:text="나이" />
61          <EditText
62              android:id="@+id/age"
63              android:layout_width="match_parent"
64              android:layout_height="wrap_content" />
65      </LinearLayout>
66
67      <!-- 전화번호 -->
68      <LinearLayout
69          android:orientation="horizontal"
70          android:layout_width="match_parent"
71          android:layout_height="wrap_content" >
72          <TextView
73              android:layout_width="60sp"
```

```
74                android:layout_height="wrap_content"
75                android:text="전화번호" />
76            <EditText
77                android:id="@+id/tel"
78                android:layout_width="match_parent"
79                android:layout_height="wrap_content" />
80        </LinearLayout>
81
82        <!-- 등록 버튼 -->
83        <LinearLayout
84            android:orientation="horizontal"
85            android:gravity="center"
86            android:layout_width="match_parent"
87            android:layout_height="wrap_content" >
88            <Button
89                android:layout_width="wrap_content"
90                android:layout_height="wrap_content"
91                android:text="등록"
92                android:onClick="register" />
93        </LinearLayout>
94 </LinearLayout>
```

[3] 액티비티 제어

SQLite의 테이블로부터 데이터 저장, 조회, 수정과 삭제를 위해, 먼저 데이터베이스 관리 자바 클래스 DBManager.java 파일을 만들어 편집한다. DBManager 객체를 만들면, 지정한 데이터베이스(PersonnelDB)가 존재하지 않으면 생성하게 된다. DBManager 객체가 만들어지면, onCreate()가 실행되고, 테이블(Personnel)을 만들게 된다.

DBManager.java

```
01 package com.example.personnelmanagement;
02
03 import android.content.Context;
04 import android.database.sqlite.SQLiteDatabase;
05 import android.database.sqlite.SQLiteOpenHelper;
06
07 public class DBManager extends SQLiteOpenHelper {        DBManager 클래스 생성자.
08                                                          DBManager 객체 생성 시에 자동 실행
09    public DBManager(Context context) {
10        super(context, "PersonnelDB", null, 1);
11    }
12                                                          버전 1에 해당하는 PersonnelDB
13    @Override                                             데이터베이스가 없으면 데이터베이스 생성
```

```
14    public void onCreate(SQLiteDatabase db) {
15        db.execSQL("create table Personnel (name text, gender text,
                                              age int, tel text)");
                  [Personnel 레이블 생성]
16    }
17
                                                    데이터베이스가 처음 생성될 때 호출
18    @Override
19    public void onUpgrade(SQLiteDatabase db, int oldVersion,
                                              int newVersion) {
20    }
21 }
```

클래스와 속성/메소드

〉 클래스

클래스/인터페이스	설명
SQLiteOpenHelper	7행. 데이터베이스 생성과 버전을 관리하는 클래스
SQLiteDatabase	14행. SQLite 데이터베이스를 관리하는 메소드를 제공함

〉 메소드

클래스	메소드	설명
SQLiteOpenHelper	SQLiteOpenHelper(Context context, String name, SQLiteDatabase.CursorFactory factory, int version)	7행. 데이터베이스를 생성하며, 오픈하고, 관리하는 Object를 만들어줌
	abstract void onCreate (SQLiteDatabase db)	14행. 데이터베이스가 처음 생성될 때 불려짐
	abstract void onUpgrade (SQLiteDatabase db, int oldVersion, int newVersion)	19행. 데이터베이스 버전이 증가하면 불려짐. 현재 데이터베이스 구조를 수정 또는 삭제함
SQLiteDatabase	void execSQL(String sql)	15행. 문자열(String)로 작성된 SQL문(조회문 외)을 실행함

java/com.example.personnelregistration 폴더에 PersonnelReg.java 파일을 만든다(클래스 파일 생성 방법은 5.3절 참조). PersonnelReg.java에는 인물 등록 폼의 화면을 출력하고, '등록' 버튼을 클릭하면 '인물 정보' 액티비티에 데이터를 전송하도록 한다.

PersonnelReg.java

```
01 package com.example.personnelmanagement;
02
03 import android.content.ContentValues;
04 import android.content.Intent;
```

```
05  import android.database.sqlite.SQLiteDatabase;
06  import android.database.sqlite.SQLiteException;
07  import android.os.Bundle;
08  import android.support.v7.app.AppCompatActivity;
09  import android.support.v7.widget.Toolbar;
10  import android.view.Menu;
11  import android.view.MenuItem;
12  import android.view.View;
13  import android.widget.EditText;
14  import android.widget.RadioButton;
15  import android.widget.RadioGroup;
16  import android.widget.Toast;
17
18  public class PersonnelReg extends AppCompatActivity {
19
20      DBManager dbmanager;
21      SQLiteDatabase sqlitedb;
22
23      @Override
24      protected void onCreate(Bundle savedInstanceState) {
25          super.onCreate(savedInstanceState);
26          setContentView(R.layout.activity_personnel_reg);
27          Toolbar toolbar = (Toolbar) findViewById(R.id.toolbar);
28          setSupportActionBar(toolbar);
29      }
30
31      @Override
32      public boolean onCreateOptionsMenu(Menu menu) {
33          // 액션 바에 메뉴 아이템 추가
34          getMenuInflater().inflate(R.menu.menu_personnel_reg, menu);
35          return true;
36      }
37
38      @Override
39      public boolean onOptionsItemSelected(MenuItem item) {
40          // 클릭한 목록 아이템 id
41          int id = item.getItemId();
42          // 클릭한 목록 아이템 id별 이동할 액티비티
43          if (id == R.id.action_settings) {
44              Intent it = new Intent(this, MainActivity.class);        홈으로 이동
45              startActivity(it);
46              finish();
47              return true;
48          } else if (id == R.id.action_settings1) {                    인물 목록 액티비티로 이동
49              Intent it = new Intent(this, PersonnelList.class)
50              startActivity(it);
```

```
51          finish();
52          return true;
53      }
54
55      return super.onOptionsItemSelected(item);
56  }
57
58  // '등록' 버튼 클릭 시
59  public void register(View v) {
60      // 1. 입력한 인물정보 추출
61      // 성명
62      EditText et_name = (EditText)findViewById(R.id.name );
63      String str_name = et_name.getText().toString();
64
65      // 성별
66      RadioGroup rg_gender = (RadioGroup)findViewById(R.id.gender );
67      RadioButton rb_gender;
68      String str_gender = "";
69      if (rg_gender.getCheckedRadioButtonId() == R.id.male ) {
70          rb_gender = (RadioButton)findViewById(R.id.male );
71          str_gender = rb_gender.getText().toString();
72      }
73      if (rg_gender.getCheckedRadioButtonId() == R.id.female ) {
74          rb_gender = (RadioButton)findViewById(R.id.female );
75          str_gender = rb_gender.getText().toString();
76      }
77
78      // 나이
79      EditText et_age = (EditText)findViewById(R.id.age );
80      String str_age = et_age.getText().toString();
81
82      // 전화번호
83      EditText et_tel = (EditText)findViewById(R.id.tel );
84      String str_tel = et_tel.getText().toString();
85
86      // 2. 테이블에 인물정보 추가
87      try {                                                DBManager 객체 생성
88          dbmanager = new DBManager(this);
89          sqlitedb = dbmanager.getWritableDatabase();
90                                                           데이터베이스를 수정
91      // 테이블에 추가할 데이터 할당                        가능한 상태로 설정
92      ContentValues values = new ContentValues();
93      values.put("name", str_name);
94      values.put("gender", str_gender);
95      values.put("age", str_age);
```

```
 96              values.put("tel", str_tel);
 97              // 테이블에 추가
 98              long newRowId = sqlitedb.insert("Personnel", null, values);
 99
100                  sqlitedb.close();
101                  dbmanager.close();
102
103              // '인물정보' 액티비티로 이동
104              Intent it = new Intent(this, PersonnelInfo.class);
105              it.putExtra("it_name", str_name);
106              startActivity(it);
107              finish();
108          } catch(SQLiteException e) {
109              Toast.makeText (this, e.getMessage(), Toast.LENGTH_LONG )
                                                            .show();
110          }
111      }
112}
```

클래스와 속성/메소드

› 클래스

클래스/인터페이스	설명
ContentValues	92행. ContentResolver 클래스가 처리할 수 있는 값들의 집합을 저장할 때 사용함
SQLiteException	108행. SQL 파싱이나 실행 시 에러를 명시

› 메소드

클래스	메소드	설명
ContentValues	void put(String key, String value)	93,94,95,96행. 집합에 key와 value를 추가함
SQLiteOpenHelper	SQLiteDatabase getWritableDatabase()	89행. 기록 또는 조회에 유용한 데이터베이스를 생성하거나 오픈함(데이터베이스 객체인 SQLiteDatabase 객체를 반환함)
SQLiteClosable	void close()	100,101행. 자원을 해제함 SQLiteDatabase는 SQLiteClosable의 서브 클래스임
SQLiteDatabase	long insert(String table, String nullColumnHack, ContentValues values)	98행. 데이터베이스에 한 행을 추가함. 추가 시에 에러가 발생하면 반환 값이 −1이 됨

12.3.3 '인물 정보' 액티비티

'인물 등록' 액티비티로부터 전달받은 인물의 성명을 추출하고, Personnel 테이블에서 해당 인물을 추출해서 화면에 출력한다. 액션 바의 메뉴 아이템은 '홈', '인물 목록', '인물 등록' 액티비티를 호출한다. 그리고, '삭제' 메뉴 아이템은, 클릭 시에 해당 인물 정보를 테이블에서 삭제하고 '인물 목록'으로 이동한다.

[1] 메뉴 구성

res/menu 폴더에 menu_personnel_info.xml 파일을 만들고, '홈', '인물 목록', '인물 등록', '삭제' 메뉴 아이템을 구성한다.

menu_personnel_info.xml

```
01 <menu xmlns:android="http://schemas.android.com/apk/res/android"
02     xmlns:app="http://schemas.android.com/apk/res-auto"
03     xmlns:tools="http://schemas.android.com/tools"
04     tools:context="com.example.personnelmanagement.MainActivity">
```

```
05
06        <!-- 메뉴 아이템 -->
07        <item
08            android:id="@+id/action_settings"
09            android:orderInCategory="100"
10            android:title="@string/action_settings"            "홈"
11            app:showAsAction="never" />
12
13        <item
14            android:id="@+id/action_settings1"
15            android:orderInCategory="100"                      "인물 목록"
16            android:title="@string/action_settings1"
17            app:showAsAction="never" />
18
19        <item
20            android:id="@+id/action_settings2"
21            android:orderInCategory="100"                      "인물 등록"
22            android:title="@string/action_settings2"
23            app:showAsAction="never" />
24
25        <item
26            android:id="@+id/action_settings4"
27            android:orderInCategory="100"                      "삭제"
28            android:title="@string/action_settings4"
29            app:showAsAction="never" />
30
31
32    </menu>
```

[2] 화면 설계

layout 폴더에 화면 레이아웃인 activity_personnel_info.xml과 콘텐츠 배치를 위한 content_personnel_info.xml을 만든다. activity_personnel_info.xml에는 콘텐츠 출력을 위해 content_personnel_info.xml을 설정한다.

activity_personnel_info.xml

```
01  <?xml version="1.0" encoding="utf-8"?>
02  <android.support.design.widget.CoordinatorLayout xmlns:android=
                                  "http://schemas.android.com/apk/res/android"
03      xmlns:app="http://schemas.android.com/apk/res-auto"
04      xmlns:tools="http://schemas.android.com/tools"
05      android:layout_width="match_parent"
06      android:layout_height="match_parent"
```

```
07          tools:context=".MainActivity">

08

09          <!-- 앱 바 -->

10          <android.support.design.widget.AppBarLayout

11              android:layout_width="match_parent"

12              android:layout_height="wrap_content"

13              android:theme="@style/AppTheme.AppBarOverlay">

14

15              <android.support.v7.widget.Toolbar

16                  android:id="@+id/toolbar"

17                  android:layout_width="match_parent"

18                  android:layout_height="?attr/actionBarSize"

19                  android:background="?attr/colorPrimary"

20                  app:popupTheme="@style/AppTheme.PopupOverlay" />

21

22          </android.support.design.widget.AppBarLayout>

23

24          <!-- 콘텐츠 출력 -->

25          <include layout="@layout/content_personnel_info" />

26

27

28  </android.support.design.widget.CoordinatorLayout>
```

content_personnel_info.xml은 전달받은 인물 정보인 성명, 성별, 나이, 전화번호를 출력하는 화면을 배치한다.

content_personnel_info.xml

```
01  <?xml version="1.0" encoding="utf-8"?>
02  <LinearLayout xmlns:android="http://schemas.android.com/apk/res/android"
03      android:layout_width="match_parent"
04      android:layout_height="match_parent"
05      android:orientation="vertical"
06      android:paddingBottom="@dimen/fab_margin"
07      android:paddingLeft="@dimen/fab_margin"
08      android:paddingRight="@dimen/fab_margin"
09      android:paddingTop="100dp" >
10
11      <!-- 성명 -->
12      <LinearLayout
13          android:orientation="horizontal"
14          android:layout_width="match_parent"
15          android:layout_height="wrap_content" >
16          <TextView
```

```
17              android:layout_width="60sp"
18              android:layout_height="wrap_content"
19              android:text="성명" />
20          <TextView
21              android:id="@+id/name"
22              android:layout_width="match_parent"
23              android:layout_height="wrap_content" />
24      </LinearLayout>
25
26      <!-- 성별 -->
27      <LinearLayout
28          android:orientation="horizontal"
29          android:layout_width="match_parent"
30          android:layout_height="wrap_content" >
31          <TextView
32              android:layout_width="60sp"
33              android:layout_height="wrap_content"
34              android:text="성별" />
35          <TextView
36              android:id="@+id/gender"
37              android:layout_width="match_parent"
38              android:layout_height="wrap_content" />
39      </LinearLayout>
40
41      <!-- 나이 -->
42      <LinearLayout
43          android:orientation="horizontal"
44          android:layout_width="match_parent"
45          android:layout_height="wrap_content" >
46          <TextView
47              android:layout_width="60sp"
48              android:layout_height="wrap_content"
49              android:text="나이" />
50          <TextView
51              android:id="@+id/age"
52              android:layout_width="wrap_content"
53              android:layout_height="wrap_content" />
54      </LinearLayout>
55
56      <!-- 전화번호 -->
57      <LinearLayout
58          android:orientation="horizontal"
59          android:layout_width="match_parent"
60          android:layout_height="wrap_content" >
61          <TextView
```

```
62              android:layout_width="60sp"
63              android:layout_height="wrap_content"
64              android:text="전화번호" />
65          <TextView
66              android:id="@+id/tel"
67              android:layout_width="wrap_content"
68              android:layout_height="wrap_content" />
69      </LinearLayout>
70
71  </LinearLayout>
```

[3] 액티비티 제어

java/com.example.personnelregistration 폴더에 PersonnelInfo.java 파일을 만든다.
PersonnelInfo.java에는 전달받은 인물 정보를 추출하고 화면에 출력하도록 한다.

PersonnelInfo.java

```
01  package com.example.personnelmanagement;
02
03  import android.content.Intent;
04  import android.database.Cursor;
05  import android.database.sqlite.SQLiteDatabase;
06  import android.database.sqlite.SQLiteException;
07  import android.os.Bundle;
08  import android.support.v7.app.AppCompatActivity;
09  import android.support.v7.widget.Toolbar;
10  import android.view.Menu;
11  import android.view.MenuItem;
12  import android.widget.TextView;
13  import android.widget.Toast;
14
15  public class PersonnelInfo extends AppCompatActivity {
16
17      DBManager dbmanager;
18      SQLiteDatabase sqlitedb;
19
20      String str_name;
21      String str_gender;
22      int age;
23      String str_tel;
24
25      @Override
26      protected void onCreate(Bundle savedInstanceState) {
27          super.onCreate(savedInstanceState);
```

```
28      setContentView(R.layout.activity_personnel_info );
29      Toolbar toolbar = (Toolbar) findViewById(R.id.toolbar );
30      setSupportActionBar(toolbar);
31
32      // 인물 정보 출력 뷰 인식
33      TextView tv_name = (TextView) findViewById(R.id.name );
34      TextView tv_gender = (TextView) findViewById(R.id.gender );
35      TextView tv_age = (TextView) findViewById(R.id.age );
36      TextView tv_tel = (TextView) findViewById(R.id.tel );
37
38      // 전달받은 성명 추출
39      Intent it = getIntent();
40      str_name = it.getStringExtra("it_name");
41
42      // 테이블에서 해당 성명의 인물 추출
43      try {
44          dbmanager = new DBManager(this);
45          sqlitedb = dbmanager.getReadableDatabase();
46
47          // 데이터 추출
48          Cursor cursor = sqlitedb.query("Personnel", null,
                  "name = ?", new String[]{str_name}, null, null, null, null);
49
50          // 추출한 데이터 할당
51          if (cursor.moveToNext()) {
52              str_gender = cursor.getString(cursor.
                                          getColumnIndex("gender"));
53              age = cursor.getInt(cursor.getColumnIndex("age"));
54              str_tel = cursor.getString(cursor.getColumnIndex("tel"));
55          }
56
57          sqlitedb.close();
58          dbmanager.close();
59      } catch(SQLiteException e) {
60          Toast.makeText (this, e.getMessage(), Toast.LENGTH_LONG )
                                                      .show();
61      }
62
63      // 추출한 데이터 출력
64      // 성명
65      tv_name.setText(str_name);
66      // 성별
67      tv_gender.setText(str_gender);
68      // 나이
69      tv_age.setText("" + age);
```

```
70          // 전화번호
71          tv_tel.setText(str_tel + "\n");
72      }
73
74      @Override
75      public boolean onCreateOptionsMenu(Menu menu) {
76          // 액션 바에 메뉴 아이템 추가
77          getMenuInflater().inflate(R.menu.menu_personnel_info , menu);
78          return true;
79      }
80
81      @Override
82      public boolean onOptionsItemSelected(MenuItem item) {
83          // 클릭한 목록 아이템 id
84          int id = item.getItemId();
85
86          // 클릭한 목록 아이템 id별 이동할 액티비티
87              if (id == R.id.action_settings ) {                        홈으로 이동
88                  Intent it = new Intent(this, MainActivity.class);
89                  startActivity(it);
90                  finish();
91                  return true;
92              } else if (id == R.id.action_settings1 ) {               인물 목록으로 이동
93                  Intent it = new Intent(this, PersonnelList.class);
94                  startActivity(it);
95                  finish();
96                  return true;
97              } else if (id == R.id.action_settings2 ) {               인물 등록으로 이동
98                  Intent it = new Intent(this, PersonnelReg.class);
99                  startActivity(it);
100                 finish();
101                 return true;                                   '삭제' 메뉴를 클릭한 경우
102             } else if (id == R.id.action_settings4 ) {
103                 try {
104                     dbmanager = new DBManager(this);
105                     sqlitedb = dbmanager.getReadableDatabase();
106                     sqlitedb. delete("Personnel", "name = ?", new String[]
                                                                    {str_name});
107                     sqlitedb.close();
108                     dbmanager.close();                   인물 정보 삭제
109             } catch(SQLiteException e) {
110                 Toast.makeText (this, e.getMessage(), Toast.LENGTH_LONG )
                                                                    .show();
111         }
112
```

```
113        Intent it = new Intent(this, PersonnelList.class);
114        startActivity(it);
115         finish();
116    }
```

인물 목록으로 이동

```
117
118        return super.onOptionsItemSelected(item);
119    }
120 }
```

클래스와 속성/메소드

》메소드

클래스	메소드	설명
Cursor	abstract int getColumnIndex(String columnName)	52,53,54행. 주어진 columnName에 대한 색인을 반환함
	abstract int getInt(int columnIndex)	53행. 테이블 열의 데이터를 정수로 반환
	abstract String getString(int columnIndex)	52,54행. 테이블 열의 데이터를 문자로 반환
	abstract boolean moveToNxet()	51행. 커서(cursor)를 다음 행으로 이동함
SQLiteOpenHelper	SQLiteDatabase getReadableDatabase()	45,105행. 데이터베이스를 생성하거나 오픈함
SQLiteDatabase	int delete(String table, String whereClause, String[] whereArgs)	106행. 데이터베이스 행을 지움
	Cursor query(String table, String[] columns, String selection, String[] selectionArgs, String groupBy, String having, String orderBy)	48행. 주어진 table에 대한 질의문을 실행하여 실행한 결과로 생긴 데이터셋에 대한 커서(Cursor)를 반환함

12.3.4 '인물 목록' 액티비티

Personnel 테이블에 등록된 모든 인물 정보를 추출하여 사진과 여러 인물 정보 항목들을 출력한다. 메뉴 아이템은 '홈', '인물 등록'으로 구성한다.

[1] 메뉴 구성

res/menu 폴더에 menu_personnel_list.xml 파일을 만들고, '인물 목록' 액티비티에서 다른 액티비티로 이동되는 메뉴 아이템을 구성한다.

menu_personnel_list.xml

```
01  <menu xmlns:android="http://schemas.android.com/apk/res/android"
02      xmlns:app="http://schemas.android.com/apk/res-auto"
03      xmlns:tools="http://schemas.android.com/tools"
04      tools:context="com.example.personnelmanagement.MainActivity">
05
06      <!-- 메뉴 아이템 -->
07      <item
08          android:id="@+id/action_settings"
```

```
09              android:orderInCategory="100"
10              android:title="@string/action_settings" ──── "홈"
11          app:showAsAction="never" />
12
13      <item
14          android:id="@+id/action_settings2"
15          android:orderInCategory="100"          "인물 등록"
16          android:title="@string/action_settings2" ────
17          app:showAsAction="never" />
18  </menu>
```

[2] 화면 설계

앞에서 메뉴 파일을 생성했던 절차에 따라 res/layout 폴더에는 화면 레이아웃인 activity_personnel_list.xml과 콘텐츠 배치를 위한 content_personnel_list.xml을 새로 만든다. activity_personnel_list.xml은 content_personnel_list.xml을 포함하도록 한다.

>> activity_personnel_list.xml 파일 편집은, activity_main.xml 파일 소스를 복사하고 25행 부분만 수정하면 된다.

activity_personnel_list.xml

```
01  <?xml version="1.0" encoding="utf-8"?>
02  <android.support.design.widget.CoordinatorLayout xmlns:android=
                                "http://schemas.android.com/apk/res/android"
03      xmlns:app="http://schemas.android.com/apk/res-auto"
04      xmlns:tools="http://schemas.android.com/tools"
05      android:layout_width="match_parent"
06      android:layout_height="match_parent"
07      tools:context=".MainActivity">
08
09      <!-- 앱 바 -->
10      <android.support.design.widget.AppBarLayout
11          android:layout_width="match_parent"
12          android:layout_height="wrap_content"
13          android:theme="@style/AppTheme.AppBarOverlay">
14
15          <android.support.v7.widget.Toolbar
16              android:id="@+id/toolbar"
17              android:layout_width="match_parent"
18              android:layout_height="?attr/actionBarSize"
```

```
19              android:background="?attr/colorPrimary"
20              app:popupTheme="@style/AppTheme.PopupOverlay" />
21
22      </android.support.design.widget.AppBarLayout>
23
24      <!-- 콘텐츠 출력 -->
25      <include layout="@layout/content_personnel_list" />
26
27  </android.support.design.widget.CoordinatorLayout>
```

content_personnel_list.xml은 인물 목록을 위한 리니어 레이아웃만 배치한다. 목록 아이템은 PersonnelList 자바 클래스에서 동적으로 출력한다.

content_personnel_list.xml

```
01  <?xml version="1.0" encoding="utf-8"?>
02  <ScrollView xmlns:android="http://schemas.android.com/apk/res/android"
03      android:layout_height="match_parent"
04      android:layout_width="match_parent">
05
06      <!-- 인물 목록 -->
07      <LinearLayout
08          android:layout_width="match_parent"
09          android:layout_height="match_parent"
10          android:orientation="vertical"
11          android:paddingBottom="@dimen/fab_margin"
12          android:paddingLeft="@dimen/fab_margin"
13          android:paddingRight="@dimen/fab_margin"
14          android:paddingTop="50dp"
15          android:id="@+id/personnel" >
16      </LinearLayout>
17
18  </ScrollView>
```

[3] 액티비티 제어

java/com.example.personnelregistration 폴더에 PersonnelList.java 파일을 만든다(클래스 파일 생성 방법은 5.3절 참조). PersonnelList.java에는 인물 목록 화면을 출력하고, 테이블에서 인물 정보를 추출해서 목록 아이템으로 추가하여 화면에 출력한다.

PersonnelList.java

```
01  package com.example.personnelmanagement;
02
```

```
03  import android.content.Intent;
04  import android.database.Cursor;
05  import android.database.sqlite.SQLiteDatabase;
06  import android.database.sqlite.SQLiteException;
07  import android.graphics.Color;
08  import android.os.Bundle;
09  import android.support.v7.app.AppCompatActivity;
10  import android.support.v7.widget.Toolbar;
11  import android.view.Menu;
12  import android.view.MenuItem;
13  import android.view.View;
14  import android.view.View.OnClickListener;
15  import android.widget.LinearLayout;
16  import android.widget.TextView;
17  import android.widget.Toast;
18
19  public class PersonnelList extends AppCompatActivity
                                        implements OnClickListener {
20
21      DBManager dbmanager;
22      SQLiteDatabase sqlitedb;
23
24      @Override
25      protected void onCreate(Bundle savedInstanceState) {
26          super.onCreate(savedInstanceState);
27          setContentView(R.layout.activity_personnel_list);
28          Toolbar toolbar = (Toolbar) findViewById(R.id.toolbar);
29          setSupportActionBar(toolbar);
30
31          // 인물 정보 레이아웃 인식
32          LinearLayout layout = (LinearLayout)findViewById(R.id.personnel);
33
34          try {
35              // Personnel 테이블에서 인물 정보 추출
36              dbmanager = new DBManager(this);
37              sqlitedb = dbmanager.getReadableDatabase();
38              Cursor cursor = sqlitedb.query
                          ("Personnel", null, null, null, null, null, null);
39
40              // 각 인물 정보의 반복 출력을 통한 목록화
41              int i = 0;
42              while(cursor.moveToNext()) {
43                  // 1. 인물 정보 추출
44                  String str_name   = cursor.getString
                                      (cursor.getColumnIndex("name"));
45                  String str_gender = cursor.getString
```

```
                                          (cursor.getColumnIndex("gender"));
46              int age           = cursor.getInt
                                          (cursor.getColumnIndex("age"));
47              String str_tel     = cursor.getString
                                          (cursor.getColumnIndex("tel"));
48
49              // 2. 인물 정보 목록 아이템 만들기
50              LinearLayout layout_item = new LinearLayout(this);
51              layout_item.setOrientation(LinearLayout.VERTICAL);
52              layout_item.setPadding(20, 10, 20, 10);
53              layout_item.setId(i);
54              layout_item.setTag(str_name);
55
56              // 3.1 성명
57              TextView tv_name = new TextView(this);
58              tv_name.setText(str_name);
59              tv_name.setTextSize(30);
60              tv_name.setBackgroundColor(Color.argb(50, 0, 255, 0));
61              layout_item.addView(tv_name);
62
63              // 3.2 성별
64              TextView tv_gender = new TextView(this);
65              tv_gender.setText("성별: " + str_gender);
66              layout_item.addView(tv_gender);
67
68              // 3.3 나이
69              TextView tv_age = new TextView(this);
70              tv_age.setText("나이: " + age);
71              layout_item.addView(tv_age);
72
73              // 3.4 전화번호
74              TextView tv_tel = new TextView(this);
75              tv_tel.setText("전화번호: " + str_tel);
76              layout_item.addView(tv_tel);
77
78              // 3.5 클릭 리스너 설정
79              layout_item.setOnClickListener(this);
80
81              // 3.6 인물정보 레이아웃에 인물 정보 추가
82              layout.addView(layout_item);
83
84              i++;
85          }
86
87      cursor.close();
88      sqlitedb.close();
```

목록 아이템 클릭 시에 onClick()
콜백 메소드 호출

동적으로 추가

```
89          dbmanager.close();
90
91      } catch(SQLiteException e) {
92          Toast.makeText(this, e.getMessage(), Toast.LENGTH_LONG).
                                                              show();
93      }
94  }
95
96  @Override
97  public void onClick(View view) {
98      int id = view.getId();
99
100     // 클릭한 목록 아이템 인식
101     LinearLayout layout_item = (LinearLayout)findViewById(id);
102     String str_name = (String)layout_item.getTag();
103
104     // 인물 정보 액티비티 호출
105     Intent it = new Intent(this, PersonnelInfo.class);
106     it.putExtra("it_name", str_name);
107     startActivity(it);
108     finish();
109 }
110
111 @Override
112 public boolean onCreateOptionsMenu(Menu menu) {
113     // 액션 바에 메뉴 아이템 추가
114     getMenuInflater().inflate(R.menu.menu_personnel_list, menu);
115     return true;
116 }
117
118 @Override
119 public boolean onOptionsItemSelected(MenuItem item) {
120     // 클릭한 목록 아이템 id
121     int id = item.getItemId();
122
123     // 클릭한 목록 아이템 id별 이동할 액티비티
124     if (id == R.id.action_settings) {
125         Intent it = new Intent(this, MainActivity.class);
126         startActivity(it);
127         finish();
128         return true;
129     } else if (id == R.id.action_settings2) {
130         Intent it = new Intent(this, PersonnelReg.class);
131         startActivity(it);
132         finish();
133         return true;
```

목록 아이템 클릭 시 호출되는 콜백 메소드

클릭한 목록 아이템에 해당하는 인물의 이름을 인물 정보 액티비티로 전달

홈으로 이동

인물 등록으로 이동

```
134          }
135
136          return super.onOptionsItemSelected(item);
137     }
138 }
```

클래스와 속성/메소드

› 클래스

클래스/인터페이스	설명
Color	60행. 데이터베이스 조회에 의한 데이터셋을 읽고 쓰는 인터페이스를 제공함

› XML 속성

클래스	메소드	설명
LinearLayout	int VERTICAL	51행. 리니어 레이아웃의 수직 방향을 의미하는 상수 • 수평 방향의 경우, 'HORIZONTAL'

› 메소드

클래스	메소드	설명
Color	static int argb(float alpha, float red, float green, float blue)	60행. 투명도, 적색, 녹색, 청색에 대한 강도. 0~1 사이의 실수
LinearLayout	void setOrientation(int orientation)	51행. 레이아웃의 방향을 수평 또는 수직으로 설정함
TextView	void setTextSize(float size)	59행. 문자의 디폴트 크기를 주어진 size 크기로 변경함
	void setPadding(int left, int top, int right, int bottom)	52행. 패딩을 설정함
View	void setId(int id)	53행. 뷰에 대한 id를 설정함
	void setBackground(Drawable background)	주어진 background로 배경을 설정함
	void setBackgroundColor(int color)	60행. 뷰의 배경색
	void setOnClickListener(View.OnClickListener l)	79행. 뷰가 클릭될 때 불려질 수 있도록 콜백을 등록함
	void setPadding(int left, int top, int right, int bottom)	52행. 뷰의 패딩(좌, 상, 우, 하단부에 대한 픽셀 단위)
	void setTag(Object tag)	54행. 뷰와 관련있는 태그를 설정함
ViewGroup	void addView(View child)	61,66,71,76,82행. 차일드 뷰를 추가함

12.3.5 환경 설정

AndroidManifest.xml에는 새로 만든 액티비티 클래스들을 등록하고, 모든 화면이 세로 방향으로 고정되도록 한다.

AndroidManifest.xml

```xml
01 <?xml version="1.0" encoding="utf-8"?>
02 <manifest xmlns:android="http://schemas.android.com/apk/res/android"
03     package="com.example.personnelmanagement">
04
05     <application
06         android:allowBackup="true"
07         android:icon="@mipmap/ic_launcher"
08         android:label="@string/app_name"
09         android:roundIcon="@mipmap/ic_launcher_round"
10         android:supportsRtl="true"
11         android:theme="@style/AppTheme">
12
13         <!-- 메인 액티비티 -->
14         <activity
15             android:name=".MainActivity"
16             android:label="@string/app_name"
17             android:screenOrientation="portrait"
18             android:theme="@style/AppTheme.NoActionBar">
19             <intent-filter>
20                 <action android:name="android.intent.action.MAIN" />
21
22                 <category android:name="android.intent.category.
                                                      LAUNCHER" />
23             </intent-filter>
24         </activity>
25
26         <!-- 인물 목록 액티비티 -->
27         <activity
28             android:name=".PersonnelList"
29             android:label="@string/app_name1"
30             android:screenOrientation="portrait"
31             android:theme="@style/AppTheme.NoActionBar">
32         </activity>
33
34         <!-- 인물 등록 액티비티 -->
35         <activity
36             android:name=".PersonnelReg"
37             android:label="@string/app_name2"
```

> 인물 목록 액티비티
> • 액티비티 클래스
> • 액티비티 라벨
> • 화면 방향(세로)
> • 앱의 전체 스타일

```
38              android:screenOrientation="portrait"
39              android:theme="@style/AppTheme.NoActionBar">
40          </activity>
41
42          <!-- 인물 정보 액티비티 -->
43          <activity
44              android:name=".PersonnelInfo"
45              android:label="@string/app_name3"
46              android:screenOrientation="portrait"
47              android:theme="@style/AppTheme.NoActionBar">
48          </activity>
49      </application>
50  </manifest>
```

> SQLite(www.sqlite.com)는 가벼운 관계형 데이터베이스 관리시스템(DBMS: Database Management System)으로 안드로이드 폰에 내장되어 있다. SQLite는 모든 데이터베이스시스템에서 사용가능한 표준 SQL과 일부 추가적인 기능들을 제공한다.

> SQL은 데이터 구조를 만들거나 데이터를 관리하는 언어이다. SQL에는 데이터베이스와 테이블 같은 데이터 구조를 만드는 DDL(Data Definition Language), 데이터를 저장하고 조회, 수정, 삭제하는 DML(Data Manipulation Language)이 있다.

> 데이터베이스에서 데이터를 추출하거나 공공 DB 사이트에서 데이터를 수신하는 경우, 출력해야 할 데이터의 양이 변하게 된다. 이 경우에는 동적으로 데이터를 뷰에 설정하고 뷰를 동적으로 화면에 추가하면 된다.

> 인물관리 앱의 예는 메인 화면, 인물등록, 인물정보, 인물목록으로 구성된다(인물정보 삭제는 제외).

- 인물관리 앱의 첫 화면에는 메인 이미지를 배치하고, 액티비티 간의 이동에 사용할 우측 상단의 액션바의 메뉴 아이템은 '인물 목록'과 '인물 등록'으로 구성한다.
- '인물 목록'은 현재까지 데이터베이스에 저장된 모든 인물정보를 추출해서 출력하고, 목록 아이템을 클릭하면 각 인물정보를 조회하는 '인물정보' 액티비티로 이동하거나 '인물 등록' 액티비티로 이동 하게 된다.
- '인물 등록' 액티비티는 인물정보를 입력하고 등록 버튼을 클릭하면 데이터베이스에 저장 후에 '인물정보' 액티비티로 이동해서 저장된 상태를 보여준다. 입력 컨트롤로 성명, 성별, 나이, 전화번호를 입력하고 '등록' 버튼을 클릭하면 Personnel 테이블에 저장하고 '인물정보' 액티비티를 호출한다.
- '인물정보' 액티비티에서는 '인물목록', '인물등록' 액티비티로 이동하거나, '인물목록'으로 이동할 수 있다. '인물 등록' 액티비티로부터 수신된 인물의 성명을 추출하고, Personnel 테이블에서 해당 인물을 추출해서 화면에 출력한다. 액션 바의 메뉴 아이템은 '홈', '인물 목록', '인물 등록' 액티비티를 호출한다.

1. 보기를 읽고 물음에 답하시오.

> 가. 데이터베이스 생성과 버전을 관리하는 클래스
>
> 나. SQLite 데이터베이스를 관리하는 메소드 제공
>
> 다. 데이터베이스 조회에 의한 데이터셋을 읽고 쓰는 인터페이스 제공

다음 클래스에 대한 설명을 위의 보기에서 고르시오.

① SQLiteOpenHelper ················ (   )

② SQLiteDatabase ···················· (   )

③ Cursor ······························· (   )

2. 다음 보기를 읽고 물음에 답하시오.

> 가. 오픈된 데이터베이스 객체를 닫음
>
> 나. 문자열(String)로 작성된 SQL문(조회문 제외)을 실행함
>
> 다. 커서(cursor)를 다음 행으로 이동함
>
> 라. 요청된 열의 값을 문자열로 반환함
>
> 마. 데이터베이스가 처음 생성될 때 불려짐
>
> 바. 문자열(String)로 작성된 조회문을 실행한 결과로 생긴 데이터셋에 대한 커서(Cursor)를 반환함
>
> 사. 기록 또는 조회에 유용한 데이터베이스를 생성하거나 오픈함(데이터베이스 객체인 SQLiteDatabase 객체를 반환함)
>
> 아. 명기된 문자를 TextView에 첨부함

다음 각 메소드에 대한 설명을 위의 보기에서 고르시오.

① onCreate(SQLiteDatabase) ·········· (   )

② execSQL(String) ·················· (   )

③ close() ···························· (   )

④ moveToNext() ···················· (   )

⑤ getString(int) ····················· (   )

⑥ rawQuery(String, String[]) ·········· (   )

⑦ append(CharSequence) ············· (   )

⑧ getWritableDatabase() ·············· (   )

3. "Company" 데이터베이스의 "customers" 테이블에 고객 정보가 저장되어 있다. "홍길동" 고객의 주소(address)를 추출하려고 한다. 밑줄을 완성허시오.

DBManager.java

```java
..... 생략 .....
public class DBManager extends SQLiteOpenHelper {

    public DBManager(Context context) {
        super(context, "_____①_____", null, 1);
    }

    @Override
    public void onCreate(SQLiteDatabase db) {
        db.execSQL("create table ____②____ (name text, address text)");
    }

    @Override
    public void onUpgrade(SQLiteDatabase db, int oldVersion,
                                            int newVersion) {

    }
}
```

MainActivity.java

```java
..... 생략 .....
public class MainActivity extends AppCompatActivity {
    ..... 생략 .....
    @Override
    protected void onCreate(Bundle savedInstanceState) {
        ..... 생략 .....
        TextView tv_address  = (TextView) findViewById(R.id.address);
        String str_name = "홍길동";
        String str_address;

        try {
            dbmanager = new DBManager(this);
            sqlitedb = dbmanager.getReadableDatabase();

            Cursor cursor = sqlitedb.query("___③___", null, "___④___",
                        new String[]{___⑤___}, null, null, null, null);

            if (_____⑥_____) {
                str_address = cursor.getString(_____⑦_____);
            }
```

```
            sqlitedb.close();
            dbmanager.close();
        } catch(SQLiteException e) {
            Toast.makeText(this,  e.getMessage(), Toast.LENGTH_LONG).
                                                        show();
        }

        tv_address.setText(_____⑧_____);
    }
    ..... 생략 ....
}
```

인물정보 수정

본문의 인물관리 앱에 인물정보를 수정하는 기능을 추가해보자. 인물정보 액티비티 메뉴에 '수정' 아이템을 추가하고, 클릭 시에 인물수정 액티비티로 이동한다. 다음은 수정 화면을 나타낸 것이다. 인물정보를 변경하고, '수정' 버튼을 클릭하면 데이터베이스에 그 정보를 수정하고 다시 인물 정보 액티비티로 가게 된다.

'인물 정보' 액티비티

'인물 수정' 액티비티

❶ strings.xml에 '인물 수정; 액티비티 이름(app_name5)과 '수정' 메뉴 아이템(action_settings5)을 추가한다.

❷ '인물 정보' 액티비티의 메뉴에는 '수정' 아이템을 추가하고, 클릭 시에 '인물 수정' 액티비티로 이동한다.

❸ 인물 수정 액티비티를 위한 메뉴 아이템을 구성한다(menu_personnel_update.xml). 메뉴 아이템은 '홈', '인물 목록', '인물 등록'으로 구성한다.

❹ 인물정보 수정 폼(activity_personnel_update.xml, content_personnel_update.xml)은 '인물 등록' 폼과 같으며, 버튼은 '등록' 대신 '수정'으로 변경한다. '인물 수정' 액티비티 자바 클래스(PersonnelUpdate.java)는 먼저 화면을 출력하고, 각 항목에는 데이터베이스에 있는 인물정보를 추출하여 설정한다. 인물정보 변경 후에 '수정' 버튼을 클릭하면, 데이터베이스에 업데이드 후 '인물 정보' 액티비티를 호출한다.

❺ 환경 설정에는 '인물 수정' 액티비티 자바 클래스를 등록한다(AndroidManifest.xml).

구글의 새로운 공식 언어

안드로이드 앱을 만드는
새로운 언어 : 코틀린

학습목표

• 구글이 안드로이드 개발 공식 언어로 추가한 코틀린은 어떤 언어일까? 간단한 프로젝트 개발
을 통해 코틀린 언어를 이해하는 계기를 가져보자.

학습내용

• 코틀린 개요
• 코틀린 프로젝트 개발
• 코틀린 클래스의 기초 이해

13.1

코틀린 개요

코틀린(Kotlin)은 2017년 구글 I/O 행사에서 안드로이드 공식 언어로 추가되었다. 코틀린은 JetBrains에서 2011년에 공개하였다. 안드로이드에서 코틀린을 최우선 지원 언어로 만든 이유는 코틀린이 간결하고 표현력이 뛰어나며, 예기치 않은 유형 오류가 발생하지 않도록 설계된 안드로이드 호환 언어이기 때문이다.

코틀린은 자바 언어와 완전히 호환되므로, 자바 언어를 즐겨 사용하는 개발자는 자바 언어를 계속 사용하는 동시에 점진적으로 코틀린 코드를 추가하고 간편하게 코틀린 라이브러리를 활용할 수 있다. 코틀린은 자바 가상 머신(JVM) 기반의 언어이며, 자바와의 상호 운용을 지원한다. 코틀린의 컴파일은 JVM 바이트코드가 기본이지만, 코틀린 컴파일러를 사용하여 기계어로 컴파일 하는 것도 가능하다.

코틀린은 안드로이드 스튜디오 3.0 이상에서 완전하게 지원된다. 이전에는 코틀린을 사용하려면 코틀린 플러그인을 추가해야 했지만, 안드로이드 스튜디오 3.0 이상의 버전은 이러한 도구가 내장된 상태로 제공된다. 따라서 추가 조치 없이도 코틀린 파일로 새 프로젝트를 만들고, 자바 언어 코드를 코틀린으로 변환하고, 코틀린 코드를 수정하는 등의 작업을 할 수 있다.

구글은 JetBrains와 제휴하여 언어에서 프레임워크와 도구에 이르기까지 개발자들을 지원하는 작업을 하고 있다. 코틀린의 기본 라이선스는 아파치 소프트웨어 재단(Apache software Foundation)이다.

코틀린을 사용하면 다음 그림과 같이 다양한 통합개발환경(IDE)에서 개발하는 것이 가능하다. 안드로이드 스튜디오는 그 하나이다.

개발을 위하여 자바와 코틀린 언어 중에서 하나만을 선택하는 것보다는 필요에 따라 병행하여 사용하는 것이 바람직하다. 코틀린에서 안드로이드 또는 다른 자바 언어 라이브러리 API를 호출할 수 있다. 따라서 같은 프로젝트에서 자바 파일과 코틀린 파일을 모두 사용할 수 있다. 즉 코틀린을 원하는 만큼 사용하고 코틀린의 자바와 상호운용성을 참고하여 자바 코드와 혼합해 사용할 수 있다. 코틀린을 사용한 앱은 대부분의 안드로이드 버전에서 실행된다.

안드로이드 홈페이지의 코틀린 사이트 (https://developer.android.com/kotlin/)에 있는 "코틀린으로 안드로이드 앱 개발하기"를 참고하면, 쉽게 공부할 수 있다.

'시작하기' 버튼을 클릭하면 프로젝트 시작 방법을 설명해 주는 동영상이 있고, 코틀린과 자바의 소스 코드를 비교해서 보여준다.

13.2 코틀린 프로젝트 개발: Hello Kotlin

(1) 프로젝트 개요

안드로이드 프로젝트를 시작했던 3장의 'Hello Android'와 같이 코틀린을 처음 시작해 보자. "안녕, 코틀린!" 문자를 출력하기로 한다. 어플리케이션 이름은 『Hello Kotlin』, 어플리케이션 라벨은 『코틀린』으로 한다.

프로젝트 13.1

프로젝트 개요: "안녕, 코틀린!" 문자 출력

Application Name: Hello Kotlin

어플리케이션 라벨: 코틀린

(2) 프로젝트 개발

STEP 1 > 프로젝트 생성

프로젝트는 자바 기반 안드로이드와 같은 절차로 하면 된다. 차이점은 개발 언어를
'kotlin'으로 선택한다.

[1 단계] 새 프로젝트 만들기

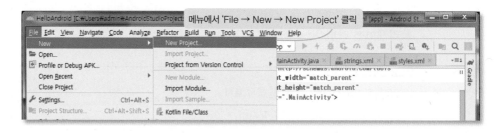

[2 단계] 프로젝트 선택

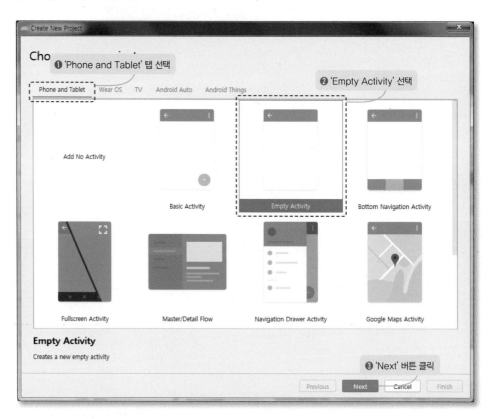

[3 단계] 프로젝트 구성

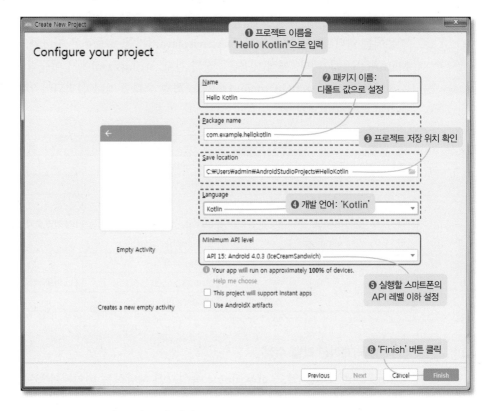

프로젝트 생성 결과는 다음과 같다.

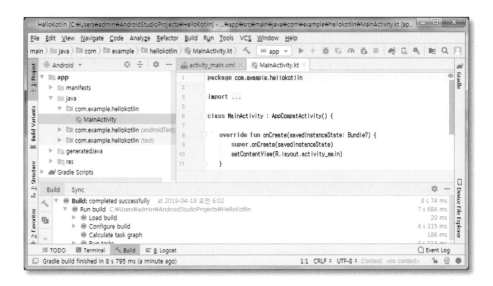

프로젝트 구조는 자바 기반 안드로이드 앱 프로젝트와 같다. 일부 다른 부분은 자바의 경우에는 액티비티 클래스가 MainActivity.java이지만, 코틀린은 자바와 확장자가 다른 MainActivity.kt이다. 편집 내용은 3장과 같다. strings.xml에서 어플리케이션 라벨을 수정하고[편집 1], activity_main.xml에는 화면 출력 문자로 설정되어 있는 텍스트뷰의 문자를 수정한다[편집 2].

모듈	폴더	소스 파일	편집 내용
manifests	–	AndroidManifest.xml	
java	com.example.hellokotlin	MainActivity.kt	
res	drawable	–	
	layout	activity_main.xml	[2] 화면 출력 문자 수정
	mipmap	ic_launcher.png	
	values	colors.xml	
		strings.xml	[1] 어플리케이션 라벨 수정
		styles.xml	

[1] 어플리케이션 라벨 수정

strings.xml 파일을 열고, app_name 속성값에 해당하는 데이터를 '코틀린'으로 수정한다.

strings.xml

```
01  <resources>
02      <string name="app_name">코틀린</string>
03  </resources>
```

[2] 화면 출력 문자 수정

activity_main.xml 파일을 열고, TextView의 android:text 속성 값 "Hello World!"를 "안녕, 코틀린!"으로 수정한다.

activity_main.xml

```
01  <?xml version="1.0" encoding="utf-8"?>
02  <android.support.constraint.ConstraintLayout
03          xmlns:android="http://schemas.android.com/apk/res/android"
04          xmlns:tools="http://schemas.android.com/tools"
```

```
05              xmlns:app="http://schemas.android.com/apk/res-auto"
06              android:layout_width="match_parent"
07              android:layout_height="match_parent"
08              tools:context=".MainActivity">
09
10      <TextView
11              android:layout_width="wrap_content"
12              android:layout_height="wrap_content"
13              android:text="안녕, 코틀린!"
14              app:layout_constraintBottom_toBottomOf="parent"
15              app:layout_constraintLeft_toLeftOf="parent"
16              app:layout_constraintRight_toRightOf="parent"
17              app:layout_constraintTop_toTopOf="parent"/>
18
19  </android.support.constraint.ConstraintLayout>
```

화면 출력 문자

STEP **3** 〉 **프로젝트 실행**

프로젝트를 실행하고 결과를 살펴보자.

13.3 코틀린의 MainActivity 클래스 이해

코틀린 클래스는 다음과 같다. 자바 클래스와 유사하게 보이지만, 일부 다른 부분을 살펴보자.

MainActivity.kt

```kotlin
01 package com.example.hellokotlin
02
03 import android.support.v7.app.AppCompatActivity
04 import android.os.Bundle
05
06 class MainActivity : AppCompatActivity() {
07
08     override fun onCreate(savedInstanceState: Bundle?) {
09         super.onCreate(savedInstanceState)
10         setContentView(R.layout.activity_main)
11     }
12 }
```

● **클래스 상속**

자바에서는 부모 클래스로부터의 상속을 나타내는 키워드로 extends를 사용하지만, 코틀린은 콜론(:)을 사용한다.

```kotlin
// Kotlin
class MainActivity : AppCompatActivity { ... }

// Java
class MainActivity extends AppCompatActivity { ... }
```

한편, 인터페이스의 경우는 implements 대신 쉼표(,)를 사용한다.

```kotlin
// Kotlin
class MainActivity : AppCompatActivity, OnClickListerner { ... }

// Java
class MainActivity extends AppCompatActivity implements OnClickListerner { ... }
```

● 함수

MainActivity.kt에서 onCreate() 함수는 재정의(override) 되었으며, Bundle 클래스의 savedInstanceState 객체를 매개변수로 한다. 'fun'은 함수 선언을 의미한다. '?'는 매개변수가 null값이 될 수 있음을 의미한다.

```
// Kotlin
override fun onCreate(savedInstanceState: Bundle?) { ... }

// Java
@Override
protected void onCreate(@Nullable Bundle savedInstanceState) { ... }
```

● 명령어 문장 끝

자바는 세미콜론(;)으로 명령어 끝을 나타내지만, 코틀린은 줄바꿈 용도로 사용되는 Enter 키로 문장 끝을 나타낸다.

> ❗ 코틀린 홈페이지(https://kotlinlang.org)에서 'Learn' 메뉴를 클릭하면, 코틀린 문법에 대한 상세한 내용을 참고할 수 있다.

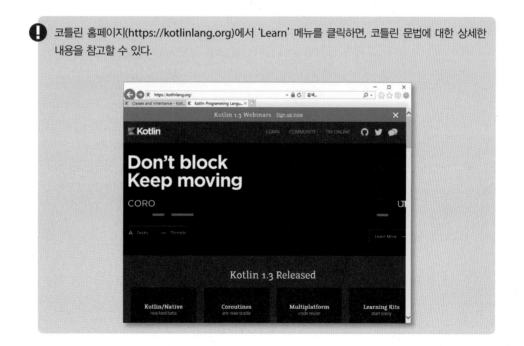

> 코틀린(Kotlin)은 2017년 구글 I/O에서 추가된 안드로이드 앱 개발 공식 언어이다.

> 코틀린은 문법이 간결하고 표현력이 뛰어나다. 또한 예기치 않은 유형 오류가 발생하지 않도록 설계된 언어이다.

> 코틀린은 자바 언어와 완벽히 호환되므로 개발자들은 자바 언어를 계속 사용하면서 점진적으로 코틀린 코드를 추가하고, 코틀린 라이브러리를 활용할 수 있다.

> 코틀린은 JVM 기반 언어이며, Java와의 상호운용을 지원한다.

> 안드로이드 스튜디오 3.0 이상 버전 이상에서는 코틀린 플러그인이 내장되어 지원된다.

> 코틀린에서 안드로이드 또는 다른 자바 언어 라이브러리 API를 호출할 수 있다.

> 안드로이드 스튜디오에서 프로젝트를 생성하는 과정은 'Java' 언어로 할 때와 같으며, 언어는 'Kotlin'을 선택하면 된다. XML 파일은 동일하며, MainActivity.java 대신 MainActivity.kt가 만들어진다.

> 자바에서는 부모 클래스로부터의 상속은 extends를 사용하지만, 코틀린은 콜론(:)을 사용한다. 한편, 인터페이스의 경우는 implements 대신 쉼표(,)를 사용한다.

> 코틀린은 함수 재정의를 '@Override' 대신 'override'를 사용한다. 또한 함수 선언은 간단히 'fun'을 사용한다. 자바에서는 onCreate() 함수에서 인자를 'Bundle savedInstanceState'로 하지만, 코틀린은 'savedInstanceState: Bundle?'로 한다. '?'는 매개변수가 null 값이 될 수 있음을 의미한다.

1. 다음은 코틀린(Kotlin)에 대한 설명이다. 맞는 것을 모두 고르시오.

① Kotlin은 2017년 구글 I/O 행사에서 안드로이드 공식언어로 추가되었다.

② Kotlin은 문법이 복잡하긴 하지만 표현력이 뛰어나다.

③ Kotlin은 예기치 않은 유형의 오류가 발생하더라도 자체적으로 오류를 검색하고 복원할 수 있도록 설계된 뛰어난 언어이다.

④ Kotlin은 자바 언어와 완벽히 호환된다.

⑤ Kotlin은 JVM 기반의 언어이며 JAVA와의 상호운용을 지원한다.

⑥ Kotlin의 컴파일은 JVM 바이트 코드가 기본이므로, 기계어로 컴파일할 수는 없다.

⑦ 코틀린은 안드로이드 스튜디오 3.0 이상에서 완전하게 지원된다.

2. 다음 안드로이드 프로젝트 자바 클래스를 코틀린 언어로 변형하시오.

MainActivity.java

```java
package com.example.hello;

import android.support.v7.app.AppCompatActivity;
import android.os.Bundle;

public class MainActivity extends AppCompatActivity {

    @Override
    protected void onCreate(Bundle savedInstanceState) {
        super.onCreate(savedInstanceState);
        setContentView(R.layout.activity_main);
    }
}
```

MainActivity.kt

```kotlin
package com.example.hello

import android.support.v7.app.AppCompatActivity
import android.os.Bundle

class _____①_____ {
    _____②_____onCreate(_____③_____) {
        super.onCreate_____④_____
        setContentView_____⑤_____
    }
}
```

자바 클래스의 Auto import 기능 설정(4장 p94 참조)

자바 코드 편집 시에 다른 폴더에서 정의되어 있는 클래스를 추가하면, 그 클래스가 있는 위치(패키지명)를 import문으로 알려주어야 한다. 이 경우, 그 경로를 알지 못하면 상당히 힘든 일이 될 것이다. 안드로이드 스튜디오는 이런 불편함을 덜기 위해, **Auto import** 기능을 제공하고 있다.

① 안드로이드 스튜디오에서 "**File → Settings**" 메뉴를 클릭하여 "**Settings**" 화면을 출력한다.

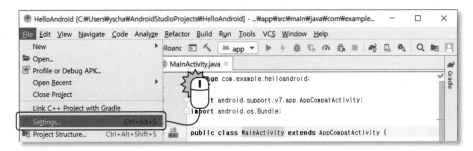

② "**Settings**" 화면에서 "**Editor → General → Auto Import**" 메뉴를 클릭하여 **Auto import** 기능을 설정하고, "**OK**" 버튼을 클릭한다.

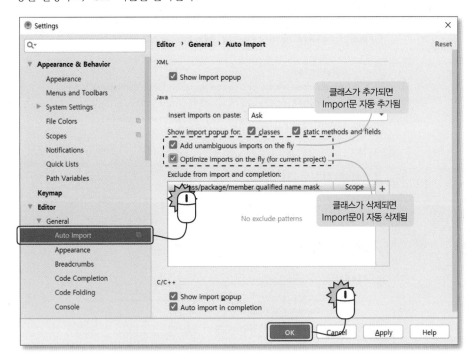

찾아보기

Step by Step
안드로이드 프로그래밍

단계별 프로젝트로 배우는 앱 개발   **개정5판**

인 쇄	2019년 7월 5일
발 행	2019년 7월 12일
저 자	장용식, 성낙현
발 행 인	채희만
출판기획	안성일
마 케 팅	한석범, 최현
편 집	이문영
관 리	이승희
북디자인	가인커뮤니케이션(031-943-0525)
발 행 처	INFINITY BOOKS
주 소	경기도 고양시 일산동구 하늘마을로 158 대방트리플라온 C동 209호
대표전화	02)302-8441
팩 스	02)6085-0777

도서 문의 및 A/S 지원

Homepage	www.infinitybooks.co.kr
E-mail	helloworld@infinitybooks.co.kr
I S B N	979-11-85578-45-3
등록번호	제25100-2013-152호
판매정가	**33,000원**